U0461744

国家出版基金项目
NATIONAL PUBLICATION FOUNDATION

"十三五"国家重点图书

网络信息服务与安全保障研究丛书

丛书主编　胡昌平

网络信息环境治理与安全的法律保障

Network Information Environment Governance and Legal Guarantee of Security

赵雪芹　赵杨　杨艳妮　邓胜利　仇蓉蓉　著

WUHAN UNIVERSITY PRESS
武汉大学出版社

图书在版编目(CIP)数据

网络信息环境治理与安全的法律保障/赵雪芹等著.—武汉:武汉大学出版社,2022.1
"十三五"国家重点图书　国家出版基金项目
网络信息服务与安全保障研究丛书/胡昌平主编
ISBN 978-7-307-22903-7

Ⅰ.网…　Ⅱ.赵…　Ⅲ.计算机网络—信息安全—法律—研究—中国　Ⅳ.D922.174

中国版本图书馆 CIP 数据核字(2022)第 019583 号

责任编辑:罗晓华　　　　责任校对:李孟潇　　　　版式设计:马　佳

出版发行:**武汉大学出版社**　　(430072　武昌　珞珈山)
　　　　　(电子邮箱:cbs22@ whu.edu.cn　网址:www.wdp.com.cn)
印刷:武汉中远印务有限公司
开本:720×1000　1/16　印张:21.25　字数:393 千字　插页:5
版次:2022 年 1 月第 1 版　　2022 年 1 月第 1 次印刷
ISBN 978-7-307-22903-7　　定价:92.00 元

版权所有,不得翻印;凡购我社的图书,如有质量问题,请与当地图书销售部门联系调换。

作者简介

赵雪芹，女，1983年生，山东青岛人，博士，博士后，湖北大学历史文化学院档案系三级教授，硕士生导师，入选湖北省"楚天学者人才计划"，获评湖北省首届"荆楚百优"宣传思想文化青年人才。2002—2011年就读于武汉大学信息管理学院，2006年获学士学位，硕博连读，2011年获博士学位。2011—2018年在上海师范大学人文与传播学院任教。2012—2015年在中国科学技术信息研究所进行博士后合作研究，2015—2016年于美国威斯康星大学（UWM）公派访学。2019年至今，人才引进至湖北大学历史文化学院工作。主持并完成国家社科基金青年项目1项，结项等级为"优秀"，主持省级科研项目多项，参与国家社科基金重大课题、国家自然科学基金等课题多项，在核心期刊发表学术论文70余篇，主编著作1部，参编著作3部。

网络信息服务与安全保障研究丛书
学术委员会

召集人：胡昌平　　冯惠玲　　靖继鹏　　王知津

委　员：陈传夫　　陈　果　　初景利　　曹树金

　　　　邓小昭　　邓胜利　　方　卿　　黄水清

　　　　胡吉明　　贾君枝　　姜益民　　刘　冰

　　　　陆　伟　　林　鑫　　李广建　　李月琳

　　　　梁孟华　　刘高勇　　吕元智　　马　捷

　　　　苏新宁　　孙建军　　沈固朝　　吴　鹏

　　　　王忠军　　王学东　　夏立新　　易　明

　　　　严炜炜　　臧国全　　曾建勋　　曾子明

　　　　张　敏　　张海涛　　张久珍　　朱庆华

　　　　赵　星　　赵　杨　　赵雪芹

网络信息服务与安全保障研究丛书

主　编：胡昌平

副主编：曾建勋　胡　潜　邓胜利

著　者：胡昌平　贾君枝　曾建勋

　　　　胡　潜　陈　果　曾子明

　　　　胡吉明　严炜炜　林　鑫

　　　　邓胜利　赵雪芹　邰杨芳

　　　　周　知　李　静　胡　媛

　　　　余世英　曹　鹏　万　莉

　　　　查梦娟　吕美娇　梁孟华

　　　　石　宇　李枫林　森维哈

　　　　赵　杨　杨艳妮　仇蓉蓉

总　序

　　"互联网+"背景下的国家创新和社会发展需要充分而完善的信息服务与信息安全保障。云环境下基于大数据和智能技术的信息服务业已成为先导性行业。一方面，从知识创新的社会化推进，到全球化中的创新型国家建设，都需要进行数字网络技术的持续发展和信息服务业务的全面拓展；另一方面，在世界范围内网络安全威胁和风险日益突出。基于此，习近平总书记在重要讲话中指出，"网络安全和信息化是一体之两翼、驱动之双轮，必须统一谋划、统一部署、统一推进、统一实施"。① 鉴于网络信息服务及其带来的科技、经济和社会发展效应，"网络信息服务与安全保障研究丛书"按数字信息服务与网络安全的内在关系，进行大数据智能环境下信息服务组织与安全保障理论研究和实践探索，从信息服务与网络安全整体构架出发，面对理论前沿问题和我国的现实问题，通过数字信息资源平台建设、跨行业服务融合、知识聚合组织和智能化交互，以及云环境下的国家信息安全机制、协同安全保障、大数据安全管控和网络安全治理等专题研究，在基于安全链的数字化信息服务实施中，形成具有反映学科前沿的理论成果和应用成果。

　　云计算和大数据智能技术的发展是数字信息服务与网络安全保障所必须面对的，"互联网+"背景下的大数据应用改变了信息资源存储、组织与开发利用形态，从而提出了网络信息服务组织模式创新的要求。与此同时，云计算和智能交互中的安全问题日益突出，服务稳定性和安全性已成为其中的关键。基于这一现实，本丛书在网络信息服务与安全保障研究中，强调机制体制创新，着重于全球化环境下的网络信息服务与安全保障战略规划、政策制定、体制变革和信息安全与服务融合体系建设。从这一基点出发，网络信息服务与安全保障

---

① 习近平. 习近平谈治国理政［M］. 北京：外文出版社，2017：197-198.

1

作为一个整体，以国家战略和发展需求为导向，在大数据智能技术环境下进行。因此，本丛书的研究旨在服务于国家战略实施和网络信息服务行业发展。

　　大数据智能环境下的网络信息服务与安全保障研究，在理论上将网络信息服务与安全融为一体，围绕发展战略、组织机制、技术支持和整体化实施进行组织。面向这一重大问题，在国家社会科学基金重大项目"创新型国家的信息服务体制与信息保障体系""云环境下国家数字学术信息资源安全保障体系研究"，以及国家自然科学基金项目、教育部重大课题攻关项目和部委项目研究成果的基础上，以胡昌平教授为责任人的研究团队在进一步深化和拓展应用中，申请并获批国家出版基金资助项目所形成的丛书成果，同时作为国家"十三五"重点图书由武汉大学出版社出版。

　　"网络信息服务与安全保障丛书"包括 12 部专著：《数字信息服务与网络安全保障一体化组织研究》《国家创新发展中的信息资源服务平台建设》《面向产业链的跨行业信息服务融合》《数字智能背景下的用户信息交互与服务研究》《网络社区知识聚合与服务研究》《公共安全大数据智能化管理与服务》《云环境下国家数字学术信息资源安全保障》《协同构架下网络信息安全全面保障研究》《国家安全体制下的网络化信息服务标准体系建设》《云服务安全风险识别与管理》《信息服务的战略管理与社会监督》《网络信息环境治理与安全的法律保障》。该系列专著围绕网络信息服务与安全保障问题，在战略层面、组织层面、技术层面和实施层面上的研究具有系统性，在内容上形成了一个完整的体系。

　　本丛书的 12 部专著由项目团队撰写完成，由武汉大学、华中师范大学、中国科学技术信息研究所、中国人民大学、南京理工大学、上海师范大学、湖北大学等高校和研究机构的相关教师及研究人员承担，其著述皆以相应的研究成果为基础，从而保证了理论研究的深度和著作的社会价值。在丛书选题论证和项目申报中，原国家自然科学基金委员会管理科学部主任陈晓田研究员，国家社会科学基金图书馆、情报与文献学学科评审组组长黄长著研究员，武汉大学彭斐章教授、严怡民教授给予了学术研究上的指导，提出了项目申报的意见。丛书项目推进中，贺德方、沈壮海、马费成、倪晓建、赖茂生等教授给予了多方面支持。在丛书编审中，丛书学术委员会的学术指导是丛书按计划出版的重要保证，武汉大学出版社作为出版责任单位，组织了出版基金项目和国家重点图书的论证和申报，为丛书出版提供了全程保障。对于合作单位的人员、学术委员会专家和出版社领导及詹蜜团队的工作，表示深切的感谢。

　　丛书所涉及的问题不仅具有前沿性，而且具有应用拓展的现实性，虽然在专项研究中丛书已较完整地反映了作者团队所承担的包括国家社会科学基金重大项目以及政府和行业应用项目在内的成果，然而对于迅速发展的互联网服务而言，始终存在着研究上的深化和拓展问题。对此，本丛书团队将进行持续性探索和进一步研究。

胡昌平
于武汉大学

前　言

　　互联网、大数据、云计算与智能交互技术的发展改变着信息环境形态，从而形成了新的网络信息环境。在全球化网络空间中，网络基础设施、信息技术、数字信息资源等要素随着网络环境的变化不断更新迭代。网络在促进社会发展的同时，网络信息安全、个人信息泄露、网络侵权等问题趋于突出，因而对全球网络空间安全、国家信息安全、个人信息安全带来了威胁，同时制约着网络环境的优化。基于此，网络信息环境治理与安全的法制化保障成为当前亟待解决的问题。以此出发，本书围绕网络信息环境治理中的现实问题，从国家安全体制出发，结合全球网络空间治理要求和国家安全管理规范，进行网络信息环境治理与安全的法律保障研究。

　　网络信息环境治理涉及网络信息资源安全治理、数据安全治理、信息主体安全保障和用户隐私与权益保护等方面。从国家综合治理角度，进行网络信息环境的社会化治理研究，在于从整体上明确网络信息环境的治理机制、治理结构和治理的组织实施，构建政府主导下，行业组织和社会共同参与的多元协同治理体系，以实现国家安全体制下的网络信息环境社会化治理目标。在网络治理与实践中，重点关注网络环境中的虚假信息治理、信息安全保障中的数据治理以及网络信息服务质量管控与监督，为网络生态环境建设和服务组织提供依据。

　　网络信息安全保障需要在网络信息环境治理的基础上通过法制化管控实现。在全球化网络空间治理视角下，从网络信息安全的现实出发，本书针对大数据、物联网、人工智能等技术应用信息安全问题，进行相关法律法规体系研究，所提出的法制化管理对策具有现实性。网络信息环境治理与安全的法律体系建设是确保网络安全发展的关键，因而梳理我国网络信息安全法律建设的内容，进行全球化治理中的网络安全法律关系协调具有必要性，能够保障网络空间信息安全目标的全面实现。

1

　　本书内容共 10 章。其中，第 1、2、7 章为赵杨撰写；第 5、8 章及第 9 章第 2~4 节由杨艳妮撰写；第 3、4 章由仇蓉蓉撰写；第 6 章由邓胜利撰写；第 9 章第 1 节、第 10 章由赵雪芹撰写。全书由赵雪芹统一修改定稿。在本书撰写中，得到了本团队成员的全方位支持，其中石宇、查梦娟、林鑫、吴鹏、李天娥参与了案例分析，胡慧慧、杨一凡、于文静、何臣兢参与了资料查找。与此同时，本书参考引用了国内外相关研究成果，得到了有关部门的全力支持。在此，对以上人员表示感谢。由于网络信息环境正处于新的发展之中，法制化建设正迅速全面推进，因此对于本书存在的不足，请相关领域专家批评指正。

赵雪芹

目　　录

1 大数据与云服务中的网络信息环境治理

网络信息环境治理涉及多个方面，包括信息安全威胁应对、信息污染防治、信息权益保护、网络生态秩序维护等。随着信息技术的发展、国家制度的变革、用户需求的变化，网络信息环境治理处于不断变化之中。因此，为了全面应对网络信息安全威胁，建立网络信息空间中各方面主体的交互规则，有必要从信息技术发展、信息安全制度变革、信息安全需求变化三个方面出发，在国家和公众安全保障框架下进行适应性变革，以构建基于环境治理的网络活动空间。

1.1 网络信息环境安全治理的演化

治理是与管理不同的概念，管理是在特定环境下组织通过对所拥有的资源进行有序的计划、组织、领导、控制，以达到既定目标的过程。① 治理是一种新的统治或管理模式，所有参与主体为了处理某类共同事务，共同通过新的理念、手段、方法以协商、合作、决策的方式进行民主管理的活动，既包括政府治理，也包括非政府治理。② 在政府和公共治理中，其活动机制随着网络技术的发展而处于不断变革之中。

1.1.1 网络信息环境治理的变革

从总体上看，人类生存空间及其中可以直接或间接影响人类活动和发展的

---

① 麻宝斌. 公共治理理论与实践[M]. 北京：社会科学文献出版社，2013：22.
② 张春艳. 大数据时代的公共安全治理[J]. 国家行政学院学报，2014（5）：100-104.

1

各种自然与社会因素作用下的系统组合称为环境。按系统理论，影响社会主体的外部因素可视为环境因素，而某一社会主体的行为作用又成为影响其他主体相关活动的环境结构单元。对于信息活动而言，社会中由个人或群体接触可能的信息及其传播客体构成了信息环境。按环境结构理论，网络信息环境包括互联网基础设施、按某种协议的互通信息、软硬件技术、工具、信息资源分布场所和交互利用的社会化信息构成，以及人、社会和技术交互平台等，构成了具有多维影响的环境因素。这一因素的作用可用图 1-1 进行构成上的展示。

图 1-1　网络信息环境构成与要素作用

互联网、大数据、云计算与智能交互技术的发展，导致了社会化信息交互关系与机制的变化，改变着信息环境的作用形态，从而形成了网络信息环境。从要素作用上看，内在机制的变化决定了网络信息服务面向社会运行的拓展，社会信息化中的数字嵌入与智能交互，从体制、技术和应用层面作用于信息的存在与组织形态。在综合因素的交互作用影响下，网络环境变化带来新的机遇的同时，也对社会信息化提出了新的挑战，其中最迫切的问题涉及网络安全、信息资源风险和社会信息化发展等方面的问题，由此提出了网络信息环境治理要求和信息生态环境构建问题。

由此可见，网络信息环境治理并不是某一层面的网络信息安全维护，而是全面安全保障的实现。鉴于环境结构的交融关系和要素作用，网络信息环境治理必然包括网络信息资源安全治理、数据安全治理、信息主体安全保障和用户隐私与权益保护的各个方面。这一基本关系从整体上决定了信息环境治理体系、功能、结构和实施。

管理强调管控，由政府统筹实施，而治理强调多元主体协调共治，在于政府主导下的多元协同。管理中权力运行方向是自上而下的，而治理是一个上下互动的运作过程。其中，治理与管理的区别如表1-1所示。随着全球互联网的发展，社会化网络交互机制得以形成。数字网络背景下的信息传播范围扩大和"互联网+"服务的推进，使得权力高度集中的管理模式已经不能很好地适应现实需求，从而导致社会化信息管理模式的变化。在这一过程中，社会治理已成为公共安全、网络信息安全和互联网行业运行等事务管理中的核心问题。①

表 1-1　网络信息安全管理与安全治理的区别②

特征	信息安全管理	信息安全治理
目标	实现基础设施安全、信息安全等目标	实现信息资源利益相关者的权责均衡，实现安全治理过程中网络资源的合理配置
导向	任务导向，执行并完成具体信息安全保障的任务	战略导向，实现宏观意义上的信息安全管理
主体	信息安全管理者	信息安全利益相关者
实施基础	行政权力、管理职权	受内外各种因素和社会信息安全需求的制约
层级结构	信息资源的组织结构	信息资源治理结构
政府作用	政府宏观主导信息资源安全管理过程	政府进行机制上的法律、法规和制度建设
模式	自上而下的单向管理	纵向管控与横向调节
技术深度	具体的信息安全技术、充分的安全专业知识	更多地从整体战略目标角度控制信息安全状态和环境状态
手段	强制性为主	政府主导下的合作、协作

从表1-1可知，信息安全管理与安全治理虽然目标一致，但存在着机制上的区别。对于网络信息环境的治理，重在维护信息安全，因而可视为网络化信

① MUELLER M L. Networks and States：The Global Politics of Internet Governance[M]. The Mit Press, 2010.
② 李永亮. 高等学校内部治理结构优化研究[D]. 济南：山东大学, 2016：25.

3

息安全保障中的信息治理。从整体上看，信息安全治理是组织信息活动的基础，其目标是在确保信息安全的前提下有效促进信息服务的发展，为治理者和利益相关者带来价值。与信息安全治理相关的概念包括互联网安全治理、网络环境治理等。互联网安全治理是对互联网相关内容安全、行为规范进行协调、管理，以及对互联网安全基础架构和安全协议进行界定和管控，广义上是对互联网有损安全行为的惩处，狭义上是对互联网安全架构、安全协议等关键资源进行协调、管理。换句话说，互联网安全治理是指政府、部门、社会根据各自的定位和需求，在法制原则基础上进行的互联网建设与运用的共同约束。网络环境治理是对网络环境中信息行为的有序管控，旨在以合作、协作方式使网络安全相关者共同应对网络面临的各种威胁。① 因此，网络信息资源安全治理是政府、社会组织及个人等利益相关者为了实现共同的信息安全目标，通过权力的相互分配及彼此之间的相互监督，共同参与网络信息服务的安全监管，并维护自身利益及国家与公共安全的活动。

当前，随着数字化水平的不断提高，我国网络信息建设进入了一个新的阶段。而信息安全问题的日益严峻，诸如数字化知识产权保障、科研数据的保护以及相应基础设施的条件保障，使网络环境与信息资源的安全治理受到高度重视。因此，厘清网络环境安全治理的发展路径对提高信息资源安全治理水平具有重要意义。

1.1.2 网络信息环境治理的发展

信息安全治理的相关理论始于 20 世纪 40 年代，信息安全管控与治理的发展经历了三个阶段。

①通信保密阶段。通信保密是信息安全管控的萌芽期，截至 20 世纪 70 年代，信息安全的研究与实践集中于通信密码技术，在于解决通信保密问题，主要标志是香农于 1949 年发表的《保密系统的通信理论》，该阶段的信息安全仅限于通信系统的物理安全和信息的保密，相应的安全理论与技术研究也仅限于密码学。② "信息安全"一词则出现于该阶段的 20 世纪 50 年代。

②信息安全阶段。信息安全阶段主要确保计算机、网络和传输、存储、处

① 梁怀新. 日本网络安全治理模式及其对中国的启示[J]. 西南民族大学学报（人文社科版），2019，40（3）：208-213.

② 雷万云. 信息安全保卫战：企业信息安全建设策略与实践[M]. 北京：清华大学出版社，2013：40-41.

理的信息的安全，可分为计算机安全和网络安全两个时期。计算机安全在 20 世纪 70—80 年代，是指计算机硬件、计算机软件以及使用安全。随着计算机软硬件及网络基础设施建设的发展，在网络连通的作用下，计算机网络实现了对数据的网络化传输，信息安全的目标随之转换为信息传输、存储、处理过程中的安全，旨在保证不被窃取、篡改。在安全保障与治理中，1977 年美国国家标准局公布了数据加密标准，1983 年美国国防部公布了可信计算机系统评价准则（TCSEC）标准。20 世纪 90 年代，互联网技术的发展使得信息安全问题不再局限于计算机联网范围内，信息安全的目标由此衍生为真实性、可控性、抗抵赖性安全治理。在该阶段"信息安全"相关政策及相关学术研究逐步增加，如：德国于 1991 年 1 月成立的"德国联邦信息技术安全局"是针对信息安全问题成立的较早期机构，欧盟理事会于 1992 年 3 月通过的"关于信息系统安全领域的第 92、242、EEC 号决定"是欧盟较早的信息安全政策①，中国于 1994 年 2 月出台的《中华人民共和国计算机信息系统安全保护条例》是国家推出的第一部关于计算机信息安全的法规，法国于 1996 年 2 月成立了"法国信息系统安全服务中心"②。由此可见，在该阶段，信息安全的范围得以扩展。

③信息安全保障阶段。进入 21 世纪后，信息安全理念从传统的物理安全转变为信息化安全，进行面向业务的系统性安全保障，其主要标志是构建"信息保障技术框架"。在实现中，信息安全保障通过对业务流程的分析，找出关键控制节点，在整个生命周期内进行安全治理，其本质是建立了一个"深度防御体系"而不只是一个防护屏障。换句话说，该阶段的信息安全保障不仅更系统、全面，同时也使信息安全由被动保护转变为主动防御，从风险承受模式转变为安全治理。可以看出，该阶段"信息安全"的范围不断扩大。国际信息系统安全认证组织由此将信息安全划分为安全管理实践、物理安全、操作安全、通信与网络安全、安全结构与模式、应用和系统开发、业务连贯和灾害重建计划、访问控制、密码学、法律与道德规范 10 大领域。③

在信息安全发展的背景下，网络信息环境治理的发展也相应历经了以下三

---

① 马明虎. 欧盟信息安全法律框架：条例、指令、决议和公约[M]. 北京：法律出版社，2009：341-353.

② 王世伟，惠志斌. 信息安全辞典[Z]. 上海：上海辞书出版社，2013：183.

③ 王世伟. 论信息安全、网络安全、网络空间安全[J]. 中国图书馆学报，2015，41（2）：72-84.

个阶段。①

①技术保障阶段。技术保障主要通过技术手段建立信息安全体系，强调了技术手段的重要性，但缺乏对治理的重视，未建立完整的信息安全管理策略，同时也未树立全局性的信息安全观，认为信息安全保障只是专业技术人员的工作。

②管理保障阶段。由于互联网技术的发展，各国开始注重信息安全防范问题，国内学者开始对信息安全管理进行了系统研究并取得了丰富成果。同时该阶段安全管理组织架构趋于完整，在管理中强调各级管理人员参与。

③制度保障阶段。随着信息化水平的不断提高，国家信息安全治理问题更加急切，因此，提出了采用制度规范的方式来加强信息安全的管理策略，主要包括信息的安全保障技术、安全标准化、安全认证等。在信息安全标准化推进中通过采用国际通用信息安全技术标准，对信息资源安全治理主体的行为进行规范，为利益相关者维护自身利益提供了依据，同时也完善了信息资源安全治理机制，提高信息安全治理水平。安全认证为信息营造了良好的信息安全环境，最大程度地保障了信息服务安全。有效的信息安全保障技术主要是通过对信息资源安全风险的识别、预警、响应、恢复，进行信息环境安全治理，致力于安全治理整体水平的提升。

从信息安全治理发展的三个阶段可以看出，技术保障阶段仅停留在技术层面，没有人的参与。管理保障阶段虽然将人为因素作为信息安全管理的重要因素，但局限于安全管理人员。制度保障阶段通过规章制度进行规范，涉及的因素包括安全技术、安全管理人员、用户等。由此也可以看出，信息资源安全治理由此进入全面化、规范化、社会化实施阶段。

信息资源安全治理的发展历程表明，国家信息安全保障正逐步完善，这种完善不仅是从信息安全管理到信息安全治理的变化，也是在推进国家信息安全治理能力和安全治理体系建设方面的变革。《中共中央关于全面深化改革若干重大问题的决定》中明确提出推进国家治理体系和治理能力现代化，这种治理能力的现代化是将治理体系的体制和机制转化为一种能力，进而提高国家信息资源安全的治理能力。

事实上，在深化改革的背景下，信息技术的发展促使网络信息环境更加复杂，仅从单一的技术角度出发已经不能很好地实现信息安全治理目标，而应通

---

① 林新. 美国高校图书馆信息安全管理分析与启示[J]. 图书馆建设，2014(3)：80-82.

过综合、有效的信息安全治理方式进行，从而使国家治理体系产生从传统到现代化的结构性变迁。治理现代化意味着国家治理要更加科学、法治、民主，以及制度化、程序化、规范化。实现国家信息治理体系现代化的内容包括结构、方式方法、体制机制、观念文化、功能等多个方面，是治理结构的合理化、行为规范化、功能区分化、组合系统化、运行程序化、治理高效化。① 戴长征认为，从范围角度，国家现代化治理体系包括政府治理体系、社会治理体系、市场治理体系；从过程角度，国家现代化治理体系包括国家治理的规划、决策体系、支持体系、评估体系、监督体系；从内容角度，国家现代化治理体系包括常态治理体系、特殊治理体系、危机治理体系。② 许耀桐认为当代中国现代化治理体系涉及政党、文化、经济、政治、生态、社会等方面，由各领域的指导思想、组织机构、法律法规、组织人员、制度安排等要素构成，这些要素相互协调、紧密相连。③ 俞可平认为，国家现代化治理体系是规范行政、市场、社会的权利运行和公共秩序维护的一系列制度、程序，政府治理、市场治理和社会治理是现代化国家治理体系中的三个最重要的治理体系，权利运行制度化和规范化、民主化，以及法治、协调、效率是治理能力现代化的重要体现。④ 因此，为了实现国家信息安全的有效治理，需要从封闭条件下的安全管理走向开放条件下的安全治理，从单一化的安全管理走向多元主体、技术、制度全面协同的安全治理，通过优化安全治理结构实现治理现代化，通过协商、合作实现治理方式现代化，通过健全法律法规、完善科学机制实现治理制度机制现代化。

1.2　大数据与云计算技术对网络信息环境安全治理的影响

大数据与云计算技术发展对推动数字经济发展与社会进步有着重要的作用，一是技术的发展使信息网络环境发生了巨大变化，二是发展给网络服务拓展带来了新的机遇，同时也导致信息网络环境的重大变化。因而在网络信息环境安全保障中，需要面对大数据与云计算技术应用拓展，进行安全治理的应对。

---

① 徐邦友. 国家治理体系：概念、结构、方式与现代化[J]. 当代社科视野，2014（1）：32-35.
② 戴长征. 中国国家治理体系与治理能力建设初探[J]. 中国行政管理，2014（1）：10-11.
③ 许耀桐，刘祺. 当代中国国家治理体系分析[J]. 理论探索，2014（1）：10-14，19.
④ 俞可平. 推进国家治理体系和治理能力现代化[J]. 前线，2014（1）：5-8，13.

1.2.1 信息技术与网络环境安全的关联关系

在信息技术变革过程中，只有掌握网络的实际管理权并充分利用其优势才能有效提高网络信息资源安全治理能力，因此，有必要分析大数据与云计算和网络信息安全的关联关系，以提高网络信息环境安全治理能力。云计算是一种新型计算模式，云计算以提供给用户低成本、便捷、按需定制的个性化存储服务为目标，以实现分布式环境下的资源共享与高效利用、应用托管、智能操作为核心思想，以程序、管理软件等进行资源的协同管理为实现手段，实现系统管理维护与服务使用的解耦，大数据背景下用户可以通过网络访问到能够满足多种需求的服务。① 云计算便捷的组织方式既为其运行提供了便利，也为其信息安全保障提供了有效保障。按照服务模式的不同，云服务主要包括 IaaS（基础设施即服务，Infrastructure as a Service）、PaaS（平台即服务，Platform as a Service）、SaaS（软件即服务，Software as a Service）三种模式，云服务在信息资源管理中的应用模式决定了与数据安全的关联，如图 1-2 所示。

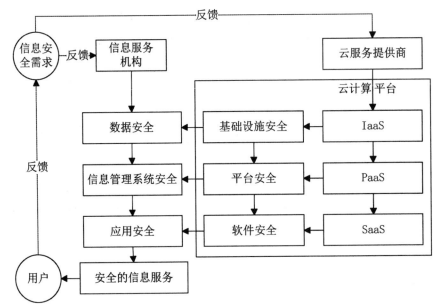

图 1-2　大数据背景下云计算技术与信息安全的关联关系

---

① 林闯，苏文博，孟坤，刘渠，刘卫东. 云计算安全：架构、机制与模型评价[J]. 计算机学报，2013，36(9)：1765-1784.

如果信息服务机构采用的是 IaaS 云服务，则 IaaS 云服务商为信息服务机构提供安全的基础设施应用，如通信服务器提供的网络能力、存储服务器提供的存储能力、计算服务器提供的计算能力等。在这一背景下，信息资源服务机构基于云基础设施的系统服务应确保其安全运行及提供有效、可靠的信息安全保障等。

如果信息服务机构采用的是 PaaS 云服务，则 PaaS 云服务商为信息服务机构提供一个可开发、可扩展、可有效运行的安全云计算平台服务，该服务的功能类似于开发工具或操作系统。信息服务机构基于 PaaS 开发自己的信息管理系统，并及时掌握平台的安全运行及使用情况，以实现信息服务中的管理应用和功能应用的部署。

如果信息服务机构采用的是 SaaS 服务，则信息服务机构将相关信息数据直接上传到软件或门户的后台，同时确保上传的信息安全、无误，没有非法、敏感或带有病毒的信息。SaaS 云服务商为信息服务机构提供基于网络访问的信息服务软件或门户网站，并将上传的信息分配部署后存放在云端，在用户有访问需求时将相关信息反馈给用户，SaaS 云服务商承担门户网站或软件的所有安全职责以及用户个人信息安全的职责。

1.2.2 关联因素作用下的信息环境治理特点

与传统 IT 相比，大数据背景下的云计算呈现如下特点：①云计算是以外包的形式为用户提供不同形式的服务。②可以使用户通过网络广泛获取云服务。③可以使用户按需自助配置资源。④提供可度量的服务。⑤以资源池的形式将所有资源集中并进行调度。⑥快速的弹性配置。这些特性导致了信息资源安全治理的形态改变。从信息安全治理主体的角度，表现为信息资源安全治理主体的多元化；从信息安全治理边界的角度，使信息资源安全治理边界处于动态变化之中；从信息安全治理环境的角度，信息资源安全治理环境趋于复杂；从信息安全治理规模的角度，决定了信息资源安全治理规模的扩大；从信息安全治理组织的角度，信息资源安全治理方式呈现出集中化趋势。

（1）信息安全治理主体多元化

信息安全治理是一种信息安全管理模式的转变，信息安全治理主体多元化是其一个主要特点。习近平总书记在全国网络安全和信息化工作会议上指出，多元主体参与、多种手段相结合的综合治理格局可以提高网络综合治理能力，其中，多种手段相结合是指经济、法律、技术等手段的结合，多元主体参与是指通过党委领导、政府管理、企业履责、社会监督、网络自律、共同进行网络治理。① 可以看出，在国家信息化发展中，所有参与制定政策—保障实施—监督管理—用户使用过程的参与者均为治理主体，因而需要充分发挥各行为主体的积极作用。这种治理主体多元化的根本原因是由社会化资源结构、社会分工关系、社会制度规范和社会保障机制决定的。

大数据与云计算环境下，与信息安全相关的政府机构、监管部门、信息服务商、信息行业标准协会、社会团体组织、用户等均为信息资源安全治理主体。同时，由于信息资源服务往往借助云服务商提供的云服务实现，而云服务是以外包形式提供，任何类型的云服务均由云服务商进行配置、开发、管理、安全保障，信息资源服务主体无法对云服务的安全进行管控。因此，云服务商理应成为云计算环境下信息资源安全治理主体中的一员。云服务商提供 IaaS、PaaS、SaaS 三种模式的云服务，而某一云服务商提供服务也可能是构建在其他云服务商服务云的基础上，如 PaaS 服务商的云服务可能构建于其他 IaaS 服务商的服务之上，SaaS 服务商的云服务可能构建于其他 PaaS 或 IaaS 服务商的服务之上。同时，在云服务的应用方式上，为了实现不同的信息服务，主体也可能采用不同云服务商提供的服务。因此，从云服务实现模式、云服务应用方式角度，云服务商作为信息安全治理主体之一也呈现出多元化。此外，因云服务商作为信息资源云服务的参与者和信息安全的治理者，与其相关的行业标准协会和社会组织等也是安全治理的协同主体。

总体而言，信息资源安全治理形成了包括政府机构、监管部门、信息服务商、云服务商、行业协会、社会团体、用户等在内的多元化治理主体。

（2）信息资源安全治理边界动态化

大数据与云计算环境下信息资源安全治理既包括对构建于云平台的信息资源系统的治理，也包括对系统中的信息治理。

从信息系统的角度，云计算将存储设施、网络、处理器等硬件设施和应用程序、软件、操作系统等在内的运行环境一起封装为独立于硬件的虚拟机，以虚拟化的形式对分布式环境下的物理基础设施进行利用。因此信息资源云平台对应的虚拟机分布于多台物理机上，没有明确物理边界；且当某个主机负载过大或某个计算节点发生故障时，也需要将提供服务的虚拟机动态迁移到其他空闲主机。② 同

① 新华社. 习近平出席全国网络安全和信息化工作会议并发表重要讲话［EB/OL］.［2019-11-12］. http://www.gov.cn/xinwen/2018-04/21/content_5284783.htm.

② LIU H, JIN H, XU C Z, et al. Performance and Energy Modeling for Live Migration of Virtual Machines［J］. Cluster Computing, 2013, 16(2)：249-264.

时，为了满足信息资源管理系统对资源的波动需求，云计算资源的弹性配置使信息资源管理系统所需的资源动态变化，当系统所需资源增加时会占用更多的虚拟机，而任务完成后会释放相应的资源，占用的虚拟机个数相应减少。因此，虚拟机的动态变化导致了云计算环境下信息资源管理系统物理空间模式的改变，体现为逻辑上的动态系统边界。

从信息角度，云计算环境下边界的动态化体现在基于时间角度和基于空间角度的动态化。从信息传播的时间角度，信息的信息流、数据流快速流动，呈现出即时性特征，由此推动了网络空间的安全治理由原本的静态管理到动态治理转变，如从传统的以年、月、日为单位的安全治理到分秒必争的动态管控。从信息的传播空间来看，云计算系统的网络结构为信息流的传递提供了新通道和新空间，使信息在短时间内多次转向并快速发酵成为可能，由此导致了信息资源安全治理从静态的一点一滴治理到空间动态治理的转变。① 同时，信息资源安全治理边界的动态化也体现在基础设施的广泛分布可能出现跨境信息流动的情况，因此在信息与基础设施联接中存在着跨域、重叠渗透问题。如基于云平台的互联互通，因而需要进行数据跨境安全保障与治理。

（3）信息资源安全治理环境复杂化

信息资源安全治理环境的复杂化体现为云平台构建形式的复杂化和基于云平台开发的信息服务的复杂化。云计算通过对分布式资源进行整合以虚拟化资源池的形式为用户提供服务，为信息构建无所不在的服务云。这种分布式模式既为云计算环境下的信息安全提供了保障，同时也增加了其安全治理的难度。由于虚拟机与物理主体动态绑定，因此在出现安全事故时很难溯源到物理机，需要从有固定物理位置的管理转向泛在的空间动态治理。信息云服务通过互联网、各种移动终端设施以及网络，用户可以快速访问到云计算环境下的信息，借助云计算平台，信息可以快速渗透到各个领域、部门流程环节。同时，基于云计算平台，信息资源管理系统可以开展更为广泛的服务，相应地对这些内容与服务的安全治理也呈现出复杂化的特点。

（4）信息资源安全治理范围扩大化与治理方式的集中化

由于云计算环境下信息资源是被大量存放在云端，这种信息集群化的形态一旦有所闪失，将会给国家、机构以及个人带来无法估量的损失。2011 年CSDN 网站有 600 多万用户的个人信息被泄露，其涉及的泄露信息数量大、涵

---

① 王世伟. 论大数据时代信息安全的新特点与新要求[J]. 图书情报工作，2016，60
（6）：5-14.

盖面广，是典型的以百万计的信息泄露事件。McAfee 于 2017 年发布的《云计算应用及其安全状况》表明，93%的组织机构采用了云服务，组织机构的 IT 预算中 80%都用于云应用及其解决方法，然而 50%的企业表示安全问题正阻碍其继续采用云服务。① McAfee 于 2018 年发布的《云计算安全的实践指导及其状况》表明，97%的组织机构采用了云服务，相较之前的 93%，使用率有所提升，而 40%的企业因安全问题而降低了对云服务的使用情况，IT 安全预算中云计算安全的预算费用达到 37%。② 这些调查数据表明，云计算应用的普及必然使云端基础设施的使用规模加大，然而随之而来的安全风险也必然增多，相应的信息安全治理规模也会扩大。

云计算与传统 IT 相比，是一种将大量分布式异构资源进行集中化管理的资源集中调用、管理模式。传统 IT 环境下，每个用户都是一个被网络攻击者攻击的点，但该攻击的影响通常仅限于该用户，而云计算环境下，攻击点和防御点都是集中的，资源的集中管理使得云服务商更容易成为潜在网络攻击者攻击的目标，且集中化服务一旦被攻击将会造成大规模的信息安全问题。③

1.3 网络信息环境治理的社会化转型

社会对信息的需求以及信息服务所依托的环境与技术的变迁是网络信息服务业的发展基础，我国的网络信息服务经过长期发展，已经形成了一个多层次的，包括科技、经济、文化、新闻、管理等各类信息在内的，面向各类用户，以满足专业人员多方面信息需求为主体目标的信息服务的完整的社会体系。网络信息服务的一大基础就是社会需求及技术变迁，我国政府的网络信息服务已经发展成为涵盖经济、文化、科技和管理等在内的、面向各类公众的完整体

---

① McAfee. 2017 年全球云计算安全报告［EB/OL］.［2019-10-12］. http://www.cbdio. com/BigData/2017-06/14/content_5538356.htm.

② McAfee. Navigating a Cloudy Sky——Practical Guidance and the State of Cloud Security ［EB/OL］.［2019-10-12］. https://www.mcafee. com/enterprise/en-us/assets/reports/restricted/ rp-navigating-cloudy-sky.pdf.

③ Congressional Research Service. Overview and Issues for Implementation of the Federal Cloud Computing Initiative：Implications for Federal Information Technology Reform Management ［EB/OL］.［2019-10-12］. https://ipmall.law.unh.edu/sites/default/files/hosted_resources/crs/ R42887_140122.pdf.

系，以满足公众多方面的需求。当前，我国社会信息服务体系的变革集中体现在网络信息服务的社会化发展上。网络信息服务体系的演化，使得原有的管理、监督体系难以适应整个行业的发展，由此提出了在管理体制改革中确立网络信息服务的社会化监督问题。

1.3.1 网络信息环境治理的社会化发展

网络信息服务与其他行业一样也需要治理。信息对用户作用的特殊性和网络信息服务的知识性、创造性与风险性，决定了网络信息环境治理的特殊效能和作用。面对信息化的国际环境，科技、经济发展和社会进步对社会化信息服务不断提出新的要求，致使以现代信息技术广泛应用为前提的网络信息服务的新的社会化组织机制得以形成，这种机制决定了网络环境治理的基本内容和组织模式。从全局看，我国的网络信息服务业正处于以部门、系统服务为主体的封闭模式向开放的社会化信息服务组织模式发展的转型期。由此提出了建立和完善与社会化网络信息服务相适应的管理体制的要求，其中的一个突出问题便是实现对社会化网络信息环境的治理，以保证网络信息服务的健康发展和社会各方面信息需求的全面而有效的满足，即随着社会信息化以及由此引发的信息服务社会化与产业化，有效实施信息服务的全方位治理已经成为关系社会发展全局的一大问题。

在以部门、系统为主体的网络信息服务模式中，其服务治理主要以监督方式实现，其监督在部门或系统内部进行，监督活动被视为服务管理的一个方面。在我国网络信息服务监督中，长期以来，科技网络信息服务监督由国家科技管理部门组织实施，即通过部门按管理要求进行服务质量、资源利用等方面的监督；经济网络信息服务的监督由国家计划与经济管理部门在系统内实现，主要对经济信息的来源、数据的可靠性和信息利用进行监督；其他专门性网络信息服务，由于以各专业系统为主体进行组织，其监督均纳入相应的专业管理体系，实现以业务为依托的监督。在这一体制下，我国的图书馆文献网络信息服务由文化部进行总体控制，按图书馆所属系统，区别公共图书馆、专业图书馆、部门图书馆和单位图书馆进行基于治理的监督。此外，研究院所、学校、企业和其他事业单位的信息服务，基本上由各单位管理，按各自所属的系统、部门实施服务监督。显然，这种治理监督与我国 1956 年以来，直至 20 世纪 90 年代的信息服务体制、体系和利用形态相一致，在以往的发展中，尽管服务监督内容不断扩展，其组织形式随着网络信息服务体制的改革而不断优化，然而，从网络信息服务业组织模式上看，服务监管仍处于相对封闭的以部门和

13

系统为主体的监督状态。

从综合角度看，以部门和系统为主体的网络信息服务监督具有以下缺陷：

①治理分散，缺乏社会统一管理和协调。与网络信息服务的部门化组织相适应，网络信息服务的监管由各系统主管部门自行组织，系统之间缺乏有效的监督沟通，从而导致监督标准与监督内容的部门差异。

②服务治理机构不健全，且治理监督职能未能充分发挥。在以部门、系统为主体的网络信息服务体系中，服务监督机构往往从属于业务管理部门，其监督主体与业务主体是合二为一的。这种自我监督的网络信息服务组织体制使监督职能受到多方面限制，难以达到完整而有效的监督效果。在部门或系统内部，这一矛盾多依赖于行政管理和干预的手段加以解决。

③治理具有较强的部门特性，从全面治理角度看，监督的社会通用性不强。分散监督具有较强的部门特性，针对网络信息服务所进行的监督存在部门、系统之间的差异，难以在社会范围内实行统一的标准，解决具有共性的监督问题。

④网络信息服务治理内容和体系有待完善。网络信息服务监督基础上的治理内容由服务业务及服务中的各种基本关系所决定，我国的网络信息服务监督主要从管理角度围绕传统的文献信息服务业务展开，其他监督处于从属地位，因而监督的内容和体系基本上与传统的网络信息服务业务及其基本关系相对应，在网络信息服务业务不断拓展的今天，这种监督状况亟待改变。

以上情况说明，在网络信息服务社会化、产业化的发展过程中，传统的监督体制与模式已无法适应现代网络信息服务业的发展需要。同时，社会的技术监督部门和其他监督部门也难以在现有职责范围内实施对网络信息服务业的有效监督，由此提出了网络信息服务业发展中网络信息服务的社会化监督以及基于监督的治理转型问题。

社会信息化和用户信息需求与服务利用的社会化，不仅导致了网络信息服务的社会化，而且确立了网络信息服务业作为一大行业的社会体系，其网络信息环境治理逐步突破了以部门为主的封闭模式，转而形成开放化、社会化的服务管理与监督体制。

与发达国家相比，尽管我国网络信息服务的社会化程度还不高，其现代化发展起步较晚，但在改革开放中随着科技与经济的迅速发展，社会化网络信息服务取得了重大进展，呈现出与社会信息化和国家安全体制相适应的发展格局。事业型网络信息服务部门的改革和产业型网络信息服务实体的发展，意味着包括信息资源开发、组织、提供和信息保障与咨询在内的面向科技与经济主战场的社会化网络信息服务体系正在形成和完善。与此同时，社会化网络信息服务由于依托知识经济，其产业化程度迅速提高，从而形成了以网络信息服务产业和市场发展为标志的现代化网络信息服务业体制。

网络信息服务业新的发展机制的形成以及以技术为基础、以需求为导向的社会信息网络的建设与普及使用，导致一系列新问题、新矛盾的产生。其中，在服务管理方面，服务的技术应用、资源开发、质量控制、污染防治以及各方面权益安排与保护，有待实施有效的协调与治理。只有治理有效，才可能在处理各种矛盾中促进社会化网络信息服务的有序开展。

在以网络信息服务开放化、市场化与高技术化为标志和以需求为导向的行业发展中，由于缺乏与之相适应的社会治理，使得信息服务中信息提供不实、不全、不规范，服务质量低劣、用户权益受损，信息安全问题以及网络污染和网络犯罪处理不力的现象难以避免。这说明，网络信息环境治理的社会化必须与社会化网络信息服务的开展同步。

从部门治理为主体转向社会治理为主体的网络信息服务治理的变革，并不是目前部门、系统监督的局部改革，而是确立新的社会体制。这种改革必须解决目前监督中的问题，克服传统网络信息服务治理的缺陷。

1.3.2 网络信息环境社会化治理

网络信息服务的社会化治理是指在社会范围内，在国家政府部门的监控和管理下，根据客观的标准、规定和准则，通过相关机构、组织和社会公众对信息服务的提供方、接收方、相关方的社会行为、行业服务、权益保障及其作用进行检查、评价和约束的一项社会化工作。

网络信息服务的社会监督特点除由网络的物理结构、技术结构、资源结构、服务结构和用户结构决定外，还由网络信息服务的组织模式和作用特征等方面因素决定。这些客观存在的作用因素决定了网络信息服务的治理特征，具体如下：

①趋时空特性。网络信息服务超出时空的限制，无论何时何地，用户都可以从网络中获取所提供的服务。国际互联网上分布于世界各国各地的数字化信息已联成一体，其资源利用已打破国家和地域的限制，由此形成了信息服务中的跨国界数据流；用户可以不受时间限制，利用网络服务从事各自的业务活动。网络信息服务的超时空特性是传统服务所不能比拟的，这一特点决定了网络信息环境治理上的跨国界、跨地域和超出时间限制的全时管控模式。

②高技术特性。网络信息服务的前提是信息资源的电子化、数字化和通信

的高速化与网络化，正是在这一基础上网络服务业务得以开展，也正是基于现代信息技术，出现了网络信息资源的污染、网络犯罪和有碍于服务的行为。可见，无论是在服务的组织、利用上，还是在信息污染防治、犯罪控制和国家安全与公众利益的维护上，必然借助于高技术手段。这里应该强调的是，基于高技术手段的服务一旦出现问题，其处理与监控技术难度远大于服务的组织难度。这意味着网络信息服务的高技术特性决定了对服务监督技术的特殊要求，使得"技术监督"成为其监督的一项基本保证。

③组合特性。网络信息服务不是一项内容单一的服务，它集网络通信、资源开发、增值服务和其他专门服务于一体。在服务组织上，主要的服务经营商包括网络通信经营服务商、网络代理服务商、在线信息服务商、信息内容服务商、网络业务经营商等。服务经营者的相互依赖和合作与竞争的业务关系，决定了服务组织上的复杂性，由此带来了环境治理的难度。这一情况说明，网络信息环境治理也应该是综合的，即对某一服务的治理不仅在于监管这项服务本身，还应该从这一服务的组织环节和业务关系出发，针对产生问题的根源进行监管，从根本上解决问题，促进服务的有效组合和发展。

相对于上述以部门、系统为主体的监督，网络信息服务的社会监督也具有其独特的社会属性特征，具体表现在下面几个方面：

①开放性。网络信息服务的社会监督必然打破部门和系统的界限，与信息资源的社会化共享和信息服务的开放化体系相适应。这一监督模式是封闭式监督体系的彻底变革，是网络信息服务社会化发展的需要。

②行业性。随着网络信息服务的市场化和信息经济的兴起，网络信息服务业已成为社会瞩目的，关系科技、经济和其他行业发展全局的行业。与网络信息服务业的行业机制和结构相适应，其社会治理随之带有明显的行业性质。这一特性是网络信息服务行业活动与市场化经营体制所决定的。

③系统性。网络信息服务随着需求的多样化和全方位发展，其业务组织涉及信息资源的深层开发、信息技术的全面利用和服务业务的全面开拓。与传统的分散监督相比较，现代社会的网络信息环境治理不仅监督面广，而且与社会各部门联系密切，即具有全面、系统的特点。

④适应性。网络信息环境的社会治理的适应性是指治理的技术标准国际通用，某一国家的网络信息环境治理体系、体制与办法必须适应国际信息化环境，各部门、系统的辅助性监督必须与社会治理相协调，而且现有治理体系还应适应未来信息服务业的发展。治理的适应性从根本上由网络信息服务体制、体系的变革所决定。

1.3.3 网络信息环境社会化治理中的行为监督

以互联网发展、应用与普及为标志的互联网服务正改变着社会经济、科技和文化发展的面貌，由此带来了网络电子业务和网络经济的繁荣。网络信息服务在 21 世纪更加迅速发展和应用已成为不争的事实。然而，在网络服务产生正面效应的同时，其负面效应和网络信息行为的失控现象也十分突出，因此对网络信息服务的社会监督、管理和控制问题便显得尤为重要。网络信息服务存在的问题主要包括以下几个方面：

①网络侵权。互联网信息资源共享有别于传统的信息资源共享模式，不加限制的信息共享导致对信息主体权益的侵犯和利益损害。网络上的信息侵权主要表现在：①国家秘密的网上泄露，其危害及影响面远大于其他传播方式的泄露，直接危害国家安全和国家利益。②个人和组织秘密泄露造成对其主体的侵害。③通过网站传播具有知识产权的论著或其他信息，是对知识产权主体的侵犯。

②网络犯罪。在网上传播有损于社会道德的污染信息和严重的侵权行为本身就是一种犯罪。网络犯罪的主要形式还有：①网上诈骗，即利用网络信息传播，进行金融、交易等方面的诈骗活动。②入侵政府部门、企业或其他部门的网站，利用修改指令和基本业务信息的手段谋取不正当利益。③其他形式的犯罪，包括网络电子商务和其他业务中的犯罪等。

③价格欺诈与垄断。互联网经营业务广泛，既包括网络接入服务(ISP)，又包括信息内容服务(ICP)和其他基于多种业务的服务。由于网络信息服务的综合性和多层面的定价模式，经营者之间的不正当竞争和面向最终用户的服务定价往往处于无序状态。与其他服务相比，经营者的价格欺诈和垄断的存在更为严重。欺诈和垄断的直接后果是造成网络服务的不合理和不平等交易，直接影响网络服务社会效益的发挥。

④服务技术质量。它主要存在于技术和服务两个方面：网络接入通道和技术条件的差异，导致用户利用网络服务的技术差别，如我国用户(特别是一些专网的接入用户)，由于通道拥塞，不仅接入速度慢，而且无法利用高质量的服务业务；对于网络信息组织、提供、发布与交流等方面的服务，"网络"所提供的服务质量参差不齐，服务上鱼目混珠的情况比较普遍。

此外，网络信息服务的现存问题还包括服务的标准化和服务管理问题。标准化程度不高和管理失控，使网络信息服务的利用受到不应有的限制等。而网络信息服务社会化监督的目的就在于，通过监督的系统组织与实施，从社会角度对构成服务的各个环节和对象进行监控，在网络的社会化利用中，构建系统化的社会监督体系，保证监督的协调性和有效性。可以说网络信息服务的社会监督是维护网络秩序，确保信息服务业务有效性，防止各种不正当行为发生的重要保证，具体表现在以下几个方面：

①通过社会监督才能实现网络信息服务的社会保障目标。监督网络信息服务并不是限制服务的发展，相反，它是限制不利于网络信息服务的社会化发展和业务开拓的行为，控制对网络信息资源的污染，改善网络信息组织与服务的社会环境、技术环境、信息环境与物质、技术条件，实现网络信息服务的社会保障监督目标。

②通过社会治理才能实现有效保障国家利益、公众利益和用户权益的目标。网络信息服务必须使国家、社会公众与用户受益，任何损害国家安全、国家利益、社会公众与用户利益的行为都应得到及时制止，否则就失去了网络存在的意义。"利益目标"的实现要求在社会监督过程中及时发现问题，建立有效的利益保障监控体系，并在制度上确保监督目标的实现。

③通过社会治理才能维持正常的网络信息服务市场秩序。网络信息服务的复杂性、管理上的多元性和当前存在着的某些无序状态，要求进行网络信息服务市场竞争、经营环节和运作的监督，达到保护网络信息服务市场、约束各方面行为、建立有序的运作秩序、促进网络信息服务逐步完善和开拓以网络为基础的新型业务的目的。

④通过社会监督才能实现促进信息技术进步的目标。网络信息服务对信息处理、网络通信和管理控制技术具有强烈的依赖性。淘汰过时技术，采用创新技术是获取社会经济效益的关键。对网络服务技术和技术质量的社会监督应以促进网络服务持续并稳定的发展为原则，在从全局到局部问题的处理上，实现标准化技术监督的总目标和具体目标。

总之，网络信息服务社会治理中的监督定位是以促进网络及其信息服务的发展、改善条件、保障网络信息服务的社会效益的实现为前提，从而实现以信息服务为基础的网络经济发展监督的总目标。

1.4　网络信息环境社会化治理的目标与原则

网络信息环境治理的社会化是社会进步和信息经济与信息服务行业发展的必然结果，其社会化治理的目标与原则由社会及其信息服务业机制所决定。

1.4.1 网络信息环境社会化治理的目标定位

网络信息环境社会治理的实施，旨在通过规范化、制度化和强制性的手段，按客观、公正的标准对相关客体进行监察，以确保社会化信息服务正常而有序地开展。在社会信息化和知识经济快速增长的时代，信息服务业已成为关系其他行业发展的基础性行业，对其实施有效的社会治理又是发展社会经济、科技与文化的重要保障。可见，网络信息服务的社会监督，应从社会发展全局出发加以组织，由此确定治理的社会目标。

网络信息环境社会化治理的总目标是，通过治理实现网络信息服务行业运行的规范化、高效化，不断提高网络信息服务质量和服务效益，促进信息资源在社会范围内充分而合理地利用，在实践中强化社会各方及成员自我约束信息行为的意识，形成有利于网络信息服务社会化共享和充分利用信息资源的行业运作机制。由于社会化监督目标具有多元性，所以目标实现中的要求也是多方面的。就当前情况而论，我国网络信息环境社会治理目标可大致概括为以下几个主要方面：

①维持正常的网络信息服务秩序。网络信息服务的社会化开展要求在一定规则的约束下规范各有关方面的行为，这就需要按规则组织社会监督活动，限制违规行为的发生，以建立网络信息服务市场经营秩序、信息资源利用秩序和网络信息服务正常的管理秩序，防止服务中的混乱和无政府现象的发生。

②解决网络信息服务中的各种纠纷。部门内部网络信息服务中的纠纷通过内部管理来解决，社会化信息服务中服务者与用户之间的纠纷则需要通过社会仲裁管制来解决。这些纠纷，诸如因"服务"所提供的信息有误导致用户利益受损、服务行业中的不正当竞争、服务者或用户所拥有的信息资源被他人不正当占有、服务技术达不到规范要求等，对这些问题引发的矛盾，要求通过社会监督加以解决。

③保护社会信息环境和社会共享的信息资源。基于现代通信与信息处理技术的全球化网络发展和普及使用，为信息跨越时空的自由发布提供了条件，在促进用户交流的同时，使得信息流动难以控制，其信息污染愈来愈严重。在网络信息服务组织中，有害、污染信息的传播不仅直接有损于社会，而且直接影响信息资源的开发与利用。因此，净化环境、防止污染、保护资源已成为网络信息服务社会化监督的又一基本要求。

④控制信息犯罪活动。在社会的信息化发展中，与"信息"有关的犯罪行

为愈来愈突出，如股市中上市公司信息的不正当披露、网络中的黑客行为、对国家秘密的侵犯、对他人知识和信息产权的非法占有等。这些在犯罪中占相当大的比例，这就要求通过服务监督，控制相关的犯罪活动，限制由于信息技术发展引发的新的技术犯罪发生。

1.4.2　网络信息环境社会化治理的组织原则

除网络信息环境治理的基本要求外，网络信息环境治理必须全面、及时、合理。要达到这些要求，必须坚持正确的组织原则。从客观上看，实施社会化信息服务监督，应在组织原则上考虑涉及社会信息活动的基本方面和基本的社会关系，解决这些问题的基本思想便是我们应坚持的原则。

①公开原则。以现代信息技术为依托的网络化信息服务的开展、信息咨询业务的开拓与经营、信息资源开发服务的开放化组织模式的形成，以及以信息共享需求和专业化需求促动下的公益性服务开放化、公开化已成为信息服务业的发展主流。网络信息服务组织管理的公开化，从客观上确立了对服务实施公开监督的原则。只有"公开"，才可能适应现代信息服务发展的主流。网络信息服务的"公开"治理指"治理"在一国公开、在国际上实行接轨；各国的治理可通过国际性机构协调。

②公平原则。现代网络信息服务内容的丰富、服务对象的多元、服务结构的复杂，意味着实施治理的主体和接受监督的客体之间的联系愈来愈密切，从某种程度上说已呈现出错综复杂的关系网络。例如，网络中的网站经营者既是面向访问者开展服务的服务者，同时在信息资源组织中又是利用相关的网络资源开发服务的用户。如果某一问题引发纠纷，很可能涉及多方这类问题，在社会化监督处理中稍有不当，就很难做到"公平"。可见，在治理中必须将"公平"原则放在突出位置。

③法制原则。信息立法和信息服务立法是我国自 20 世纪 80 年代以来，学术界和实际工作部门讨论较多的一个问题。在社会化信息服务中，其治理的基本依据和准则必须是"信息法律"，这是我们讨论社会监督的基本出发点。坚持"法制"原则，实施服务监督的要点是，根据国家法律建立信息服务法制体系，确立在法律基础上的网络信息服务法制监督体系，实施对执法者的有效监督，以便在法律原则上解决基本的监督问题。另外，法制治理中的又一重要问题是法律有效性和适用范围，保证监督基本问题的解决有法可依。在健全服务监督体系时这一问题十分突出。

④利益原则。网络信息环境的社会治理还必须以维护服务有关各方的正当

利益为前提，这一前提便是我们所说的利益原则。如果脱离"利益"，其监督将失去其应有的社会作用与功能。"利益原则"集中反映在国家信息安全和国家利益的维护、用户接受服务中正当权益的保护、服务者开展服务的基本权利的享有以及用户与服务者之外的第三方不受因服务而引起的不正当侵犯。只有在监督中坚持各方正当利益和权利的维护，才可能体现信息服务的社会有益性，据此，利益原则应贯穿于信息服务监督的始终。

⑤系统原则。社会化网络信息服务的监督是一项系统性很强的工作，不仅涉及信息服务的各种基本业务、业务环节和业务过程，而且涉及各有关方面的主体与客体。这就要求在建立社会治理体系中，考虑多方面社会因素的影响，从全局出发处理各种专业或局部问题，避免局部可行而全局不可行的情况发生。这样，才有可能寻求对社会发展最有利的环境治理体系与监督措施。

⑥发展原则。网络信息环境的社会治理体系一旦形成，在一定时期内应具有稳定性，但这并不意味着社会监督将永远不变。事实上，随着新的信息服务技术手段的出现，由需求变革引发的新的信息服务业务的产生和社会信息发布、利用基本关系的变化，必然导致原有监督内容、关系和体系的变化，从而提出构建新的社会监督体系或改革原有监督办法的问题。面对这一情况，网络信息服务监督必须立足于未来的社会发展，使之具有对未来的适应性。

从总体上看，网络信息环境的社会化治理还必须坚持可行性原则，即一切从实际情况出发，使社会监督符合国情，既具有可操作性，又具有对国际信息环境和社会进步的适应性。

1.5 网络信息环境社会化治理的组织架构

在网络环境的社会化治理中，一是社会化组织框架的构成，二是治理中的监督内容与方式，三是社会化治理的实现路径。基于政府信息公开监督理论、网络信息服务监督理论、社会监督理论以及公共服务社会监督理论，可进行基本的治理组织规范。

1.5.1 信息环境治理的法律基础与行政保障

宪法是国家的根本大法，指在政治上具有民主自由的要求以及国家权力机关分立和互相制约的章程。① 国外在宪法上对于信息公开的规定，主要通过判例方式确认，或是由专门的条文确认。② 如日本《宪法》第二十一条规定知情权受到保障，泰国《宪法》(1997)第五十八条规定人人应当有获得国家机构公共信息的权利。中国的宪法也有规定知情权是公民基本权利，而政府最基本的义务就是信息公开。③

政府主导的公开治理是行政法规定的基本途径，行政法作为调整政府和社会间关系的法律，最初的行政法强调个人本位，公共利益和个人的利益是冲突的，所以政府和公民在行为上的关系是命令或控制和服从的关系。这种行政主要目标就是管理，具有一定的强制性。自20世纪以来，行政法主要是社会本位，公共与个人的利益在价值判断上较为一致，政府和公民的关系转为服务和合作。④ 这种从强制转向服务的行政法价值理念变化的一个重要体现就在于日益重视保障人民的权益，而信息公开治理就是满足参与权的一个体现。因此，行政手段及行政目的的变化在一定程度上要求信息治理必须公开，这体现着为民服务的宗旨。

国际法是调整国家与国家间关系，通过国际程序形成的有约束效力的规章及相关规则的总称。⑤ 它是一个特殊的独立体系，人权属于国际法保护范畴，这种国际保护对实现基本的人权方面进行保证，同时对侵犯该权利的行为进行惩治。⑥《世界人权宣言》中规定，每个人都有权利和自由发表自己的意见而不受干涉。2001年欧洲理事会也制定规章，保障公众获得欧盟的信息的权利能够实现。⑦ 联合国人权委员会2000年的报告中指出，各国应修改法律或制定新法律保证公民能够获得政府的信息的权利，主要原则有：应出版或传播涉及公众利益的文件，保障信息自由；不得以保全政府的面子或掩盖一些违法行为而拒绝公开信息等。⑧

当然，还有一些其他的理论，从经济法的角度，信息是一种公共产品，信息生产有代价，但是信息的传递却费用不高，因此，消费者愿意也希望作为信

① 龚祥瑞. 比较宪法与行政法[M]. 北京：法律出版社，2003：16.
② 刘恒. 政府信息公开制度[M]. 北京：中国社会科学出版社，2004：3.
③ 王勇. 政府信息公开论[D]. 北京，中国政法大学，2005：30-33.
④ 叶必丰. 现代行政行为的理念[J]. 法律科学：西北政法学院学报，1999(6)：46-55.
⑤ 梁淑英. 国际公法[M]. 北京：中国政法大学出版社，1993：13.
⑥ 王铁崖. 国际法[M]. 北京：法律出版社，1981：262.
⑦ 张明杰. 开放的政府——政府信息公开法律制度研究[M]. 北京：中国政法大学出版社，2003：99.
⑧ 王勇. 行政诉讼主要程序的经济分析[J]. 现代法学，2004(1)：13.

息的"搭便车"人①，因此，政府需要在信息的市场上加强治理，不断增强治理的力度。同时，政府的治理保障的法律主体主要包括立法机关、行政机关、司法机关及社会公众。在立法机关监督上，立法机关预防性法律机制的建立可以有效监督法律的实施，促使法律实施取得更好的社会效果，从而监督保障制度的运行。立法监督的保障效果有一定局限性，不仅需要有良好的法治环境，也需要有一整套完善的立法体系。

1.5.2　网络信息环境治理的内容与途径

网络信息环境的社会治理针对网络信息服务存在的问题及其产生原因进行组织，其思路是：从服务环节上治理网络信息服务的过程；从服务主体与客体上治理信息服务经营者和用户；从社会治理主体上治理实施服务管理的部门；从环境上监督与网络信息服务相关的公众与他人行为。鉴于治理对象的相互作用以及在网络信息服务组织与经营管理上的整合，可以设想采用以问题为中心、控制行为结果的网络信息服务监督模式，以此确定治理的主体内容。根据整合治理的思路，网络信息环境治理内容可作以下归纳：

①信息污染治理。从优化信息服务的环境出发，监测不符合社会道德的有害信息在网上的产生，控制其传播和不良社会影响的发生；同时，监督信息资源开发、加工中的不正当行为，保证信息的客观性、准确性，防治信息加工中的污染。

②网络侵权治理。对网上交流信息进行安全监控与检查，维护国家安全和国家利益；对网络发布信息的主体行为进行监督，防止信息侵权和对他人权益的侵犯，以维护基本的网络利用权益。

③网络犯罪监督。针对基于互联网的金融、贸易、开发和其他商务或业务的开展，按法律监督其犯罪行为，寻找犯罪证据，为打击、惩罚和控制犯罪提供事实证据。

④服务价格治理。根据互联网信息服务的组织机制与价值、价格规律，进行网络接入服务、信息内容服务、增值服务和其他业务服务的价格认证，在政策、法律基础上处罚不正当价格行为，保护网络信息服务市场价格的合理性。

⑤服务质量治理。包括对服务技术标准及使用的监管，以及对网络信息服务质量本身的监督两个方面。通过监督发现引发质量问题的因素，进行质量控

---

①　[美]罗伯特·D. 考特，等. 法和经济学[M]. 施少华，等，译. 上海：上海财经大学出版社，2001.

制与处罚。

⑥其他治理。包括网络信息资源的社会共享、利用的治理和与网络经营有关的社会行为监督等。其治理内容由网络服务产生的新问题决定。

根据网络信息环境治理的内容和要求，强调以下途径的组织：

①政策手段。网络信息服务环境监督首先需要国家政策作保证。国家颁布网络信息服务政策，一是制定网络信息服务的总原则、内容、要求与组织服务方式，进行管理上的政策导向，二是制定政策执行及政策监督范围，制定执行监督规范。从服务业务环节上看，国家政策应在网络环境建设、网络开发、技术组织、资源组织、信息利用、国际合作、网络使用以及集中管理等方面规定网络监督的实施办法。

②法律手段。网络信息环境的社会影响、作用以及网络服务问题的特殊性决定了必须采用法律强制手段进行网络信息监督。一是要明确依法治理的对象和范围；二是针对网络服务中的法制监督问题，制定包括信息产权保护、信息资源共享、信息污染防治和信息犯罪处理以及网络信息服务市场与价格管理在内的法律体系，确保网络监督有法可依，达到依法行事的目的。

③技术手段。技术手段的应用在网络信息环境治理中的作用是其他手段无法取代的，信息污染、信息犯罪以及其他问题的技术特性决定了必须应用"技术"手段进行检测和监控，其中诸如信息犯罪控制、信息污染防治、信息环境控制、信息权益保护，可以直接利用技术手段进行。当前的问题是，根据信息技术和网络信息服务的发展，进行网络监督技术的同步开发，以期达到预期的监督效果。

④舆论手段。对网络信息的有效监督需要社会公众参与，任何脱离公众舆论的监督都有着局限性。利用舆论手段进行监督的作用在于优化服务环境，创造有利于网络发展和服务利用的社会氛围，为行政监督、法律监督和技术监督的实施提供社会舆论条件。

⑤伦理道德手段。网络社会是现实社会的虚拟化，现实生活中应当遵守的伦理道德在网络信息服务提供的过程中一样适用。通过伦理道德的监督，调整网络空间中的人际关系，使人们在网络空间中树立起合理的价值观念，规范网络信息的行为，形成良好的网络秩序，有助于促进网络信息服务行业的进一步发展。①

---

① 谢朝蓉. 浅议网络信息服务监督中的伦理道德监督[J]. 经济与社会发展，2003（8）：129-130.

24

在制度保障中，人民主权的行使是其中的基础。人民主权理论是网络信息环境治理的基石。以人民主权理论为逻辑起点，可以衍生出以下三种观念：

①由于人民享有国家主权，因此国家最高权力属于人民。一切权力皆出于人民的同意和授予。任何未经人民同意或授予的权力形式都是不合法的。所有合法的权力形式都出于人民，因此，人民对任何权力形式都必然拥有监督权力。这种监督权力是人民在权力授予过程中自然形成的。

②由于人民是国家的主人，人民的利益高于一切。这一人民利益高于一切的观念为权力行为主体在行使权力过程中指明了方向，并限定了边界。一方面，维护和实现人民的利益是所有权力行为主体存在的意义，任何权力行为主体在行使国家权力的过程中，务必要始终以人民的利益为出发点和归宿点。当一种权力的行使无法满足人民的利益要求，它也就失去了其赖以生存的合法性基础。

③人民有权将部分权力委托给特定的权力行为主体。在现代国家，人民作为一个整体享有国家主权，但不可能完全参与到权力的行使过程中。人民需要将权力委托给特定的权力行为主体，由这些权力行为主体代理人民行使权力。

民主行政理论中最重要及最突出的是社会公平感，首先表现为公共利益最大化，也表现在制定相关的规章制度使得公民能够参与重要的决策制定。该理论非常重视价值，它摒弃行政中立原则，认为脱离政治的行政及脱离行政的政治都不可取。这是一大根基所在，民主行政必须要予以保障。当然，民主行政理论也强调公共利益，要从广大民众利益出发，做出合理的决策，达到各方面平衡。在利益得到保障的基础上，强调公民积极参与，该理论主张，公民要参与行政，作为积极的参与者投入公共领域的治理中。①

自古以来，人们就深刻地认识到了权力具有自我膨胀和无限扩张的天性。"权力使人腐败，绝对的权力绝对使人腐败。"这是英国政治学家阿克顿勋爵关于权力的一句众所周知的名言。孟德斯鸠曾说过："有权力的人非常容易滥用自己的权力，他们使用自己的权力直到权力界限休止。"权力的这种天性在实践中也正如人们所言，权力一旦获得独立的人格属性而不受任何其他力量的制约，势必在自身欲望的驱使下寻求利益的最大化。因此，对权力的制约就显得不可或缺。而权力制约理论也正是基于权力的这种自我膨胀和无限扩张的天性被提出来的。总体而言，对权力的制约具有两种形式，一种是通过政治系统内部的制度设计来实现权力之间的分权和制衡；另一种形式是通过规范政治系统

① 周建平. 我国政府信息公开实践的历程[J]. 理论学习，2007(3)：31.

外部的各项公民权利来限制权力运行的边界，从而实现制约权力的目的。

社会治理便是基于以权利制约权力的观念产生的。治理本身就是对权力的一种制约形式，人民群众作为国家主权的所有者，以国家主人的身份监督权力的行使，国家依法具有保障公民监督权利的责任和义务。一方面，社会组织或公民个人可以通过维护自身权利的形式对国家权力侵犯自身或社会集体利益的行为予以揭发、检举、控告；另一方面，社会组织或公民个人也可以积极主动地参与到政治生活中去，对国家权力的行使进行批评、建议。两种社会监督形式都形成了公民权利对国家权力的制约，因此，社会监督正是权利制约权力的具体表现形式之一。

2 网络信息环境治理的社会机制

建立完善的网络信息环境治理机制，是网络信息服务发展的重要保障。它不仅有助于保护网络信息生产者、提供者和用户的合法权益，还可以起到规范网络信息服务、保护网络信息安全、促进其健康发展的作用。

2.1 政府主导下的社会化治理机制

对海量而复杂的网络信息的监管，最通常的方法就是通过立法来确定网络信息服务规范，同时设定和采用具体的行政管理手段，两者的有机结合，构成了当前中国网络信息服务政府监管的主要方式。然而，对网络信息服务实施有效监督需要社会公众的参与，任何脱离公众舆论的监督都有着局限性。因而，应通过构建博弈模型，对政府监管与社会治理的内在关系进行分析，旨在构建政府主导下的社会化网络信息环境治理机制。

2.1.1 政府主导的必要性与有效性

政府在网络信息环境治理中具有十分重要的作用，因而需要明确政府主导下的制度完善，任何政策的颁布都是相关利益体之间多次博弈的结果。基于此，拟借鉴 Becker(1983)模型提出具体的思路。

在网络信息服务中，政府监管的主体有三类，一是服务组织者，二是网络信息设施提供商，三是信息利用者。一般情况下，政府监管的目标在于保护公共利益，对网络信息服务提供商的相关不良行为进行抑制。所以说，政府监管越强，提供商的相关违规收益将会减少，这部分减少将会被转移到用户效益之中，从而使用户财富增多；反之，政府监管越弱，提供商的相关违规收益将增多，这部分增多的财富则是从用户财富中转出得到。基于这种情况，网络信息

27

服务提供商违规得到的超额财富与用户财富损失之间存在着相关关系，即这两个财富符号相反，绝对值相等。最终，把政府监管对于消费者财富的保护作用等价于政府监管对于网络信息服务提供商违规查处的作用，即政府监管使得网络信息服务提供商的违规财富减少，进而使得公共财富增多。

在网络信息环境治理中，博弈模型基本假设如下：

①假设博弈的双方为网络信息服务提供商与政府部门，而政府负有对社会公共安全与合规收益保护的责任，基于理性人的假设则是，博弈双方都会以各自利益最大化为目的。具体而言，网络信息服务提供商对守法、不违规和违法违规的选择要取决于守法和违法之间成本和收益的差以及对风险的偏好。一般情况下，当信息消费者从事违法行为的预期效用大于将时间及其他资源用于从事守法行为所得的预期效用时，其从事违规活动的风险更大；反之，便会从事守法活动。同样，作为网络信息服务市场的监管者和治理者，在做出是否监管的决定时，依据的也是监管与不监管的预期效用大小以及对风险的偏好。

②网络信息服务提供商与政府监管部门的选择策略。网络信息服务提供商存在两个选择策略：违规与不违规进行生产活动。政府监管部门也有监管与不监管两种选择，但是政府部门选择这两种策略受到外在环境的影响，其中最重要的一个因素是外在政府监管质量。一般情况下，外在政府监管质量越强，政府部门选择监管的可能性越大，也就是说，政府部门的监管是政府监管质量的增函数。

③假设信息是完全的，双方知道彼此的策略空间和效用函数。然而，在现有制度背景下，网络信息服务提供商很容易与政府部门形成合谋，以达到双方利益最大化。但是，随着目前反腐工作的深入开展，使得研究模型变得简单易行，本研究认为政府部门与网络信息服务提供商之间不存在合谋，不会相互合作，故该博弈模型属于完全信息的不合作博弈。

④假设网络信息服务提供商合法、不违规经营，无论政府部门是否实施监管，其收益都是固定的。如果网络信息服务提供商存在违规行为，那么政府部门有可能对其进行监管查处。但是目前中国网络信息服务提供商众多，不是所有违规行为都会被监管查处，这取决于监管部门对于违规行为的判断概率以及现有政府监管质量的强弱(相关制度完善及执法强度)。基于此，一方面，进一步在模型中假设网络信息服务提供商进行违规行为被查处后，不仅要没收所有的非法所得，还必须接受其他的惩罚(包括物质上与精神上的)；另一方面，政府监管与治理部门进行监管查处时，也需要花费一定的成本，如果能够监管查处相应的违规网络信息服务提供商，将会受到一定的物质与精神上的奖励

（上级部门与信息服务消费者）。

⑤假设网络信息服务提供商进行违规行为所得到的超额收益为 Y，如果网络信息服务提供商被监管查处，将会带来声誉上的损失 S 与政府监管部门对他的惩罚 F，所以 $-S-F$ 是网络信息服务提供商进行违规行为被政府监管部门查处后的损失。另外，假设政府监管部门进行监管的成本为 C，如果监管部门对网络信息服务提供商的违规行为进行查处成功，则会获得 W 的收益，所以 $W-C$ 为监管部门的净收益，但是 $-C$ 为政府监管部门对不违规网络信息服务提供商进行监管的收益。在混合战略的纳什均衡下，假设外在环境政府监管强度为 T，监管部门实施监管的概率为 $p(T)$，它是外在环境政府监管强度 T 的函数，并且 $p(T)>0$，不监管的概率为 $1-p(T)$。网络信息服务提供商进行违规活动的概率为 q，不进行违规活动的概率为 $1-q$。应该注意到，并不是所有违规行为都会被查处，所以假设服务提供商被查处的概率为 $m(T)$，这里的查处概率受到外在监管强度质量 T（现有制度完善程度）的影响，并且 $m(T)>0$。

基于上述分析，本小节博弈的一个战略矩阵如表 2-1 所示：

表 2-1　网络信息服务提供商与政府治理监管部门博弈矩阵表

项目	网络信息服务提供商	
政府监管部门	违规（q）	不违规（$1-q$）
监管（$p(T)$）	$m(T)(W-C)+(1-m(T))(-C)$, $m(T)(-S-F)+(1-m(T))Y$	$-C$, 0
不监管（$1-p(T)$）	0, Y	0, 0

根据博弈模型的假设以及相对应的赋值，本书对相应的混合博弈模型进行分析。对于政府监管部门来说，其预期收益为：

$$E1 = p(T)\times[q\times(m(T)(W-C)+q\times(1-m(T))(-C))+(1-q)(-C)]$$
$$= p(T)\times q\times m(T)\times W-p(T)\times C \tag{2-1}$$

得出 $E1$ 关于 $p(T)$ 的偏导，$\dfrac{\partial E1}{\partial p(T)}=qm(T)W-C$，令等式右边等于 0，得 $q=\dfrac{C}{m(T)W}$。在监管概率 $p(T)$ 取最大值的情况下，增大 $m(T)$ 有利于降低网络信息服务提供商的违规行为，由于 $m(T)>0$，所以政府监管部门强度 T 越大，$m(T)$ 值越大，网络信息服务提供商的违规概率降低，即有利于保护消费者权益。

相应地可以得到网络信息服务提供商进行违规活动的预期额外收益：

$$E2 = p(T) \times [q \times m(T)(-S-F) + q \times (1-m(T)) \times Y] + (1-p(T)) \times Y$$
$$= p(T) \times q \times m(T) \times (-S-F-Y) + Y \times q \qquad (2-2)$$

由前面的假设 $p(T)>0$，$m(T)>0$ 可知，随着外在环境政府监管强度的加大，即 T 增大，$p(T)$ 与 $m(T)$ 都在增大，那么 $E2$ 是关于 T 的减函数。所以，外在政府监管强度的增大，会减少网络信息服务提供商违规活动的预期额外收益，减少的那部分收益将会转移到消费者财富中，消费者权益增大。

综合上述分析表明，随着外在政府监管强度的增大，网络信息服务提供商违规概率降低，同时网络信息服务提供商违规的预期收益也降低，消费者权益增大，所以政府监管有利于保护消费者权益。

2.1.2 政府主导治理与社会监督的互补性

社会监督与政府主导下的治理具有互补性，选择社会治理中的媒体监督进行研究。媒体有收集、选择、整合与加工信息的功能，这种功能能够降低信息不对称，减少经济体的代理成本。由于信息收集成本的存在，在许多情况下，消费者面临着一个理性无知的悖论，因而媒体降低信息不对称的作用有着战胜"理性无知"的结果（Dyck et al.，2008）。

Dyck 和 Zingales 的研究（2002）表明媒体的关注报道通过影响企业声誉，在企业监管中发挥作用。考虑到网络信息服务提供商会采用相关决策来服务于自身私有利益，但是这些决策可能损害他们在市场中的声誉，从而受到来自法律层面的惩罚，按照 Becker's（1968）模型，当且仅当（2-3）式成立时，网络信息服务提供商将放弃他们的私利行为，

$$E(\text{个人私利}) < E(\text{声誉成本}) + E(\text{惩罚}) = \sum p_i \times RC_i + \pi P \qquad (2-3)$$

其中，RC_i 代表的是组 i 的声誉成本，p_i 为组 i 利用媒体消息了解到网络信息服务提供商行为的概率，π 为执法概率，P 为执法的处罚损失。

媒体监督影响等式右边有四种形式：

第一，通过发布消息来影响 p_i。特定的人群对于一个特定的媒体报道进行加工，从而对于网络信息服务提供商的行为进行重新定位。另外，不同的媒体报道有着不同的阅读人群，可能只对一些特定的人群产生影响，所以只会影响到部分人群的概率 p_i。根据贝叶斯准则，随着媒体报道强度的增大、媒体报道的不断更新，消费者对网络信息服务提供商的定位更加准确。

第二，媒体监督也能够影响等式右边的第二项声誉成本 RC_i。当网络信息服务提供商被媒体广泛正面报道时，其正面形象被消费者所认知，形成一定的声誉，并在网络信息服务市场拥有更好的机会。相反，如果网络信息服务提供商被媒体负面报道，会导致其声誉降低，声誉成本增大。

第三，媒体监督能够影响执法的可能性，进而影响管理层的决策(La Porta et al., 1998; Bhattacharya & Daouk, 2002)。在西方发达国家，媒体通常被看作独立于立法、行政和司法之外的"第四权"，这形成了法律制度和法律外制度(媒体监管机制)之间的良性互动关系。媒体监管能够加强政府部门的行政干预，导致政府监管强度增大，执法的可能性增大。

第四，媒体能够影响等式右边的处罚损失 P。如果媒体报道关注高，过低的惩罚将会使得民众不满，影响社会稳定。所以，对于媒体负面广泛报道的事件，处罚损失一般较高。

基于媒体监督影响等式中的四个因素，本书认为媒体监督能够影响企业管理者的自利行为，从而保护消费者的合法权益。

2.1.3 政府治理与社会监督的博弈模型

按照政府治理的分析思路，加入社会监督媒体，可构造相应的博弈论模型。

无论在发达市场，还是在新兴发展市场，媒体监督已经成为社会监督的重要形式，在社会监督中扮演着重要的角色。在社会监督下，市场中的博弈主体包括网络信息服务提供商、政府监管部门和媒体行业。这三个主体都有各自的目标，网络信息服务提供商为了追求自身利益最大化，政府监管部门为了保护消费者利益，媒体行业为了行业利益，它们之间相互博弈。因此将媒体对网络信息服务提供商违规行为的报道纳入模型，以探究媒体监督在社会监督机制中的作用。

媒体行业为了自身利益对所有网络信息服务提供商进行关注与监督，假设其监督成本为0。一旦发现网络信息服务提供商存在违规行为，就会进行报道，进而吸引读者的眼球，提高该媒体的知名度。与2.1.1中博弈模型的区别在于，如果政府监管部门对违规行为不进行查处，网络信息服务提供商的违规行为一旦受到社会监督的报道与检举，政府监管部门会因为它们的失职受到处罚，损失相应的财富。

仍然假定网络信息服务提供商进行违规行为得到的超额收益为 Y，如果上市公司被监管查处，将会带来声誉上的损失 S 与政府监管部门对其的惩罚 F，所以$-S-F$是网络信息服务提供商进行违规行为被政府监管部门查处后的损失。另外，假设政府监管部门进行监督的成本为C，如果监管部门对网络信息服务提供商的违规行为进行成功查处，则会获得W的收益，所以$W-C$为监管部门的净收益，但是$-C$是政府监管部门对不违规网络信息服务提供商进行监管的收益，在混合战略的纳什均衡下，假设外在环境政府监管强度为T，监管部门实施监管的概率为$p(T)$，它是外在监管强度T的函数，并且$p(T)>0$，不监管的概率为$1-p(T)$。网络信息服务提供商进行违规活动的概率为q，不进行违规活动的概率为$1-q$。另外，并不是所有违规行为都会被查处，所以假设网络信息服务提供商被查处的概率为$m(T)$，这里的查处概率受到外在监管强度质量T(现有制度完善程度)的影响，并且$m(T)>0$。同时，网络信息服务提供商被媒体报道检举的概率为a，假设网络信息服务提供商进行违规行为，政府监管部门没有进行查处，则政府监管部门将承受L的损失，这也是与单独政府监管不同的地方。相应的战略矩阵如表2-2所示：

表2-2 网络信息服务提供商、政府监管部门与媒体的博弈矩阵表

项目	网络信息服务提供商	
政府监管部门	违规(q)	不违规($1-q$)
监管($p(T)$)	$m(T)(W-C)+(1-m(T))(-C)$, $m(T)(-S-F)+(1-m(T))Y$	$-C,\ 0$
不监管($1-p(T)$)	$-L,\ Y$	$0,\ 0$

根据博弈模型的假设以及相对应的赋值，本书对相应的混合博弈模型进行分析。对于政府监管部门来说，其预期收益为：

$$E3=p(T)\times[q\times((m(T)(W-C)+q\times(1-m(T))$$
$$(-C)+(1-q)(-C)]+(1-p(T))\times q\times(-L)\times a$$
$$=p(T)\times q\times m(T)\times W-p(T)\times C-(1-p(T)\times L)\times q\times a \qquad (2-4)$$

相对于$E1=p(T)\times q\times m(T)\times W-p(T)\times C$，在$p(T)>0$，$q>0$，$a>0$的情况下，$E3<E1$。即在存在媒体监督的情况下，政府监管部门的预期效用下降。当政府监管部门查处不力或失职时，由于媒体监督的存在，导致政府监管部门自身效用的下降，比如政府监管部门的声誉及信任度。另外，由于$E3=p(T)\times q\times m(T)\times W-p(T)\times C-(1-p(T)\times L)\times q\times a$，为了提高政府监管部门的预期效用，他们必须不断提高自身的监管与查处能力，从而提高整个$E3$的值。因此，媒

体监督对于政府监管部门存在激励与监管的作用，政府监管部门为了自身利益更大，必须积极提高自身的监管与查处能力。

得出 $E3$ 关于 $p(T)$ 的偏导，$\dfrac{\partial E3}{\partial p(T)} = qm(T)W - C + Lqa$，令等式右边等于 0，$q = \dfrac{C}{m(T)W + La}$。在监管概率 $p(T)$ 取最大值的情况下，增大 $m(T)$ 有利于降低网络信息服务提供商的违规行为，由于 $m(T) > 0$，所以政府监管强度 T 越大，$m(T)$ 值越大，网络信息服务提供商的违规概率 q 降低，有利于保护消费者权益。然而，随着媒体监督的进入，q 与 a 呈负向关系，即媒体报道监督越强，网络信息服务提供商的违规概率越小，消费者利益更容易得到保护。另外，对于单独政府监管情况下 $q = \dfrac{C}{m(T)W}$，经过对比，同时存在政府监管与媒体监督情况下，网络信息服务提供商的违规概率更小，说明媒体监督能够有效保护消费者权益。

对于网络信息服务提供商进行违规活动的预期额外收益表达式如下：

$$E4 = p(T) \times q \times (m(T)(-S-F) + (1-m(T)) \times Y) + (1-p(T)) \times q \times Y \times (1-a)$$
$$= -p(T)q \times m(T) \times (S+F+Y) + Y \times q \times (1-a) \times (1-p(T)) \tag{2-5}$$

一方面，$E4$ 为 $p(T)$、a 的减函数，随着媒体监督 a 的增强，网络信息服务提供商的违规预期收益降低，媒体监督对服务提供商的违规行为存在限制作用；另一方面，相较于 $E2 = p(T) \times q \times m(T) \times (-S-F-Y) + Y \times q$，在 $p(T) > 0$，$a < 1$ 的情况下，$E4 < E2$，即如果存在媒体监督，网络信息服务提供商的违规活动预期收益降低，其实施违规活动的概率降低，有利于对消费者权益的保护。

综合上述分析表明，媒体监督能够作为政府监管部门对网络信息服务提供商的违规行为进行监管与查处的补偿机制，完善的媒体监督机制将有效提高政府监管效率，降低网络信息服务提供商的违规概率。

2.2 社会治理中的多主体协同机制

一般意义上的社会治理指权力系统外部的公民、非政府组织等主体，依照国家现行的宪法和法律、法规规定，借助多种渠道、多种方式对公权力或利益相关的组织、团体开展监督。网络环境下，各种信息服务功能的拓展使更多主体参与到信息服务社会监督的过程中，围绕网络信息服务体系运作构成了完整的社会监督链条。由于各主体在监督流程上的作用不同，因此，在网络信息环境治理体系中需要通过主体间的密切配合，为社会治理的实现提供充分保障。针对这一问题，网络信息服务监管者应从主体间的相互作用关系出发，制定科学的社会监督规则，实现多主体协同运作。

2.2.1 网络信息环境治理主体的交互关系

以互联网发展、应用与普及为标志的网络信息服务已经改变了社会经济、科技和文化发展的面貌，由此带来了网络电子业务和网络经济的繁荣。然而，在网络信息服务产生正面效应的同时，其负面效应和网络信息行为的失控现象也十分突出。社会监督主体对网络信息服务的监督意识受到了激发，他们主动参与服务监督的意识和意愿越来越强烈，并且开始主动通过合法途径对我国网络信息服务的生产、经营、消费和管理的全部过程进行监督、查验，社会治理机制在网络信息服务监督中的主动性逐渐显现。随着网络信息服务模式的日趋成熟，其服务环节也逐渐完善，各个主体在网络信息服务的社会监督过程中共同参与、共同监督，形成紧密衔接的社会监督链条，如图 2-1 所示。

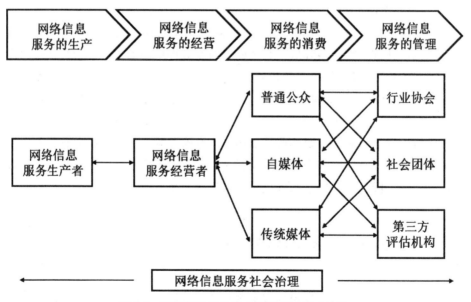

图 2-1　网络信息服务社会治理链的组成结构

网络信息服务社会治理链通过各项服务环节的有序衔接将多元主体联系在

一起,以网络信息服务为主导,共同对服务生产者、经营者、消费者和管理者进行有效治理。在社会治理过程中,各治理主体间存在复杂的交互作用关系,见表2-3。其中,网络信息服务的经营者可以是生产者,也可以是专门的经营者,如信息经纪人;网络信息服务的消费者包括普通公众,自媒体(公民个人)和传统媒体(如纸媒、网媒);网络信息服务的管理者包括行业协会、社会团体和第三方评估机构。由于主体间的内在关联和各自的行为表现会对服务质量产生不同影响,需要从相互作用机制和行为规律出发探寻有效的社会治理方法。

表 2-3 社会治理链上的多元主体交互关系

交互主体	网络信息服务生产者	网络信息服务经营者	普通公众	自媒体	传统媒体	行业协会	社会团体	第三方评估机构
网络信息服务生产者	/	确保其经营过程中没有对服务进行更改	确保其使用过程中没有对服务进行更改	监督其在个人社交平台客观报道服务内容	监督其在传统媒体平台客观报道服务内容	监督其具有认证服务生产者的资格	监督其公开、举报的服务内容属实	监督其具有审核服务内容的资格
网络信息服务经营者	监督其提供的服务能够顺利运营	/	确保其使用过程中没有对其他用户造成损失	监督其在个人社交平台客观报道服务运营情况	监督其在传统媒体平台客观报道服务运营情况	监督其具有认证服务经营者的资格	监督其公开、举报的服务运营情况属实	监督其具有审核服务运营情况的资格
普通公众	能够安全使用网络信息服务	能够通过合理渠道获得网络信息服务	/	关注他人社交账户	关注传统媒体报道	监督其是否履行认证职责	监督其公开、举报的信息是否真实客观	监督其是否履行审核职责
自媒体	在个人社交平台曝光非法服务内容	在个人社交平台曝光非法服务运营	在个人社交平台曝光用户的错误使用	/	在个人社交平台曝光传统媒体的不实报道	在个人社交平台曝光其虚假认证资格	在个人社交平台曝光其公开的内容不实	在个人社交平台曝光其虚假审核资格

续表

交互主体	网络信息服务生产者	网络信息服务经营者	普通公众	自媒体	传统媒体	行业协会	社会团体	第三方评估机构
传统媒体	跟踪报道非法服务内容	跟踪报道非法服务运营	跟踪报道用户的错误使用行为	跟踪报道个人社交平台的不实信息	/	跟踪报道其虚假认证资格	跟踪报道其公开的内容不实	跟踪报道其虚假审核资格
行业协会	认证其具有生产网络信息服务的资格	认证其具有经营网络信息服务的资格	制定网络信息服务的使用规则	监督其在个人社交平台客观报道认证情况	监督其在传统媒体平台客观报道认证情况	/	监督其公开、举报的认证情况属实	监督其审核结果符合行业规则
社会团体	公开、举报非法服务内容	公开、举报非法服务运营	公开、举报用户的错误使用行为	公开、举报个人社交平台上的不实信息	公开、举报传统媒体平台上的不实信息	公开、举报其虚假认证资格	/	公开、举报其虚假审核资格
第三方评估机构	审核其生产的服务内容合法健康	审核其运营服务的方式合法安全	对用户的错误使用行为进行评估并公示	监督其在个人社交平台客观报道审核情况	监督其在传统媒体平台客观报道审核情况	对其认证结果进行评估并公示	监督其公开、举报的审核情况属实	/

2.2.2　多主体协同治理路径选择

网络信息环境社会治理的协同控制是服务链上各类主体之间通过相互配合达成一致目标、形成有序互动的结果。一旦协同效应形成，主体间的关系就会固定下来，潜移默化地影响和指导主体行为。因此，协同治理具有较强的路径依赖性。正确的路径选择将使网络信息服务社会监督体系进入良性循环轨道，从而带动服务创新发展，避免社会监督体系被"锁定"在某种无效状态。因此，网络信息服务社会治理协同控制机制的形成应立足于服务主体间的交互关系，通过战略协同、管理协同和操作协同形成有效的协同控制路径，如图 2-2 所示。

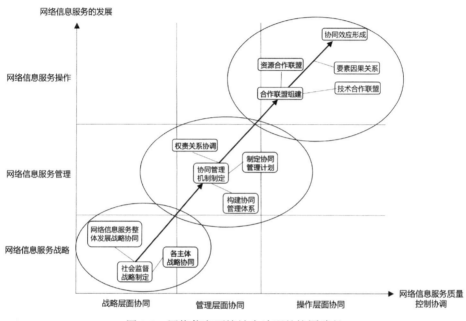

图 2-2　网络信息环境社会治理的协同路径

①战略层面协同。网络环境治理监督战略的制定是公众针对网络信息服务开展社会治理的起点，也是进行社会治理目标定位的重要基础，对整个监督体系的建设运行起着引导作用。由于网络信息服务的发展已成为信息服务创新发展的关键环节，因此，战略层面的协同应首先实现网络信息服务与社会治理整体发展战略的协同，在此基础上进行网络信息服务社会监督的全面管理和控制。其次，要实现不同监督主体间的战略协同。对于各主体而言，在长期业务发展中已经形成了各自的战略目标，为自身发展提供了必要引导。而当这些主体间基于合作关系进行服务体系建设和服务社会监督时，必须建立起共同愿景，在统一的战略目标引导下通过分工合作完成既定任务。因此，需要各主体以网络信息服务用户需求和服务质量为中心，实现战略协同。

②管理层面协同。多元主体的广泛参与不仅增加了网络信息环境社会治理

战略统一的难度，也使监督管理变得更加复杂。虽然从总体上而言，网络信息服务社会治理的控制主要由网络信息服务监管者进行统筹管理，但在网络信息服务的生产、经营、消费具体环节上，又离不开相关主体的支持和配合，需要这些主体从专业角度进行规划和管理。因此，如何协调主体间的权责关系、构建一个统一规范的管理体系是实现网络信息环境治理中协同控制的重要前提。管理层面的协同，一是理清各主体的管理范畴和权限，建立长效稳定的协同管理机制；二是根据服务社会监督目标以及控制环节间的内在关联制订切实可行的管理计划，实现多元主体的有机联动。

　　③操作层面协同。网络信息环境治理的操作层包含了各项具体控制环节，是多元主体间形成协同效应的关键所在。协同操作的目的是在战略协同框架下，通过有效的协同管理机制促进多元主体间合作行为的协同演化，进而在社会治理控制体系中形成协调、有序、稳定的功能结构，使服务质量保持最优状态，创造最大服务效益。由于主体间在服务过程中的合作主要基于信息资源建设和技术开发，因此，操作层面的协同应首先建立起以资源联盟和技术联盟为主要形式的合作机制，使主体间通过资源共建共享和联合技术开发形成稳定的伙伴关系；然后，通过各主体在社会监督环节上的因果关系建立科学的协同操作机制，协调主体间的交互行为和利益关系，促进资源联动与技术合作，产生整体协同效应。

2.2.3　协同社会治理的系统动力学模型

　　网络信息环境的社会治理协同控制是一项复杂的系统工程，其整体协同效应的形成是控制体系内多元主体和组成要素在内外动力机制作用下协同演化的结果，具有很强的非线性、复杂性特征，需要从定性定量相结合的角度去把握。鉴于此，拟针对多元主体间的相互关系，以协同控制路径为引导，应用系统动力学理论从网络信息服务社会监督控制体系的整体运作出发，揭示主体行为协同演化机理，构建协同控制动力学模型。

　　(1)基于系统动力学的建模
　　系统动力学(System Dynamics，SD)是一种以系统反馈控制理论为基础，以计算机模拟技术为主要手段，通过结构-功能分析，研究复杂信息反馈系统动态行为的仿真方法。系统动力学有效地将信息反馈控制原理与因果关系逻辑分析结合起来，针对社会、经济等复杂系统内部的实现问题，从研究系统的内部结构和反馈机制入手，根据历史数据、实践经验和相关规则绘制系统内各要素之间的因果关系图与系统动力学流图，然后通过计算机模拟系统的宏观行为，寻求解决系统内部复杂问题的有效途径。其解决问题的过程也是寻优的过程，最终目的是找到问题的最优解决方案，从而发挥系统最大的运行效能。

系统动力学的建模过程主要包括确定系统边界、提出问题假设、建立系统动力学模型、检验模型与应用、政策设计与评估五个步骤，是在现实世界与虚拟世界之间反复试验和学习的持续循环过程，如图 2-3 所示。各步骤涉及的具体内容见表 2-4。

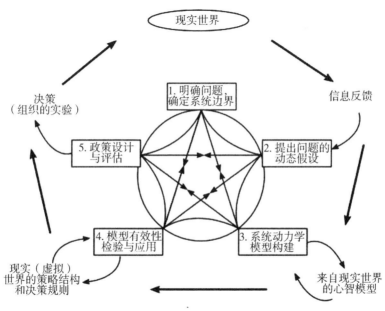

图 2-3　系统动力学的建模过程

表 2-4　系统动力学的建模步骤涉及的具体内容

建模步骤	包含的问题和使用的主要工具
1. 明确问题，确定系统边界	①选择问题：确定问题的研究目的和研究范围
	②关键变量：确定影响系统行为变化的状态变量、速率变量、辅助变量等关键要素
	③时限：问题的根源所追溯的历史时间和发展时限
	④参考模式：关键变量的历史行为和未来发展预期

续表

建模步骤	包含的问题和使用的主要工具
2. 提出问题的动态假设	①现有的理论解释：对待解决问题的现有理论分析结果
	②聚焦于系统的内部：提出一个由于系统内部的反馈结构导致动态变化的假设
	③绘制因果关系图：根据初始假设、关键变量、参考模式和其他可用的数据建立系统的因果关系图
3. 构建系统动力学模型	①绘制动力学流图：描述系统各变量之间的相互作用关系和资源流动状态
	②建立数学方程组，确定初始化条件
	③确定参数值：利用趋势外推法、线性回归法和参数估计法等确定模型的参数值
4. 模型有效性检验与应用	①与参考模式的比较：模型是否能再现过去的行为模型
	②极端条件下的强壮性分析：在极端条件下模型的行为结果是否符合现实
	③模型灵敏度检验：模型的各个参数、初始化条件、模型的边界和概括程度的灵敏度如何
	④其他有效性检验方法：历史检验、运行检验等
	⑤模型应用：利用模型进行仿真，探索问题解决方案
5. 政策设计与评估	①政策设计：实际操作中可以实施哪些新的决策方案
	②"IF-THEN"分析：如果实施这些政策，其效果如何
	③有效性分析：各种政策在不同的方案和不确定条件下的强壮性如何
	④政策耦合性：所设计的政策是否相互影响、相互抵消

（2）多主体协同治理的因果关系分析

网络信息环境社会治理的控制体系中，各主体间的信息传递、反馈机制使体系内存在各种因果关系，形成了多重反馈回路。主体行为变化又影响着彼此间的交互模式，令社会监督的控制过程存在多样化的非线性关联。与此同时，社会治理是一个难以量化的事物，其相关数据较难获取，如果完全从定量的角度进行控制和优化显然是不现实的。由此可见，网络信息环境社会治理的多主体协同控制是一个典型的系统化问题，具有多回路、非线性和难以量化的特点，属于系统动力学研究范畴。

　　按照系统动力学基本原理，首先需要从微观上应用因果关系分析法揭示网络信息服务社会监督控制体系内各主体间形成协同效应的动力机制和具体原因，这也是构建系统动力学模型的基础。在系统动力学中，研究对象组成要素间的因果关系通过"反馈环(因果回路)"来表示，如图 2-4 所示。对系统而言，"反馈"是指系统内某一单元输出与输入之间的关系，即该单元的输出在经过多次转换以后又反过来作用于输入，并再次影响输出。系统内部的反馈机制是推动系统演化、增强系统稳定性的重要动力。一个"反馈环"是由若干个具有因果关系的变量通过因果链相互连接而组成的闭合回路。因果链有正(+)、负(-)极性之分。该极性反映了因果链所连接的两个变量之间的作用关系。在图 2-4(a)中，正极性表示在其他条件相同的情况下，如果变量 X 增加(减少)，那么 Y 增加(减少)到高于(低于)它原有的量，在累加的情况下，X 加入 Y；在图 2-4(b)中，负极性表示在其他条件相同的情况下，如果变量 X 增加(减少)，那么 Y 减少(增加)到低于(高于)它原有的量，在累加的情况下，X 从 Y 中扣除。一个反馈环中正、负因果链的数目决定着该反馈环的极性：若该反馈环包含偶数个负因果链，则其极性为正；若该反馈环包含奇数个负因果链，则其极性为负。正反馈环具有自我强化(或弱化)的作用，如果反馈环中某个变量的属性发生变化，那么其中一系列变量的属性递推作用将使该变量的属性沿着原先变化的方向继续变化下去。所以，正反馈环是促进系统发展(或衰退)的动力。负反馈环具有调节器(稳定器)的效果，当其中某个变量发生变化时，在反馈环中一系列变量属性递推作用下，该变量的属性沿着与原来变化相反的

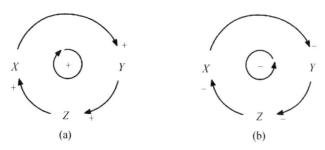

图 2-4　系统动力学中的正负反馈环(因果回路)表示方法
(a)正反馈环(增强型)；(b)负反馈环(平衡型)

方向变化下去，因此，负反馈环能够抑制(或促进)系统的发展(或衰退)速度，是促进系统进行自我调节的动力。系统内部所有反馈环的组合构成了各要素之间的因果关系图，是系统结构功能、运行状态、内部机理的直观展现。

根据网络信息服务社会监督控制体系的基本结构和多元主体间的合作机制，本书绘制了多主体协同控制的因果关系图，揭示了网络信息服务生产者、网络信息服务经营者、普通公众、自媒体、传统媒体、行业协会、社会团体和第三方评估机构在社会监督控制中的交互关系，以及相关要素间的内在关联，如图 2-5 所示。

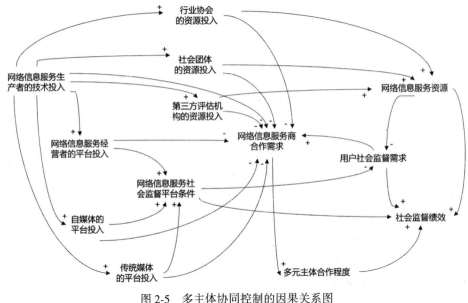

图 2-5　多主体协同控制的因果关系图

从因果关系图中可以看到，在网络信息服务用户社会治理需求驱动下，网络信息服务商寻求服务合作的意愿不断增强。在这一导向下，网络信息服务生产者、网络信息服务经营者、自媒体、传统媒体、行业协会、社会团体、第三方评估机构等主体分别通过平台投入、资源投入和技术投入参与到社会监督中，在丰富网络信息服务资源、提高网络信息服务技术条件的基础上满足网络信息服务商的合作需求，并不断强化合作强度，最终对网络信息服务社会监督绩效产生影响。由此可见，网络信息服务社会监督多主体协同控制的实现是因果关系图中所有正、负反馈环在相互耦合作用下产生的整体结果。研究各反馈环对社会监督协同控制的整体作用和当前各主体所处的状态，能够找出影响社会监督协同控制效应的关键因素，明确制约当前服务发展的主要瓶颈，从而通过对控制体系内关键变量的调整，实现服务质量优化与服务创新发展的协同运行。

（3）多主体协同控制的系统动力学流图

系统动力学流图（流量存量图）是在因果关系图的基础上进一步区分变量性质，用更加直观的符号刻画系统要素之间的逻辑关系，明确系统反馈机理和控制规律的图形表示方式，是构建模拟模型的基础。系统动力学流图的一般结构如图 2-6 所示。系统动力学流图中主要包括以下几个变量：

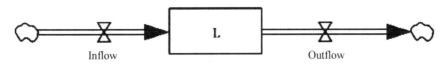

图 2-6 系统动力学流图的一般结构

①状态变量（Level Variable）。状态变量又称水平变量，用来描述系统的累积效应，反映系统内物质、能量、信息等对时间的积累作用，其取值是系统从初始时刻到特定时刻的物质流动或信息流动的积累，可以在任何瞬间观测（时点数）。

②速率变量（Rate Variable）。速率变量又称决策变量，用来描述状态变量的时间变化，反映系统累积效应变化的快慢，其值不能瞬时观测，只能在规定时间段内取值（区间数）。

③辅助变量（Auxiliary Variable）。辅助变量是用来描述决策过程的中间变量，即描述状态变量和速率变量之间信息或资源传递和转换的过程。它既不反映累积效果也不具备倒数意义，只描述状态变量和速率变量之间的局部结构，这种局部结构和相关常量构成了系统的"控制策略"。

④常量（Constant）。常量一般为系统中的局部目标或标准，是在一定时间范围内变化甚微或者相对不变的系统参数。

以上变量中，最重要的变量是状态变量和速率变量，分别用图 2-6 中的方框和箭头符号表示。它们之间的计算公式如下：

$$L=L_0+\triangle L=L_0+(\text{Inflow}-\text{Outflow})\times DT$$

在公式中：L_0 为状态变量的前次观测值；Inflow 为状态变量的流入流速；Outflow 为流出流速；DT 为观测的时间间隔；$\triangle L$ 为 DT 时间内的状态变量增量。

在前文所绘的因果关系图基础上，根据系统动力学流图的基本原理和各变量的表示方法，可以进一步绘制出网络信息服务社会监督多主体协同控制的系统动力学流图，如图 2-6 所示。

2.3　社会化大数据应用驱动下的网络治理

技术手段的应用在网络信息环境治理中的作用是其他手段无法取代的，信息污染、信息犯罪以及其他问题的技术特性决定了必须应用"技术"手段进行检测和监控，其中诸如信息犯罪控制、信息污染防治、信息环境控制、信息权益保护，可以直接利用技术手段进行。当前的问题是，如何根据信息技术和网络信息服务的发展，进行网络监督技术的同步开发，以期达到预期的监督效果。2011 年 5 月，世界级领先的全球管理咨询公司麦肯锡发布了《大数据：创新、竞争和生产力的下一个前沿领域》报告，标志着大数据时代的到来。伴随着社交网络、云计算、物联网等现代信息技术的迅速发展与应用，全球已进入"互联网+"大数据的新时代，大数据在各个行业和业务职能领域发挥着越来越重要的作用。而大数据也将为网络信息服务的社会监督问题提供新的思路。①

2.3.1　大数据驱动的社会化治理含义

对于大数据，麦肯锡全球研究所给出的定义是：一种规模大到在获取、存储、管理、分析方面大大超出了传统数据库软件工具能力范围的数据集合，具有海量的数据规模、快速的数据流转、多样的数据类型和价值密度低四大特征。所谓大数据驱动式网络信息服务社会监督，指的是社会治理主体运用大数据技术，分析、挖掘数据资源和相关数据产品，提供数据方案，从而推动网络信息服务的运行的方式。通过大数据驱动的社会治理实现信息服务行业运行的规范化、高效化，不断提高信息服务质量和服务效益，促进信息资源在社会范

---

① 俞立平. 大数据与大数据经济学[J]. 中国软科学，2013(7)：177-183.

围内充分而合理地利用，在实践中强化社会各方及成员自我约束信息行为的意识，形成有利于信息服务社会化共享和充分利用信息资源的行业运作机制。

大数据驱动的社会治理主要有以下特征：

①超时空特性。网络信息服务超出时空的限制，无论何时何地，用户都可以从网络中获取所提供的服务。国际互联网上分布于世界各国各地的数字化信息已联成一体，其资源利用已打破国家和地域的限制，由此形成了信息服务中的跨国界数据流；用户可以不受时间限制，利用网络服务从事各自的业务活动。网络信息服务的超时空特性是传统服务所不能比拟的，这一特点决定了大数据驱动的信息服务管理与监督上的跨国界、跨地域和超出时间限制的全时监督模式。

②高技术特性。网络信息服务的前提是信息资源的电子化、数字化和通信的高速化与网络化，正是在这一基础上网络服务业务得以开展；也正是基于现代信息技术，出现了网络信息资源的污染、网络犯罪和有碍于服务的行为。可见，无论是在服务的组织、利用上，还是在信息污染防治、犯罪控制和国家安全与公众利益的维护上，必然借助于高技术手段。这里应该强调的是，基于高技术手段的服务一旦出现问题，其处理与监控技术难度远大于服务的组织难度。这意味着网络信息服务的高技术特性决定了对大数据驱动的网络信息服务社会监督技术的特殊要求，使得"技术监督"成为其社会化监督的一项基本保证。而大数据技术的高效率、高价值等技术特点充分满足了高技术特性，为解决网络信息服务社会监督的痛点问题提供了强大的技术保障，必将为网络信息服务的社会监督赋能。

③组合特性。网络信息服务不是一项内容单一的服务，它集网络通信、资源开发、增值服务和其他专门服务于一体。在大数据时代，网络信息服务会以更加多元化的形式存在。在服务组织上，主要的服务经营商包括网络通信经营服务商、网络代理服务商、在线信息服务商、信息内容服务商、网络业务经营商等。服务经营者的相互依赖和合作与竞争的业务关系，决定了服务组织上的复杂性，由此带来了服务监督的难度。这一情况说明，大数据驱动的网络信息治理也应该是综合的，即对某一服务的监督不仅在于治理这项服务本身，还应该从这一服务的组织环节和业务关系出发，针对产生问题的根源进行监督基础上的治理，从根本上解决问题，促进服务的有效组合和发展。

在社会治理中普遍存在着的逻辑关系决定了监督的数理逻辑，是数学方法或形式逻辑的应用。其对象是两个直观概念符号化以后的形式系统，分析内容是进行关联关系的揭示。社会治理的数理逻辑是指运用大数据方法，对网络信息服务的海量数据进行数据挖掘与分析，并与因果机制相结合而形成的社会治理关系。这种数理逻辑主要包括数据构成和数据算法两大模块。其中，数据构成主要包括可以使用关系型数据库表示和存储，表现为二维形式的结构化数据、半结构化数据以及没有固定结构的非结构化数据。而数据算法模块主要包括分类、回归分析、聚类、关联规则、神经网络方法、Web 数据挖掘等。随着大数据算法与网络信息服务社会监督的日益融合与优化，相关的监督部门借助大数据对与网络信息服务社会监督活动相关的各类信息行为进行多维分析，将碎片化民意汇聚成系统、动态数据，消除监督主体间的信息非对称性，从而发现权力异化的特定关系或基本趋势，提高监督的精准性和前瞻性。

社会治理的网络化结构作为层次结构的延伸，在结构中一个子节点可以有两个或多个父节点，同时在两个节点之间可以有两种或多种联系。在大数据中，数据结构对数据源进行分类，将其分为线性结构和网络结构。线性结构的数据源所包含的数据项组成一个序列，数据项之间或有先后次序关系。当不考虑先后关系时，这些数据项之间彼此是独立的，可以认为是从某一个特定的统计模型中获取的若干独立样本；当考虑这些数据项的先后关系时，这些数据项彼此组成一个时间序列数据，对应数据挖掘中的时间序列分析。但是，线性结构的数据源最多只能描述相邻次序的数据项之间的关系，而不能描述数据项之间更复杂的关联关系。这就需要引入网络结构的数据源。社会监督的网络化结构指的是社会监督系统各个要素按照大数据思维，按照网络化方式组织起来而形成的多维合作关系和作用方式。该作用形式有两大特点，一是主体间关系多维化，在社会监督的网状结构中，政府、非政府组织以及公众之间的结构不是传统的"中心-边缘结构"，取而代之的是去中心化的多维形态，从而保证了每个社会监督行动者之间进行多维沟通，提升治理效率；二是形态多样化，根据社会监督的参与程度以及贡献大小，可以将网络信息环境的社会治理组织划分为中心管理型网络结构和共享参与型网络结构，这种结构形态的多样化保证了网络监督的各方组织充分参与到社会治理的交流之中，拓展公民的知情权、治理权和表达权，形成多中心治理合作机制，提高治理的效率。

大数据正在开启一次重大的时代转型，就像望远镜让我们感受到宇宙的浩瀚，显微镜让我们认识到微观世界的深邃一样，大数据也将改变我们的生活以及理解世界的方式。① 信息伦理是指涉及信息开发、传播、管理和利用等方面

---

① [英]维克托·迈尔-舍恩伯格，肯尼斯·库克耶. 大数据时代[M]. 盛杨燕，周涛，译. 杭州：浙江人民出版社，2013.

的伦理准则的总称。大数据信息伦理是指大数据信息的采集、发布、管理和利用等活动过程中所应该遵循的伦理准则，它贯穿大数据活动的全过程，包括大数据信息活动中，相关人员的道德观念、道德准则、道德行为、道德评价，以及在此基础上形成的新型的伦理关系。① 具体而言，大数据技术引发的信息伦理问题主要体现在以下几大方面：

①信息隐私。由于大数据技术的大量化、多样化、快速化以及价值化的特性，以及个人隐私随着诸多影响因素变动的特点，使得大数据时代的个人隐私保护问题成为一个亟待攻克的研究问题。在网络信息服务层面上，个人隐私保护与大数据的采集应用面临的挑战主要包括：①个人隐私保护的范围以及敏感数据难以界定。②侵犯个人隐私的形式复杂多样，目前的法律难以认定是否构成侵权行为。③随着信息和通信技术变得越来越普遍，管理个人隐私信息也变得更加困难。④个人隐私保护的技术挑战。⑤为构建良好的大数据生态环境，构建多维的、灵活的个人隐私保护政策面临着极大的挑战。⑥大数据的数据来源成为研究者的研究障碍。

②数据所有权归属问题。在大数据时代，伴随着数字经济的急剧增长，数据已经逐步渗透到社会生活的各个领域，成为一种重要的生产要素，数据挖掘无疑成为财富增长的一种新的手段，预示着新一轮的生产率增长和消费者盈余浪潮。在大数据时代，谁拥有的关键数据多，谁能最大限度挖掘大数据中的潜在价值，谁就能掌握比别人更多的商机。在此背景下，数据所有权也理应成为大数据时代每个公民的一项基本权利，这就涉及一个关键问题，也就是数据所有权的归属问题。在大数据环境下，用户采用云存储和计算的方式进行数据的存储和计算，大数据和云计算把用户的个人现实行为大量地虚拟为数据，数据成为与自然资源同等重要的宝贵财富，而存储在"云"上的数据究竟是属于用户个人，还是互联网公司的，或是归所有人共享？此类问题在数据信息生成之初就已经出现并一直存在。虽然在法律层面上，使用用户的数据信息需要征得用户本人的同意，但是云存储对于用户来说，并非是一个具体的设备，而是由众多的存储器和服务器共同构成的一个集合体。换言之，是由成千上万台服务器所构成的集合体，如此一来，大数据的归属关系就变得更为复杂，产生数据的用户与拥有数据实际控制权的云存储服务提供商和拥有立法权和行政管辖权的各国政府，三者之间在数据的法律归属权责上不甚明确，由此引发了一系列的社会问题。

---

① 陆伟华. 大数据时代的信息伦理研究[J]. 现代情报，2014，34(10)：66-69.

③信息污染问题。信息污染主要有虚假信息、冗余信息、失效信息、信息过剩、信息干扰以及淫秽信息等几种表现形式。虚假信息是指不实的信息。由于互联网的开放性、松散性的特点，加上互联网信息传播速度广泛高于其他传统媒体，有部分不良商家以及广告媒体抓住了可乘之机，为了个人利益大肆制造和传播虚假信息，导致了虚假信息在互联网上广泛滋生。一方面给信息接收者带来了精神上和经济上的重大损失；另一方面也会占用公众资源，阻碍有效、高价值的信息的顺利传播与合理利用。冗余信息是重复、多余、毫无使用价值的信息，主要产生于重复劳动、剽窃抄袭、同义反复等人为因素。出现这种现象的主要原因是互联网时代部分人奉行"拿来主义"，对其他媒体发布的信息进行转载或者剽窃，这导致信息同质化或者重复化现象极为严重，使得信息受众对信息的敏感程度下降，不利于信息资源数量的扩张和质量的优化。

失效信息是由信息的时效性特征决定的，用户获取新的信息如果不是最新的能够反映相应事物状态的信息，则该信息的价值已降低或完全丧失，而成为失效信息，用户据此决策将会产生不可挽回的损失。以 Internet 为基础的网络信息服务在缩短信息传播时滞的同时，也使信息的老化速度加快，各种失效信息越来越多，导致信息筛选和利用的困难以及信息生态环境中信息垃圾的进一步堆积。

信息过剩现象是指相对于信息资源的开发和利用的水平和能力而言，信息过度增长而引发信息泛滥，与信息稀缺一样，信息过剩也会给人类的实践活动带来负面影响——引起信息不被吸收和信息疲劳，甚至有过之而无不及。信息干扰是指信息在传播、存储等处理过程中出现的偏差、失控、失真或丢失等。信息干扰会加剧信息污染程度，阻碍信息资源的正常开发与利用，而且会给人类社会带来不可估量的影响，因而应全面应对。

2.3.2 大数据驱动的社会化治理运行机制

对于网络信息环境中相关行业服务的治理，是网络信息服务社会化发展的一个重要方面。从社会的角度而言，社会成员对于信息的需求是多种多样的，这种信息的需求往往是服从于社会不同群体的利益和其主观情感的。在社会成员信息服务的需求之下，往往就会催生出社会中的信息服务体系、机制。这种社会机制和体系的形成往往更多地带有市场化运作的色彩，因此可以说是信息服务的社会化，即由社会组织作为信息提供的主体，为社会成员、公民提供相应服务于不同社会群体利益的信息。

而由于社会主体拥有了对行政领域监督的需求和动力，在信息服务社会化所带来的信息咨询日益增长的条件下，社会主体以及公共领域、公共权力会形成一种潜移默化的监督，这种监督一方面体现为有形的行政方式的监督，另一方面则体现为市场化原则下"用脚投票"的监督，也就是那些信息质量不高、不好、不及时的服务主体，往往难以生存。而且一些非政府组织、社会个体也将这种监督付诸行动，对于信息服务社会化进行监督，形成了一种原发的、自发的行为和力量。一些社会媒介尤其是信息服务主体，在这一过程中更是将更多的有效信息广为传播，从而将来自社会、政府的这种监督力量进行了一种机制化的整合。由此，信息服务社会化监督机制有了基本的形成，这种机制主要是来自社会、国家等多方面的监督力量，凭借着信息服务社会化这一过程以及由此所带来的信息化发展使得这种监督能够得以建立并行之有效。

大数据技术主要通过建设面向公众的网络信息服务社会治理开放平台来推动网络信息服务的社会监督。

当数据处理技术已经发生了翻天覆地的变化时，在大数据时代进行抽样分析就像在汽车时代骑马一样。数据处理时，我们需要的是所有的数据，"样本=总体"。我们要分析与某事物相关的所有数据，而不是依靠分析少量的数据样本。小数据时代的随机采样受到记录、存储和分析工具的限制，用最少的数据获得最多的信息。然而随机采样毕竟有随机性，而且会丧失一些微观细节的信息，甚至还会失去对某些特定子类别进行进一步研究的能力。而现在，因为有了大数据存储和处理的能力，我们开始关注整体数据中的价值。拥有全部或者几乎全部的数据，我们就能够从不同的角度更细致地观察研究数据的方方面面。

大数据时代，数据处理技术发生了极大变化的同时，数据处理的对象也由抽样样本走向整体，这条规律在网络信息服务的社会监督领域同样适用。

在大数据驱动的网络信息服务社会监督中，我们要分析的是与网络信息服务安全相关的所有数据，而不是依靠分析少量的数据样本。在信息互联空间中，个人电子设备、社会组织的数据系统、政府公共信息系统通过先进信息技术和网络工具连接起来，将初始信息整合和编码，转变为组织或个人垄断的专门信息和数据，表示一定的意义，再经过公开和公众解码，成为公开数据，并在传播中转化为公共信息，进而在新的情境中转变为初始信息。① 这便是我们用来进行大数据分析的数据样本。

数据分析是大数据技术中最具有价值的一个环节。在网络信息服务的社会

---

① 蔡玉卿. 大数据驱动式社会监督：内涵、机制与路径［J］. 河南社会科学，2019，27（8）：52-58.

监督中，使用传统的数据分析技术不利于数据资源的充分利用和挖掘，最终会导致数据资源的浪费。而大数据时代到来后，海量的数据资源可以得到充分的利用和共享，网络信息服务的社会监督的相关数据不再仅仅以文字或者数字的形式出现，取而代之的是丰富的图片、表格以及更多可视化结果。而数据分析也将助力面向公众的网络信息服务社会监督开放平台的建设，实现监督数据的充分共享。①

根据不同主体的标准，基于大数据的面向公众的网络信息服务社会监督开放平台的服务形式主要分为三种：①从数据拥有者的角度出发，开放与共享意味着社会监督开放平台必须具有很高的公开性以及共享性，平台管理者应该秉持开放共享的理念，将平台上的数据充分面向社会大众进行共享，也只有这样才能充分发挥大数据技术的优势，从海量的数据信息中挖掘、提取出有价值的信息，为网络信息服务的社会监督提供一个开放、有价值的环境。②从数据使用者的角度来看，开放与共享意味着数据的可获得性，以及对数据平等获取与使用的权利。即减少了"信息富有者和信息贫困者之间的鸿沟"所造成的不利影响。③从数据所有者的角度看，开放与共享所代表的不仅仅是短期给所有者带来的利益，更是提供一个可持续的、正向作用的公平性保障，对解决互联网侵权问题有长远影响。

面向公众的网络信息服务治理开放平台的建设需满足以下条件：

①技术层面。平台建设的最终目的是实现社会监督数据的充分开放和共享，而开放资源的首要任务便是网站的建立。通过建立网站，用户能够不受空间限制来进行信息交换，且能够保证信息交流的及时性以及互动性。在互联网的空间中，个人的终端设备、网络信息服务社会监督的组织机构以及政府的公用系统能够充分连接，这样一来，专业的技术人员可以通过使用大数据技术将初始信息进行存储、挖掘，进而转变为监督组织或者个人的专用信息和数据，表示一定的意义，再进行公开和公众解码，最终成为公开数据，并在传播中转化为公共信息，进而在新的情境中转变为初始信息，从而实现监督大数据在各监督主体之间的有序流动。元数据是关于数据仓库的数据，指在数据仓库建设过程中所产生的有关数据源定义、目标定义、转换规则等相关的关键数据。同时元数据还包含关于数据含义的商业信息，所有这些信息都应当妥善保存并很好地管理，为数据仓库的发展和使用提供方便。元数据标准的统一是网络信息

---

①　翁列恩，李幼芸. 政务大数据的开放与共享：条件、障碍与基本准则研究[J]. 经济社会体制比较，2016(2)：113-122.

服务社会监督大数据信息在各监督主体之间充分共享的前提和基础。网络信息服务社会监督的元数据建设包括程序集的说明、标识、类型的说明、属性、成员、修饰类型和成员的其他说明性元素等。

②法律层面。政府要健全自身的法律及制度，建立与大数据应用相关的制度，不断加强自身监督，完善现有的法律。法律方面的监督有一定的规范性和稳定性，它是信息服务的监督中必不可少的一部分，制定信息有关的法律法规，明确各方面的责任及相关标准，使大数据驱动的网络信息服务的治理能够有法可依，从而使信息服务监督能够健康高效地发展。加强法律治理最主要的工作是颁布网络信息服务监督的法律，法律的颁布将会使执法部门有法可用，将具体细化行业内的各项工作，行业内的企业在制定本公司的规章制度时，会参照已经颁布的法律条文，从而使本企业在合法的条件下开展工作。同时也会使用户在权益受到侵害时能够做到有法可依，这是加强法律监督的关键所在。同时，当用户的权益受到侵害时，用户可以在法律条文中找到依据，这样用户可以有针对性地维权，然后对企业进行法律监督。同时，应该加强质量监督相关法律的宣传工作，将知法、用法、守法的理念向行业内的企业以及用户及时宣传，从而提高用户的法律意识，保障用户的合法权益。

2.3.3 大数据驱动的社会化治理实现路径

大数据驱动的社会化治理实现路径主要有以下两个方面：

(1)建立大数据时代的信息伦理准则

用户在应用信息服务的过程中会形成一定的信息伦理规范，而在大数据时代，信息活动的频率加大，并且信息服务的类型趋向多样化，原有的信息伦理规范对解决大数据时代新出现的各种伦理冲突明显滞后并缺乏针对性，因此，需要在原有的网络信息伦理的研究成果的基础上，构建适宜大数据发展的网络信息服务社会监督的信息伦理准则，进而规范从业人员的道德底线和职业操守。

大数据时代信息伦理准则的制定需要从现实中存在的信息伦理失范的问题出发，既要解决实际问题，又要起到预防性的作用。在此背景下，制定一套互联网行业自律机制是解决大数据信息伦理问题的关键所在。首先，应当成立互联网信息伦理委员会，作为互联网行业伦理准则的定制机构以及道德责任实现的监督机构。[①] 互联网信息伦理委员会的主要工作包括：对网络信息服务行业

① 安宝洋，翁建定. 大数据时代网络信息的伦理缺失及应对策略[J]. 自然辩证法研究，2015, 31(12)：42-46.

道德问题进行伦理评价、对行业相关的信息活动进行全程监督、制定行业伦理标准、规约个体信息行为等。其次，应该建立网络信息服务行业的自律机制。应当加强网络信息服务从业人员的道德意识，使他们在自己所从事的信息服务中自觉做到遵循信息伦理准则，要求从业人员必须要道德品质良好，且具有较好的工作动机，无犯罪记录等。此外，对于从业人员也要建立一套较为完善的管理方案，如人员的录用、安全教育、离职管理等方面的制度，其目的主要是能够让从业者对自身具备的职责有一定的意识，明确自己的责任与义务，对工作中遇到的一些操作也能够非常熟悉，能够严格遵循网络信息服务应用中的行业标准和技术流程，以减少一些操作或人为方面的原因而导致的信息伦理失范的发生。最后，要树立严格的奖惩机制。网络信息服务中不可能不出现问题，如何对这些问题进行处理则是关系到监督是否有力的重要因素。网络信息服务监督存在的前提是监督结果的处理有力，包括行政处罚和追究法律责任等强制性的方法。网络信息服务机构需接受主管部门的监督，主管教育行政部门对于一些违法行为视情节的轻重对其进行警告、批评等处罚，并追究其法律责任。各信息服务机构在安全保护管理制度、安全保护技术措施和履行备案职责方面未按规定做好应有的工作，主要通过公安机关责令其进行限期的改正，若是有违法所得则要没收；在规定的限期内没有改正，则对相关的负责人处以罚款，其所在的单位也要处以罚款，情节严重者给予停网整顿处罚等。

通过对网络信息服务机构进行有效奖惩，能够促使从业者主动践行信息伦理规范，并最终发展成为行业的一种自觉性。通过制定大数据信息伦理准则，能够有效、有针对性地对网络信息服务机构进行约束和规范，使遵从信息伦理准则成为行业从业人员的行为指导。信息行为主体能够有效地建立起信息行为是非对错的道德判断准则，从长远看，对网络信息服务的社会监督工作具有建设性作用。

(2) 完善社会治理中的监督机制

虽然本节介绍的是大数据技术驱动的网络信息服务社会监督，从技术层面讲具有虚拟性的特征，但最终落脚点是社会监督，因此，将大数据技术与社会舆论监督相结合，构建良好的社会监督机制对于净化网络信息服务环境、规范信息行为有着积极的作用。

舆论是公众在特定的时空对特定公共事务公开表达的基本上趋于一致的信念、意见和态度的总和。本研究中所涉及的舆论监督主要是通过传统和新兴媒体对政府及其相关工作人员在履行职能时发生的不当行为进行制约与监督，这是宪法所赋予的权利，也是现实需求。新闻媒体是监督主体，并在监督的过程中发挥越来越重要的作用，其主要通过第一时间客观地报道事实，使公共服务透明化的形式进行监督。同时也通过时评和特殊的新闻节目等揭露和抨击相关问题以实现监督。舆论监督主要是通过一定社会道德的规范及法律规范进行社会监督，是对监督主体的监督。舆论监督可以使不恰当的行为得到批评、谴责，使正确、正当行为得到一定鼓励，包括公众监督、政策范围内的一些新闻舆论的监督等。

在大数据驱动的网络信息服务社会监督中，公众舆论监督的主要形式是通过报刊、广播、电视等传媒，结合大数据技术进行精准宣传、报道，从而引起全社会的关注。严格地说，公众舆论算不上一种监督主体，只能算是一种监督方式，各种监督主体都可以通过公众舆论进行监督。① 然而公众舆论又是一种特殊的监督方式，对监督对象没有直接约束力的社会力量主要通过公众舆论才能有效地发挥其监督作用。因此，公众舆论监督确实是"监督主体多元化"的一种反映。公众舆论监督不具有强制性，但却是一种极重要的监督力量。

2.4 社会化网络安全治理的激励机制

随着科学技术的不断发展，信息逐渐成为一种十分重要的社会资源，在经济社会发展中扮演着日益重要的角色。在信息化社会中，人们的生活方式受到了深刻影响。信息化作为当今全球经济和社会发展的大趋势，已经深入地渗透到了人类社会的各个方面。在互联网的飞速发展下，信息服务业的发展空间得到了拓宽，而且互联网已成为信息服务业的重要支柱型产业，网络信息服务也已成为如今信息服务主体进行信息服务的重要途径。面对网络信息服务这一研究热点，如何激励各方对网络信息服务的社会监督也成为社会热点问题之一。

2.4.1 政府对社会治理的组织

网络信息环境治理针对网络信息服务引发的环境问题以及服务本身的问题进行管控，这种管控不仅需要政府监管，而且需要政府主导下的治理。对此，需要政府对网络信息服务的社会治理采取一系列激励措施，对网络信息服务的社会监督进行积极引导，这样才能达成促进信息环境治理的目标要求，从而形成有序、完善的生态结构。

---

① 袁维海. 政府信息公开的监督与保障[J]. 情报探索，2011(11)：33-34.

政府对网络信息环境治理的激励作用具体体现在政府的一系列激励措施上：

①政策手段。网络信息服务的社会治理首先需要国家政策作保证，国家颁布与网络信息服务有关的政策。一是制定网络信息服务的总原则、内容、要求与组织服务方式，进行管理上的政策导向；二是制定政策执行及政策监督的范围，制定执行监督的规范。国家政策颁布了明确的网络信息服务的各项标准，确定了监督范围，制定了监督规范，引导了网络信息服务的社会监督的实施及社会监督的进行方式，让网络信息服务的社会监督有了可参照依据的政策标准，实施社会监督的规范及保障，对网络信息服务的社会监督积极规范的进行起到了最直接有效的激励作用。

②法律手段。网络信息服务的社会影响、作用以及网络信息服务问题的特殊性共同决定了网络信息监督必须采用法律强制手段进行。一是要明确网络信息服务的社会治理中法律监督的对象和范围；二是针对网络信息服务中的法制监督问题，对包含信息产权保护、信息资源共享、信息污染防治和信息犯罪处理以及网络信息服务市场与价格管理在内的法律体系进行制定。政府制定的相关法律体系，使网络信息服务的社会监督有法可依、有据可查，法律给定清晰的界限，使网络信息服务的社会监督能准确找到关键问题所在并依法实施监督。通过法律在监督问题上制定明确的判断标准，避免模糊不清对监督过程造成阻碍，这一手段对网络信息服务社会监督的规范准确实施有着明显的激励作用。

③技术手段。技术手段的应用在网络信息服务治理中的作用是其他手段无可替代的，网络信息服务的技术特性决定了必须应用技术手段进行相应的检测和监控。政府根据信息技术和网络信息服务的发展，对网络监督技术进行同步开发，这对社会监督的激励作用同样是其他手段无法取代的。同步发展的监督技术手段，是网络信息服务的社会监督赖以实施的必要条件。缺少相应的监督技术，社会监督必定心有余而力不足，技术的匮乏会对社会监督的积极性产生沉重的打击。政府通过推动监督技术的发展和普及，降低社会监督的难度，激励网络信息服务的社会监督积极主动实施。

④舆论手段。利用舆论手段进行监督的作用在于优化服务环境，创造有利于网络发展和服务利用的社会氛围。利用社会舆论，提高网络信息服务的社会监督的积极性和主动性，良好的社会氛围是网络信息服务社会监督的环境基础。政府通过引导社会舆论，激励网络信息服务的社会监督积极主动地进行。

2.4.2 行业组织的协同治理作用

通过行业组织来管理网络信息服务，监督其技术质量，发达国家成功的实践经验已得到各国和国际社会的认可。发达国家的信息服务行业协会的专业性强，例如，美国涉及信息咨询服务的行业组织就有咨询工程师协会（ACEC）、管理咨询工程师协会（ACME）、管理咨询协会（AMC）和专门管理咨询顾问委员会（SPMC）等。除美国以外，德国咨询业协会（BDV）、英国咨询企业协会（BCB）等协会也具有相当大的规模。这些专业信息服务的行业性组织独立于政府，是政府、公众、用户和本行业成员之间的联系桥梁，具有行业组织资格认证、业务监督、社会公关、用户联络和与政府间管理沟通的责任。其中，实行行业监督是一项基本的工作。在信息服务行业协会履行的监督职责中，信息服务技术质量的治理是一项基本监督业务。它包括行业技术资格与条件的认可、从业的技术质量监督、用户因质量引发的投诉、行业技术质量的法律诉讼等。发达国家的经验表明，行业的共同利益和业务监督管理的需要决定了它的存在价值。与发达国家相比，我国的行业自律性监督组织发展较晚，随着信息服务的社会化和行业的发展，建立和完善独立于政府的行业组织势在必行。我国的信息服务业处于转型期，行业治理的组织应在改革中发展。行业组织以及行业协会的形成是一个行业在一个国家发展成熟的标志，而且往往行业组织、协会的数量越多，表明该行业在该国越完善，同时发展的态势较好。在行业协会建立时，应多借鉴西方发达国家的经验，在发达国家，行业协会和组织在行业监督中发挥了举足轻重的作用，同时也是政府和企业沟通的纽带。这些行业协会积极引导企业健康发展，对协会内的企业实施监督，从而保障了企业能够做到以用户为中心，保障用户的合法权益。因此，为了促进国内信息服务业的快速发展，政府应该制定一系列的措施来促进行业的组织以及协会的发展，然后再对这些组织和协会进行管理，不仅对行业协会以及组织的数量有要求，同时也要注意行业协会以及组织的质量，使其能够在质量监督方面发挥应有的作用以及价值。

行业组织是指由作为行政相对人的公民、法人或其他组织在自愿基础上，基于共同的利益要求所组成的一种民间性、非营利性的社会团体，是一种社会中介组织，具有行业自律管理机制。行业组织是行业成员利益的代言人和维护者，同时，亦是行业成员与政府之间的沟通者和协调者，行业成员通过行业组织，实现了其与政府之间博弈的组织化和理性化，从而有效地克服了行业成员因个人博弈带来的弱势化和非理性的缺点。可以说，行业组织以代言维权为职责，以沟通协调为手段，来实现社会稳定。同时行业组织还可以对行业内制定标准，行业组织可以弥补"政府失灵"和"市场失灵"的缺点，发挥行业组织的自治、协调及中介等功能，更好地促进社会经济协调发展。行业组织除了促进地方产业升级、参与地方自治发挥自己的作用外，在促进行业的技术合作及社会监督方面也有着不可替代的作用。

网络信息服务的行业组织对网络信息服务的社会治理的协同作用体现在：

①行业组织的沟通协调作用。行业组织可以充分发挥其在行业之中的协调、自我管理作用，对网络信息服务国内外的技术信息实施跟进加以掌握，对网络信息服务技术的发展趋势进行分析判断，从而为政府部门决策、网络信息服务行业结构调整及社会监督的实施发挥积极作用；围绕网络信息服务技术的提升计划，在行业内开展技术咨询及交流，充分调动各种社会资源及社会力量来推动网络信息服务行业的技术进步。另外，技术手段的应用在网络信息服务监督中的作用是其他手段无法取代的，网络信息服务的技术特性决定了必须采用技术手段进行网络信息服务的检测和监控。行业组织推动网络信息服务行业的技术进步，同步提升监督技术手段，降低社会监督实施的难度，提升社会监督的主动性、积极性。行业组织可以发挥其交流功能，与政府相关部门沟通，对政府相关政策的制定起到了积极作用；同参与社会治理的社会力量进行沟通，及时优化网络信息服务行业结构。同时，进行治理的社会力量在与行业组织的沟通交流中得到了正向积极的反馈，增加了网络信息服务的社会治理的参与者的信心，使其更积极主动地参与到监督中来，并勇于反馈网络信息服务产业的问题。行业组织也是参与社会监督的社会力量、行业成员与政府部门之间的沟通者和协调者。有了行业组织的沟通协调作用，参与治理的社会力量能与政府相关部门沟通交流，更加有利于政府政策的普及，加深社会治理对政策的理解，激励社会力量对网络信息服务产业进行积极有效有序的治理。

②促进相关标准在行业和社会中的认定和推广。行业组织作为网络信息服务行业的自律组织，一般由其首先对技术进行标准化，这样国家相关部门在后面制定行业标准时就有了参考。行业组织集中了网络信息服务行业内主要的机构、专家和用户代表，能通过多种不同渠道收集丰富的信息，对这些信息汇总后加以研究，为制定网络信息服务行业的标准提供了指导。此外，相比政府，行业组织对市场更为熟悉，也更加了解机构服务状况和用户使用情况等，所以，由其所制定的标准会更加具备可操作性和适用性，而且行业组织可以根据市场变化及时对标准进行修订补充。行业组织还能推动相关标准在行业和社会中的认定，使业内以及社会上达成共识，对相关标准进行统一和推广，社会力

量依据行业标准进行社会监督。行业标准由行业组织汇总信息之后指导制定，且能根据市场变化及时修订补充，使得相关标准在社会上更能被普遍接受和认可，依据相应标准进行的社会监督也更能得到广泛的支持和肯定。社会对网络信息服务有了标准化的认知后，激励社会力量在符合制定标准的基础上进行社会监督，而且社会监督对行业标准也有着不可忽略的影响，行业组织能推动和加强相关法律在行业内实施，与依据法律进行的社会监督起到协同作用，对整个行业共同监督规范。

③构建治理交流平台，促进信息共享。网络信息服务的行业组织能发挥其中介协调功能，采取各种措施促进信息在行业组织内部的沟通、交流和共享。相比其他组织，网络信息服务的行业组织能更方便更好地建立信息网络平台，通过信息在行业组织内部的沟通、交流和共享，为技术上的进步提供支持，推动各方技术标准和质量标准达到相关要求，另外，信息公开化也有助于社会监督的实施。

社会资本是指个人在社会关系网络等组织结构所处位置的价值以及给他们带来的资源。最初，社会资本理论被用于社会问题的分析上，但随着其不断拓展，社会制度、价值判断、文化背景、政治、经济等因素也逐渐被其分析框架包含在内。网络信息服务在一定区域内集中了大量的组织，包括服务机构、科研院所和政府等，这些组织互相交织构成一个复杂的社会关系网络，网络信息服务的社会资本也得以形成。社会资本可以为服务机构所利用以获取外部信息以及其他社会资源。社会关系网络是社会网络能够发挥作用的基础，而网络信息服务的社会资本根植于社会关系网络之上。

作为根植于社会关系网络之上的一种资源要素，社会资本具有自己的一些特征，包括网络性特征、关系资本特征、认知特征、制度特征和非交易性特征，具体如下：

①网络信息服务的社会资本具有网络性特征。这一特征与社会关系网络直接相关。网络性指的是将独立的个体互相交织联系形成网络的总体模式，包括网络密度(网络所包含的成员数量的多少)、网络关系强度(网络中各成员联系的紧密程度)、网络层次性(网络组织成员的层次)、网络连通性(网络中各成员互相沟通交流的畅通程度)、网络专属性(一个网络与其他关系网络存在差别的程度)。

②网络信息服务的社会资本具有关系资本特征。个体在社会网络之中所处的位置构成社会资本发挥作用的前提。关系资本即个体或组织利用其与另外的个体之间存在的社会关系对其他个体的行为产生影响，从而为自己获取某种

资源。

③网络信息服务的社会资本具有认知特征。认知指的是网络各个成员之间对表达情感、信任、语言、规则等方式的理解和认知。这一特征受到网络成员共同文化背景以及价值观念的影响。

④网络信息服务的社会资本具有制度特征。规章制度是个体在利用社会资本的时候所必须遵循的。这一特征指的是处于一个关系网络中的成员都需要遵守的正式及非正式制度。正式制度不仅包括国家制定的法律、法规等，也包括成员组织制定的规章制度。而非正式制度包括礼仪、道德、宗教等，也是对网络组织成员进行约束的重要力量。

⑤网络信息服务的社会资本具有非交易性特征。社会关系网络资源不能被一个机构完全转让给另一个机构。社会资本不仅具有地域根植性，而且具有个体嵌入性。非交易性特征的形成在于共同的文化背景、价值观念，以及个体的信任、声誉等，都是社会资本所依附的对象，它们共同决定了社会资本无法进行交易。

网络信息服务的社会资本对社会监督的激励作用具体表现在以下几个方面：

①降低网络信息服务中的交易成本。社会资本通过网络中各成员之间的关系网络以及各成员之间相互的信任和有效沟通机制，能够降低交易的不确定性以及信息的不对称性，从而促使交易稳定，不仅减少了监督成本，而且提升了监督效率。网络信息服务中的社会关系网络能够增强成员之间彼此的信任，减少不确定性，提高监督效率。

②减少网络信息服务中的不当行为。网络信息服务社会关系网络成员之间通过稳定沟通和交流能够将服务过程中的不当行为尽早发现识别出来。社会资本不仅能让个体获取收益，而且网络信息服务整体行业可以通过社会关系网络对实施不当行为者进行相应惩处，增加不当行为者违反规范制度的成本。当社会关系网络中某成员实施不当行为后，其行为会被社会关系网络中其他的成员知道，那么其他的成员会减少对其的信任感，从而使其利用社会资本对社会资源进行获取的能力降低。不当行为的发生源于事前契约的不完全性和事后监督的困难，社会资本能够弥补契约的不完全性，减少事后的信息不对称性，降低事后监督的成本，提升监督的效率。

③提高网络信息服务行业的知识溢出水平，促进技术的扩散。网络信息服务社会关系网络成员之间的相互信任、认知，能够促进各方知识的可接近性和对知识价值的共同判断，提高成员之间知识共享的水平。社会关系网络中的强

联系、网络密度和网络连通性也能够促进技术知识的转移，减少知识转移过程中的损失，提高知识溢出水平，促进网络信息服务的技术发展，促进监督技术的同步发展，提高监督的水平和效果。

④网络信息服务社会关系网络成员之间的相互信任有利于监督实施。网络信息服务良好的社会关系网络以及社会网络成员之间的相互信任有利于网络信息服务社会监督的实施，人们会有更加强烈的意愿参与到网络信息服务的社会监督之中，这种情况下的社会监督也会让参与者感到更加方便容易。人们参与社会监督的意愿取决于社会监督活动带来的风险和收益的评估。信任机制不但能够提高人们参与社会监督的积极性，而且能为社会监督创造更好的条件，它还可以减少社会监督的障碍，促进参与者的沟通，减少误会和摩擦，从而降低社会监督的成本，使社会监督能够更稳定地实施。

2.4.3 社会参与治理的机制

行业组织及社会资本对网络信息服务的社会监督的激励作用，决定了社会力量参与治理的激励机制设计。

制定社会治理的相关政策。相关政策在制定与实施时一定要有细化与具体化的内容，使执行人员能够根据这些细化目标正确、有效地实施监督。网络信息服务社会监督的主旨在于构建较为稳定公平的环境，保障网络信息内容的安全，以保证经济、政治、社会等都能处于有序的发展过程中。具体政策如下：

①对机构的管理政策。要使信息服务真正取得良好的效果，就一定要针对相关的机构制定一些管理方面的制度，在机构的备案、申请、审批与考核等方面有明确的规定，只有加强管理才能够减少后期的不必要监督。

②与信息资源有关的政策。信息资源对于信息服务来说非常重要，资源方面的政策也有助于信息资源在更大范围内实现共享，从而保证资源的利用率。

③信息资金投入政策。从社会效益角度来看，信息服务中无偿信息服务对社会而言有存在的必要，不管提供的机构是什么性质。因此，国家对无偿信息服务予以一定的政策倾斜，投入一定的资金以扶植或提供低息贷款或减免税收等方式，促使信息服务稳步地发展。

信息有着"独占性"和"共享性"这两个矛盾的特点，在传播、利用和管理人类信息的问题中显得更加突出，与此同时还存在着共享与保护、扩散和保密。在信息化社会主体变化过程中，人们在对其独创性的智力成果所拥有的合法权利做出的保护上，如果只用以前的工业产权显然无法满足需求，人们现在是要对其信息产权进行保护。这就需要进行治理的延伸。

在社会公众参与下，转变政府对行业组织的管理职能和管理体制具有重要性。改变政府管理体制首先要明确协会和政府部门职能。政府不能把行业组织当作政府管理职能的延伸，行业组织也要改变对政府部门的过度依赖。应该本着为网络信息服务利益的原则在政府部门主导下行使职能。政府部门应该清楚自己的界限，不仅要明确政府与市场的边界，还要明确政府与行业组织、企业的边界。其次，政府部门要转变观念，要从以前对行业组织的管理观念转变为服务行业组织的观念。最后，政府部门可以考虑扩大对行业组织的赋权。网络信息服务行业组织现有的基本职权主要包括人员培训、信息交流等，但在行业管理上还缺乏有力手段，对行业内某些违规行为缺乏必要的惩罚手段，即使有时提出一些惩罚措施，也缺乏约束力。

某些行业组织由于制度不完善，治理组织的工作很难开展。因此应该建立和完善行业组织各项制度，如选举制度、财务制度、奖惩制度等，树立公正、公平形象，提供行业组织在网络信息服务产业中的权威性和凝聚力，对企业之间的关系进行协调，维护网络信息服务中参与监督的社会力量与政府相关部门的关系。健全行业组织的自律机制，约束会员的市场行为，在组织内部推行有强约束力的行为准则规范。完善组织机构，对组织各部门的工作进行细分，以便更好地提供各项服务。

社会资本能够良好运行的前提条件为社会规范。社会规范是人们在交往过程中必须遵守的社会准则，它可以对人们的行为起调节、选择、评价及过滤等作用，包括法律、道德等正式和非正式的约束。其中，法律和规章制度等社会规范对人们的行为具有强制约束力，而大多数社会规范并不具有强制约束力，但它们同样能够对人们的日常行为起到约束作用。社会组织出于自身利益的维护以及价值观的需要提出了价值规范，网络信息服务企业为了行业整体利益提出网络信息服务的社会规范。网络信息服务的社会规范反映了社会关系网络中的共同价值观，不仅能促使企业自觉约束自身的市场和交易行为，调节企业之间的社会关系，还能够为维护社会秩序、保持社会稳定和促进社会发展贡献一份力量。为了维护网络信息服务的社会规范，除了国家的法律法规和一般的社会道德以外，网络信息服务行业还可以结合自己的行业特点以及发展条件对这个行业的规章制度进行制定。除了正式的规章制度，还应营造、引导本行业树立正确的价值观，从而加强企业的道德建设和信用建设。

社会关系网络是网络信息服务社会资本发挥作用的载体，一个良好的网络信息服务的社会关系网络不仅包括服务机构，还包括科研院所、政府相关部门、各种中介机构及用户群体等成员。当社会关系网络的网络密度处于高水平时，能够促进信息在网络间的传播和共享，提高网络信息服务的社会监督的效率。社会网络成员之间联系的类型越多，则表明网络连接的多元性越高。社会网络密度以及网络连接的多元性会对社会关系网络的稳定性和持久性产生影响。维护良好的网络信息服务社会关系网络需要建立有效的沟通渠道，这一方面就需要行业组织发挥其主导作用，可以采取定期举办交流会等方式加强网络成员之间的联系、沟通、交流与分享，还可以同其他组织、研究机构、用户群体进行交流以获取丰富多样的信息，另外，还需要对内部产生的矛盾问题进行协商和仲裁，维护社会关系网络的公平公正。为了行业的整体利益，网络信息服务的行业组织还可以同政府相关部门进行谈判，争取促使政府制定有利于行业发展的相关政策。

3　网络信息环境治理结构

任何组织的有效运行及组织功能与目标的实现都是建立在组织秩序有序的基础上，为了保障网络信息安全，就必须建立能够保证云服务有效运行的网络平台，满足其信息的安全保障需求。① 与此相适应，网络信息环境治理应从信息安全结构出发，针对存在的问题，分析安全保障结构及网络环境下信息安全治理结构。

3.1　网络信息安全治理结构及其特征

网络信息环境安全治理结构对应于治理主体及其关系、权利和资源的分配结构，是一个稳定的、具有一定结构特征的跨组织融合构成形态，在合理的治理结构基础上可以统筹、协调各方面利益，合理划分安全治理主体的权利与职责，有效保障资源的安全。因此，有必要按网络信息环境安全治理关系进行体系构建，以寻求合理的治理组织构架。

3.1.1　信息环境安全治理要素结构关系

治理结构体现组织中节点之间的相对位置及其相互之间的关系，描述网络组织中的资源、权力、关系等的分布状态。治理结构的权力机构体现出治理节点对权力的资源调动能力及其所建立的互动联系状态，反映出治理组织资源的整合宽度、深度及发展趋势，权力配置、资源配置、关系配置是描述治理结构的基本元素。

---

① 孔繁超. 美国高校图书馆治理研究的回顾与思考 [J]. 图书情报工作，2015（9）：16-20.

①治理结构中的关系。网络信息组织节点的组成及其节点间的关系是描述组织治理结构的重要方式。林润辉等认为网络治理结构主要包括网络中的所有节点、节点之间的关系以及网络整体形态。① 孙国强认为网络治理结构包括网络节点的多样性、活性、开放性及其位置，节点间联系的强度、频率、直接性等二元关系，以及网络结构作为一个整体的嵌入性、密集度、稳定性及动态演化机制等，网络治理结构中节点的优势地位和权力大小可以通过中心性指数来描述，网络治理结构中节点的关系可以通过关系冗余度、关系强弱来描述，网络整体特征可以通过网络密度、小世界特征、无标度特征等进行描述。② 杨慧根据治理结构的规模、关系特征、决策风格等将治理结构分为较为集中的领导型结构、传统的管理组织结构和较为分散的自治型结构。③ 从这一角度来看，网络信息环境治理结构是网络信息安全保障的治理对象、治理主体及其关系的体系结构。

②治理结构中的权限。Propris 认为治理结构是组织中权力的分布及基于权力的组织中节点的联系，是组织中多个利益相关方基于权力和资源的复杂博弈所生成的一种相对稳定的状态。④ Harrison 等认为治理结构可以组织节点的规模、节点间的分工整合深度及对交易形式进行划分。⑤ Storper 基于权力等级、市场和网络治理结构进行划分，基于权力的等级结构体现了权力带来的资源利用的高效性及有效性⑥，权利式、集中式、权威式等结构类型是其构建治理结构、进行组织决策的依据。白永红认为图书馆的治理结构是约束制度与分配权力的总和。王耀忠等依据网络组织中权力的集中程度，将网络治理结构划分为有盟主治理结构和无盟主治理结构两种，有盟主的治理结构组织中的权力较为集中，各种网络结构中的各种功能主要通过正式契约或规则来实现，无盟

① 林润辉，张红娟，范建红. 基于网络组织的协作创新研究综述[J]. 管理评论，2013(6)：31-46.

② 李维安，林润辉，范建红. 网络治理研究前沿与述评[J]. 南开管理评论，2014，17(5)：42-53.

③ 杨慧. 产业集群治理结构探析[J]. 科学学研究，2007(4)：682-686.

④ PROPRIS L D. Systemic Flexibility, Production Fragmentation and Cluster Governance [J]. European Planning Studies，2001，9(6)：739-753.

⑤ STORPER M, HARRISON B. Flexibility, Hierarchy and Regional Development：The Changing Structure of Industrial Production Systems and Their Forms of Governance in the 1990s [J]. Research Policy，1991，20(5)：407-422.

⑥ 张婧. 网络组织治理结构与治理绩效的关系研究——基于仿真模拟的方法[D]. 太原：山西财经大学，2005：14.

主的治理结构各节点的权力较为一致,没有突出的盟主节点,各节点间通过物质或信息交流进行自我调节、自我协调。① 从这一角度来看,网络信息安全治理结构是指信息安全治理主体的权限的划分。

③治理结构中的资源。治理结构中的核心问题之一是治理节点中的资源互补及整合问题,治理节点的资源分享、利用方式及程度在一定程度上决定了网络信息环境的治理结构形成。Michelle 基于资源基础观认为治理结构是建立在资源互补的基础上。② Nooteboom 将网络组织中的知识作为资源,认知到知识资源的转移(如共享、交流等)可能会对组织的竞争力产生影响,进而对组织治理结构产生影响。从这一角度来看,网络信息环境治理结构的核心是环境安全治理中的资源调度、利用和整合。

3.1.2　网络信息环境治理的结构特征

为了保障网络信息环境中的物理设施、技术应用、信息交互和权益维护,应对以安全保障为核心的治理结构进行分析,以寻求符合治理要素关系的治理组织构架。

目前国家主要基于安全监管主体的监督职责,由包括有直接业务关系的政府机构及提供相关支撑的机构和安全实施主体(承担具体的治理任务的信息服务机构等)进行安全治理,在信息化深层发展中需要构建国家安全制度约束下的多元主体的参与机制。

国家网络信息安全的监管主要由行政主体执行,管理组织结构也是按照政府行政结构设置。通过分析云计算环境下国家信息资源安全治理的相关政策、文本的颁发、制定机构,可以清晰地展示网络信息环境安全治理的多层级主体结构,如图 3-1 所示。基于信息安全管理流程和管理功能,网络信息环境治理结构中的主体主要包括三个层面,即战略制定层面、监督管理层面、执行实施层面的主体结构。③ 战略制定层立足于国家安全的长远发展,制定网络安全及数字化安全的发展战略,进行相关政策的制定及信息安全法制化推进;监督管理层主要负责并监管其范围内的网络及数字化安全的保护;执行

---

① 王耀忠,黄丽华,王小卫,等. 网络组织的结构及协调机制研究[J]. 系统工程理论方法应用,2002(1):20-24.

② MITCHELL W, SINGH K. Survival of Business Using Collaborative Relationships to Commercialize Complex Goods[J]. Strategic Management Journal, 1996, 17(3):169-195.

③ 林鑫. 云计算环境下国家学术信息资源安全保障机制与体制研究[D]. 武汉:武汉大学,2016.

实施层负责信息资源安全管理的具体事项。从信息安全管理主体的角度，网络信息环境安全治理主体包括制定信息安全战略管理机构，国家信息资源安全的监督、管理主体部门，基础设施安全管理主体和信息安全支撑能力管理主体。

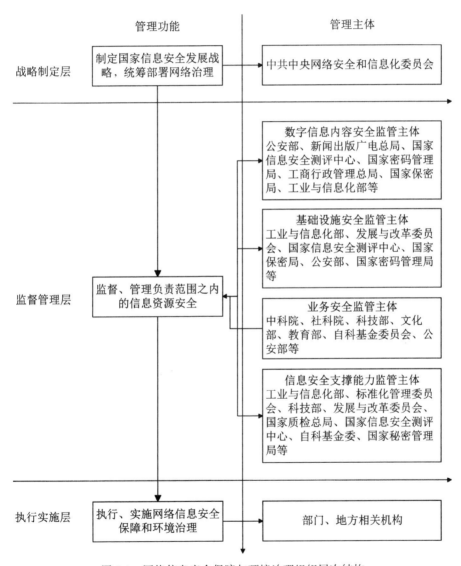

图 3-1　网络信息安全保障与环境治理组织层次结构

信息资源安全治理的实施主体主要是指内容提供商、知识数据库等信息服务机构，信息服务机构主要提供信息内容，负责信息的内容安全，确保信息内容完整、无误、无侵权现象，如信息内容出版商等必须遵守国家的《知识产权法》，不能出现盗版和侵犯著作权等行为。同时，信息服务运行于交互网络之中，为了确保所提供信息服务的安全、稳定、可访问，也要承担基础设施及信息系统的安全治理职责。

在网络信息环境治理中，网络信息安全治理处于核心位置，信息安全治理的本质是公共机构为实现公共利益而进行的管理和监督过程，分析信息安全治理组织结构的特征，可以为构建网络信息环境安全治理结构、提高网络安全治理效果提供依据。

通过对信息资源的安全监管结构的分析，可以看出其呈现出如下特征：管理单元与行政区域基本一致、格局呈"孤岛结构"现象。① 一般而言，信息资源安全监管的实施是在特定区域范围内进行的，这种特定的区域范围构成信息资源安全的管理单元。从纵向来看，信息资源安全治理的行政体系是层级式结构体系，如国家级信息安全管理单元系统、省级信息安全管理单元系统、地市级信息资源安全管理单元系统、县级信息安全管理单元系统等。每一级政府的行政管辖区域构成一个管理单元，因此信息安全管理单元也呈现为纵向层级体系，反映出信息资源安全管理单元与行政区域划分的一致性。同时，从横向来看，同一级别的不同信息资源安全管理单元互不隶属，不同体系下各级别的管理单元也可能互不相干，这就导致了信息资源安全管理单元呈现出"孤岛结构"，具体如图 3-2(a)所示的树状结构。

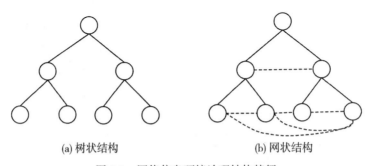

(a) 树状结构　　　　　　　　(b) 网状结构

图 3-2　网络信息环境治理结构特征

① 阮胜利. 我国公共图书馆治理结构特征及弊端分析[J]. 国家图书馆学刊，2010
(4)：9-14.

从图中可以看出，该结构中平级节点间的联通和互动受限，在信息安全事件发生后，纵向响应基于行政结构进行，存在过分依赖行政体制的问题。同时，同一级别的不同组织不能像图 3-2(b)所示结构进行很好的协同，而图 3-2(b)所示的网状结构，除了上下级的隶属关系，同时平级组织之间也可以进行联动。因此治理的结构应从层级结构向网状结构转变，以实现与网络信息组织交互的同构以及网络运行与安全治理的同态。

3.2　网络信息环境安全治理结构变革

随着信息技术的发展以及大数据网络的快速发展，网络空间与现实空间的相互作用不断加深，网络空间的线上行为主体与传统现实社会的线下行为主体之间的关联也更加复杂，信息处理和传递突破了时空的限制。网络与人的社会生活深度耦合的同时，导致网络空间安全、网络信息安全等新问题的产生。尤其是随着云计算技术的快速发展，原有的信息管理方面的思想观念已经不能适应云计算环境下信息管理的需求，体制机制不健全等问题日益突出，使得信息安全治理的形态趋于复杂。因此，根据信息服务与行业的网络化融合特点，分析技术发展对安全治理结构的影响及由此产生的新问题十分重要。

3.2.1　网络信息环境安全治理中的结构变革问题

信息技术的不断进步以及现有安全保障制度在确保信息安全过程中存在诸多弊端，由政府部门直接管理的层级式治理结构已不能有效确保网络信息安全问题的全方位解决，因此有必要厘清网络信息安全治理结构中存在的问题，以明确网络信息环境安全治理主体及其相互关系，确保大数据与云计算环境下全面信息安全保障的有效实施，从总体上看，当前问题主要集中在以下几个方面：

①治理主体定位问题。由谁进行治理、不同治理主体发挥什么作用是信息安全治理中的一个非常核心的问题。治理主体定位不准确主要体现在两个方面。一是由云计算技术发展引起的治理主体的缺失。目前我国信息资源安全治理主要通过信息资源服务主体实施。事实上，云服务商应成为信息安全治理的重要主体，以此出发将安全治理结构转变为依靠云服务方和信息服务机构的共同治理结构，在不同的云计算应用以及不同的云服务模式下，实现信息安全治理主体之间的有效协调。二是治理结构的组成有待进一步完善。目前信息安全

治理主要基于正式制度进行，缺乏协同治理的有效方式，反映出我国尚未建立完善的国家信息安全治理结构。在网络与用户活动深度融合的背景下，越来越多的主体参与到信息服务的整个过程中，而在相应的安全治理过程，相关社会主体参与治理的程度有限，多主体协作机制没有建立。因此，有别于信息安全管理主体，信息安全治理主体应该更加多元化，尤其是行业规范以及用户自律对信息安全环境治理起到越来越重要的作用，因此网络信息环境治理主体应进行重新界定。

②治理主体之间关系问题。通过实地分析可以看出，目前条块分割的管理体制导致信息安全治理过程中出现多头管理、多层管理的局面，而有效信息安全治理结构的构建往往依赖于治理主体及主体间关系的合理设定。如果这一问题不能有效解决，必然导致信息安全治理过程中所需的相关资源无法有效共享，进而影响信息资源安全治理的有效实施。

③治理主体的职责划分问题。治理主体的治理能力不能有效满足治理需求的基本原因之一，是各主体的治理职能尚未进一步明确。由于云计算资源是按需分配，且其资源组织通过虚拟化技术进行资源调度，物理机的位置会不断变更，传统 IT 环境下信息系统由固定、明确的边界转变为云计算环境下变化、动态的边界，安全边界无法有效界定，促使云计算环境下信息资源安全治理主体间的职责难以有效划分。

④治理结构中的信息交互问题。治理主体间信息无法有效共享，将严重影响云计算环境下信息资源安全治理。一方面信息本身具有的分布不均衡特性导致信息拥有者之间不能很好地对信息内容的安全性问题进行及时、有效沟通；另一方面，在云计算环境下，云服务商提供基础的云服务，因此云服务商需要了解更多的云服务安全应用信息，而信息服务提供方提供信息内容，在于确保信息内容的安全，因此云服务商和信息服务机构对彼此的安全保障信息应进行实时交互。

总体而言，我国的信息安全治理虽然取得了显著成效，但治理主体的选择、各治理主体的角色及其关系的定位不够明确，从而导致在信息安全治理过程中各治理主体之间的动态性交互缺乏，相关信息不能很好地在各治理主体之间共享，不利于及时应对突发性信息安全事故。因此，面对新的安全问题，原有的国家信息安全治理结构应进行管理机制上的变革，对安全治理结构进行优化。

3.2.2　网络信息环境安全治理结构优化

云服务以外包形式实现，是能够为信息资源提供便捷的云服务系统，因此云计算在信息服务中的拓展应用处于迅速发展之中。与此同时，云计算服务模式也改变了人们的思维方式和生活方式、企业的运营和管理模式等。① 云计算技术的发展对国家信息安全治理产生影响，使得现有的治理结构已不能完全适应其安全治理要求，因此为了满足信息的安全保障需求，应对网络信息安全治理结构进行适应性优化。

目前，国家信息安全治理结构中的层级关系一定程度上影响着信息安全治理的及时性、有效性。为了解决网络安全治理结构中存在的职责不一、职能交叉、多头管理、效率不高的问题，国家发布了一系列政策，以促进治理结构的变革，见表 3-1。

表 3-1 国家治理结构变革的相关政策

政策文本	发布机构	发布时间	政策内容
《关于深化行政管理体制改革的意见》	十七届二中全会	2008.2	完善法人治理结构，加强政府监管②
《关于建立和完善事业单位法人治理结构的意见》	国务院办公厅	2011.7	指出要明确管理层权责、建立健全决策监管机构、制定事业单位章程，并从原则、内容、要求以及实施等方面对事业单位建立法人治理结构提出建议③
《中共中央关于全面深化改革若干重大问题的决定》	党的十八届三中全会	2013.11	再次指出为了确保国家网络与信息安全，要加快互联网管理领导体制的完善，加大对网络的法制化管理，明确不同文化事业单位功能定位，建立法人治理结构，将治理结构研究作为学术文化建设的重要方向④

① 王世伟. 科技革命和产业变革下的融合发展趋势及对图情工作的启示[J]. 图书情报工作，2016，60(11)：5-12.

② 李阳.《公共图书馆法》中法人治理结构的规范与思考[J]. 图书馆学刊，2018，40(10)：5-8，22.

③ 李国新. 公共图书馆法人治理：结构·现状·问题·前瞻[J]. 图书与情报，2014(2)：1-6，9.

④ 新华社. 中共中央关于全面深化改革若干重大问题的决定[EB/OL]. [2019-11-21]. https://www.fmprc.gov.cn/ce/cejm/chn/zggk/t1101725.htm.

政策文本	发布机构	发布时间	政策内容
《关于〈中共中央关于全面深化改革若干重大问题的决定〉的说明》	中共中央		强调现行管理体制中的弊端使网络管理滞后,而信息安全、网络安全对国家提出新的综合挑战,它会影响到社会稳定、国家安全,因此互联网管理领导体制要完善,网络运用和网络安全须得到确保①
中央网络安全和信息化领导小组召开的第一次会议的内容	中共中央	2014.2	中央网络安全和信息化领导小组要对各领域中存在的网络安全和信息化重大问题进行统筹协调,发挥统一领导作用
《网络安全法》	全国人民代表大会常务委员会	2017.6	明确了国家网络安全治理的权责体系,指出网络安全的统筹协调以及监管工作由国家网信部门负责,公安部、国务院电信主管部门以及相关机构在各自职责范围内依照相关法律、行政法规对网络安全保护和监管工作进行负责,同时,县级以上地方政府也会在相关规定下承担保护、监督职责,该规定正式确立了中国特色网络安全治理体制②
《中华人民共和国公共文化服务保障法》	全国人民代表大会常务委员会	2017.3	是推动图书馆、博物馆等公共文化基础设施管理单位实施法人治理结构的第一部法律,同时该法律指出专业人士、相关方面代表、公众应参与管理③

---

① 习近平. 关于《中共中央关于全面深化改革若干重大问题的决定》的说明[N]. 人民日报,2013-11-16(01).

② 国家互联网信息办公室. 中华人民共和国网络安全法[EB/OL]. [2019-11-02]. https://baike.so.com/doc/24210940-24838928.html.

③ 中国人大网. 中华人民共和国公共文化服务保障法[EB/OL]. [2019-11-02]. http://www.npc.gov.cn/npc/xinwen/2016-12/25/content_2004880.htm.

续表

政策文本	发布机构	发布时间	政策内容
《深化党和国家机构改革方案》	中共中央	2018.3	将中央网络安全和信息化小组改为中央网络安全和信息化委员会,同时将国家计算机网络与信息安全管理中心由工业和信息化部管理调整为由中央网络安全和信息化委员会管理①

我国的信息安全治理在中央、国务院统一部署下进行,治理组织主要由相关信息部门负责,即国家信息资源安全治理结构体现为中央集中部署的统一协同组织结构,包括政府部门管控结构、协议联盟管理结构、实体组织机构管理结构和专项管理结构。②

组织协议联盟管理模式是指通过签署协议的方式进行相关信息安全的治理工作。实体组织机构管理模式是一种管理结构较完整、组织功能较完善的管理模式,该模式有利于具体信息安全治理工作的落实。理事会管理模式将理事会的职能分成决策权、管理权和监督权等,避免了权力的过度集中。同时该模式也对打破网络信息服务系统中条块分割的行政管理体制十分有利,促进各单位间的相互协作。例如,在图书馆服务中,深圳市图书馆、成都市图书馆、广州市图书馆、无锡市图书馆等均建立了理事会治理结构。③ 随着国家对公共文化机构、事业单位等不断开展治理结构的改革,法人治理结构成为各行业由传统管理方式向现代化治理体系转变的重要转变。但我国大多数进行法人治理结构的图书馆"政事不分""管办不离",政府与信息服务机构的行政隶属关系没有实质性的调整,行政干预对信息服务治理结构优化成效并不显著。

从国家对治理结构的变革情况来看,国家信息安全治理结构发生如下变化:一是加强党中央对网络安全和信息化工作的统一领导;二是强化治理机构的职能;三是推进网络安全和信息化发展,整合优势资源、创新管理体制、进

---

① 新华社. 中共中央印发《深化党和国家机构改革方案》[EB/OL]. [2019-11-02]. http://www.gov.cn/zhengce/2018-03/21/content_5276191.htm#1.

② 胡昌平,仇蓉蓉. 云计算环境下国家学术信息资源安全保障联盟建设构想[J]. 图书情报工作,2017,61(23):51-57.

③ 霍瑞娟. 公共图书馆法人治理结构现状调研及思考[J]. 中国图书馆学报,2016,42(4):117-127.

行顶层设计和统筹协调，推动治理能力和治理体系现代化。从国家对信息资源法人治理结构的变革情况来看，信息安全治理结构将信息资源安全保障实施过程中的决策权、执行权和监督权相分离，在提高效率的同时，进行有效的安全治理保障，从而促进传统管理方式向现代治理的转变。网络信息环境治理结构优化需具备如下特征：

①共享性。哥伦比亚大学图书馆馆长 Henry Rosovsky 从图书馆提供信息服务的服务关系角度提出图书馆治理结构应包括四个层次：第一层主要由董事会、基金会和校友组成，该层次人员对图书馆长期发展产生重大影响；第二层主要由各级政府部门组成，该层次人员是高校图书馆的"股东"；第三层主要由普通馆员、教授、学生组成，负责图书馆的具体工作；第四层是一般公众，包括社会新闻媒体。① 我国学者刘延元提出的图书馆联盟多层治理结构包括图书馆联盟层、区域联盟层、联盟参与馆层、参与馆的馆员层。② 基于此，信息资源安全治理结构应是一个由不同利益主体关系形成的综合组织结构，也是一个可以进行自上而下、由下而上的双向垂直治理以及基于不同基准进行横向互动的水平治理的组织结构，该组织是多元化的，包括政府部门、信息服务机构、社会组织、用户等，任何一方利益代表都对信息安全保障的决策产生重要影响。因此进行网络信息资源安全治理的决策过程必须是在各方信息共享的前提下，多元利益关系相互合作、协商共治。有效的共享机制可以促使多元利益相关者相互制约、相互影响、相互协作，共同进行网络的安全保障的决策，由此形成包含多元化、层次化、差异化的多元治理主体的信息安全治理结构，避免了因权力过度集中对信息资源安全治理造成不良影响。值得注意的是，虽然每个利益相关者都有发言权，但并非每个利益相关者都享有一样的决策权，通常根据利益相关者的社会责任来决定其享有的权力，通过既定的规则范式行使相应的决策权力。

②制衡性。有效的治理结构需要满足各利益相关者的利益需求，而不同利益相关者的权力应形成相互制约。Vickie Lynn Mix 通过对高校图书馆治理结构进行比较，认为建立权力制衡机制可以避免少数人集权对大多数人的权力产生影响。③ 在

① 白永红. 美国高校图书馆治理结构的主要特征及其文化基础[J]. 图书馆, 2015 (4)：47-50.

② 刘延元. 图书馆联盟的多层治理模式与可持续发展策略[J]. 情报科学, 2014, 32 (7)：50-54.

③ MIX V L. Library and University Governance：Partners in Student Success [J]. Reference Services Review, 2013, 41(2)：253-265.

外部治理方面，利用政府、社会、图书馆三者间的关系建立了权力制衡机制，同时，在内部治理方面，普通馆员、图书馆管理层、董事会三者之间也形成了权力制衡机制。内部治理方面，从董事会与图书馆的制衡关系来看，在"政事分离""管办分离"的前提下，图书馆馆长被董事会授予很多自主权，可以进行大部分行政事务的管理与决策；董事会有监督馆长的权力，掌握图书馆权限分配权力，但其只对图书馆的一些重要事项进行干预。从馆长与馆员的制衡关系来看，馆长是图书馆评议会的重要成员之一，协调、主持评议会议，确保评议会顺利运转，且馆员提出的议案须由董事会讨论通过后才能实施；馆员通过图书馆评议会参加图书馆重大决策，以此对馆长权力进行有效制约，避免馆长权力过度集中。

③松散性。网络信息资源安全治理结构的松散性是指在信息安全治理过程中相关管理权力的下放、松散联结。从图书馆治理结构的外部治理角度来看，政府、行业协会等社会组织均不能对图书馆决策产生直接影响，通过各自管理建议形成的综合治理结构架构中，各利益相关方之间相互独立、相互治理，通过沟通、博弈、竞争建立相对稳定的权力制约体系。各利益方之间通过各自的权力相互制衡形成一种治理结构，即各利益方松散联结。从图书馆治理结构的内部治理角度来看，图书馆建立的自上而下的管理体制并没有使其成为一个层级分明、等级优先的官僚机构。此外，学术权力、行政权力的相对独立、相互制约也促使图书馆治理结构表现出松散性。

3.3　信息生态视角下网络信息环境治理的组织结构

由于信息污染、信息侵权、信息超载等不和谐因素的存在，导致信息安全问题日益严峻。为了促使信息环境安全、可持续发展，保障网络信息服务安全、高效地运行和利益均衡，有必要从信息生态视角对网络信息环境进行有效治理。早期的信息没有进行大面积的深度整合，网络信息资源相对分散，因此信息安全的治理主要由政府主导，信息服务机构实施，有业务往来的各个部门局限于本系统的信息服务。由于这些部门之间缺乏相应的信息安全治理协调机制，因而未能从生态环境层面进行协同治理构架。然而，随着互联网、大数据与云技术的快速发展，生态环境的影响日益突出，因而需要专门应对。

3.3.1　信息生态视角下信息安全治理系统组成

随着云计算技术的推进，国家信息环境发生了深刻变化，网络生态环境逐渐形成，原有的安全治理结构已不能很好地实现信息安全的有效治理，需要从政府集中调控向政府和地方、企业、社会团体、公众等多元治理主体共同调控转变。由个人安全威胁防护、安全厂商与黑客攻防、国家行为体攻防等构成的云计算环境下，国家信息安全生态系统更易于进行有效的信息安全治理，由此拟基于信息生态视角分析信息安全治理结构的组成。

基于信息生态视角能够更全面地分析网络信息所处的网络生态空间，有利于全方位实现网络信息环境治理，因此拟基于信息生态视角分析网络信息环境的治理结构。

信息技术的发展使得人类社会生活更多地融入网络中去，信息无处不在，信息关键基础设施也异地分散，导致信息系统结构异常复杂，呈现出多种不良局面。① 从信息系统中存在的问题可以看出，不合理、不理想的治理结构会在很大程度上影响组织或机构的未来长远发展，削弱组织或机构的竞争优势，甚至可能导致组织或机构产生负效应。因此，《中华人民共和国公共图书馆法》强调要健全公共图书馆的法人治理结构，同时应积极促进专业人士、有关方面代表和社会公众参与管理。② 其法律实施从国家层面以法律形式对健全国家信息资源安全治理结构提供了法律依据。在安全治理中，通过平衡政府、事业单位、企业、社会组织、公众之间的关系，对信息安全治理体系进行构建，以最终满足数字信息资源的安全保障需求。

自然界的生态系统是一个稳定、运行良好的系统，因此很多研究借鉴自然生态系统对某一领域或某一学科的结构优化进行分析。将生态系统的结构引入信息系统中，从信息生态的角度，构建一个稳定、平衡、具有一定自我调节能力的信息生态系统，不但能够使信息资源得到合理分配，而且能有效提高信息安全治理的效率。信息生态系统是一个集多元性与差异性于一体的社会生态系统，也是一个系统中各要素间相互作用、相互制约的社会生态系统，同时又是信息自身与周围环境相互联系、相互作用的有机整体。为了给数字信息提供一

---

① 刘珍，过仕明. 网络信息生态系统优化路径研究[J]. 情报科学，2017，35(3)：31-36，41.

② 李阳.《公共图书馆法》中法人治理结构的规范与思考[J]. 图书馆学刊，2018，40(10)：5-8，22.

个安全、运行良好的系统，可从信息生态视角构建信息资源安全治理结构。其原因在于：一是信息服务自身发展的需求，通过对信息安全治理进行结构优化可以有效改善服务质量，构建和谐、健康的信息生态环境；二是通过优化其安全治理结构可以使用户更加快捷地接收到各类信息，推动其他行业的安全发展。尤其在云计算环境下，信息资源呈现出的动态性、扩展性、协同性、综合性等特点，决定了安全治理不仅需要不同主体间相互合作，还需要构建一个更加合理的治理结构。

与自然生态系统类似，信息生态系统也有其独特结构，明晰该结构对保障信息资源安全的有效治理具有重要作用。靖继鹏等认为信息生态要素包括信息、人及社会组织、信息基础设施与信息技术、信息环境(信息伦理、信息法律)、信息文化及信息政策五个方面。[①] 娄策群等根据信息生态环境中构成因子功能的不同，将信息生态结构构成因子分为信息本体、信息技术、信息时空、信息制度四类。[②] 郑金帆认为信息生态包括信息生产者、信息消费者、信息传播渠道及信息环境四个方面。[③] 吕莉媛等从信息生态链的流动规律和信息生态环境特征认为信息生态由信息主体、信息客体、信息介体、信息环体和信息链体构成。[④] 陈建华等认为信息生态系统是由不以人的意志为转移的信息客体、可以有意识处理信息的信息人主体、作为场所和背景的信息环境以及充当媒介作用的信息技术四大基本要素组成。[⑤] 综上所述，因信息生态系统具有复合性和复杂性，对其结构的认知存在分歧，但无论哪种观点均认为信息生态结构应该包括对信息本身、信息基础设施等治理对象进行描述的客体，对参与生产、消费、传播等信息活动的信息人进行描述的主体，以及对政策、技术、法律、文化等进行描述的环境三大组成要素。由此可进行基于信息生态视角的信息资源安全治理结构构建，如图3-3所示。

---

① 靖继鹏，张向先. 信息生态理论与应用[M]. 北京：科学出版社，2017：21.

② 娄策群，赵桂芹. 信息生态平衡及其在构建和谐社会中的作用[J]. 情报科学，2006(11)：1606-1610.

③ 郑金帆. 信息生态环境与信息生态链[J]. 农业图书情报学刊，2011(11)：149-159.

④ 吕莉媛，陈秀华. "互联网+"背景下图书馆信息生态环境分析[J]. 情报科学，2017，35(10)：43-48.

⑤ 陈建华，张彤，张雪. 移动环境下高校网络舆情管理创新机制及应对策略[J]. 情报科学，2017，35(6)：57-62.

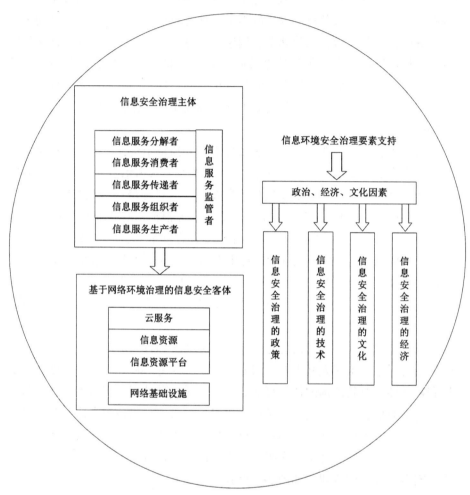

图 3-3　信息生态视角下信息环境治理结构

　　从静态角度来看，该治理结构主要包括信息安全治理主体、基于网络环境治理的信息安全客体、信息环境安全治理要素支持三个部分。从动态角度来看，由于信息会在特定的信息环境下进行流转、循环，形成信息生态系统的信息通道，而信息环境治理是在信息的流转基础上进行，因此安全治理主体在信息流转过程中也会形成链式依附关系，这种由信息安全治理主体、信息安全治理客体、信息资源安全环境等多种要素相互联系、相互作用形成的链式关系，构成了基于信息生态链的信息资源安全治理链。

在网络信息环境治理与信息安全结构中，治理主体是信息治理结构中的最核心要素，在治理结构中起到主导作用，信息安全治理客体则是连接不同治理主体和环境的介质，信息安全治理支持要素为治理主体提供条件保障。信息安全生态链在信息流转中形成，是信息安全治理链式关系的体现。整个体系可以为信息安全和治理提供动态保障。这些要素间相互关联、相互制约、相互影响，共同维护着网络信息安全。

3.3.2 信息生态视角下的安全治理对象构成

通过以上分析，可以明确网络信息环境治理结构由治理对象、治理主体和治理支持体系组成，由此可对治理对象进行界定。

网络信息环境治理的最终目的就是确保服务、资源、信息交互主体对象的安全。按照服务模式的不同，云服务通常分为 IaaS（基础设施即服务）、PaaS（平台即服务）、SaaS（软件即服务），因此云计算环境下的资源主要可以概括为云基础设施资源、云平台资源、云信息资源以及信息云服务共四大类，它们之间的逻辑关系结构如图 3-4 所示。云基础设施资源作为信息生态系统中最底层的资源，是云平台服务安全治理、信息安全治理和信息软件安全治理存在的前提，信息云服务则是构建在云基础设施资源、云平台资源和云信息资源之上，这四种资源相互联系、相互作用又密不可分，构成了云计算环境下信息生态系统资源的层级结构，如图 3-5 所示。

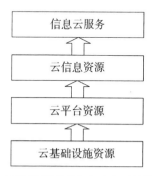

图 3-4 云计算环境下信息生态系统资源结构

①云基础设施资源。云基础设施资源是信息云服务生态系统进行安全治理的基础，在云计算环境下，云基础设施分散异构且无物理边界，需要通过虚拟化技术将其抽象为有逻辑边界、可以进行统一管理的统一体，进而实现对分

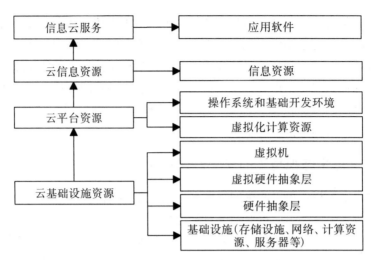

图 3-5　云环境下信息生态系统的构成

散、异构基础设施的调度、共享与使用。云基础设施层可以细分为四个小层次：硬件设施（包括所有的物理资源，如网络组件（包括路由器、交换机、网络链接和接口等）、存储设施层（硬盘等）、服务器（内存、CPU 等）以及其他物理计算基础元素；资源抽象控制层（是由对硬件资源进行软件抽象的系统组件构成，部署在硬件资源之上），旨在将一台物理计算机系统虚拟化为多台虚拟计算机系统。资源抽象控制层通过虚拟机监视器和虚拟机实现对资源的抽象、控制，而虚拟机监视器通过硬件抽象和虚拟硬件抽象使虚拟机对系统硬件资源进行完全的控制和管理，包括对资源的监控、分配和回收，每个虚拟机都可以通过虚拟机监视器为其提供一个独立的虚拟机执行环境，最终供云平台服务需求的调用。因此，云基础设施资源的安全是指云基础设施安全以及对其进行管理过程中的虚拟化安全。

②云平台资源。云平台服务搭建于 IaaS 层之上，其将数据库、应用接口、中间件、开发工具以及其他支持应用服务交付的组件等进行整合，为信息服务机构提供一个可扩展式开发平台和运行环境，其类似于传统 IT 环境下的操作系统层次的服务与管理。平台运行中，信息服务机构可利用 PaaS 云服务资源进行安全部署，开展具有安全保障的信息资源服务，其中云平台安全主要包括资源安全和系统运营环境安全。

③云信息资源。云信息资源是指通过加工、积累、创造而形成的能够精确反映事物本质的数据资源，主要包括不同形态的信息内容资源、数据，同时也

包含用户之间的交互信息资源、行为数据等。这些资源既具有共享性，也具有一定范围内的使用权限，同时涉及用户个人信息的安全问题。

④信息云服务。信息云服务主要是指云服务应用软件，如 SaaS 云服务。SaaS 具有使用便捷、高灵活性、高扩展性、可配置等特征，其直接为信息服务用户、信息服务机构等提供面向应用的软件服务，用户可以通过 Web 浏览器、移动应用或轻量级客户端应用对其进行访问。

3.3.3 信息生态视角下信息资源安全治理主体结构

信息资源安全治理主体是指参与安全治理事务的一切相关主体，包括进行信息组织、开发、利用的信息人，他们既是信息安全治理环境的被动适应者，也是主动改善者。基于信息生态视角，信息资源安全治理主体包括信息资源安全监督者、信息资源生产者、信息资源组织与开发者、信息资源传播者。治理主体本质上是根据治理主体在信息流转过程中充当角色的不同进行分类的，即根据信息流转过程中发挥不同作用的功能性主体，以及承担不同的信息安全治理任务所进行的区分。云环境下，治理主体共同确保信息资源在整个生命周期内的安全，由此形成基于信息生态链的信息安全治理链，如图 3-6 所示。

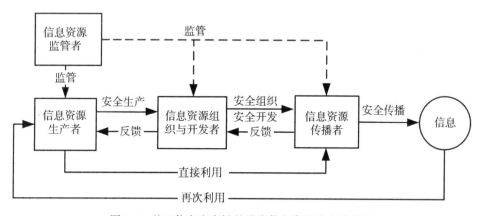

图 3-6　基于信息生态链的学术信息资源安全治理链

基于生态视角对信息资源安全治理主体及其安全治理职责划分具有一定的规则，需要说明的是，由于信息云服务的实现可以由云服务商提供，也可以由信息服务机构自行开发，在这两种不同情况下信息服务机构、云服务商等承担的安全保障职责有所不同。以下仅以信息的云服务由云服务商提供为例，对信息资源安全治理主体的职责进行分析。

①信息资源监管者。为了保障信息的高质量，以满足信息安全需求，信息资源监管者包括中共中央网络安全和信息化委员会办公室、标准化管理委员会、国家秘密管理局、公安部、国家保密局、科技部等国家部门、社会组织等监管机构，以及云计算安全协会、云安全联盟相关行业组织以及用户组织等，旨在安全治理部署实施和管理。

②信息资源生产者。信息资源生产者是指信息内容的生产者，是创建信息资源的组织或个人，主要确保信息资源处理中的信息安全。信息内容生产者主要搜集各类原始的第一手信息资料，在将其重新组织、加工的基础上进行创新，最后形成不同类型的信息资源，因此信息内容生产者的安全职责主要包括三个方面：一是要确保生产的信息中不涉及隐私性、敏感性、保密性的不合规内容，二是不使用未授权使用而受知识产权保护的信息，三是确保信息中不包含恶意病毒代码。

③信息资源组织与开发者。信息资源组织与开发者通过科学规则和方法对信息资源外在特征和内容特征进行表征，并使之有序化，应保证其过程安全。其主要确保信息的整合、挖掘、开发过程中的安全，以及分布异构信息的安全、相关的虚拟化安全和云应用软件的安全。信息资源组织与开发者主要包括公共信息服务机构、信息资源提供商、信息服务机构和对云服务进行开发的技术机构等。在云服务中，还包括对分散、异构基础设施进行组织的 IaaS 云服务商，对 IaaS 或基础设施进行组织的 PaaS 云服务商，对 PaaS、IaaS 或基础设施进行组织的 SaaS 云服务商，等等。

④信息资源传播者。信息资源的传递包括信息资源在生产者和消费者之间的双向传递、信息资源在组织者和消费者之间的双向传递以及信息资源在消费者之间的相互传递三个方面，信息资源传递者应确保信息在传递过程中的安全问题。其安全责任由包括信息用户，提供信息资源服务的机构和提供 IaaS、PaaS、SaaS 服务的云服务商等主体承担。

信息生态视角下的信息安全治理主体的划分主要依据其在信息流转过程中的作用决定，因此根据不同治理主体涉及的具体机构或个人，云计算环境下国家资源安全治理主体可以概括为以下五类：政府、信息服务机构、社会组织、云服务商、信息用户。其中，政府是国家层面的信息安全治理部门，进行信息资源安全的监督、管理，制定国家层面的信息安全治理战略；信息服务机构如图书馆、档案馆等公共信息服务机构承担着与服务对应的安全保障责任；社会组织在于制定并实施计算机网络行业、互联网行业的自律规范，同时促进行业组织之间的安全沟通、协作，引导行业组织履行安全责任，协调行业组织纠纷、促进行业自律；云服务商主要提供不同模式的云服务，确保所提供的 IaaS、PaaS、SaaS 等云服务的安全。

由此可以看出，与基于管理手段进行的信息安全治理主体相比，信息生态视角下的信息资源安全治理的参与主体更加多元化，也能够更加全面地保障云计算环境下的信息安全。这与我国在进行管理体制改革后的目标相一致。云计算环境下信息资源安全治理主体也逐渐从行政机构管理向多元化主体治理发展。由于信息服务自身的特点，信息安全治理往往集中在主体行为上，云计算环境下信息资源安全治理主体及其角色如表 3-2 所示。

表 3-2 信息生态视角下信息资源安全治理主体

项目	监督者	生产者	组织者	传播者	消费者	分解者
政府部门	✓					
信息服务机构		✓	✓	✓		✓
社会组织	✓					
云服务商		✓	✓	✓		✓
信息用户	✓	✓		✓	✓	

从表中可以看出，信息生态视角下信息资源安全治理是在政府部门主导下，以信息服务机构、云服务商为核心，以社会组织和用户为重要参与者，在信息资源流转的基础上实现信息资源安全的治理。

信息安全治理环境是信息资源安全治理的背景和场所，是指与网络信息安全治理活动有关的一切自然因素和社会因素的总和，是由社会交互而形成的一种环境。信息环境为信息资源安全治理主体的治理提供场所，同时也提供相关的技术、经济、政治、制度保障，一个优化的信息安全治理有利于信息安全治理主体在信息资源的交流、传播中进行安全保障。

云计算环境下信息资源安全治理主要是由信息安全技术、信息安全政策与法规、人文环境和经济环境四个要素构成。① 其中，信息安全技术是信息资源安全治理的关键因素，也是一种工具性要素，安全治理主体通过信息安全技术确保资源在生产、组织、传递、利用、分解、监管等过程中的安全；信息安全

---

① 张超. 高校图书馆信息生态系统优化研究[D]. 长春：吉林大学，2013：15-16.

政策与法规是信息资源安全治理的保障要素，是用来约束信息安全治理主体及信息主体行为的准则，完善的信息安全政策与法规可以有效规范、调控信息资源安全治理主体的行为，使其安全治理行为合理、有序；行为规范决定了信息资源产生、流转，也是安全治理过程的基础，包括习惯规范、道德规范等，在于对信息安全治理主体的行为约束；经济基础是信息治理的基本保障，良好的经济基础能为信息资源的安全提供必要的人力、物力，支持信息服务的建设与可持续发展，信息安全技术、信息安全政策与法规、信息安全文化、经济基础这几大要素之间并不是孤立的，它们之间相互联系、相互关联，影响着主体治理行为，其中任一要素都会对信息安全治理的动态平衡产生影响。

3.4　网络信息环境治理中的权益保障结构

网络信息服务中的权益涉及面广，其保护可以从服务者、用户、政府和公众等多方面的主体权益保护来组织。然而，由于这种组织内容分散、主体多元，在实施保护与监督中难以有效进行和控制。因此，可基于信息服务过程中各个主体利益关系，利用现有的保障体系和监督体制进行保护。从客观上看，网络信息服务中的权益保障与信息环境治理直接相关，因此将其纳入网络信息环境治理之中，且重点突出权益保护的内容，以解决各方面问题为基准进行权益的保护。这需要通过法律、机构监督及自律等方面全面组织实施。

基于综合考虑的权益保护思路，目前的权益保护主要是对现有的关于权益保护的问题进行完善，对于一些特殊问题则重点突出，而现有的问题则可以采用监督体系进行完善解决。

3.4.1　网络信息服务产权保护结构

网络信息服务产权保护以保护服务承担者和提供者的知识产权为主体，由于网络信息服务中还存在着用户与服务者之间的网络信息交往和知识交流，同时受保护的还有用户因利用网络信息服务(如决策咨询服务)而向服务者提供的涉及用户拥有的知识产权的信息的所有权。一旦用户受保护的知识产权信息泄露给第三者，就有可能受到产权侵害。在网络信息服务者和用户的知识产权保护中，用户的知识产权保护虽然处于被动的次要地位，但也是网络信息服务产权保护的一个重要组成部分。

网络信息服务产权保护的依据是知识产权法，知识产权是从法律上确认和保护人们就其智力创造的成果依法享有的专有权利，旨在保护权利人的知识成果不受到损害。我国目前的有关法律包括专利法、著作权法等。这些法律对信息服务产权保护的内容主要有信息服务技术专利保护和有关信息服务产品的著作权保护。

专利权，简称"专利"，是发明创造人或其权利受让人对特定的发明创造在一定期限内依法享有的独占实施权，是专利权人在法律规定范围内独占使用、收益、处分其发明创造，并排除他人干涉的权利，属于知识产权的一种。专利权具有时间性、地域性及法律确认性。专利保护是指在专利权被授予后，未经专利权人的同意，不得对发明进行商业性制造、使用、许诺销售、销售或者进口，在专利权受到侵害后，专利权人通过协商、请求专利行政部门干预或诉讼的方法保护专利权的行为。不同领域的专利保护方式也不同。与信息技术有关的专利保护具有以下意义：

①可以独占市场。专利有很重要的占领和保护市场的作用，这种作用在关贸总协定中制定了与贸易相关的知识产权保护协定后更加突出了，将专利保护与国际贸易相挂钩，强化了对专利的保护力度。

②防止他人模仿本企业开发新技术、新产品。一项技术一旦申请并获得专利权，其他人即使通过上述途径学会或掌握了这项技术，在这项技术被授予专利权获得法律保护后，可有效地防止他人的模仿行为。技术含量高的产品更需要专利保护。

③专利技术可以作为商品出售或转让。纯技术一旦被授予专利权就变成了工业产权，形成了无形资产，具有了价值。技术发明只有申请专利，并经专利局审查后，授予专利权，才能变成国际公认的无形资产。

④避免被他人抢先申请专利。虽然专利法规定在专利申请日前应当在国内没有公开制造、销售、使用过，但由于事后要取得相应的有效证据相当困难，因此，存在他人将原产方已经公开的产品（或技术）拿去申请并获得有效专利的可能，甚至倒过来追究原产方的侵权责任，因此一定要及时申请专利，避免被他人抢先申请专利。

⑤专利宣传效果好，可以提高产品档次。在宣传广告或产品上打上专利标志，消费者认为这种商品更具可靠性、信用性，提高企业的知名度。在展览会上，专利权相当于新产品的"出生证"，谁拥有该"出生证"，谁就拥有了该产品作为专利产品展示的权利。否则，随时有被责令撤下展示物品的危机。

专利分为发明、实用新型和外观设计三种：发明专利，是指对产品、方法或者其改进所提出的新的技术方案。如产品的制造方法或工艺、材料的配方、药品的配方等；实用新型专利，是指对产品的形状、构造或者其结合所提出的适于实用的新的技术方案。凡是产品结构、形状或者结构和形状相结合，属于实用新型专利，发明和实用新型专利中都提到"新的技术方案"，简单地讲就是要有创造性，要比现有技术先进，比现有技术落后就不能申请专利；外观设计专利，是指对产品的形状、图案、色彩或者其结合所做出的富有美感并适于工业上应用的新设计。这里强调"外观"，即外表。如工艺品、包装箱、包装袋、包装盒都是属于外观设计，近几年，申请外观设计专利相当多。发明的保护期是 20 年，实用新型和外观设计的保护期是 10 年。专利保护期的起始日为自申请日起计算，而不是专利授予日。

著作权是指作者或其他著作权所有人对创作的文学、艺术和科学作品依法享有的专有权利。著作权是知识产权的基本内容之一，其权利客体必须是精神产品——作品。我国《著作权法》所称的作品，是指"在文学艺术和科学领域内具有独创性，并能以某种有形形式复制的智力创造成果"。可复制性是指作品必须以一定的可为他人直接或间接感知的形式表现出来或者固定下来。存在于作者头脑中的智力成果是不能被他人感知的，《著作权法》是无法对其实施保护的，在著作权管理及司法实践中也缺乏鉴别根据。除法律明确规定的，如法律、法规、时事新闻和历法数表、通用表格等外，其余作品只要符合独创性和可复制性的特点，均受《著作权法》保护。如数字图书，数字图书可以普及知识、表达思想和积累文化，属于人们智力劳动的创造性成果，是知识产品或精神产品，并具有独创性。此外，数字图书可以被拷贝、下载，也可以被打印，因此数字图书是以可感知的形式存在的，可以由光盘、磁带、纸张等载体表现和固定下来，具有可复制性和传播性。我国《著作权法》第二十一条对作品著作权的保护期作了明确规定：如果是公民的作品，其发表权、使用权和获得报酬权的保护期为作者终生及其死亡后 50 年，截至作者死亡之后第 50 年的 12 月 31 日；如果是合作作品，截至最后死亡的作者死亡后第 50 年的 12 月 31 日；由法人或者非法人单位享有的职务作品，其发表权、使用权和获得报酬权的保护期为 50 年，截至作品首次发表后第 50 年的 12 月 31 日。我国《著作权法实施条例》第 23 条规定"著作权自作品完成创作之日起产生，并受《著作权法》的保护"。

党的十九届四中全会对知识产权的保护作出了重大部署，将知识产权治理体系和能力建设放在了一个突出重要地位，《关于强化知识产权保护的意见》提出了共 7 个部分 99 条举措。其中特别指出要加快在专利、著作权等领域引入侵权惩罚性赔偿制度；大幅提高侵权法定赔偿额上限，加大损害赔偿力度；

强化民事司法保护，有效执行惩罚性赔偿制度；加大刑事打击力度等措施，说明我国在知识产权保护方面的立场是坚定的。另外，还强调了要加强社会监督共治，构建知识产权大保护工作格局；引导代理行业加强自律自治，全面提升代理机构监督水平；建立健全志愿者制度，调动社会力量积极参与知识产权保护治理；加强科技研发，通过源头溯源、实时监测、在线识别等技术手段强化知识产权保护。此前有观点认为，知识产权保护主要是司法部门的事情，但中国目前的公众知识产权意识总体不高，存在侵权多发、故意侵权等现象，光靠司法部门是不行的，行政、社会力量必须都参与其中，知识产权的保护不是某个部门的"独角戏"，知识产权保护水平的提高有赖于行政、司法、执法等部门及相关从业机构和行业协会的通力协作。比如人大的执法检查等对知识产权保护是很有力的监督和促进；政协的一些调研提案提出了很好的建议；一些专门机构每年都要发布知识产权保护报告，且招募了几十万名志愿者，将知识产权违法信息提供给司法、行政等执法部门，这些举措都对知识产权保护提供了有效的帮助。此外，知识产权的保护还需要全社会提升对创新文化的认识及知识产权意识，需要这样的一种合力，才可以加强知识产权保护的社会监督共治。近几年的实践也表明，我国逐步构建的知识产权大保护格局正起着积极作用，旨在提升知识产权治理能力和水平，充分体现了党中央对知识产权的高度重视，彰显了中国依法严格保护知识产权的鲜明立场和坚定决心，为做好新时代知识产权保护工作提供了根本遵循和行动指南。

实际上，仅凭目前的知识产权法对网络信息服务产权进行保护尚存在难以适应大数据环境的局限，由于网络信息服务是一种创造性劳动，而针对用户需求开展的每一项服务不可能都具备《专利法》《著作权法》中规定的保护条件而受这些法律的保护。这说明，服务中著作权、专利权以外的创造性知识权益必须得到认可，因此存在着网络信息服务产权保护法律建设问题，应该在现有法律环境和条件下完善网络信息服务产权保护法律，建立其保护体系。

从权监保护监督的角度看，网络信息服务产权保护与监督内容应扩展到网络信息服务者与用户对有关服务所拥有的一切知识权益。如果服务者和用户知识被第三者不适当占有将造成当事方的损失或伤害，那么他们的知识权益必须受到保护，其保护应受到各方面监督。

3.4.2 网络信息资源共享权益保护结构

面向公众的网络信息服务以网络信息资源的共享为基础，以社会化网络信息资源最有效的开发和利用为目标，因此一定范围内的网络信息资源的社会共享是充分发挥网络信息服务作用与效能，最大限度地实现政府和公众网络信息保障的基本条件。其中信息公平又是信息资源共享的基本条件，只有实现了信息获取和信息资源配置的公平，才能真正地实现信息资源共享。对于网络信息资源共享，在网络信息化程度高的发达国家似乎更强调其社会基础。例如，美国在网络信息服务组织中就存在自由法规，他们以打破对资源的垄断为目标，制定一整套有利于网络信息社会化存取、开发和利用的共享制度，并且以"信息自由"法规的形式规范共享实施与监督。我国关于网络信息资源共享及其监督的法律尚不完备，从社会发展上看，目前需要解决的主要问题是，确立共享范围、主体及形式，进行网络信息资源保护规范，在条件允许的范围内将共享监督纳入网络信息服务监督法律体系。

在实现网络信息资源共享的过程中，网络信息资源必须受到保护，一定要注意信息安全问题和知识产权问题，此外，还要注重对信息公平的保护。

（1）信息安全权益问题

在现代信息技术构成的信息网络中，信息源不是高度集中、绝对封闭的，而是在合理配置的基础上，形成了分散、众多的信息源体系。这就使得在纵横交错的信息网络中，存在着严重的信息安全问题。信息安全涉及信息系统（网络）的安全、数据库的安全、信息的安全、个人隐私和保密、商用信息安全、国家机密保护等问题，而信息的电子编码、网络传播、共享数据和程序，以及计算机病毒、计算机犯罪等都使信息安全问题变得更为严峻和普遍。要尽力保护网络信息资源免受"污染"，控制有害网络信息通过各种渠道对有益网络信息的侵入，控制网络信息服务范围之外的主体对有关网络信息资源的不适当占有和破坏。

在网络化、数字化的信息环境中，全球信息资源共享更加便利，同时知识产权也更易受到侵害。要解决信息资源共享与知识产权的保护之间的矛盾冲突。信息资源共享和知识产权保护之间的矛盾冲突是信息化过程中一直存在的问题。信息资源共享代表的是广大社会公众的利益，而知识产权代表的是个体利益。为了真正实现信息资源共享，就必须在保护知识产权的基础上实现信息资源安全共享的目标。因此，各国纷纷制定各种信息政策和信息法律，以确保信息资源共享的进行。但是，过于严格的保护措施，特别是某些发达国家对待发展中国家的不公正态度又会阻碍全球信息资源共享活动的开展。因此，如何在信息资源共享与知识产权保护之间寻找一个平衡点，是一个急需解决的问题。为处理好信息资源共享和知识产权保护之间的关系，必须结合实际情况，制定一系列的保护知识产权的政策和法律，以保证信息资源共享目标得以实现。

(2)信息公平权益问题

在网络信息资源的共享中还要注重对信息公平的保护,信息公平主要体现在信息资源的获取和信息资源的分配两个方面。

信息获取的公平,即信息获取机会的公平。主要是指信息主体在信息获取活动中的起点和资格的平等,不会因为民族、种族、年龄、性别、职业、收入水平、身体条件、家庭背景和生活环境等的不同而具有不同的获取信息的资格。信息获取的公平就像"法律面前人人平等一样",任何人在合法的条件下都有获取信息的自由和权利。只有取得平等的获取信息的自由和权利才能实现信息获取的目标,进而实现自我发展的目标。著名的新自由主义经济学家弗雷德曼曾说道:"机会平等的最好表述也许是法国大革命时的一句话:前程为人才开放。任何专制障碍都无法阻止人们达到与其才能相称的机会。机会并不是对一个人开放的,出身、民族、肤色、信仰、性别或任何其他无关特性都无法影响一个人的机会,只有他的才能可以决定他所得到的机会。"

信息分配的公平,即信息资源配置的公平。信息分配的公平主要是希望信息资源能够合理地分配于不同信息主体之间,实现信息资源在时间、空间和数量三个方面的配置公平。但是,由于不同的信息主体具有不同的信息需求,所以不可能实现信息资源的平均分配。在不能实现信息资源的平均分配的情况下,想要实现信息资源配置的公平,要以满足社会需求为目标,有效地利用社会信息资源,使信息资源满足人们的"各取所需"和"所需能取"的需求。但实际上,要实现不同信息主体对信息资源的"各取所需"和"所需能取"是很难做到的,这里有各种主观和客观因素的影响,主观原因是信息资源分配会受到个人物质条件和文化素质的限制。在信息时代,信息的获取基本都要靠信息手段,如运用计算机上网查询信息,如果没有物质条件或文化素质过低都会影响获取信息的时效性。客观原因或者说社会原因是信息分配会受到信息垄断、信息壁垒、信息隐瞒、信息阻塞、信息歧视等人为原因的影响。为了实现信息配置的公平,需要尽可能地降低这些人为因素的干扰,争取实现人们对信息资源的"各取所需"和"所需能取"。

信息公平相对于物质公平来说具有很大的优势。首先,信息不存在稀缺性。其次,信息易于传播,现在传播的代价越来越低。但是也有劣势,信息获取需要文化素质,还有意识形态的制约,意识形态的制约不是中国特色,全世界所有的国家意识形态的制约是普遍存在的。在伊拉克战争期间美国媒体受到了很大程度的制约,当然方式可能不一样,但是一样是受制约的。最后,还存在信息爆炸和信息犯罪的问题。在基础设施普及非常高的信息社会,信息的公开程度也必须随之提高,除了一些商业机密、国家机密不能公开外,其他应该公开的信息都应该尽可能地公开,应该让公众了解。

对于网络信息资源保护的监督,我国和世界其他国家都予以了高度重视,其保护内容包括国家拥有的自然信息资源的保护、二次开发信息资源的保护、信息服务系统资源(包括信息传递与网络)保护、信息环境资源保护等。目前,在网络信息资源保护中,保护的监督问题十分突出,其监督体系的不完备和监督主体的分散性直接影响到资源保护的有效性和我国网络信息服务优势的发挥。

3.4.3 网络信息服务安全保护结构

随着信息技术的进步,微博、博客、微信、知乎等社交网络的发展造就了大数据时代的到来。虽然大数据背后蕴藏着巨大的价值和宝贵的财富,但同时也带来了巨大的挑战,大数据所导致的用户隐私泄露就是问题之一。在大数据时代,对个人信息保护所产生的挑战主要有隐私信息被窥探与监测、个人隐私信息未经许可被商家利用以及隐私信息被恶意运用。

在信息技术飞速发展的互联网时代,互联网已成为人们日常生活中不可或缺的一部分,因此网络上会有许多人们留下的各种各样的数据足迹,包括购物习惯、社交网络、检索习惯、阅读习惯、形成轨迹等,比如淘宝、京东、亚马逊等购物网站时时刻刻都在监控着我们的购物习惯;微信、QQ、微博等监视着我们的社交关系网络;百度、谷歌等监视着人们的搜索习惯。这些数据足迹具有累积性和关联性,将这些非结构化和半结构化的信息聚集在一起,就可以找到个人的隐私信息。虽然有些数据表面上看似不是个人数据,但经过大数据处理便可追溯到个人,从而挖掘出个人姓名、家庭住址以及手机号码等个人隐私。

在企业得到用户的个人信息后,为了得到更大的经济利益及促进企业的进一步发展,企业会从这些个人数据和信息中挖掘出巨大的价值。用户隐私信息保护面临着内忧外患。内忧是指企业内部,在企业内部主要有四个方面的用户隐私泄露问题:信息的收集、信息的误用、信息的二次使用以及未授权访问信息。另外,企业内部人员还可能会将用户个人信息对外发布、无授权地访问个人信息或窃取,甚至还会将用户个人信息卖给或共享给第三方、金融机构或政府机构。外患是指外部人员为了获取个人信息而通过系统的漏洞窃取个人数据。但是,个人隐私信息的泄露除了有企业的责任外还有用户的个人因素,有些用户会因为发布个人信息可以获得额外财务奖励补偿而发布个人数据，此外，还有大量用户为了得到更好的个性化服务，而主动提供更多的个人信息。

在大数据时代，用户的个人隐私信息泄露已经成为一个普遍存在的问题，而个人隐私的泄露可能影响到个人的情感、身体以及财物等多个方面的安全。在个人隐私信息泄露后，有些恶意分子会利用这些个人隐私信息进行欺诈等行为，常见的行为有骚扰信息、骚扰电话、身份冒充以及人肉搜索等。其中人肉搜索严重侵害了人们的个人隐私权，在当今信息时代，只需数个小时便可以得到目标用户的姓名、年龄、电话号码、工作单位、家庭住址、家庭关系、车牌号码、身份证号码等个人信息，严重影响了人们的个人生活安全，给人们的生活带来了许多麻烦和经济损失。

安全管理主要的目的是使网络信息的安全风险降到最低，当然，网络信息服务的安全管理也是一个不断改进的发展过程，可通过计划、执行、检查与行动的模式不断循环以检查发现问题，如图 3-7 所示。

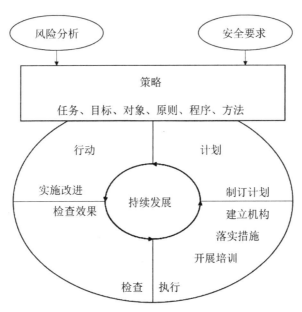

图 3-7　信息服务安全管理模型——持续改进模式

首先，建立相应的安全信息管理机构，制订安全信息管理的实施和运行计划，对所有的人进行必要培训，然后落实每一项措施并检查结果持续改进。每一次的循环都在已有的安全管理策略指导下来进行，也可以不断发现新问题采取行动进行改进，是一种螺旋式的提升。

此外，我们必须从法律层面健全隐私保护法律体系、从技术层面强化隐私保护技术并从用户层面培养自身的隐私意识。

服务过程中，对于网络用户应给予足够的尊重，在收集网络信息数据时必须保证其合理性和合法性，同时在收集、运用和分析用户个人数据时都应尽可能地提前告知用户并征求用户的同意。此外，还需制定用户个人隐私信息数据"许可"标准并将其纳入法律中，以满足不同情况下的需求。

为避免数据的受损、编辑、丢失或非法披露，必须采取合理的措施确保数据的安全性。在大数据时代，数据中蕴涵着各种有价值的信息，且数据的价值不断提高，但随着数据价值的提高，数据面临的风险也随之增加。如果用户的个人隐私信息泄露在外，会严重影响到人们的生活安全、情感安全、财务安全等。因此，我国应结合现实案例不断健全个人隐私信息保护的法律法规，以保障用户的个人隐私信息安全。

在大数据时代，数据的运用不断朝向产业化和市场化发展，不少企业和商家为追求利益而非法使用用户的个人隐私信息，为用户带来了不少的麻烦和损失。因此，需要从法律层面来限制个人隐私数据的运用。若想运用用户的个人隐私信息数据，必须提前征求用户个人的同意，并在合乎法律规定的条件下合理使用个人信息，不得以盈利为目的非法使用个人隐私信息。

强化个人隐私保护技术的维护是大数据时代个人隐私信息保护的必然需要也是关键方案，但是想要做到对自身隐私数据的全面加密是不现实的，只能通过合理地运用网络来降低自身隐私信息成为被分析目标的可能性，保障个人隐私信息的安全性。互联网给人们的生活带来了很多便利，但同时也大大增大了隐私泄露的风险，能否正确地使用互联网还要取决于用户本身，互联网归根结底只是一种手段。个人隐私泄露问题不仅仅存在于互联网时代，在任何时代任何地方都存在隐私泄露的问题。因此，合理利用互联网时代的媒介和手段来保护个人隐私信息，才是信息时代正确进行隐私保护的做法。

首先，用户需要培养自身的隐私保护意识，避免浏览一些危险网站，以减少个人隐私信息的泄露。对于需要透露个人信息的软件、网站和游戏等，用户需要保持警惕，尽量少地透露个人隐私信息，避免个人生命财产安全受到威胁。其次，在保护自身隐私信息的同时，也要做到尊重其他社会成员的隐私，绝不可主动泄露别人的隐私信息。最后，还需要政府部门对网络企业的宣传，普及个人隐私泄露对个人、对企业以及对社会的不良影响和危害，进而加强互联网企业的道德自律。虽然道德自律不像法律限制是硬性约束，但其效果却十分显著，需要引起政府的重视。

3.4.4 国家与公众权益保护结构

国家以及社会公众利益的保障是网络信息服务社会化的一项基本要求，任何一项服务，如果在局部上有益于用户，而在全局上有碍于国家和公众，甚至损害国家利益，都是不可取的，应在社会范围内取缔。当前，在国际网络信息化环境下，各国愈来愈重视国际化网络信息服务对国家和公众的影响，他们纷纷采取监督、控制措施，以确保国家和公众的根本利益。国家与公众利益保障的内容包括：涉及国家安全的网络信息保密，涉及国家利益的信息网络资源及技术的控制保护，网络信息服务及其利用的犯罪监控与惩处，社会公众网络信息利益的保护，等等。

国家安全与利益以及公众利益保障及其监督具有强制性的特点，其关键是法律法规的制定、执行与监督。目前，国内外关于这方面的法律、法规，诸如《国家安全法》《保密法》《计算机联网条例》《商业秘密法》《数据库管理法规》《数据通信安全法规》等，所涉及的是基本的社会犯罪问题。在网络信息服务中如何有效地按法律条款进行服务监督，以及如何针对社会发展完善监督体系，是服务监督的又一重点。

（1）国家权益保护结构

国家网络信息服务主要存在三个方面的问题。首先，关于国家网络信息服务方面的保护和监督体系还不够健全，由此经常会因为权益方面的受损问题而引起一些纠纷，这些纠纷主要是因为发展网络信息服务的同时，虽然有一些社会效益和经济的发展，但还会出现技术方面的侵害权益问题以及一些诈骗行为等，产业化的咨询、网络信息服务的发展使得信息在提供的过程中会发生一些难以避免的问题，而这些问题并没有一套完整的规章制度可以遵循和解决，只能通过其他相关的法律进行援助解决。其次，在网络信息的分配、占有和一些其他有关享用方面的权益没有一套完整的监督体系进行约束，使得网络信息资源在利用的过程中经常发生一些不合理现象，如非法占有和传播等，再如产业化的一些网络信息企业和公司在发展的过程中可能会存在带有盈利性质的一些实体或个人不恰当或非法地占有网络信息资源的现象，使得公众甚至是国家的利益受到损害，而这些实体或个人却因此获得不合理收入、利润等。这些现象按照目前的监督体系是无法真正解决的。最后，虽然目前有一些关于网络信息保护和监督的法律法规，但是还不够系统化，监督没有从全局的角度进行，都是分散的状态，当前的网络信息服务监督相关法律主要是国家目前所颁布的一些法律，但是很多并没有明确其监督的主体，使得各个监督及执行的部分没有自身的责任和法律意识，使整个社会监督难以真正地进行。

国家的网络信息服务监督还需不断改进，针对当前存在的现实问题以及国际化的网络信息环境需求，国家权益保护的监督还需从以下几个方面进行完善和实施：

①应加快构建完善的网络信息服务监督体系，并且要在社会化监督中着重突出权益监督，使其与市场监督和质量监督等更好地结合，确保网络信息服务能够真正保障所有用户和服务者的基本利益，做到全面化。

②网络信息服务的监督必须做到以政府为主导，通过法律建立起网络信息权益保护的法律监督体系，并将监督过程中的主客体关系明确。

③必须将建立网络信息服务的权益保护及监督体制这一重点纳入政府的决策中，使政府在进行网络信息决策时能够充分考虑到网络信息服务的保护及监督，一方面可以使网络信息服务有法律和权威的保障，另一方面也使得政府及国家的网络信息和利益等得到保障。

④网络信息资源保护及监督必须建立一套具有可操作性的社会体制，并借助一定的理论，基于理论将社会体制进行实践，并在实践的过程中明确解决当前问题的原则。

⑤要真正将权益监督及保护落到实处，加强网络信息资源的监督处理，对于在网络信息资源方面侵犯权利或危害国家利益的个人或组织要给予法律方面的惩处，不断加强与优化当前社会中的权益保护意识，也要制定相关管理办法及规章，在一定程度上预防和制止侵权行为。

（2）公众权益保护的结构

网络信息服务也必须接受公众的监督，缺少公众和用户的监督是不彻底的监督，因为网络信息服务的对象是公众，在网络信息服务的过程、结果等方面公众是最有发言权的，尤其是网络信息服务已经普及形成买方市场的情况时，用户的满意与否、程度如何等将是影响网络信息服务提供商竞争力量的强弱甚至于生存与否的重要因素。

严格地说，公众舆论算不上一种监督主体，只能算是一种监督方式，各种监督主体都可以通过公众舆论进行监督。然而公众舆论又是一种特殊的监督方式，对监督对象没有直接约束力的社会力量主要通过公众舆论才能有效地发挥其监督作用。因此，公众舆论监督确实是"监督主体多元化"的一种反映。公众舆论监督不具有强制性，但却是一种极重要的监督力量，其优势主要表现为：

公众舆论汇集了社会各个方面的意见，对监督对象没有直接约束力的社会力量可以通过公众舆论的方式表达自己的看法，引起全社会的关注。不通过公众舆论监督，就不可能真正实现全公众参与监督。

对信息机构和信息业行业协会来说，声誉是十分重要的。信息业发达国家的信息机构和信息行业协会大多有良好的声誉，这得益于其极强的自律性。因此，要特别加强公众舆论监督，迫使行业协会严格要求会员机构，迫使咨询机构切实注意网络信息服务的质量。此外，公众的监督和投诉联系紧密，用户监督是用户在信息服务过程中合理合法地关注一些相关内容，对整个信息服务环境的建立予以关心。用户投诉则是用户对信息服务的提供方产生了不满意进而向有关部门的投诉，或者请求报刊、网络、电视等媒体予以披露，让自己的权益得到保障的行为。而且用户投诉的一系列可能的行为通常都是层层递进的关系，因为只有当前行为不能得到解决或者解决得不够满意才会产生进一步的行为，由此服务商和其上级主管还有消费者协会得到的投诉较多。

总之，公众监督大多是关注社会、国家角度的信息服务的过程、环境，而投诉主要是从个体自身的利益出发，以维护自身利益不受侵害或使得所受的侵害带来的损失降到最低所采取的一系列行动。作为个体的用户从属于社会和国家，因此，在一定程度上可以认为，用户投诉是用户监督的一种更具体的行为。

只靠国家的信息服务治理机构对信息服务实施监督远远不够，信息犯罪有犯罪事件短、速度快、远程作案的特点，而且犯罪分子往往分散在密密麻麻的上网用户当中，这就使得国家的监督机构在实施监督时由于广度太大难以进行，同时又具有相当大的深度，所以这成为监督的难题。对用户实施"全民性"的公众监督进行有效的组织，让公众监督成为整个信息服务监督体系的实施基石，从而使信息服务监督的广度和深度都能达到满意的程度，以发挥信息服务监督体系的系统性功效。因此，国家的有关信息服务的法律法规和条例等，都应组织公众去学习和掌握，以便用户能够充分发挥积极主动性，参与到信息服务的监督中来，监督各种违法犯罪行为，及时为国家的监督机构提供线索。这样尤其可以针对信息传播的瞬时性和信息犯罪的瞬时性，使国家的监督机构提高打击信息服务中的违法犯罪的能力，同时也可避免用户自身在信息服务中的违法犯罪行为。

4　云环境下的网络信息资源治理组织

与传统 IT 环境相比，大数据与云计算环境从多个方面对信息安全及其治理产生影响，网络中数据资源、基础设施资源、服务资源等可能归属于不同主体。同时，与其他类型的数字资源相比，网络信息资源具有结构异构、来源分散和难以有效序化的特点。① 这些因素加大了安全治理的难度。因此，需要对网络信息环境进行全面治理，以完善其运行机制。首先，在网络信息安全事件发生前，应加强信息安全的自我防护能力。其次，在信息安全事件发生后，通过应急处置实现对信息资源安全的联动防控。最后，在信息安全事件结束后，通过自我净化、自我修复使信息资源进行自我调整。为了确保信息资源安全防护的顺利进行，需要对其进行有效监管。基于此，可从安全防护机制、安全联动治理、安全监管机制和安全治理体系四个方面进行网络信息资源的安全防护组织。

4.1　信息资源安全防护机制

云计算环境下信息资源分散、异构、动态，其通过将底层每一台硬件设施都虚拟化为一台或多台虚拟机，每个虚拟单元相互隔离，因而需要通过虚拟化层对基础资源层的抽象和模拟，使信息云服务平台上的应用从逻辑上独占一个系统运行。同时，为了满足云服务用户的定量需求，往往需要多台虚拟机同时协助，虚拟机操作系统通过集群计算将多台虚拟机模拟为一台服务器为用户提供云服务，而事实上信息云服务平台可能分布在多台物理机上。由此可以看

---

① 胡新平，董建成，张志美. 基于 SaaS 的图书馆集成管理系统开发模型研究[J]. 图书情报工作，2014，58(6)：113-117.

出，与传统 IT 环境相比，信息云计算环境具有一定的特殊性：一是云计算环境下基础设施开放、异构、分散且无法有效控制，计算节点种类多样；二是云计算拓扑结构日趋复杂，其以逻辑形式形成云基础资源池，且只具备逻辑上的边界而没有传统网络环境下的物理边界；三是虚拟化等技术的应用为信息云平台带来了新的安全威胁。

4.1.1　信息网络环境安全防护中的态势感知

与传统 IT 环境下信息安全相比，云计算环境下信息安全因云计算自身结构的特点使其面临新的安全威胁。云计算环境下信息服务机构将信息数据及相关信息服务迁移至云平台，信息服务机构失去了对这些数据和业务的直接控制能力。① 因此，云端数据一旦遭到恶意入侵或攻击可能会致使宝贵的信息数据丢失，给机构服务商造成严重损失，乃至影响国家创新发展及国家安全。同时，由于信息云平台采用虚拟化技术实现资源的共享，而虚拟机之间的隔离容易受到攻击，这就导致了跨虚拟机的非授权数据访问的风险，加之信息云服务也可能基于不同云服务商提供的云服务实现，因此信息云服务平台结构更加复杂且处于动态变化之中，对信息云服务实施安全保护将更加困难。再者，对使用社会化云服务的学术信息服务机构而言，其在云服务终止时可能会面临云服务商不归还或删除用户数据的安全问题，而影响信息服务机构对学术信息数据的所有权和支配权。由于在云计算环境下信息数据的实际存放位置并不受信息所有者控制，云端的信息数据可能存储在不同数据中心，甚至有可能存放在境外，因此会对信息数据和业务的司法管辖权关系造成影响。针对云服务的破坏行为和攻击行为日益普遍，且呈现出了攻击目标明确、组织严密等特点，而云计算本身的安全防护是集中式的防御模式，云平台安全一旦被攻克将会造成巨大的安全问题。

由以上分析可知，云计算环境下信息资源存在新的安全风险，因此有必要改变传统网络环境下信息资源安全的被动防御体系，提高云平台安全防护等级，将原有的安全防护机制由针对单机/局域网或传统的互联网入侵检测、身份认证、防火墙等面向"桌面"+"小数据"的安全管理模式转向事前防范、攻守结合的全方位感知-保护模式。② 通过模式转变，旨在实现云平台安全的主动

① 张未名，邢云菲，胡轶楠. 基于云计算环境下网络入侵安全检测模式研究[J]. 情报科学，2018，36(9)：68-72.

② 范佳佳. 论大数据时代的威胁情报[J]. 图书情报工作，2016，60(6)：15-20.

防御目标，最终将云计算环境下信息资源安全风险降到最低，以防患于未然。

基于主观角度设计的网络安全保护措施以防御为主，不能根据网络行为的变化对安全策略进行及时调整，因此安全防御能力较低。网络安全态势感知在一定时空条件下对大规模网络环境中能够引起安全态势发生变化的安全要素进行获取、分析、预测、显示，包括对从系统中获取的原始数据进行逐步融合处理以及对系统背景状态、活动语义的提取，对其中存在的各类活动以及异常活动意图的识别，最终得出据此表征的安全态势和该态势对系统的影响。① 网络安全态势感知是态势感知技术在信息安全领域的应用，比较经典的网络安全态势感知模型有 Endsley 模型、JDL 模型、TimBass 模型。Endsley 模型认为态势感知包括态势要素获取、态势理解和态势预测，为态势感知奠定了理论基础，也为态势感知明确了研究内容；JDL 模型针对多源数据信息的内在联系，对其进行了预处理、对象精炼、态势评估、威胁评估、过程精炼等综合处理分析②，能够更加全面地进行态势感知；由 Tim Bass 提出的 TimBass 模型明确提出了网络态势感知的概念③。基于此，可以认为云计算环境下信息资源安全态势感知应该包括安全态势察觉、安全态势理解、安全态势预测，如图 4-1 所示。云计算环境复杂、多变，信息安全态势感知能够使信息环境安全从宏观层面转向应对信息资源安全的微观层面，从而为高层级安全管理提供依据。

信息云平台安全态势察觉是指辨识出信息云服务安全状态变化的感知，安全态势察觉包括数据获取、数据预处理、活动建模和安全态势察觉结果四个功能，如图 4-2 所示，数据获取中，云计算环境下的每台物理机上可能运行多个虚拟机，因此有多种安全监控和保护设施，需要在数据获取阶段采集多种云平台安全态势数据（包括云平台网络、云主机、配置数据、日志数据等）。同时，考虑到云计算环境复杂多变，所采集的态势感知数据种类或时间段间隔均会对态势察觉产生影响，因而云计算环境下信息资源安全要素的数据获取可采用动

①　龚俭，臧小东，苏琪，等. 网络安全态势感知综述［J］. 软件学报，2017，28（4）：1010-1026.

②　STEINBERG A N, BOWMAN C L, WHITE F E. Revisions to the JDL Data Fusion Model［A］. // Sensor Fusion：Architectures, Algorithms, and Applications III［C］. Orlando, FL, 1999：430-441.

③　BASS T. Multisensor Data Fusion for Next Generation Distributed Intrusion Detect Systems［A］. //Proceedings of the 1999 IRIS National Symposium on Sensor and Data Fusion［C］. University of The Johns Hopkins, 1999. America：The Johns Hopkins University Press, 1999：1-6.

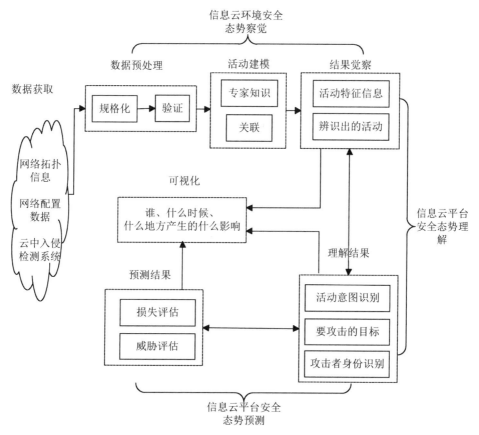

图 4-1 云计算环境下信息资源安全态势感知

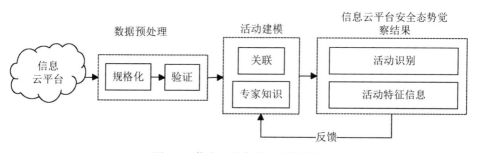

图 4-2 信息云平台安全态势察觉

态的自适应数据采集模式，即通过发现并关联获取到的数据与感知结果的关系，根据安全状态趋势动态调整数据采集周期，以期获取有价值数据，同时降低数据采集、数据存储的成本。在数据预处理中，主要是对采集到的数据进行规格化和验证，以利于数据在后期阶段的深化处理。活动建模中，主要是根据采集到的数据的自身语义，结合背景、专家知识及规则，对其关联性进行分析。目的在于不仅能发现入侵行为，而且可以通过学习、分析入侵模式，发现未知入侵行为，生成更全面的安全态势察觉结果。安全态势结果觉察，主要是对活动结果进行进一步识别，并提取出特征要素。同时，态势察觉是一个学习的过程，因此应在安全态势察觉结果和活动建模之间建立反馈关系。

信息云平台安全态势理解是基于已经识别出的攻击活动及其特征要素，通过分析攻击活动的语义及其之间可能的关联关系，推测出攻击活动的类型、攻击者的身份、能力、目标、意图和攻击成功的可能性等。

信息云平台安全态势预测是根据已经评估出的安全态势，分析其对信息云服务产生的危害以及可能继续发生的攻击，对信息云服务的潜在威胁和可能造成的损失。

4.1.2　基于安全等级的信息安全保护体系构建

在安全态势感知存在威胁的情况下，对信息资源进行基于安全等级的安全保护具有重要性。信息资源信息安全等级保护的基本思想是依据信息的重要程度，对其采取与之相适应的安全保护措施，即按适当保护的原则进行防护。从信息安全等级的角度，不同类型信息对其完整性、保密性、可用性安全保障需求也会有所不同，因此需要对其安全需求进行划分，按照适当保护原则，对其采用与之相适应的安全保护措施(主要包括技术措施和管理措施)，如图 4-3 所示。因此，基于信息安全等级的信息资源安全保护的实施应该包括以下两个方面：一是依据信息的类型、重要程度、使用范围对信息进行安全等级划分；二

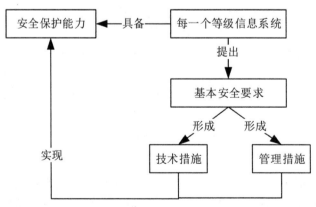

图 4-3　基于信息安全等级的信息资源安全保护体系构建

是确定不同等级下信息资源云平台应该采取的保护措施。

由于云计算与传统 IT 环境有所差异，因此信息服务机构在将信息部署或迁移至云计算平台前，需要先明确信息的类型。在服务中，所提供的信息资源不仅包括学术成果、科研数据、科研工具等方面的资源，也包括信息用户的个人信息（如个人基本信息、浏览信息、检索信息、支付信息等）。对此，《云计算服务安全指南》中将信息划分为公开信息、敏感信息、涉密信息，其中涉密信息应该按国家保密法规执行。这种信息安全等级的分类方法为国家信息安全等级的划分提供了一个参考。由于信息类型众多，为了满足信息更加准确、精细的安全需求等级管理要求，可将信息划分为公开、信息安全等级较低、信息安全等级一般、信息安全等级较高、信息安全等级非常高五种类型。公开信息是指不涉及国家秘密，且不敏感的信息，要求数据完整、可用，如规范性文件、行政法规、规章、科研工具等可以面向所有用户的信息；信息安全等级较低的信息是指要求数据完整、可靠，且有保密要求但保密要求较低的国家信息，如信息机构内部人员参考的相关安全管理指南等；信息安全等级一般是指要求数据完整、可靠，且具有安全保密需求的信息，如信息用户的个人基本信息、原始科研数据；安全等级较高是指要求数据完整、可靠，具有较高安全保密需求的信息，如已发表的学术期刊论文、著作等；安全等级非常高是指要求数据完整、可靠，对安全保密等级要求非常高的信息，如经过处理分析并可以反映研究主题数据、有待发表的科研成果等。

安全等级保护是与安全保护需求相一致的安全保护措施，依据最新发布的《网络安全等级保护基本要求》，其主要将信息安全划分为五个等级，要求从技术和管理两个方面采取与每个等级相适应的安全保护措施。其中，技术保护主要从安全区域边界、安全通信网络、安全物理环境、安全计算环境几个方面制定相关保护措施，安全管理主要从安全运维管理、安全管理人员、安全管理机构、安全管理制度、安全建设管理、安全管理中心几个方面制定相关保护措施。由于该标准在针对通用安全要求的基础上也针对云计算安全提出了安全扩展要求，因此云计算环境下信息资源的等级安全保护应遵从该标准。

4.2　信息资源安全联动治理

云计算环境下信息资源安全治理主体通过"评价""指导""沟通"过程对国家学术信息资源的安全进行治理，以下将从国家信息资源安全治理中的主体协同、交互沟通、应急处理和自组织治理几个方面对信息资源安全联动治理进行分析。

4.2.1 信息资源安全治理中的主体协同

在进行安全治理时，由于不同治理主体获取信息的途径、方式不同，因此彼此之间很容易形成信息壁垒，难以将有效的治理信息传递给他方，进而影响到安全治理效率、安全治理水平、应急响应能力。① 就云计算环境下信息资源安全治理中的信息共享而言，由于信息安全治理主体包括政府、信息服务机构、云服务商、行业社会组织、用户等，安全治理所需信息很难在不同类型、不同层次治理主体之间进行共享，因此需要进行主体间的协同。

由于信息资源安全治理过程中的信息共享所涉及的参与共享的主体和内容有所差异，主要包括不同层级政府之间的信息共享，因此在此过程中的治理协同包括以下几个方面：层级协同、横向协同和开放共享。②

由于信息资源安全治理过程中，不同层级的部门、信息服务机构、政府相关信息安全管理部门与所管辖的信息服务机构以及政府信息安全管理部门与云服务商的交互关系，决定了主体之间具有协同关系。进行安全治理时，存在着相关信息的共享和治理合作问题。一方面，上级部门、机构需要获取、访问、分析下级提供的安全治理相关信息；另一方面，下级部门、机构也需要方便获取上级发布的安全治理相关信息，由此实现上下级的信息共享，以便为信息安全治理相关决策提供支持。此外，为了履行监督职能，被监督机构需要向监督机构共享部分安全治理相关信息，如第三方监督机构为了履行对云服务商的监督职能，需要云服务商共享能够帮助其履行监督职责的相关信息。在该模式下，第三方监督机构与云服务商虽然不存在上下级关系，但协同治理中的交互机制决定了信息共享关系。

云计算环境下信息安全治理主体是跨部门、跨行业分布的，同级政府部门之间、学术信息服务机构与云服务商之间需要进行治理信息的安全共享。由于信息安全治理组织之间承担的安全治理责任各不相同，信息资源安全治理所需的相关信息需在各主体之间分布，使每个主体都能发挥自己的专业或行政优势，同时为了提高安全治理的效率和联动性，各安全治理主体需要便于访问和

---

① 杨建梁，刘越男. 基于 DEMATEL 模型的我国政府信息资源跨部门共享的关键影响因素研究[J]. 图书情报工作，2018，62(19)：64-76.

② 董燕. 云计算环境下公共图书馆信息资源共享模式与运行机制研究[D]. 济南：山东大学，2014：17-19.

获取其他主体共享的公共数据以及一些需要经过授权获取的必要的专有数据。此外，由于信息服务机构与云服务商之间存在业务合作关系，由云服务商为信息服务机构提供不同形式的云服务。因此除了安全治理信息的共享，也需要实现基于业务形式的资源共享，该共享机制与云服务的具体形式有关，信息服务机构采用 IaaS、PaaS 或 SaaS 形式的服务时，云服务商则将相应的 IaaS、PaaS 或 SaaS 云服务提供给信息服务机构。

用户与社会公众是实施信息服务安全治理的主体之一，为了使用户与社会公众积极参与云计算环境下信息资源安全的治理，需要向用户与社会公众开放安全治理的相关信息，提高用户与公众自身信息安全素养。

4.2.2 信息资源安全联动治理中的交互沟通

沟通是有效实现信息资源安全治理目标的需要，也是治理中信息获得传递与理解的重要过程，既包含向决策中心传递信息，也包含借助一定通道将信息从决策中心传递给其他主体，因而是一个多向的过程。同时，云计算环境下信息资源安全治理的治理主体众多，其安全治理需要多方参与。因而，进行云计算环境下信息资源安全治理过程中的沟通，旨在提高安全治理的效率。云计算环境下信息资源安全治理过程中的沟通方式既包括基于组织信息传播的沟通，也包括基于大众传播的沟通。①

由于信息资源安全治理结构是一个层次组织结构，组织中信息的交流沟通既需要实现自上而下的命令信息下达，也需要实现自下而上的信息反馈；同时，还需要实现平行机构之间的信息交互。因此，云计算环境下信息资源安全治理中的沟通方式主要包括三种形式，如图4-4所示。图中纵向沟通与横向沟通交互进行，从而形成了信息资源安全治理过程中的信息交流网络。

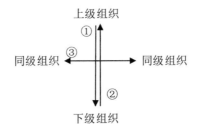

图 4-4 基于组织的信息安全治理沟通

---

① 胡昌平，等. 信息服务与用户[M]. 武汉：武汉大学出版社，2019.

　　①自上而下的沟通。在信息资源安全治理过程中，为了完成共同的安全治理任务或进行不同治理主体之间的行动统一，需要采用文件、命令、指示等形式的信息沟通方式，将信息资源安全治理的任务信息自上层组织向下传达给下层组织。但由于自上而下的沟通方式存在传递的动态信息少、信息量小、信息精准度低等问题，因此需要在信息资源安全治理中掌握完整的信息并在组织机构之间不断交互。

　　②自下而上的沟通。信息资源安全治理过程中同时也需要下层组织向上层组织反映需求渠道或组织成员间的沟通渠道。对此，可通过设立的专门的通道将信息安全治理过程中所需交互的相关信息直接传递给对应的治理主体。

　　除了上下级组织机构之间的信息沟通外，云计算环境下信息资源安全治理过程中还需进行同层级横向沟通，其在区域规划要求和属地管理的原则下基于标准开放式地进行信息交流。横向沟通方式通常具有跨部门、跨区域、跨系统、跨行业进行的特点，可以有效解读、分析、消化纵向沟通（自上而下的沟通和自下而上的沟通）的信息。由于云计算环境下信息资源安全治理沟通具有跨行业、跨部门、跨系统、跨区域的横向沟通特点，因此横向沟通对实现云计算环境下信息资源安全治理至关重要。

　　基于大众传播的信息沟通是一种一对多的信息沟通方式，其复制、加工大量信息并使之按一定模式进行传播。由于信息资源安全治理的主体也包括广大信息用户个体，因此信息资源安全监管机构、实施机构等需要通过信息服务平台将安全治理信息面向用户和公众传输。基于大众传播的信息沟通方式可以加强信息监管机构、信息安全监管机构、学术信息服务机构、云服务提供商和学术信息用户与公众之间的联系，这种社会交流方式的形成有利于信息资源安全治理的全面实现。

4.2.3　信息资源安全应急处置

　　云计算环境下信息安全的应急处置是指通过部门、机构的组织，对信息安全事件进行动态分析评估，制定出不同程度的安全防护措施，以最大程度避免信息安全威胁可能对云计算环境下资源造成的损失。云计算环境下信息资源安全的应急处置需要能够应对不同程度的信息安全事故，因此，以《突发事件应对法》《公共互联网网络安全突发事件应急预案》《国家网络安全事件应急预案》为依据，相关的应急处置包括对安全事件的预警与处置两个环节。

　　（1）云计算环境下信息资源安全预警

　　预警主要是在危险发生之前根据观测得到的可能性威胁以及处理类似事件

的已有经验向相关部门发出紧急信号，报告危险情况，以避免危险在准备不足甚至在不知情的情况下发生，其宗旨是最大程度减轻危险可能造成的损失。云计算环境下资源信息安全的预警需要明确信息安全威胁的具体内容，明晰突发信息安全事件的紧急程度、发展态势和可能造成的危害，并以此为依据将预警级别进行等级划分，同时提供相应的处置方法与措施，其目的是借助高效的预警使信息服务机构、云服务商等对信息安全威胁进行规避，以最大程度发挥预警机制的作用。云计算环境下信息安全预警主要包括安全预警等级的划分、安全预警的发布两方面主要内容。

信息安全实施分级预警可以在信息安全治理中有效及时响应，发现信息安全薄弱环节，有利于进行处理决策，最终提高信息安全的治理能力。① 相关安全部门需要依据相关法律、规范(如国家《突发事件应对法》《公共互联网网络安全突发事件应急预案》《国家网络安全事件应急预案》《突发公共事件总体应急预案》等)，对信息安全事件或威胁进行等级划分，并以此为基础执行相应级别的预警预案。② 云计算环境下信息安全预警机制应在遵从该法律条规的前提下实施，根据信息安全等级划分信息安全预警等级。云计算环境下信息安全事件等级划分如表 4-1 所示③。云计算环境下信息资源安全预警等级划分如表4-2所示④。

表 4-1 云计算环境下信息资源安全事件等级

信息安全事件等级	说　明
特别重大	信息数据、敏感信息、国家机密信息等被窃取、假冒、篡改、丢失对社会和国家造成特别严重威胁；或网络或云服务信息系统损失特别严重；对用户利益、社会秩序、国家安全造成特别严重影响

① 新华社.中华人民共和国突发事件应对法[EB/OL].[2019-10-12].https://baike.so.com/doc/5535487-5755063.html.
② 中央网信办.国家网络安全事件应急预案[EB/OL].[2019-10-12].http://www.cac.gov.cn/2017-06/27/c_1121220113.htm.
③ 国务院.突发公共事件总体应急预案[EB/OL].[2019-10-12].https://baike.so.com/doc/6797282-7014048.html.
④ 工业和信息化部.公共互联网网络安全突发事件应急预案[EB/OL].[2019-10-12].http://www.cac.gov.cn/2017-11/25/c_1122007444.htm.

续表

信息安全 事件等级	说　明
重大	信息数据、敏感信息、国家机密信息等被窃取、假冒、篡改、丢失对社会和国家造成的严重威胁；或网络或云服务信息系统损失严重；或对用户利益、社会秩序、国家安全造成严重影响
较大	信息数据、敏感信息、国家机密信息等被窃取、假冒、篡改、丢失对社会和国家造成的较严重威胁；或网络或云服务信息系统损失较大；或对用户利益、社会秩序、国家安全造成较严重影响
一般	对信息用户利益、社会秩序、国家安全造成一定影响的信息安全事件

表 4-2　云计算环境下信息资源安全事件预警等级

预警等级	标示	说　明
一级	红色	表示安全事件及其可能造成的危害程度特别严重
二级	橙色	表示安全事件及其可能造成的危害程度严重
三级	黄色	表示安全事件及其可能造成的危害程度较大
四级	蓝色	表示安全事件及其可能造成的危害程度一般

　　根据信息资源的内容、性质、影响范围及其安全等级，进行信息安全预警时首先要明确各类安全威胁的内容以及可能引发的不良后果，及时汇总分析信息安全隐患和预警信息，向相关部门进行及时上报，公开预警信息，以采取具有针对性的预防措施。云环境下信息安全的预警方式可以分为两大类：定向式预警和广播式预警。①

　　①定向式预警。信息云服务主要由信息服务机构提供，由云服务商提供技术支撑，因此云计算环境下信息资源安全预警应采用定向式预警，向信息服务机构以及云服务商的相关部门及时发布预警通知。

　　②广播式预警。一方面，由于信息资源面向的用户主要是各方面职业群体，因此可以利用信息服务平台滚动式发布安全状态信息，以提高用户信息安

---

　　① 赵文文，刘鹏. 信息网络安全监测预警机制分析与研究［J］. 信息通信，2018（10）：50-51.

全防范意识和水平；另一方面，也可以借助新兴媒体进行预警，以拓宽预警渠道。由此可以充分发挥用户的主观能动性，确保预警机制能够真正发挥，强化预警效果。

（2）云计算环境信息资源安全应急处置

云计算环境下信息安全应急处置机制包括以下几个方面：事件报告、先行处置、响应分级、启动响应、事态跟踪、决策部署、响应结束，具体流程如图4-5所示。云计算环境下信息安全事件发生后，相关部门立即对事件进行先行处置，同时对事件进行报告，之后相关单位通过专业的分析，明确应予采用的应急响应等级并启动响应，与此同时，相关部门对事态进行跟踪，以及时了解相关信息，跟踪获取的信息会被及时上报给指挥部门，相关部门根据反馈的信息动态调整应采取的应急响应等级并重新启动新等级的应急预案。

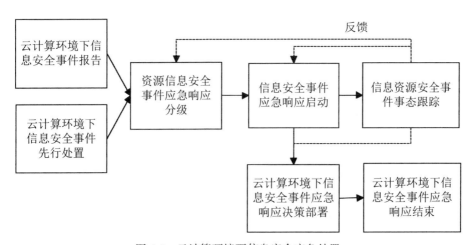

图 4-5　云计算环境下信息安全应急处置

①事件报告。信息安全事件发生后，云服务商、信息服务机构应立即启动本单位应急预案，根据初步判断的信息安全事件等级，及时将事件现状信息送报给相应部门。相应部门通过专业审核后，若事件危害程度严重，超越了自己应急处置权限，相关部门继续上报给上级部门；若事件危害程度不是很严重，相关部门可以自行解决，根据本部门执行范围内的应急预案，直接执行与信息安全事件相适应的信息安全事件应急响应等级预案，必要时可以与同等级其他部门进行协作，进行统一调度，通过联动处置实现信息安全保障。同时，为了切实落实云环境下信息安全保障部署，应实施谁启动谁承担的原则，由启动、

执行信息安全应急预案的部门主要承担最终结果，决策部门承担相应的督导、沟通、协调职责，同时组织先期处置、控制事态，做好通报工作。

②先行处置。信息安全事件发生后，信息服务机构、云服务商应立即启动本单位的应急预案，组织本单位应急工作人员采取应急处置措施，尽最大努力恢复信息云平台的安全运行，尽可能减少对信息用户和社会的影响，同时主要保存安全漏洞、病毒、网络入侵、终端恶意程序、钓鱼网站等证据。

③响应分级。在不同级别响应机构内部，信息资源安全事件应急响应又可以分为不同等级，具体如表4-3所示。事实上，随着事态的发展，应急响应等级可能会发生变化。

表4-3 云计算环境下信息资源安全事件应急响应等级

响应等级	说　明
I级	对应已经发生的信息安全特别重大事件
II级	对应已经发生的信息安全重大事件
III级	对应已经发生的信息安全较大事件
IV级	对应已经发生的信息安全一般事件

④启动响应。由于信息资源安全事件的等级不同，启动应急预案的机构可能是国家级部门、区域中心级部门、单位部门，这些部门启用应急响应预案的适用范围也有所不同，因此云计算环境下信息安全应急响应可分为国家级信息安全应急响应、区域级信息安全应急响应、部门级信息安全应急响应，如表4-4所示，不同级别的应急响应启动部门根据信息安全事件的重大程度，启动

表4-4 信息安全事件应急响应启动部门

应急响应启动部门	说　明
国家级部门	负责全国信息安全事件的应急处置，并及时向国家领导小组汇报事态发展变化情况
区域级部门	负责区域内信息安全事件的应急处置，并及时向上级部门汇报事态发展变化情况
单位部门	负责本单位信息安全事件的应急处置，并及时向上级部门汇报事态发展变化情况

该部门信息安全应急处置范围内不同等级的应急响应。同时，随着信息安全事件的发展，启动应急响应的部门级别也可能发生变化。

⑤事态跟踪。根据云计算环境下信息安全响应启动的等级部门，分别由通信管理部门、事发单位、网络安全启用、网络安全专业机构等根据需要跟踪事态发展、处置情况、影响范围等，并通过研判及时将相关信息进行汇报。

⑥决策部署。云计算环境下信息安全应急处置的决策部署应针对信息安全事件的类型、特点和原因，要求相关单位采取相应措施，积极做好信息上报以及信息的发布。

⑦响应结束。由启动信息安全应急响应的部门，按事件响应结果决定结束。

4.2.4 网络信息资源的自组织安全治理

网络服务中，信息安全离不开自身的稳定性，自组织调整是保持云计算环境下信息资源安全稳定性的重要保障。由于云计算环境下信息系统是一个具有多要素、多环节的复杂适应性系统，因此可以通过人为的系统设计来增强其自我调整能力。主要表现为在信息环境、信息客体、信息人之间的相互交互和相互适应。网络信息系统的自我治理还在于促使信息人不断调整自身行为。其中，信息技术模型不断"学习训练"，促使信息系统的结构功能不断进化。①改善信息治理的途径主要包括两个方面：一是进行事先预防，在信息生命周期的每个阶段对其进行严格规划、约束，防止信息污染或防治可能引发的信息安全事故产生；二是进行事后修复，通过一定的方式方法进行修复。因此，按照作用方式以及实现功能的不同，云计算环境下信息资源安全的自我调整主要包括自我净化和自我修复两个方面。

（1）信息资源的净化

由于信息来源众多，其中可能包括敏感信息、内容不合规信息，甚至违法信息，以及恶意代码、病毒等。前三者涉及信息传递的准确性、适用性，可能会给信息拥有者带来产权问题，其中涉及政治、宗教的信息可能会给读者的认知观造成影响，甚至影响到国家的安全。而病毒、恶意代码等可能会对信息内容造成破坏，如果其中包含的病毒广泛传播开，会造成更大范围的影响，这些都会大大降低信息的质量，因此需要对信息内容进行净化处理。云计算环

---

① 魏傲希，马捷，韩朝. 网络信息生态系统自我调整能力及实现机制研究[J]. 图书情报工作，2014，58（15）：14-21.

境下信息的自我净化是指对不良信息的过滤，即在一定阈值范围内抵抗不良信息及其他外界干扰，以使得自身结构、功能等保持原状，维护信息的健康。自我净化是云计算环境下信息系统对众多干扰因素作用下的应激反应，能够在一定范围内抵抗信息噪音、不良信息等的干扰，并将这些信息从系统中净化出去。

信息的净化主要包括自动净化机制和人工净化机制，信息自动净化机制是基于一定的过滤机制和规则对信息进行自动识别和过滤，信息人工净化机制是由信息服务机构、信息用户和云服务商对信息进行人工甄别。信息自动净化是信息净化的先决条件，为信息净化的实现节省了大量劳动力，而信息人工净化是信息自动净化的必要补充，其通过人工的主观控制，对自动净化中因技术、模型造成的缺陷加以补充。

在信息自动净化中，信息通常包括文字、图片、视频等不同类型，由于不同类型信息的格式不同，因此在信息自动净化阶段采用分级处理的思想对其进行分类处理。

①文本信息净化。对文本形式信息的净化可采用基于关键词的过滤技术和基于智能内容理解的过滤技术等。基于关键词的过滤技术对文字内容中的关键词进行提取，然后再与已建立的敏感词数据库进行匹配，以此判断文本形式信息中是否包含敏感信息。基于智能的过滤技术是指对文字内容进行智能判断、分类以及识别，以确定其是否属于需要被过滤掉的内容。这主要通过空间向量模型、神经网络算法、布尔逻辑模型、潜在语义检索等文本分类技术或信息过滤技术实现对学术信息内容的分析，最终实现文本形式信息的自动化过滤。

②图片信息净化。图片形式信息的净化可基于不同图像检测识别技术对其特征信息进行检测，通过提取图像的颜色、纹理、结构等内容特征，将这些图片内容的特征以分类向量的方式进行表达，最后基于 SVM 分类器进行分类，以判断图片形式信息是否被自动化过滤掉。

③视频信息净化。视频形式信息的净化可以通过基于图像内容的分析、过滤以及基于视频结构的分析与内容检索等方法进行实现，其本质是将视频视为一种特殊文档，从时间与空间领域进行分解，以获得能够对视频进行表述的特征及各特征之间的关联，据此特征及关系来判别视频是否被过滤。从实现上看，视频信息的净化比较复杂，需要进行针对场景的完善。

在信息人工净化中，人工角色包括信息服务机构、信息用户和云服务商。信息服务机构和云服务商根据信息用户的举报，针对信息中存在的虚假、抄袭甚至违法、违规信息进行删除，同时将这些不合规的信息关键字段添加到敏感信息数据库。与此同时，信息用户在使用信息过程中，基于网络信息内容分级平台和自身对信息内容的理解，通过在信息云服务应用端的设置对信息进行分类、分等级过滤，如果发现有抄袭、造假等情况，应积极向信息管理人员反应。

（2）信息资源的修复

云计算环境下信息资源安全的自我恢复是指信息因多种干扰因素而受到破坏后的自我恢复能力，其本质是对云计算环境下的信息各要素进行复原、升级以及优化，从而保障云计算环境下信息资源安全治理机制的动态平衡。由于信息在流动过程中可能会存在内容不精准、信息完整性被破坏、信息不可使用等现象，因此需要建立信息的自我修复机制。

云端信息在整个信息生命周期内可能会存在以下现象：信息在被多次传递、重新组织和存储等过程中遭到破坏，原有含义不能被完整表达；信息中存在造假、剽窃以及信息被引用过程中因被断章取义而不能被正确表达等。这些因素致使信息的专业性、准确性、真实性失去了原有意义，因此需要确保信息内容精准和不失真。由于信息在使用过程中可能会存在服务中断、从云中下载的科研工具或软件不能使用等情况，因此需要确保信息能够被正常使用。针对以上情形，对信息内容的修复主要体现为对信息的完整性、准确性、可用性进行修复，具体可以通过以下方法实现：

①信息内容修复技术。由于信息载体形式的不同包括文字、视频、音频等不同形式，传输过程复杂、信息量大，经常易造成损坏、残缺的情况，因此可以利用基于文本修复技术、基于图像修复技术、基于 Web 信息修复技术、基于视频修复技术等相关技术。

②信息备份还原技术。云端信息遭到攻击、由于信息服务机构、信息用户等的误删除等误操作方式均可能使信息发生难以恢复的状况，因此可以通过镜像备份、分层存储管理备份等多种备份技术将信息存放在位于不同地理位置的不同物理存储设施中，当其中信息遭到破坏无法恢复时，可以调用其他备份处的信息，将其恢复至备份点的情况，确保信息可以被正常使用。

③人工验证。人工验证是指通过人为的方式对信息的完整性、准确性和有用性进行检验。人工验证角色包括信息用户、信息服务机构和云服务商，他们分别在信息的发布、云服务的安全运营以及信息的使用过程中发现并解决信息的完整性、可用性、准确性等问题。其中，信息服务机构充当信息源，确保将信息被上传至云端前的有效性；云服务商为信息运行提供可靠的

服务系统，对信息在云端时的完整性、准确性、可用性进行检测、修复；信息用户在使用信息过程中对其发现的信息的不专业或失真等问题进行反馈，由信息发布者进行修复。由此基于信息服务的整个过程形成一个比较完善的人工验证流程。

4.3 网络信息资源环境治理中的安全监管

为了确保信息资源的安全保障能力符合国家相关标准，确保信息云服务各相关方能够实时、有效掌握信息云服务的安全状态和运行质量，确保用户可以安全使用信息云服务，需要对云计算环境下的信息资源进行有效监管。由于信息基于云平台为用户提供信息云服务，信息本身与云服务相对独立，从相对专业的角度对信息所采用的云服务运行监管，确保其在安全状态下运行，才能有效保障信息资源的安全。同时，由于信息资源发展与利用的社会化和全球化与治理主体多元化，必然导致以系统、部门为主的信息资源监管向社会化监管转变，以社会化协同监管才能更加全面实现云计算环境下信息资源安全的有效监管。因此，可从云服务运行监管组织和云计算环境下信息资源的开放化监管两个方面实现云计算环境下信息资源的安全治理。

4.3.1 云服务运行监管组织

为了对云计算服务的安全运行进行有效监管，我国制定了《云计算服务运行监管框架》。① 而信息云服务作为云计算在信息领域的重要应用，也应当遵循该标准。因而可以此标准为依据，分析云计算环境下信息资源的运行监管机制，如图 4-6 所示。信息云服务运营监管主体主要包括信息云服务商与运行监管方，信息云服务商是通过国家网络安全审查，为相关部门、机构提供服务的云服务商。运行监管方是网络服务的管理部门或委托指定的运行监管方，是独立于云服务相关方且具有专业技术能力、开展运行监管的机构。在云服务运行监管过程中，信息云服务商进行云平台的应急响应，确保安全控制措施的及时和有效，通过自动机制或人工机制向运行监管方提供与其约定的监管内容及在技术、管理措施等方面的支撑；运行监管方主要负责对云服务商的运行进行监

① 中国电子技术标准化研究院，等. GB/T 37972—2019. 信息安全技术云计算服务运行监管框架[S]. 北京：中国标准出版社，2019.

管，确保云服务商提交的交付件的安全，对信息云服务商提交的交付件进行分析、审核、评估，并以此形成对信息云服务安全能力的评估结果，将监督结果反馈给信息云服务商；信息云服务商根据运行监管方反馈的监管结果进行相应的调整。

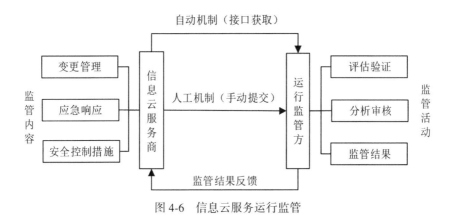

图 4-6　信息云服务运行监管

（1）监管的实现方式

监管的实现方式是指对信息云服务安全治理的监管实现方式，即对固有的安全流程进行选择。按流程的治理监督实现包括实施分析、审核、评估等环节，以使监管中及时、准确、有效获取信息资源云平台安全数据，其形式包括自动机制和人工机制。

①自动机制。是指在遵循国家相关法律、法规、标准等前提下，信息云服务商提供从信息源系统中提取的能够描述安全变更、应急响应、安全控制过程的可整合与格式化输出的信息，且这些信息需具备与其他工具的可交互性。自动机制监管内容具体包括访问控制、信息安全事件报告、处理过程、脆弱性扫描结果、恶意代码防护机制、账号管理、会话监视等方面的内容信息。

②人工机制。是指信息云服务商依据与运行监管方约定的内容进行反应和提交，以确定的非在线方式向运行监管方交付运行监管活动的支撑数据。

（2）监管组织机制

信息云服务运行监管内容主要包括安全变更管理、应急响应、安全控制措施等方面，这三方面的具体内容如表4-5所示，监管机制描述如下：

表 4-5   信息云服务运行监管内容

监管内容	详细说明
安全变更管理	云服务运行主体；系统 IT 架构；备份机制与流程；安全控制措施；访问控制措施、数据源与身份的鉴别；与外部服务商网络连接；数据存储方式；云平台软件版本；已部署的商业软硬件产品；云服务分包商；云基础设施等方面的变更
应急响应	重大安全信息泄露；恶意代码感染；安全攻击事件；重大安全威胁；云平台宕机；非授权访问等
安全控制措施	配置管理；系统开发与供应链安全；风险评估与监控；访问控制；审计；物理与环境安全；系统与通信保护；应急响应与灾备；维护；安全组织与人员等

①变更管理监管。运行监管方制定变更监管计划和策略，明确具体要求、手段与方法，同时根据信息云服务商提交的交付件对变更项进行评估、审核以及必要的变更项安全性验证，同时将审核结果告知信息云服务方。信息云服务商应对将要实施的重大变更进行安全性分析以及必要的验证、测试，同时根据约定及时提交重大变更安全性相关交付件。

②应急响应监管。运行监管方制定应急响应监管计划、策略，明确具体要求、手段、方法等，细化应急响应监管内容，同时根据信息云服务商提交的交付件对信息资源安全事件及应急响应活动进行评估、审核并将审核结果告知信息云服务商。信息云服务商对监测到的可能引起用户数据的完整性、保密性或导致信息云服务业务中断的安全事件，应开展并记录应急响应活动，并将相关交付件及时提交给监管运行方。

③安全控制措施监管。运行监管方制定安全控制监管的计划与策略，应明确具体要求、方法与手段等，细化所监管控制措施的内容，同时根据信息云服务商提交的支撑云平台安全运行的交付件对安全控制措施进行审核、评估并将监管结果反馈给信息云服务商。云服务商按照运行监管方制定的计划与策略，监控云平台的安全状态并及时提交相关交付件。

4.3.2　云计算环境下信息资源的开放化监管实施

以部门和系统为主体的信息服务监管存在如下缺陷：监管分散，不统一协调；缺乏统一标准，监管的社会通用性不强；监管机构不健全，监管职能未充分发挥等。因此，对信息服务的监管需要实施更加全面、开放、有效的社会化监管机制。信息资源安全监管的社会化是信息服务行业与信息经济发展的必然趋势，就云计算环境下信息资源安全监管而言，由于其安全治理主体多元化，安全生产及保障环节增多，导致相应的信息资源监管环节及监管对象增多，由此实施全社会范围内的社会化安全监管能够对云计算环境下信息资源进行更加全面、有效的监管。基于此，可构建如图4-7所示的安全监管框架，形成以政府为主导，由行业组织、第三方监管机构、用户及社会公众实施的监管体系。政府机构监管的主导作用在于对信息服务机构与云服务提供商进行监管规范，由政府、第三方监管机构、行业组织、用户及社会公众对信息服务机构进行监督；由政府部门、信息服务机构、第三方监管机构、行业组织、用户及社会公众对云环境治理进行监督。

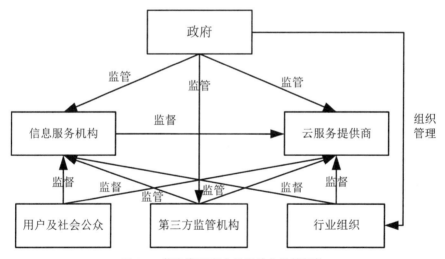

图 4-7　信息资源安全的开放化监管架构

①政府行政监管。信息资源开放化监管主要由政府部门承担、实施，通过国家政府统筹推进、地方分级管理部门协同联动，构建较为完善的安全监管体系。行政监管主要对信息服务机构、云服务提供商进行注册、审批、认证等方面的安全监管。在中央网络安全和信息化委员会办公室的统一领导下，由信息内容安全治理主体、基础设施安全治理主体、业务安全治理主体、支撑能力安全治理主体执行实施安全监管职责。

②法律监管机制。法律是由国家确认、制定的行为规范准则，是对全体社会成员具有普遍约束力的一种特殊行为规范，因此法律监管对信息安全治理具有强制性和普遍性意义。对于云计算环境下的信息资源，应在遵守《中华人民共和国国家安全法》《中华人民共和国公共图书馆法》的前提下，制定适合各信息服务机构和约束不同服务模式的云服务法律法规。由此既能很好地遵从国家的法律意志，又能很好地约束信息生态的安全和有序。

③行业监管。云计算环境下信息资源安全的行业监管主要由信息服务行业和云计算行业的相关协会、产业联盟或监督机构实施，一方面对信息服务机构进行有效监管，另一方面对云服务商进行有效监管。行业监管主要通过制定行业共同遵从和认可的行业标准限制行业行为，该标准虽然不具备法律条例的强制性，但其以约定俗成的规则对行业成员进行管控。

④第三方监管。第三方监管机构主要是对信息服务机构和云服务商的安全能力进行评测，主要由国家政府部门设置的专门从事信息安全等级评定、信息安全保障能力评估等具备专业能力的部门组成，以进行相关专业性监管。同时政府部门也建立了第三方监管机构准入机制与考评认证机制，以确保第三方监管的公正性与客观性。

⑤用户和社会公众监督。由于信息服务机构既是信息服务的提供者，也是云服务提供商的用户，因此云环境下信息资源的用户既包括信息云服务用户也包括信息服务机构。用户监督的本质是用户通过有效方法、途径进行的一种自我保护，是指用户或用户组织在法律允许范围内对云服务的安全效果、质量进行衡量、评价。用户监督直接从使用者角度出发，可以更加具体、切实、及时地发现所使用服务中存在的问题，弥补行政监管、法律监管、行业监督中存在的不足。社会公众监督主要是以舆论为手段，以国家安全、公共安全、社会安全为前提，以道德为准绳，对信息服务中的违法行为进行反映和监督。

4.4 网络信息资源全面安全治理体系构建

从人类文明的发展史来看，每一次科技革命都会给人类的生产和生活带来深刻影响，以云计算、大数据、物联网等为代表的信息技术在引领社会的变革、拓宽人类生活空间的同时，也意味着国家信息安全治理体系的适应性面临着新的挑战。《中共中央关于全面改革若干重大问题的决定》中着重指出，为维护广大人民的根本利益、提高社会治理水平、维护国家安全、确保国家网络和信息安全，需要从四个方面进行社会治理体系创新，具体包括有效预防和化解社会矛盾体制、激发社会组织活力、改进社会治理方式、健全公共安全体系。国家成立了中央网络安全和信息化领导小组，该小组的成立是我国信息安全治理体系变革的标志。①

4.4.1　网络信息全面安全治理的目标原则

信息技术的快速发展使信息的来源、类型、服务更加多元化，用户对信息的可获取途径也大大增加，因此难免使一些不健康、错误、反动信息或通过抄袭等侵犯作者知识产权的信息等在网络环境下广泛传播，这种态势十分不利于知识信息的良性传播。此外，受政策、经济等多方面因素的影响，信息资源的安全问题更加复杂，原有的治理结构体系已不能很好地满足新网络环境下信息安全治理能力现代化的需求。尤其是云计算技术的应用，使信息资源安全治理环境发生了变化，云计算环境下信息资源的治理结构、治理模式、治理机制等均需发生变化。这种变革使得原有的信息安全治理体系已经不能很好地满足信息资源安全的治理要求。基于这一现实，有必要对云计算环境下信息资源安全治理体系进行重构，积极推进云计算环境下信息资源安全治理体系的现代化，以保障信息资源的全面安全。

治理与管制的不同之处在于，管制需要借助政府的强制力量，由领导层制定到执行层实施，利用政府的权威性对公共事务发出指令并制定相关政策，从而实现管理目标。治理与管制相比，也需借助政府权力，但这种权力不为政府所特有，是上下级相互交错的动态过程，是为了公共事务的发展而与其他社会机构、公众等共同处理，形成相互监督、相互制衡、相互协作的治理过程。②

（1）信息资源安全治理的体系重构目标

治理的目的是对利益群体进行协调并促使其形成联合行动，而信息安全治理将信息安全与组织的整体目标紧密联系在一起，加强业务实现与信息安全功能的衔接。换句话说，信息安全治理是要确保信息安全的指导和控制能够使组织实现预期的业务价值，在实现中，信息安全战略与业务战略是一致的，通过信息安全管理和业务管理为利益相关者带来价值，如图 4-8 所示。简而言之，

---

① 新华社. 中共中央关于全面深化改革若干重大问题的决定［EB/OL］.［2019-11-21］. https://www.fmprc.gov.cn/ce/cejm/chn/zggk/t1101725.htm.

② 刘路路. 我国公共图书馆法人治理结构的调查与分析［D］. 合肥：安徽大学，2016：9.

信息资源安全治理的目标是在资源交换、优势互补、联合服务的前提下，围绕信息安全需求，确保信息的完整性、机密性和可靠性，有效提高云计算环境下信息安全事故的响应能力，以及对灾难的恢复能力。其最终目标是使现有信息资源得到全面保护的同时使各利益相关方利益最大化，实现信息利益的增值。

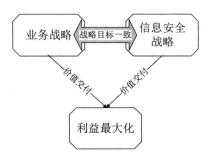

图4-8　信息资源安全治理体系重构目标

（2）信息资源体系化安全治理原则

从长远来看，云计算环境下信息资源安全治理应满足所有利益相关者的需求并为其带来价值，同时应保持其信息安全目标与业务目标相一致。体系重构在于为云计算环境下信息资源安全治理提供新的基础，这也是其在实现信息安全治理过程中应遵循的基本原则，具体为以下几个方面：

①系统性原则。云计算环境下信息资源安全的治理不仅包括信息安全治理，涉及信息资源自身的改革和外部环境的全方位系统性变革，还包括信息资源安全治理结构的优化。其重构涉及信息资源安全治理制度、信息资源安全治理技术、信息资源安全业务流程等深层次的结构性变革。因此，云计算环境下信息资源安全治理应横跨信息安全活动的全部范围，并考虑信息安全、业务和所有其他相关方面。另外，其结构应该是全面的、集成的。就外部环境而言，信息资源安全治理应适用于信息社会的国家治理形态和国家治理方式，推进各领域安全治理的联动集成。总体而言，云计算环境下信息资源安全治理需要全面审视相关联的层次、功能、环节，使前后治理有序、上下贯通、内外衔接、左右联动、统分结合。

②协同性原则。云计算环境下信息资源安全治理体系需要遵循协同性原则：信息资源拥有者在进行信息安全整合、提供安全信息内容过程中内部层次间横向协同、层级间纵向协同；中间层次信息服务机构与云服务提供商在提供安全信息云服务过程中的安全业务协同；外部层次政府、行业、社会、用户等

多元安全治理主体应全面协同。

③整体性原则。云计算技术以及信息安全技术的发展与应用，使得信息资源安全治理呈现由分布向集中、由分散向整合、由部分向整体治理转变。在技术驱动与法规制度的基础之上，实行信息资源安全的整体治理已成为必然趋势。一方面，从整体视角出发可以有效进行资源整合和行动的协同，避免信息孤岛导致的信息安全治理过程缓慢，影响治理效果等；另一方面，也可以优化云平台安全一体化、信息云服务安全一体化、信息资源安全保障一体化，在网络信息环境中可以不受时空限制，有效推动信息业务协同和集成。

④合规性原则。一方面，云计算环境下的信息资源具备信息资源与云服务应用资源相结合的特点，这两种不同资源与服务各自遵循不同的法律法规，因此云服务应用在信息服务中，或信息借助云平台实现安全有效便捷的交互中，双方都要符合彼此的制度；另一方面，云计算环境下信息资源安全治理也是国家安全治理、国家信息安全、国家网络安全的一部分，因此其安全治理策略与实践应符合相关的强制性法律法规与规章。

4.4.2 国家安全体制下信息资源治理体系重构的实现

国家治理体系是在国家的制度基础上形成，是紧密联系的制度，也是对政治、经济、文化、社会等各个领域体制机制、法律法规在信息安全保障中的具体化。对于国家治理体系的解构基本是从横向和纵向两个维度进行，横向解构认为国家治理体系的本质是各个领域各种制度的有机组合，是解决各领域各种矛盾并对其进行综合协调的制度化架构。① 纵向解构认为国家治理体系主要从治理的理念、制度、组织、方式或主体、机制、效果等层面进行，需要通过社会动员凝聚社会合力，取得社会共识，将个体社会主体融入具有特定目的、特定类型的组织之中，使个人利益与整体利益统一、监管与服务协同，以实现资源的社会化配置效率的提升。具体而言，纵向解构的国家治理体系需要对治理对象、治理主体及其关系进行界定，需要对治理体系的功能进行分析，需要对保障治理结构有效运转的制度方略进行构建。横向治理体系解构实际上是一种部门化的思路，因而无法从根本上构建整体化的协同的治理格局。总体而言，纵向解构强调治理过程的统一性、关联性和协调性，以及治理的专门化，有利于提高国家治理的整体效率。

---

① 薛澜，张帆，武沐瑶. 国家治理体系与治理能力研究：回顾与前瞻[J]. 公共管理学报，2015，12(3)：1-12，155.

通过对国家治理体系的解读，可认为云计算环境下信息资源安全治理进行体系上的变革，其体系重构包括治理结构、治理模式、治理构架三个主要部分，如图4-9所示。其中，信息安全治理结构主要描述云计算环境下信息资源安全治理主体、治理对象、治理环境等要素及其相互关系，其核心是对多元化治理主体的权限边界及其职责进行界定，以此出发对政府、企业、社会组织、公众、媒体等的合作分工进行调整。其中，政府重点进行宏观调控、维护社会规则，社会机构履行具体职能。信息安全治理应该通过政府部门主导下的协同方式实现，信息安全治理构架主要是对云计算环境下信息资源安全治理运行的机制约束和治理上的体系规范。

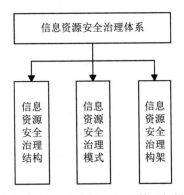

图4-9　信息资源安全治理体系架构

治理结构、治理模式、治理构架的优化是实现网络信息资源安全治理的重要方面，作用在于约束信息安全治理的整个过程，即在环境变化的影响下，科学地实现信息资源安全治理目标。因此，这三个组成部分互为前提、相互作用、相互联系、相互完善、相互补充，如图4-10所示。治理结构的存在是客观上的事实，也是治理模式利用和治理机制运行的前提；治理模式是手段，是治理结构完善和治理实施的保障；治理构架是结果，是治理结构优化和治理模式选择的必然。

因此，为了适应技术、制度、需求等方面的变化，应从顶层设计的角度分析云计算环境下信息资源安全治理变革的因素，寻求国家安全制度下的网络信息环境治理基础。由此，对云计算环境下信息资源安全治理的治理结构、治理模式、治理机制等应进行与技术发展的同步优化。

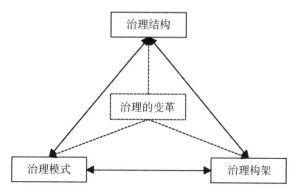

图 4-10 安全治理体系中各组成部分间的关系

5　网络环境中的虚假信息治理

网络的兴起和成熟发展深刻改变着中国的政治生态和社会文化。以微博、论坛、博客等为代表的网络平台，充斥大量的即时信息，各类虚假信息传播屡见不鲜，使得社会改革面临着巨大压力。在充分把握网络发展规律基础之上，如何看待网络虚假信息治理带来的挑战，探讨网络中虚假信息如何传播，明确其治理的维度、机制和举措是应该面对的现实问题。

5.1　网络环境中的虚假信息传播与共生博弈分析

网络中沉淀着大量由用户生产的信息内容，它们是互联网上重要的信息来源。网络交互中，发布信息、参与网络平台讨论、依靠网络进行沟通及问题解答等已成为人们生活的重要组成部分，而对于网络环境中虚假信息的生成、影响、传播等内容的研究也受到越来越多的学者和业界的关注。孙晓阳等人探讨了网络平台、政府管理部门、用户等行为主体对网络信息质量的作用机理。[1] 薛玮炜从人际关系网络角度出发，从用户-用户、用户-系统、系统-系统三个方面研究网络中的信息交互活动。[2] 蔡淑琴等结合多主体的建模方法讨论负面信息价值对其传播过程的影响，提出企业应对其在网络平台所扮演的角色进行控制。[3]

---

[1]　孙晓阳，冯缨，周婷惠. 基于多主体博弈的社会化媒体信息质量控制研究[J]. 情报杂志，2015，34(10)：156-164.

[2]　薛玮炜. 基于标签本体的虚拟社区信息交互活动研究——以人际关系网络为视角[J]. 情报杂志，2015，34(10)：170-174.

[3]　蔡淑琴，王伟，周鹏，等. 基于多智能体的网络社区负面口碑信息传播研究[J]. 计算机科学，2016，43(4)：70-75.

5.1.1 网络环境中虚假信息传播主体关系

网络环境对信息内容生产、传播产生了积极作用，其为网络用户发布、传递和获取创造便利的同时，也会生产传播虚假、无价值的信息内容，甚至造谣信息等，对受众的信息资源获取和决策产生负面影响且使得信息管控难度增大。因此，明确网络环境中虚假信息在不同主体间的传播过程及规律是非常必要的。区别于以往的研究，在探讨网络环境中虚假信息传播机理时，拟从虚假信息传播中主体间的相互关系入手。从虚假信息传播中主体行为关系出发，建立多主体间的共生博弈关系，以此研究不同博弈情形下各主体的行为策略，从而提出网络环境中虚假信息传播管理的相关建议。

微博、微信等各类网络平台中聚集大量信息内容生产者(如机构媒体、自媒体、意见领袖、草根用户等)和受众(主要指接收信息内容的用户)。另外，网络的良好运营得益于大量的网络编辑、运营人员、数据分析人员等网络管理者，他们作为信息内容传播的管理者同时也是网络空间的重要角色。三个主体相互作用，形成网络环境中虚假信息传播的共生关系。社会网络中管理者、内容生产者、受众形成的链环状关系，是相互联系、相互作用的信息共生体，三者互惠共生，形成网络生态中虚假信息传播过程的整个链条。对于网络平台而言，缺少任何一类主体，信息内容传播将会受阻。

网络平台为信息资源内容生产者和受众提供了自由交流的网络空间，内容生产者是信息资源的提供者，是信息内容的创作者、发布者和传播者，其生产及传播行为将直接决定信息质量的高低程度。对于网络环境的管理者，当其监督缺位时，网络平台缺乏良好有效的运营机制，在用户准入机制、监督机制和技术控制机制等方面存在缺失，将致使无法对网络平台虚假信息传播进行控制监管。因此，围绕网络环境中管理者、内容生产者、受众三类主体间的行为关系，依据共生博弈理论，构建管理者-内容生产者-受众共生博弈模型，并提出优化网络生态虚假信息传播的对策建议。

共生博弈模型作为一种客观上同时存在的多方主体博弈分析模型，应用于网络环境下的信息传播，具有客观性，其基本前提是当内容生产者、受众与管理者三方处于网络生态某一特定的情境中时，他们所面临的决策环境较为复杂。为建立三方共生博弈模型，假设如下：

博弈中仅有三方参与：内容生产者、受众与管理者；且博弈三方均是满足有限理性的假设。有限理性常指各博弈方具备一定的分析能力且对不同策略的获益能够理性判断，但缺乏对事物发展的预判能力，处于完全理性和不完全理性之间。① 因此，将共生博弈的三方参与者定义为有限理性的情境范围内。

行为策略：管理者根据内容生产者违不违规来决定是否处罚。管理者在面临内容生产者发布违规信息时会实施相关策略，并会配合监管部门对违规用户做出一定的处罚方案。当内容生产者发布不良信息给受众带来负面影响时，管理者会处罚内容生产者。获得信息的受众将会从内容生产者发布的优质信息中获益。

主体不同行为策略的概率：博弈初始阶段，将管理者实施监管的概率假设为 μ，则管理者不实施监管的概率为 $1-\mu$；网络生态中的内容生产者发布一般信息的概率 η，反之，内容生产者发布不良信息的概率为 $1-\eta$。受众接受信息的概率为 θ，反之，受众不接受信息的概率为 $1-\theta$。

参数假设和基本解释：c_1 为管理者监管时所发生的费用；c_2 为内容生产者发布一般信息的成本费用；c_3 为受众获得一般信息给管理者带来的收益；c_4 为受众获得不良信息时管理者付出的成本；c_5 是在内容发布者发布不良信息时，管理者对内容生产者的处罚费用；c_6 为内容生产者发布不良信息为自身带来的收益；c_7 为内容生产者发布不良信息给受众造成的损失；c_8 为受众获得一般信息给自身带来的收益；c_9 为内容生产者发布一般信息为自身带来的收益；c_{10} 为内容生产者发布不良信息的成本费用。为了方便下文分析，Q 代表管理者；P 代表内容生产者；R 代表受众；T 表示实施策略；F 表示不实施策略。

内容生产者发布一般信息，对于管理者而言有两种策略方案：监管和不监管。对于是否实施监管，取决于监管的成本以及违规造成的影响和带来的损失共同决定。管理者若对网络信息内容进行监管，会带来较大的监管成本和降低网络用户的活跃度。若不监管，则意味着监管成本较低但此时增加了违规风险。内容生产者发布不良信息时，管理者也有监管和不监管两种策略方案。若进行监管，会带来较大的监管成本，但可获得违规处罚金和社会效益。若不监管，则会由于监管放松导致违规行为，从而产生损害和不良影响。根据以上假设分析，内容生产者、受众与管理者博弈三方共有八种博弈策略组合，如表5-1 所示。

---

① 马特，董大海. 微博平台企业监管的动态关系研究［J］. 科技与管理，2015，17（2）：32-37.

表 5-1 三方博弈策略组合

	管理者	内容生产者	受众
三方博弈策略	监管	一般信息	接受
	监管	一般信息	不接受
	监管	不良信息	接受
	监管	不良信息	不接受
	不监管	一般信息	接受
	不监管	一般信息	不接受
	不监管	不良信息	接受
	不监管	不良信息	不接受

根据以上假设，可以得出管理者、内容生产者与受众三方共生关系博弈过程中不同策略组合下对应的收益(如表 5-2 所示)。

表 5-2 三方共生博弈策略组合情境下各方博弈的收益

	管理者	内容生产者	受众
三方博弈策略	$-c_1+c_3$	$-c_2+c_9$	c_8
	$-c_1$	$-c_2$	0
	$-c_1-c_4+c_5$	$-c_{10}+c_6-c_5$	$-c_7$
	$-c_1+c_5$	$-c_{10}-c_5$	0
	c_3	$-c_2+c_9$	c_8
	0	$-c_2$	0
	$-c_4$	$-c_{10}+c_6$	$-c_7$
	0	$-c_{10}$	0

据上述各方共生博弈组合策略的收益可计算出，管理者采取监管策略时的期望收益为：

$$E_{QT}=\eta\theta(-c_1+c_3)+\eta(1-\theta)(-c_1)+(1-\eta)\theta(-c_1-c_4+c_5)+(1-\eta)(1-\theta)(-c_1+c_5)$$
$$=-c_1+\eta\theta c_3-(1-\eta)\theta c_4+(1-\eta)c_5$$

管理者采取不监管策略时的期望收益为：

$$E_{QF} = \eta\theta c_3 - (1-\eta)\theta c_4$$

内容生产者发布一般信息时的期望收益为：

$$E_{PT} = \mu\theta(-c_2+c_9) + \mu(1-\theta)(-c_2) + (1-\mu)\theta(-c_2+c_9) + (1-\mu)(1-\theta)(-c_2) = c_9\theta - c_2$$

内容生产者发布不良信息时的期望收益为：

$$\begin{aligned} E_{PF} &= \mu\theta(-c_{10}+c_6-c_5) + \mu(1-\theta)(-c_{10}-c_5) + (1-\mu)\theta(-c_{10}+c_6) \\ &\quad + (1-\mu)(1-\theta)(-c_{10}) \\ &= -\mu c_5 + c_6\theta - c_{10} \end{aligned}$$

受众接受信息时的期望收益为：

$$E_{RT} = \mu\eta c_8 - \mu(1-\eta)c_7 + (1-\mu)\eta c_8 - (1-\mu)(1-\eta)c_7 = \eta c_8 - (1-\eta)c_7$$

受众不接受信息时的期望收益为 $E_{RF} = 0$。

5.1.2　网络环境中虚假信息传播共生模型分析

由演化博弈原理可知，某种博弈策略若能够在演化发展中持续下去，则该行为策略的适应度应高于种群的平均适应度，也就是采取该策略的个体在主体中所占的比例增长率大于零。某策略在主体中被实施频率的动态微分方程即复制动态方程。[1] 由上述分析可得网络平台中虚假信息传播过程中各主体行为的复制动态方程。

其中，在虚假信息传播过程中管理者选择监管的复制动态方程为：

$$F(\mu) = \frac{\mathrm{d}\mu}{\mathrm{d}t} = \mu(1-\mu)(E_{QT}-E_{QF}) = \mu(1-\mu)(c_5-c_1-c_5\eta)$$

对 $F(\mu)$ 求导得：

$$F'(\mu) = (1-2\mu)(c_5-c_1-c_5\eta) = (1-2\mu)(c_5-c_1-c_5\eta)$$

内容生产者发布一般信息的复制动态方程为：

$$F(\eta) = \frac{\mathrm{d}\eta}{\mathrm{d}t} = \eta(1-\eta)(E_{PT}-E_{PF}) = \eta(1-\eta)(c_9\theta-c_2+\mu c_5-\theta c_6+c_{10})$$

$$F'(\eta) = (1-2\eta)(c_9\theta-c_2+\mu c_5-\theta c_6+c_{10})$$

受众接受信息的复制动态方程为：

$$F(\theta) = \frac{\mathrm{d}\theta}{\mathrm{d}t} = \theta(1-\theta)(E_{RT}-E_{RF}) = \theta(1-\theta)[\eta c_8-(1-\eta)c_7]$$

$$F'(\theta) = (1-2\theta)[\eta c_8-(1-\eta)c_7]$$

① PAK A, PAROUBEK P. Twitter as a Corpus for Sentiment Analysis and Opinion Mining [A]. // International Conference on Language Resources and Evaluation, 2010.

对三方共生博弈的复制动态方程的均衡研究，从管理者、内容生产者、受众的演化均衡三个方面进行分析。

（1）管理者的均衡分析

由复制动态方程稳定性定理及共生博弈稳定策略性质可知，若 μ^* 满足 $F(\mu^*)=0$，$F'(\mu^*)<0$ 时，则 μ^* 为演化稳定策略。讨论结果如下：

①若 $\eta=\dfrac{c_5-c_1}{c_5}$，则 $F(\mu)=0$，$F'(\mu)=0$，即所有 μ 轴都是稳定状态；当网络平台中的内容生产者发布一般信息的概率为 $\dfrac{c_5-c_1}{c_5}$ 时，管理者进行监管干预的可能性是稳定的。

②若 $\eta>\dfrac{c_5-c_1}{c_5}$，对 $\mu^*=0$，$\mu^*=1$ 有 $F'(0)<0$，$F'(1)>0$，此时 $\mu^*=0$ 为全局唯一的演化稳定策略；当网络平台中内容生产者发布一般信息的概率较大时，相对应的管理者进行监管的可能性逐渐减小，其最佳选择即放松对网络平台的监管。

③若 $\eta<\dfrac{c_5-c_1}{c_5}$，对 $\mu^*=0$，$\mu^*=1$ 有 $F'(0)>0$，$F'(1)<0$，此时 $\mu^*=1$ 为全局唯一的演化稳定策略；当网络平台中的内容生产者发布不良信息的概率较大时，相对应的管理者进行监管的可能性逐步增大，监管网络平台是其最优选择。

管理者进行监管策略的动态趋势及其稳定性如图 5-1 所示。

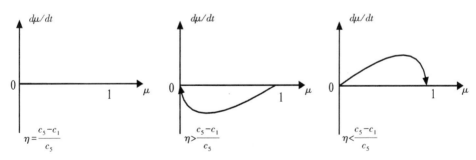

图 5-1　管理者的复制动态相位图

（2）内容生产者的均衡分析

对于内容生产者，当 η^* 满足 $F(\eta^*)=0$，$F'(\eta^*)<0$ 时，即为演化稳定策

略。讨论结果如下：

①若 $\mu = \dfrac{c_2 - c_{10} - (c_9 - c_6)\theta}{c_5}$，则 $F(\eta) = 0$，$F'(\eta) = 0$，即所有 η 轴都是稳定

状态；当网络平台中的管理者监管的概率为 $\dfrac{c_2 - c_{10} - (c_9 - c_6)\theta}{c_5}$ 时，内容生产者生

产一般信息的可能性是稳定的。

②若 $\mu > \dfrac{c_2 - c_{10} - (c_9 - c_6)\theta}{c_5}$，对 $\eta^* = 0$，$\eta^* = 1$ 有 $F'(0) > 0$，$F'(1) < 0$，此时

$\eta^* = 1$ 为全局唯一的演化稳定策略；当网络平台中的管理者实施监管的概率较

大时，相对应的内容生产者生产一般信息的概率逐步增大，理想状态是最终网

络平台中只出现一般信息，无不良信息。

③若 $\mu < \dfrac{c_2 - c_{10} - (c_9 - c_6)\theta}{c_5}$，对 $\eta^* = 0$，$\eta^* = 1$ 有 $F'(0) < 0$，$F'(1) > 0$，此时

$\eta^* = 0$ 为全局唯一的演化稳定策略；当网络平台中的管理者实施监管的概率较

小时，相对应的内容生产者生产一般信息的概率逐步变小，最终不利于网络生

态发展，不良信息滋生和快速传播。

内容生产者生产一般信息策略的动态趋势及其稳定性如图 5-2 所示。

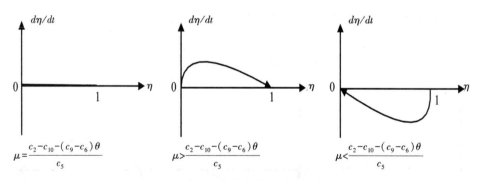

图 5-2　内容生产者的复制动态相位图

（3）受众的均衡分析

同理，当 θ^* 满足 $F(\theta) = 0$，$F'(\theta) < 0$ 时，即为演化稳定策略。讨论结果
如下：

①若 $\eta = \dfrac{c_7}{c_7 + c_8}$，则 $F(\theta) = 0$，$F'(\theta) = 0$，即所有 θ 轴都是稳定状态；当网

络平台中的内容生产者一般信息的概率为$\dfrac{c_7}{c_7+c_8}$时，受众接受信息的可能性是稳定的。

②若$\eta>\dfrac{c_7}{c_7+c_8}$，对$\theta^*=0$，$\theta^*=1$有$F'(0)>0$，$F'(1)<0$，此时$\theta^*=1$为全局唯一的演化稳定策略；当网络平台中内容生产者生产一般信息的概率较大时，相对应的受众接受信息的可能性逐步增大，最终接受信息是受众的最优选择。

③若$\eta<\dfrac{c_7}{c_7+c_8}$，对$\theta^*=0$，$\theta^*=1$有$F'(0)<0$，$F'(1)>0$，此时$\theta^*=0$为全局唯一的演化稳定策略；当网络平台中内容生产者生产一般信息的概率较小时，即生产不良信息的概率较大时，相对应的受众拒绝信息的可能性逐步增大，最终受众拒绝所有的信息，退出该网络平台。

受众接受信息策略的动态趋势及其稳定性如图5-3所示。

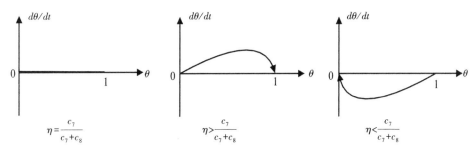

图5-3　受众的复制动态相位图

（4）综合考虑三类主体的共生博弈均衡分析

令$\dfrac{\mathrm{d}\mu}{\mathrm{d}t}=\dfrac{\mathrm{d}\eta}{\mathrm{d}t}=\dfrac{\mathrm{d}\theta}{\mathrm{d}t}=0$，在三维线性空间集合$M-\{(\mu,\ \eta,\ \theta);\ 0\leqslant\mu,\ \eta,\ 0\leqslant 1\}$上，各主体间的行为关系$O(0,0,0)$，$A(1,0,0)$，$B(0,1,0)$，$C(0,0,1)$，$D(1,1,0)$，$E(1,0,1)$，$F(0,1,1)$，$G(1,1,1)$8个局部平衡点，点$O(0,0,0)$和点$G(1,1,1)$分别对应管理者、内容生产者及受众间的（不监管，发布不良信息，不接受信息）和（监管，发布一般信息，接受信息）两种策略。将三方复制动态趋势在坐标系中表示，如图5-4所示三类主体

共生博弈动态演化路径，其中由$\left(\dfrac{c_2-c_{10}-(c_9-c_6)}{c_5},\ 0,\ 1\right)$、$\left(0,\ 0,\ \dfrac{c_2-c_{10}}{c_9-c_6}\right)$、$\left(\dfrac{c_2-c_{10}-(c_9-c_6)}{c_5},\ 1,\ 1\right)$三点构成的平面和$\left(0,\ \dfrac{c_5-c_1}{c_5},\ 1\right)$、$\left(1,\ \dfrac{c_5-c_1}{c_5},\ 1\right)$、$\left(0,\ \dfrac{c_5-c_1}{c_5},\ 0\right)$三点构成的平面，两个平面相交将上述空间集合划分为四个空间区域Ⅰ、Ⅱ、Ⅲ、Ⅳ。

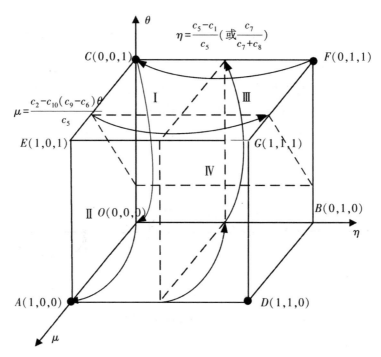

图 5-4　三类主体共生博弈动态演化路径

当博弈初始位置在Ⅰ区域时，其结果收敛于$(1, 0, 0)$点，即策略(监管，生产不良信息，不接受信息)是管理者、内容生产者及受众的最终选择策略。

当博弈初始位置在Ⅱ区域时，其结果收敛于$(1, 1, 0)$点，即策略(监管，生产一般信息，不接受信息)是管理者、内容生产者及受众的最终选择策略。

当博弈初始位置在Ⅲ区域时，其结果收敛于$(0, 0, 1)$点，即策略(不监管，生产不良信息，接受信息)是管理者、内容生产者及受众的最终选择策略。

当博弈初始位置在Ⅳ区域时，其结果收敛于(0，1，1)点，即策略(不监管，生产一般信息，接受信息)是管理者、内容生产者及受众的最终选择策略。

如图5-4所示，$(\mu, \eta, \theta)=(1, 0, 0)$、$(\mu, \eta, \theta)=(1, 1, 0)$、$(\mu, \eta, \theta)==(0, 0, 1)$、$(\mu, \eta, \theta)=(0, 1, 1)$都是鞍点，它们均不是三方博弈的进化稳定策略。但在博弈中存在进化稳定策略，分别是以下三种情形：

当$\eta>\dfrac{c_5-c_1}{c_5}$即$1-\eta<\dfrac{c_1}{c_5}$时，$\mu=0$是进化稳定策略，此时若$c_1>c_5$，即监管费用大于处罚费用，则内容生产者生产不良信息的概率$1-\eta$会很高，且管理者会逐渐放弃监管，这样导致的结果便是助长不良信息的传播，对用户的利益产生损害。反之，若此时处罚费用较高，则内容生产者发布一般信息的概率增加。

当$\eta>\dfrac{c_7}{c_7+c_8}$时，$\eta=1$是进化稳定策略，此时若$c_8\gg c_7$，即用户获得一般信息得到的收益远大于用户获得不良信息造成的损失时，最终受众会选择接受信息，但此时易出现内容生产者降低一般信息生产的概率。

当$\mu>\dfrac{c_2-c_{10}-(c_9-c_6)\theta}{c_5}$时，$\mu=1$是进化稳定策略，显然若$c_5$处罚费用足够高，或是内容生产者生产一般信息成本较低而生产不良消息成本较高(c_2-c_{10}较小)，抑或是内容生产者生产一般信息收益较高而生产不良消息收益较低(c_9-c_6较大)，即便是管理者监管概率较低，内容生产者亦会逐渐放弃生产不良信息。另外，管理者若提高监管概率，内容生产者生产一般消息的概率也会提升。

通过上述分析后，可以找到三方各自情况的稳定点，即当该博弈方处于稳定状态时，不管其他两方采取何种策略，该博弈方均会继续执行其原有策略。这对于网络平台中的管理者来说，可以结合不良信息的生产量来设计监管策略，具有现实指导意义，为各利益相关者进行策略选择时提供有效的建议。同时，通过管理者、内容生产者以及受众三者的共生博弈分析，可以为网络生态环境中违规言论的传播提供有效的监管措施，有助于提升网络环境中的信息质量，促进网络平台良性发展。

整体而言，网络平台中管理者的监管行为与内容生产者不良信息的生产呈此消彼长的关系。监管力度加大，内容生产者一般信息生产概率上升，而如若监管不力，则会助长不良信息的生产和传播。对于受众而言，当网络平台上内容生产者生产的虚假信息越来越多，受众拒绝信息内容的概率会越来越高，可能导致的结果就是受众最终离开该网络平台。

从管理者的角度来看，其处在整个信息链条的中间阶段，需要承接好内容生产者与受众之间的关系。管理者可以采用审查过滤、识别删除等方式提高对网络平台内信息的监管力度，对劣质信息进行传播控制，努力营造规范有序的网络用户交互环境，同时也要控制监管的力度，不能过度管控导致用户活跃度降低。

从内容生产者的角度来看，当管理者的惩罚费用较高或监管力度较大时，内容生产者将会受到来自管理者较大力度的管制，其发布的信息就会具有自律性，网络生态环境更加趋于有序发展。而当管理者的惩罚费用较小时，内容生产者则会从自身盈利性来考虑，便会肆无忌惮地发布信息，甚至包括虚假不良信息内容。

从受众的角度来看，作为接收信息的主体，在其信息交互过程中信息质量的判断和选择尤为重要。较高的受众信息素养有助于网络平台内优质信息的创造与发布，并有助于遏制不良信息、虚假信息的传播；相对来说，信息素养较低的受众对接收到的信息经常缺少思考和验证，往往助长了劣质信息的传播。因此，受众交互过程中的信息接受行为对营造有序的网络生态环境具有重要影响。

5.2　网络环境中虚假信息治理架构

网络环境的变化是各类因子综合作用的结果，但与自然环境不同的是，人的主动干预会影响其变化周期和形态。当对网络生态干预过度时，则会明显阻碍其创生和扩张发展进程。然而适当的平台扶持也是必要的，通过对网络生态场域的构建，搭建起民间、官方沟通渠道无疑有利于社会和谐发展。本书拟通过对网络环境变化与虚假信息治理关联关系的分析，建立网络环境中虚假信息治理架构。

5.2.1　网络环境变化与虚假信息治理

网络环境治理是互联网治理的重要组成，是国家治理的重要内容，其治理效果关系着互联网治理的成败。相较于自上而下、以政府为主导、通过权力控制的"管理"理念，"治理"理念则更加开放，"治理"强调的是上下之间的交互性、参与主体的多元化以及对话双方的平等协商。网络治理集中于利用调节和干预手段,把网络系统中偏离方向、越轨、紊乱的现象纠正过来,走上有序发展轨道。网络治理的本质属性在于它是在复杂的因果关系中,进行积极主动的干预活动,具有能动性。网络治理的目的在于通过能动性地施加对某种因素的作用,从而出现或实现某种预期的网络生态效果。

自 20 世纪 90 年代以来,"治理"概念受到了学界的广泛关注。威格里·斯托克在对治理概念的相关论述进行梳理后指出:"治理的主体包括政府机构行为者,也包括其他的社会公共机构行为者;治理在解决社会和经济问题的过程中,对界限与责任的认定并不是十分明晰的,国家不再独自承担所有责任,一些原本由国家独自承担的责任正在向各种私人部门和公民自愿性团体转移;治理明确肯定了涉及集体行为的各个社会机构之间存在的权力依赖;治理意味着参与者将形成一个自主的网络。"①

从网络管理转变为网络治理,意味着模式的转变,从政府的全面管控方式转变为以政府主导、社会主体行为者共同参与的多元化治理方式。在新的网络环境下,政府将治理责任向社会转移,与企业和第三方组织等组成一个自主网络,对网络生态发展中的不良信息进行有效管控,从而净化网络信息环境。对于网络环境中的虚假信息传播,政府可利用各种举措主导社会的治理和监督。

从目前网络发展来看,网络环境治理面临着巨大挑战,对于虚假信息治理而言,主要表现在以下三个方面:

①网络平台让公众能够便捷地表达意见和进行舆论监督,由此形成的网络舆论给政府互联网治理带来巨大压力,使舆论引导的效果受到制约。当前的新兴媒体发展,使公众话语权得以释放,传统媒体的"主流舆论场"与"民间舆论场"的非一致表达已成常态。例如,对于一些在网络上迅速传播的热点公共事件,公众关心程度较高,纷纷揣测和议论事件的相关信息,但相关政府部门往往基于惯性管理思维,依然严格控制主流媒体的报道和内容,导致主流媒体的报道不能满足公众的信息需求,或者是由于视角立场不同而导致公众的情绪反应,继而造成两个舆论场之间不能和谐交融甚至互不衔接。尤其是突发性社会事件,在网络上迅速发酵,吸引了数以千计的网民参与其中,由此形成网络舆论。而主流媒体往往受到各种限制,反应迟缓。这种习惯性的迟缓往往会加速网络社会矛盾的升级,促使谣言的生成和虚假信息的快速传播,从客观上增加了危机事件的处置难度,给政府和主流媒体的公信力造成了负面影响。

---

① 俞可平. 全球治理引论[J]. 马克思主义与现实, 2002(1): 20-32.

②互联网作为"媒介",在发展中形成了去中心化的社会化关系形态,因网络的开放性、扁平化使得过去有效的信息控制面临着失效的可能。网络的方便快捷促进了信息的自由传播和言论的自由表达,但由于网络空间可匿名、容易操控且具有虚拟性,同时,网络公众在宣泄情感时并不一定能保持观点的理性,常以批判的立场来表达意见,从而使得公众话题很难被理性地展开讨论。如果网络上充斥着负面情绪,必然会给互联网治理带来严重困扰。此外,另一个值得关注的问题是,网络上色情、暴力等不良信息泛滥。根据中国互联网违法和不良信息举报中心公布的数据,仅 2016 年 1 月受理网民有效举报 212.9 万件,其中淫秽色情类有害信息举报 137.8 万件,占比高达 64.7%。① 此后的几年,数量不断增加。从网民的年龄结构来看,青少年在网民数量中占了很大比重,由于青少年信息辨别能力不足,加之意志容易受到影响,不良虚假信息的泛滥严重危及青少年的健康成长。

③网络传播使得线上交互和线下行动能够联系起来,为利益相关体提供社会动员的资源和"关系赋权"。网络的"关系赋权"是互联网时代的一种新的社会赋权方式,这一新的赋权方式使得除了传统行政赋权体系之外的人也能参与到网络社会的舞台上,也为非理性或者非法的政治参与提供了便利的途径。在社会转型期间,各种社会矛盾冲突多发,个人决策容易受到群体因素的影响,这些矛盾在网络上更容易迅速被引爆,从线上蔓延到线下,冲击现实公共秩序,扰乱社会稳定,挑战各级政府机构的网络治理能力。

网络发展的影响既有正向的,也有负向的。为此,我们既要正视其给互联网环境治理带来的压力,也应意识到新媒体技术发展所蕴涵的力量,因而在致力于网络传播媒体发展时,应同步进行虚假信息的治理。

网络环境治理为数字网络的有序演化发展提供保障,网络是由多个子系统和多种要素构成的复杂的自我协同演化的社会系统。网络发展过程中出现问题的根源往往在于各类主体间不能协同发展。因此,网络治理须遵循网络生态变化规律,发挥治理主体功能,健全治理体系,使网络生态自身发展逻辑与基于法律规制的治理逻辑并行,从而形成有效的引导手段。

网络治理以维护网络生态系统平衡为目标。网络生态系统是一个复杂的有机整体,由环境因子和各类主体因子组成。网络生态系统的各子系统与其内部各要素之间的发展规律有其自身的特点,且相互关联作用、共同演化发展。网

---

① 中国互联网违法和不良信息举报中心. 2016 年 1 月全国网络举报受理情况[EB/OL]. [2016-02-20]. http://net.china.com.cn/txt/2016-02/18/content_8579385.htm.

络生态治理并非人为地设计出一种秩序，而是通过把握生态发展规律，使不同的主体间相互作用、共同协作，来保持网络系统的平稳均衡，使其在自由开放的媒介环境中能够通过自身获取发展动力，从而对网络社会发展进步起到积极推动作用。由此可见，网络上虚假信息管理应与网络治理同步，将其纳入网络信息环境治理体系，进行基于环境治理的虚假信息管控与处置。

5.2.2　网络生态视角下虚假信息治理构架

为构筑良性有序的网络生态，依据网络发展过程及表现出来的规律，针对发展中出现的主要问题以及阻碍网络健康发展的要素，提出网络生态视角下的虚假信息治理架构。（见图 5-5）

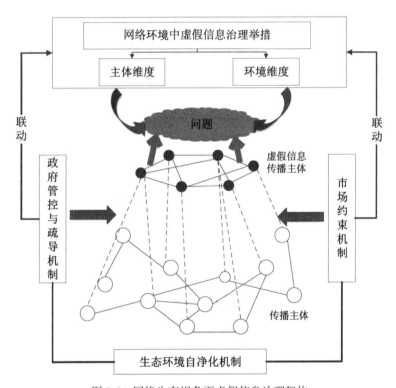

图 5-5　网络生态视角下虚假信息治理架构

在网络发展过程中会出现各类问题，如网络谣言的产生、网络舆情的突发、个人隐私被盗用、网络版权侵犯等，甚至是网络犯罪行为。政府管理部门作为互联网治理的组织者，将网络虚假信息治理纳入其中，针对网络环境中各类虚假信息进行治理。以政府管控与疏导机制为主，市场约束机制、生态环境自净化机制为辅，确定虚假信息治理的维度，由此制定具体的治理举措。网络生态发展视角下虚假信息治理架构部署如图5-5所示，网络系统作为一个有机系统，由于网络生态失衡所产生的各种各样的问题并非某一单一原因所致，而是整个生态系统失衡造成。网络虚假信息治理必须从整体上寻求解决方案，整合政府网络监管部门、行业力量、大众用户等，运用网络化的合作治理模式，以网络生态发展平衡为目标，建立多中心协同治理体系。网络虚假信息治理主要从虚假信息传播的环境和主体两个维度展开。

生态环境维度上的治理，是针对虚假信息传播环境的治理。网络虚假信息治理除了能够保证网络生态健康发展之外，也能够提升互联网的经济价值和社会效益。从虚假信息传播的环境维度来看，网络环境中法律法规供给短缺、舆情突发传播是网络虚假信息治理的重要方面。

互联网发展中，网民数量的增加使我国成为全球最大的互联网市场，但同时也产生了网络生态问题，使我国面临着普遍存在的网络治理难题。虚假信息传播形式多样且难以预测，许多法律制度在网络活动中得不到有效的实施，存在着不落到实处的情况。[①] 对此，政府难以界定制度及范围，从而在网络治理中存在着治理不足和治理过当的矛盾，由此导致了网络生态监管缺失。

从总体上看，对虚假新闻、网络谣言等虚假信息传播现象的治理，需要依法进行。[②] 我国已有的关于网络监管的法律法规与互联网的发展相比，还存在一定的滞后性，并且相关的法律法规可操作性欠缺。因此，加快信息时代网络立法，保护公民正当的网络监督权，建立问责制度以及公民权利受到侵犯时的拯救制度，是网络环境下政府的重要任务，也将成为网络环境下虚假信息治理的重要挑战。[③]

网络环境下任何一次突发性事件都有可能演变成重大舆情事件。在网友热衷于对社会问题刨根问底时，传统封闭的宣传渠道逐渐被解构，在微博等平台

① ［美］理查德·斯皮内洛. 铁笼，还是乌托邦——网络空间的道德与法律(第二版)
[M]. 李伦，等，译. 北京：北京大学出版社，2007：13.

② 胡宁生，魏志荣. 网络公共领域的兴起及其生态治理[J]. 南京社会科学，2012
(8)：95-101.

③ 曾土花. 网络舆情的生态治理与行政权力制约[J]. 党政干部论坛，2015(9)：30-33.

场域中，突发事件将迅速引来国内外舆论密切关注，各类虚假信息甚嚣尘上。

舆情热点事关社会发展中矛盾较为复杂尖锐的问题，考验着政府组织的智慧。政府的处理态度关系着小微舆情是否演变为重大舆情；网民是否理性配合政府解决问题。从民众的立场上考量，政府工作能否聚焦热点舆情，为民办实事是群众路线的现实体现。

网络环境中公众对信息的依赖程度逐渐增高，为了网络环境的健康发展和公众利益，政府组织须加强对虚假信息传播行为的管制和惩处力度，以满足我国网络环境健康发展的需要。

在主体维度上，关键是针对网络虚假信息传播主体的治理。网络虚假信息传播中涉及多个主体，如内容生产者、管理者、受众等。基于多主体行为关系，根据主体的行为策略，给出网络虚假信息治理的部署及着力点，如表5-3所示。从主体间的竞争关系、信息传受关系、共生关系来看，管理者需提升网络信息内容的监管能力(包括技术和管理两个方面)，才能保持良好有序的网络信息传播环境。对内容生产者的治理则表现在对其高质量信息生产的鼓励以及发布虚假信息行为的处罚上。对于受众，只有受众信息素养提高，培养起真伪信息的辨别能力，才能有效避免网络环境虚假信息泛滥。

表 5-3 基于主体关系的网络虚假信息治理部署

关系类型	关系主体举例	相互作用	主体行为	治理部署
竞争关系	主流媒体/自媒体	竞争中主流媒体占优	主流媒体寻求多样化发展路径，在信息内容生产上权威、精良	主流媒体竞争力的提升；主流媒体主动回应社会关切，提升公信力；主流媒体初始网络社会资本的增加；主流媒体保持活跃的运行状态，不断提升其内容传播效果；对自媒体信息生产既有鼓励又有合理的管控
竞争关系	自媒体/主流媒体	竞争中自媒体占优	自媒体话题设置、影响舆论能力增强	

关系类型	关系主体举例	相互作用	主体行为	治理部署
信息传受关系	内容生产者/受众	内容生产者生产低质量信息且以较高的概率发出高质量信息的信号	受众将低质量信息误认为高质量信息概率较高时，内容生产者拒绝投入成本生产高质量信息	受众提高信息内容的辨识能力；对内容生产者发出关于信息质量的信号进行控制；对内容生产者提供高质量信息的行为予以鼓励支持；完善网络信息质量过滤机制
信息传受关系	内容生产者/受众	内容生产者生产低质量信息但以较低的概率发出高质量信息的信号	若内容生产者以较低的概率生产高质量信息，受众以较低概率获取高质量信息；若内容生产者以较高的概率生产高质量信息，受众以较高概率获取高质量信息	
信息传受关系	内容生产者/受众	管理者以较高的惩罚力度介入，内容生产者只提供高质量信息	内容生产者提供高质量信息，受众享受高质量信息服务	
共生关系	内容生产者/管理者	内容生产者生产不良信息概率大，管理者监管严格	管理者处罚力度较大，内容生产者生产一般信息的概率较高，管理者监管放松	管理者需有效发挥监管作用并制定处罚措施，且一般而言，处罚措施需比监管更为严格；内容生产者需提高生产一般信息给受众带来的收益，且尽量避免不良信息给受众造成的损失；受众从信息素养、知识内化、技能管理等方面提升一般信息对自身的效用
共生关系	内容生产者/管理者	管理者监管概率高或是给予不良信息处罚较高，迫使内容生产者生产高质量信息	管理者实施监管概率较大或处罚力度较大时，内容生产者生产一般信息的概率较大	
共生关系	内容生产者/受众	内容生产者生产一般信息概率较大，受众倾向于接受信息	若受众接受不良信息收益损失较大时，内容生产者生产一般信息概率增大才能保证受众接受信息；若受众获得一般信息的收益较大时，受众会选择接受信息	

通过对虚假信息传播中涉及的各主体关系分析，发现主流媒体网络话语竞争能力失衡、内容生产权力减弱及媒体渠道边界的侵蚀是网络生态治理的重要方面。

①主流媒体网络话语竞争能力失衡。网络信息传播对传统媒介机构的地位形成巨大冲击，打破了它们对话语权的主导与舆论议程的掌握，在众声喧哗的网络世界里，很大程度上是由信息规则来决定话语权力的分配与舆论议程设置。处于信息传播节点的个人或机构拥有话语权并主导舆论议程的设置。政府是网络舆论的治理主体，政府部门积极参与并引导网络政治舆论的自我调适行为有助于新传播格局的形成。近年来，政府在新媒体应用上虽有进步，出现了网络政府新闻发言人制度、网络问政制度、政务微博微信客户端新媒体发声平台等，然而差距仍然存在，无论是从数量上，还是从影响力上，作为权威声音的政府话语能量依然弱于作为代言人的草根声音。新媒体发言制度形式化、语言官僚化、政府公信力等原因，使得权威声音与草根声音之间不能有效互通，权威声音无法获得大众用户的信任，形成舆论场高影响力。

②内容生产权力减弱及媒体渠道边界的侵蚀。网络传播发展过程中出现的问题已经深刻地影响到现实世界的方方面面，为在未来网络发展格局中充分发挥治理引领和管控作用，政府治理需提前布局。无论是内容生产的人还是工具都已然发生改变，以往内容生产者的内容生产权力逐渐减弱，且媒体渠道的边界正在变得模糊，甚至在某种意义上说正在消失。各种机构、组织和企业，也逐渐开办和经营起它们的"自媒体"，搭建自己的社交营销平台，不再需要通过中介来实现宣传推广传播，在信息传播中掌握主动权，提高信息受众的针对性，并使这些信息进入公共信息传播渠道。新媒体的不断发展，使得传媒从专业化向非专业化扩张，而且未来发展更快。新一轮的媒体扩张中，传媒主体将不再仅仅是"人"，甚至可能是"机器"或"物"。此时无论是从信息生产源头还是传播过程中，公共信息资源生产的管控将面临更大的挑战。

在网络虚假信息治理中，除了内容生产权力减弱，组织对传播渠道的控制权也随之减弱。以往媒体消息发布只能由专业化的渠道完成，但随着媒介技术的发展，新闻生产者不再仅仅依靠传统的内容发布渠道，网络媒介渠道对内容生产者的影响越来越大。网络生态系统平台作为现今一个重要的信息港口，不仅创造了新的传播渠道，也推动了大众传播结构改造。大众用户不再仅仅依赖广播、报纸、杂志等传统渠道，还依赖于迅速发展的互联网平台。新技术力量驱动下传媒业边界的淡化或消失，其主要的影响在于可能未来整个网络的运作逻辑、管理模式和信息传播文化都将被改写。公共信息生产领地愈加广阔以及信息内容生产与传播渠道愈加不可控等背景要素亟待网络信息治理提前做好预防部署。

5.3　网络环境中虚假信息治理的实现

在网络生态视角下的虚假信息治理中，应明确针对传播环境和传播主体的网络虚假信息治理内容，以及由政府主导、多方参与的虚假信息治理主体关系。对此，应进一步明确政府的主导作用，进行政府主导下的多元主体参与的管控和治理。

5.3.1　虚假信息治理中的政府管控与疏导

网络虚假信息治理相关政策的制定需建立由多元主体参与并在协商互动中形成共识的协商机制，参与者包括政府、企业、行业组织和公众等。在此基础上，可进行网络虚假信息治理的政府机构部署及管控的组织。

（1）网络虚假信息治理部署

网络虚假信息治理是国家互联网治理的重要内容，我国的应对措施是建立以政府为主导的权威管理方式。这种以政府为主导的传统管理方式，主要是以下五种手段：技术控制、行业自律、行政监管、法律法规及公众监督。[1] 传统的网络管理由政府主导，其权威管理模式促进网络产业稳定发展，这在当时取得了有效的成果，现在来看仍然存在很多问题。我国互联网管理的问题主要体现在管理机构的交叉重叠、效率低下及多头领导等方面。多头监管带来的监管主体问题，需要通过"顶层设计"来明确不同部门在互联网网络环境中进行内容管理的权利和责任，要建立主体明确、主次分明、权责对等、敏捷高效、监管全面的管控架构。[2]

目前互联网传播管理是多头监管模式，参与互联网管理工作的政府机构及部门已经达到了16个之多。带来的负面影响就是管理条块分割、职能交错、效率低下、权责不明等许多问题。[3] 监管机构的设置是互联网虚假信息治理的

① 钟瑛. 我国互联网管理模式及其特征[J]. 南京邮电大学学报：社会科学版，2006，8(2)：31-35.

② 庞磊，阳晓伟. 互联网传播内容治理监管机制及路径研究[J]. 技术经济与管理研究，2015(7)：87-90.

③ 张志安，卢家银，张洁. 网络空间法治化——互联网与国家治理年度报告(2015)[R]. 北京：商务印书馆，2015：8-9.

关键问题，自 2011 年国家互联网信息办公室成为我国互联网管理的主要机构以来，互联网管理权利才得以更加明确集中，"九龙治水"的局面才得以改善。自此，我国由政府主导的传统互联网监管初步构筑了以国家互联网信息办公室为主导，多部门配合协作的主体明确、主次分明的监管体系。"中央网络安全和信息化领导小组"成立后，习近平总书记提出要发挥集中统一领导的作用。我国国家网络治理体系也随之同步调整，中央网信办成为国家网络空间安全和信息化的统筹协调及办事机构，与各相关部门共同构成国家网络治理体系的主体。① 具体的组织结构如表 5-4 所示。

表 5-4　2014 年 2 月以来的中国互联网主要治理机构

牵头部门	中央网络安全和信息化领导小组
综合管理机构	中宣部、中央网络安全和信息化领导小组办公室/国家互联网信息办公室、工业和信息化部、公安部、国家工商总局
专项管理机构	文化部、教育部、国家新闻出版广电总局、国家版权局、国家安全部、国家保密局、药品监督管理局、中国人民银行、全国"扫黄打非"办公室、中央文明办、中国关心下一代工作委员会

　　网络传播环境下国家互联网信息办公室针对互联网淫秽色情内容、网络谣言进行了强势清理，对造谣传谣、散布不良信息的网络大 V 进行处罚。政府的这一系列行动对网络乱象进行了有力的打击，显示出政府治理互联网、建设和谐网络的决心。虽然政府的强势行动取得了良好成效，但仍然存在一些忧患：专项治理行动实际上是一种强制权力的"超常规运作"，此种治理更多依赖治理主体的权威地位，会很大程度上打击到群落平台用户的活跃性。另外，专项治理行动虽能在短时间达到较好的治理效果，但是治理过程无法长期持续，治理效果也会因此逐渐变差，不能从源头上根治。

　　在网络虚假信息治理方面，2014 年 5—6 月，网信办、工信部、公安部针对移动即时通信类工具开展了专项治理行动，行动重点在于推动互联网企业的自查自纠，目标集中于移动即时通信公众平台内容发布过程中的违法违规行动。②

---

① 张志安. 网络空间法治化——互联网与国家治理年度报告（2015）[R]. 北京：商务印书馆，2015：10-15.

② 张志安. 网络空间法治化——互联网与国家治理年度报告（2015）[R]. 北京：商务印书馆，2015：98-115.

2014 年 8 月 7 日，为了规范以微信为代表的即时通信工具公众信息服务，网信办出台了《即时通信工具公众信息服务发展管理暂行规定》，规定提出在坚守"七条底线"的前提下，由平台运营商进行自治。这种管理办法既减少了对平台生态的干预，又规范管理了监管对象，实现了以平台为管理单元的责权分明的管理。

2015 年 2 月，网信办发布了《互联网用户账号名称管理规定》，以解决互联网各种社交平台中用户注册使用账号名称混乱的问题，对用户账号的名称、头像等以及用户的平台使用行为进行了规范。尊重用户使用个性化名称的权利，对账号的管理实行"后台实名、前台自愿"的原则。"约谈"成为互联网治理过程中的重要手段，为了推动约谈工作进一步程序化、规范化，在 2015 年 4 月 28 日发布的《互联网新闻信息服务单位约谈工作规定》，对约谈的情形、程序以及处罚等做出了明确的规定。网络安全已经成为国家安全的重要组成部分。2015 年 7 月 1 日全国人大常委会通过的新《国家安全法》规定"国家建设网络与信息安全保障体系，并加强网络管理，防范、制止和依法惩治网络攻击、网络窃密、散布违法有害信息等网络违法犯罪行为，维护国家网络空间主权、安全和发展利益"，第一次在立法中明确了"网络空间主权"的概念。①

（2）网络虚假信息治理中的监管流程

政府部门主导下的预警机制建立是事前治理的有效办法。在各类网络舆论事件中，由于存在不同利益主体和事件真相不明了，往往容易出现矛盾和谣言。如果虚假信息能够被即时监测，就能在虚假信息传播初期进行事实澄清和信息公开，由此可防止舆论事件造成的损失。虚假信息预警机制一般包括虚假信息监测和应急处理。虚假信息监测系统包括纵向的从上至下的监测体系以及横向的同级各部门的监测体系，监测体系是一个整体系统，体系内各部门、各人员需要有所分工、各自负责不同的工作重点。在最顶层的中央管理层面，信息监测需着眼于在整个国家范围内有普遍影响的大问题。地方一级应根据实际情况制定有针对性的监测预案。针对虚假信息的应急处理则需配备专门的应对人员，并根据网络社会传播的特点和网民的行为特征作出迅速响应，并提供有效的联动应对方案。负责危机管理的专职人员需要具备较强的专业素养，包括基本的政务信息服务能力和应对管理能力。

"处置"是解决问题的方法，是上层主体政府部门在治理网络虚假信息时

---

① 张志安. 网络空间法治化——互联网与国家治理年度报告（2015）[R]. 北京：商务印书馆，2015：10-15.

处理问题的行动响应。网络生态环境下，众多网络公共事件表明拦堵不是处理问题的好办法。如果仍然采用行政权力阻碍信息传播以阻止事态升级反而会将事件推向恶化发展的方向，但是网络平台亦为虚假信息处置提供了新的渠道和思路。面对大众关于虚假信息的质疑时，如实公开相关信息、及时响应、真诚沟通是关键。一旦虚假信息传播，相关管理部门通过平台渠道第一时间发布所获取的真实信息，按规定灵活处置，澄清事件来龙去脉，并随时跟踪报道，将有效抑制谣言的传播。在事件调查完成后，管理部门需要公开能够公开的信息，及时公布调查结果并追责，让公众解惑，了解整个事件的来龙去脉。另外，意见领袖在众说纷纭的信息传播中适时发声，引导舆论走向，这对事件的解决大有裨益。

"审视"是事后处理。对于那些违反法律法规的行为，需通过法律方式予以惩戒。但当网络虚假信息治理缺乏法律法规依据时，将导致网络中部分违法行为得不到有效处罚，并加大了治理难度。只有与时俱进，根据目前网络生态环境中存在的问题和漏洞，尽快制定针对网络社会各方面具体问题的法律法规，对网络行为及其行为人进行管制约束，才能为虚假信息治理提供基本依据。在对虚假信息传播行为进行约束的同时，还需要明确所涉及的法律主体的权利和义务，使网络生态环境中的各种参与主体及其行为都有法可依、有法必依。网络虚假信息治理的相关法律法规的制定和修订须与时俱进，与网络生态的演化趋势吻合，才能对网络生态环境中不断出现的新问题采取有效的治理途径。①

5.3.2 网络虚假信息治理的协同推进

维护网络健康和谐发展需要网络环境中各主体职责明确、合作协调。网络生态治理需要多个部门协作完成，政府、企业、行业协会等组织都应当担起职责。因此，各国对网络虚假信息治理采取的方式多是集中与多元并存的管理机制。提出网络虚假信息治理中的政府管控和协同架构，如图5-6所示。

我国互联网管理的多个部门针对互联网不同的业务进行审批和内容管理。总体来讲，不同的部门有各自不同的职责，但同时也存在职责划分不明的重复治理现象，因而导致了管理效率低下和资源浪费的问题。通过对其他国家互联网管理机构设置的调查发现，发达国家大多采用统一管理的治理方式。美国的

① 张悦. 社会控制论视野下的虚拟社会治理机制[J]. 思想战线，2014，40(1)：108-111.

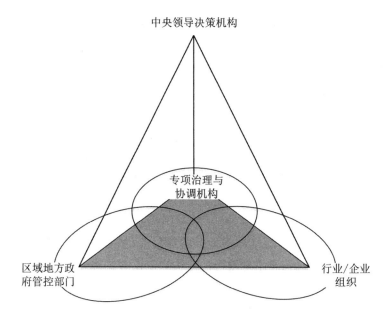

图 5-6　网络虚假信息治理政府多元协同管控

互联网统一管理机构是美国联邦通信委员会，英国是互联网监看基金会，法国是互联网国家顾问委员会。职能相对统一的中心的建立，能够减少因各部门协调不力导致的互联网管理中出现的问题，并在互联网管理中做出全国性的统一快速反应，提高网络虚假信息治理效率。

首先，总体来看，我国对网络虚假信息的治理尚存在滞后管控的不足，尤其是在集中治理方面，缺乏统领全局的治理领导、协调机构。面对互联网的日益发展壮大及随之而来的安全威胁，我国亟待对网络虚假信息治理做出战略规划并进行统筹安排，目标是构建权责分明、配置合理的治理架构。该委员会成员应包括涉及互联网管理的主要部门，委员会定期针对互联网管理中出现的问题召开会议，协调互联网管理并进行统一部署。

其次，完善网络虚假信息管理的法律法规，明确各管理部门的权责范围，实现多元治理的高效统一。通过完善立法明确网络虚假信息治理的法律依据以及治理主体的权利和义务。通过法律来明确网络虚假信息治理所涉自然人、法人及其他组织的基本权利，明确各监管机构的职责分工。同时亦须通过法律来规范监管机构的权限及监管行为。

再次，建立监管部门间、监管部门与监管对象间的信息共享和协调机制。参与虚假信息监督管理工作的部门多而杂，为了提高监管效率，国家应建立各监管部门间的信息共享和协调机制。由于网络虚假信息治理还涉及与监管对象之间的沟通交流，因此国家还应建立监管机构与监管对象之间的信息共享机制。通过监管机构与监管对象之间的共同努力，实现网络虚假信息治理的安全可信。需要注意的是，监管机构在监管的同时还应注意保护内容生产者的创作动力和发展建设的积极性，尽可能地保证监管的公允，形成良性的产业秩序。① 因此建议，国家建立监管信息共享平台，并定期举行监管部门和监管对象间的会议，通报网络虚假信息监管的信息。

网络虚假信息治理中除了政府组织发挥引领和统筹作用，显然信息传播主体间形成的网络组织环境也是治理的重要力量。这种自我约束的作用包括了各信息传播主体的竞争机制、自律机制及引导机制。

市场作为互联网管理手段之一，对互联网行为的规制通过价格机制作用于互联网商品和服务来实现。首先，网络生态中内容生产者间的关系在一定程度上体现了市场竞争的特性。在经过市场的选择后，内容生产者优胜劣汰。美誉度高、社会责任感强的生产者会获得市场更多的偏爱，经济效益更好。再者，互联网监管行为本身产生的监控、过滤、防护等信息需求为内容生产者在虚假信息治理中扮演积极角色提供了直接动力。②

各类网络社区是网络谣言的发生地和治理的第一线，互联网企业组织和行业协会应当发挥先锋作用。通过行业协会加强行业自律和技术创新是网络虚假信息治理的关键，相关行业协会应积极引导，建立自查自管、制度完善的各项机制。与此同时，行业协会还应加强与政府管理机构的信息共享与监管协调，通过网络信息的无障碍清查，对疑似网络谣言迅速进行查实和验证。政府监管部门则将查证信息及时予以反馈，实现无障碍清查与核对的有效机制。③ 当前互联网内容庞杂，防控难度增加，互联网行业协会应推动技术创新，协调建立健全的网络信息形成、筛选、审核和查处等制度，完善网络虚假信息的应对和消解以及对谣言发布者和传播者的处置。④ 行业自律相较于法律规制和政府监管，成本更低、效果更好。在互联网管理的多年实践中，我国已经形成了较为

---

① 方兴东，石现升，张笑容，等. 微信传播机制与治理问题研究[J]. 现代传播：中国传媒大学学报，2013，35(6)：122-127.

② 张真理. 法治、市场与自律：互联网治理的有效机制[N]. 中国社会科学报，2011-12-20(012).

③ 刘荣，刘艳. 网络谣言的善治途径[J]. 新闻世界，2012(2)：67-68.

④ 黄建. 论网络谣言的协同防控[J]. 湖南医科大学学报：社会科学版，2013，15(3)：105-108.

完备的行业自律机制。需要注意的是，行业协会始终是由行业从业者组成的协会，从业者从自身利益角度出发，在某些信息的利用与规范上始终做得不够，此时政府各监管部门应承担起明确的责任，形成监管合力。

网络虚假信息治理除了政府监管及行业自律外，还可采取多级、多主体引导的方式进行治理。中央政府部门根据国家发展方向和宏观战略，对互联网行业的发展与治理提出指导性意见；地方政府根据各地互联网发展程度及互联网产业分布的实际状况，在中央大政策方针的指导下，针对具体互联网产业和不同的发展程度，制定出战术层面的治理实施方针政策。

5.4　网络环境中虚假信息治理举措

网络虚假信息治理是一项卷帙浩繁的工程，使以政府为主导的治理主体面临巨大挑战。从网络生态发展角度出发，可明确虚假信息治理的维度和具体内容。以下结合网络生态视角下的虚假信息治理机制，提出相应的治理举措，旨在为网络虚假信息治理实践提供借鉴。

5.4.1　网络虚假信息治理的自净化

网络虚假信息治理环境自净化机制主要体现在两个方面：高效透明的信息交互机制以及受众的自律机制。

在各类网络信息的公共表达中，网民的表达既有"泄愤""起哄"等消极心态，同时也有"监督"等这样积极的心态。网络虚假信息治理中，充分的讨论更有利于网络环境和谐发展。网络生态不同于传统媒体生态的特点之一就是，网络生态具有"自我净化机制"和"生态对冲功能"。在网络生态中的各类信息经过各种表达，在相互碰撞、讨论后，信息充分知晓，能够组建构成多元互补、去伪存真的网络生态平衡体系。如日本大地震后的"抢盐"风波，谣言迅速发端于网络，也迅速消失于网络。这种"净化能力"和"生态平衡"功能的强化和有效发挥，通常是以网络生态中高效的信息交互机制与透明的信息交流机制为基础。

网络生态系统具有自我净化功能，自律机制也是互联网常用的规制手段之一。网络用户自律涵盖了两个方面：一方面，网民自律习惯的养成，使其对网络传播的特点保持清楚的认识，具有客观理性的思辨能力，能够对信息进行理性甄选，不轻信谣言不传播谣言；另一方面，网络文明和道德建设的投入，培育互联网用户的自律性，并鼓励网络大众在各平台空间中民主参政，促进网络生态走向积极健康的方向。

在网络生态的话语空间内，网络匿名性极大地削弱了大众用户的责任意识，常有因缺乏限制而超过界限的行为，因此建设虚拟世界的社会责任感意义深远。① 作为治理主导者，应教育用户在网络社会也遵循法律法规，牢记社会责任和法律义务，言论自由是法律范围内的自由，危害环境秩序和公众利益的行为，应由行为人来承担后果。为了打击网络虚假信息，增强识谣、辟谣的实力和能力，应该建立网络志愿组织、建设辟谣平台，及时发布辟谣信息。该组织可以在虚假信息大面积传播之前，通过整合组织成员的各类资源和力量，积极调查取证，从而有力地打击虚假信息，帮助用户提升文化素养和信息分辨能力，为网络生态净化作出贡献。

网络环境建设中需要强调用户的信息素养。基于传统文化和以往知识经验形成的媒介素养结构并不能使网络用户很好地适应发展需要。每个人对网络信息的认知程度不同，但程度低的人容易受表面事物的影响，警觉性较弱；而程度高的人，会思考信息背后的含义。因此大众需以更高的角度、更广阔的视野来迎接网络生态的未来发展。

网络生态治理的主导者需对网络信息传播机制、舆情发展规律等有专业认知能力，坚持"权为民所用，利为民所谋，情为民所系"的原则，才能当好网络民意的听众。政府作为治理主体应不再是被动响应者，而是在舆情事件发生初期，第一时间就积极面对，依法公开信息内容，向公众做出合理的解释，争取公众的理解，保证网络生态治理的能够有序高效进行，提高公信力，自主自觉面对网络舆情事件。②

重视生态场域地位，由"管控"向"引导"转变。网络时代下网络舆情正在逐步推动政府的理念从单一的"管控"转为"引导"，各级治理主体应明确网络监督是公民的基本权利，能够方便有效地帮助民众实现民主权利。各级政府组织要以开放的、平等的、互信的态度对待网络监督，自觉接受网络监督，跳出僵化的思维、封闭的视野和转变强硬的"管控"方式。要平等地对待网络舆情并"积极疏导"，建立健全网络舆论的理性引导机制进行"正确引导"，使公民

---

① 黄建. 论网络谣言的协同防控［J］. 湖南医科大学学报：社会科学版，2013，15（3）：105-108.

② 曾土花. 网络舆情的生态治理与行政权力制约［J］. 党政干部论坛，2015（9）：30-33.

更加理性地运用网络舆情监督行政权力。通过设立权威的官方网络渠道，发挥主流媒体的作用，成立专门的舆情机构，设置相应的管理部门，及时有效地搜集反馈各类信息，争取在虚假信息肆意扩散中占领制高点，随时掌握事件动向，以适应舆论发展的新变化。另外，规范网络秩序，需要合理界定治理的边界，保障公民权利，提升公民网络参与的素质和能力。网络环境下，网络作为公民参政平台，对于保障公民的网络权力来说，推进政务信息公开、完善政府服务非常重要。

5.4.2 虚假信息治理的自适应控制

虚假信息的扩散对网络环境有较大的负面影响，在面对网络公共事件时，如何客观、科学地应对，以推动网络社会环境稳健发展，这对网络虚假信息治理能力提出了更高要求。

网络环境中，政府部门作为重要的治理主体，面对复杂的治理环境，其自适应能力需不断提高，且无论是财力、人力等方面均需有充足的投入。政府虚假信息治理能力与公众对政府解决现实问题的信任度之间呈正向关联关系，政府的虚假信息治理能力越强，公众对政府的信任度也越高；反之，虚假信息若长期没有得到有效处置，甚至出现舆论失控或者恶化，社会公众就会怀疑政府的治理能力，这将不利于政府公信力的培养。

(1)生态舆论话语能力提升与网络沟通平台构建

话语权的提升是网络环境治理中网络虚假信息治理的关键问题。要想提升政府话语权，需要提高政府组织在网络平台的影响力，这样政府才能争取议程设置主动权，从而建设良好的网络秩序，取得良好的虚假信息治理效果。提升话语竞争能力包括提高政府与大众对话能力、提升政府话语影响力以及培养政府网络意见领袖。网络提供了一种平台媒介，是大众自我表达和建构社会现实的途径。解构传统权力是网络的固有特性，政府组织与网民对话能力的强弱决定了政府组织的网络竞争能力。网络话语影响力是网络话语能力的根本，内容真实、情感真挚的话语才可能说服大众，欲盖弥彰的假大空话语在生态空间没有任何竞争力。另外，在网络生态场域，一支由具有高影响力的政务意见领袖组成的队伍，在喧嚣的舆论中适当发声，说真话、敢说话，是提高政府组织生态舆论话语能力与议程设置能力的关键。

虚假信息治理和政府形象管理，离不开民众的意见和现实体验反馈。政府要充分利用包括网络在内的各种渠道收集真实民意，从中发现潜伏在社会发展过程中的危机，开门纳谏、问计于民，从细枝末节之处把握大众的情感波动。

直接面对群众，定期邀请大众到政府机关和社会公共服务等部门中进行民意恳谈。尽管一些政府已经建立了自己的门户网站，但尚不全面广泛，大众对此的关注也微乎其微。成熟的网络问政平台在全国政府组织中尚处于建设阶段，网络资源没有得到充分利用。全方位、多领域构建大众诉求渠道，线上线下相互结合，是提升政府形象、真正体现民意的必经之路。

（2）虚假信息处置能力的强化

政府在虚假信息传播的响应速度、态度以及事件调查后对相关责任人的问责力度、对民众的安抚行为等，都是政府虚假信息处置能力的评判标准。据全国2764个县域单位网络虚假信息处置情况可知，处置效果得分较高的县域，往往在虚假信息处置方面能积极应对，即使出现了极其恶劣的网络事件，有关部门也能采取比较有效的手段进行缓和，不至于恶化舆论环境。而得分较低的县域，即使虚假信息传播连续发生，也未能引起政府的足够重视，因此在妥善处理方面往往乏力。

虚假信息处置的评价标准并不是"一刀切"，而是有弹性的评价体系。对于已经解决问题的，还分为暂时性解决问题和永久性解决问题，而政府在虚假信息的处理过程中即使未能解决问题，如果引发了公众的良性思考，对事件相关的环境有一定推动性，则也可以为处置能力加分。因此在具体处理虚假信息的过程中，政府应该尽最大可能与民众达到沟通和一致，从而增加政府网络形象转"危"为"善"的几率。

虚假信息的应对和处理对政府网络形象有着举足轻重的影响。虚假信息爆发传播，公众的视线迅速聚焦，因此政府对虚假信息的处置行为决定着疏导的成效。问责是虚假信息处置中政府的重要工作步骤，是规范为百姓办实事、办好事的责任体系。我国现行的问责体系还未充分完善，对此各级政府还需积极、认真地反思，并结合相关案例把具体问责措施相应地写入政府工作报告，为各级政府虚假信息处理及官员问责提供公文性文献依据。

网络环境中对信息内容质量进行管控是虚假信息治理的重要内容。信息质量较差的主要表现有网络谣言泛滥、色情暴力等信息充斥于网络场域等。一般而言，网络中爆发的网络谣言可在4小时内覆盖数千万对信息最敏感人群，完成对全国信息敏感者的第一轮传染性触达。网络谣言引起社会剧烈反应，市场大幅波动，个人声誉严重受损等。网络谣言能否根治是一个群体博弈过程。随着治理力度的加大，存活下来的网络谣言必然变得更加难以分辨、发现和消除，网络谣言的制造者也会变得更加"聪明"，也许会出现"智慧谣言"。这样，相应的治理也将进入智慧治理阶段。这个博弈过程将长期存在，这也是纷繁复杂网络生态的一种客观演化过程。

在网络环境下，存在各种利益和价值观，各主体间相互博弈，网络舆论场显得"动荡不安"，亟待构建一个和谐的"公共信息领域"，尽最大可能压缩虚假信息传播，提升真实信息的触达率和转化率，让人们可以自由地发表对社会公共事务的看法和意见。

自2013年以来，政府开始严厉打击网络谣言和造谣传谣的现象，通过机构建设、法制建设、管理策略等手段来打击谣言，效果良好，大大减少了盲从跟风传播谣言的行为，网络社会环境逐步清朗。另外，需关注不同社会群体的各种利益诉求，注重各群体的意见表达能否表象化且易于被发现，而不是在暗中发酵。同时加强与网络社会资本较高的人的接触，以法治和沟通达成共识，共同引导网络生态良性发展。

政府治理者需认可和接纳网络大众用户作为新的社会参与力量表达民意诉求，与他们达成共识、共同探讨虚假信息治理。知识分子和媒体人以及不同领域专家等往往具有丰富的经验、较强的专业知识，在信息传播中，他们能通过自己所掌握的资源形成独到的分析，并对事情和问题进行总结提炼，甚至能找到事情的原委和本质。网络治理者在处置虚假信息时，应当注意到他们的作用，与他们协作达成共识，共同引导网络行为。一方面，他们能够快速准确地分析形势、提供切实可行的方案；另一方面，他们能在网络平台上迅速传播正确信息，维护网络生态环境安全与健康发展。这不仅有利于网络环境的治理，还能提升公民参与、促进民主发展。

政府通过逐步培植中立、客观、有建设性的意见人士，与新媒体代表性人士建立经常性联系渠道，加强线上互动、线下沟通，加强建设网络环境中理性、客观的舆论场。在"净网"的刚性管理的基础上，为了促进"净网"行动取得有效结果，包容和鼓励网络上意见领袖力量的培育，对于推进网络虚假信息治理现代化具有重要意义。

网络虚假信息治理规制的创新关键是建立政府张弛有度的疏导与管控机制，而法治则是实现依法治理和网络空间自由的保障。网络虚假信息治理法律法规体系的完善需兼顾保守性和前瞻性。利用网络平台参与监督是公民的一项合法权利，需依法保护参与网络监督的大众用户的合法利益和人身财产安全，通过健全法律救济制度，保障在用户的合法权益受到侵害时维护其合法权益。在维护用户参与网络监督的同时，还要依法规范用户的监督行为。用户的监督权力受到保护，其监督行为也要受到法律制约。健全各类网络社会组织发展，充分发挥网络辟谣平台、社会监督机制的作用。另外，为营造良好的网络生态环境，司法机构应保持与时俱进，理性而又开放地对待网络舆论的质疑和压力，完成事件的调查，促进公平正义，在保证司法独立和公正的基础上，及时对虚假信息进行回击。①

近年来，网络虚假信息治理越来越受到关注，治理主体也加大了管控力度，借助法律手段、行政手段以及技术手段，编织了一个巨型的、严丝合缝的网络规制防护网，从而对网络生态环境中的虚假信息传播行为进行管制，将技术驯服在社会控制的场域之内。② 应完善网络虚假信息治理的法律规范，创造绿色可持续发展的网络环境，做到网络环境治理有法可依，严控信息传播主体不良行为，建设规范的秩序，使网络生态朝健康有序的方向发展。另外，应丰富网络环境的治理方式，与网络法规形成刚柔并济的治理模式。

---

① 孙玮，张小林，吴象枢. 突发公共事件中网络舆论表达边界与生态治理[J]. 学术论坛，2012，35(11)：117-121.

② 张志安，卢家银，张洁. 网络空间法治化——互联网与国家治理年度报告(2015)[R]. 北京：商务印书馆，2015：116-126.

6　网络信息安全保障中的数据治理

随着数字经济在世界主要国家和经济体国民经济中所占的比重迅速提升，数据已经成为众多国家经济发展的重要引擎和新动力。中国共产党第十九届中央委员会第四次全体会议明确提出"健全劳动、资本、土地、知识、技术、管理、数据等生产要素由市场评价贡献、按贡献决定报酬的机制"，首次将数据纳入了生产要素范畴，体现了我国对数据这一关键资源的高度重视。因此，在网络信息环境治理中，应在生态系统建设基础上进行基于网络安全的数据治理。

6.1　网络信息服务中数据治理的内涵与界定

数据作为一种新的生产要素，在发展过程中有很多现实问题亟待治理，如大规模的数据泄露以及数据监听、窃取事件所引发的数据安全、隐私保护等问题已严重影响到社会安全和国家安全。为此，世界主要国家和地区多措并举加大数据治理与安全保障。2019 年 G20 日本大阪峰会、金砖国家巴西峰会等国际会议，均将数据治理等内容作为重要讨论话题。

由于大数据作为战略资源的地位越来越重要，数据管理、数据安全与隐私保护、开放共享成为当前的重点，因此建立科学的数据治理体系，成为当前一项紧迫的任务和推进数字中国建设亟待解决的现实问题。云计算、大数据正驱动社会治理从单向管理向双向协同互动转变，从线上线下割裂式管理向一体化管理转变，从"主观主义"的模糊治理向"数据引领"的精准治理转变。面对数据这一新要素，更需要在安全服务一体化战略中制定合理有效的数据治理方案。

6.1.1 大数据治理方式的变革

随着数字化程度的不断提高，大数据渗透到人们生活的方方面面，甚至推动社会变革。人类已进入大数据时代，对数据这一新型生产要素的本质属性、存在形态、潜在价值和利用方式等认识还不充分，尚未建立科学系统的数据治理规则与秩序，还不足以支撑数据资源有序高效的开发利用。当前，数据治理正成为全球治理的重要议题，面临的不仅是个人数据隐私、企业数据利用等，甚至已上升至数据主权、数据冲突以及数据权益失衡等多重挑战。虽然大数据环境为生产力与管理带来了显著改变，但其中潜在数据风险也阻碍了大数据环境下数据价值的进一步开发，多重挑战与问题导致亟待进行数据治理。因此，迫切需要从理论上认识大数据环境下数据治理体系的内涵和界定，将大数据环境下数据治理内涵一一拆解，明确数据治理的界定与作用机制。

大数据不仅是一场技术革新，也是一场治理革命，在促进经济发展、配置社会资源、调节社会关系等方面发挥着独特作用，数据日益成为重要的战略性基础资源。在享受大数据红利的同时，大数据也存在数据封闭、数据割裂、数据隐私、大数据杀熟、数据垄断、数据主权、数据安全等问题，因而需要打造精准治理、多方协作的数据治理新模式。

国务院印发的《促进大数据发展行动纲要》强调"将大数据作为提升政府治理能力的重要手段""提高社会治理的精准性和有效性"，用大数据"助力简政放权，支持从事前审批向事中事后监管转变"，借助大数据实现政府负面清单、权力清单和责任清单的透明化管理，完善大数据监督和技术反腐体系。因此，需要将大数据与国家治理创新结合起来。为此，政府具体部署了四大重大工程：政府数据资源共享开放工程、国家大数据资源统筹发展工程、政府治理大数据工程、公共服务大数据工程。此外，还需要把大数据与现代产业体系、大众创业和万众创新结合起来。这里涉及农业大数据、工业大数据、新兴产业大数据等，为我国的产业结构优化升级迎来难得的历史机遇。同时，国务院专门安排了"万众创新大数据工程"，数据将成为大众创业、万众创新的肥沃土壤，数据密集型产业将成为发展最快的产业，拥有数据优势的公司将迅速崛起。

我国作为世界制造业第一大国，需要高度关注一个现实——大数据重新定义了制造业创新升级的目标和路径。无论是德国提出的工业4.0战略，还是美国通用公司提出的工业互联网理念，本质都是先进制造业和大数据技术的统一体。大数据革命骤然改变了制造业演进的轨道，加速了传统制造体系的产品、设备、流程贬值淘汰的进程。从传统工厂到数字工厂或智能工厂，是未来制造业转型升级的必然趋势。我国现阶段面临从"制造大国"走向"制造强国"的历史重任，在新技术条件下我国制造业如何适应变化、如何生存发展和如何参与竞争都是非常现实的挑战。

在政府治理方面，政府可以借助大数据实现智慧治理、数据决策、风险预警、智慧城市、智慧公安、舆情监测等。大数据将通过全息的数据呈现，使政府从"主观主义""经验主义"的模糊治理方式，迈向"实事求是"和"数据驱动"的精准治理方式。在大数据条件下，数据驱动的"精准治理体系""智慧决策体系""阳光权力平台"将逐渐成为现实。在安全服务一体化战略中大数据已成为全球治理的新工具，联合国"全球脉动计划"就是用大数据对全球范围内的推特（Twitter）和脸谱（Facebook）数据和文本信息进行实时分析监测和"情绪分析"，可以对疾病、动乱、种族冲突提供早期预警。

经济治理领域和公共服务领域也是数据治理的沃土，大数据是提高经济治理质量的有效手段。互联网系统记录着每一位生产者、消费者所产生的数据，可以为每个市场主体进行"精确画像"，从而为经济治理模式带来突破。判断经济形势好坏不再仅仅依赖统计样本得来的数据，而是可以通过把海量微观主体的行为加总，推导出宏观大趋势；银行发放贷款不再受制于信息不对称，通过贷款对象的大数据特征可以很好地预测其违约的可能性；打击假冒伪劣、建设"信用中国"也不再需要消耗大量人力、物力，大数据将使危害市场秩序的行为无处遁形。在公共服务领域，基于大数据的智能服务系统，将会极大地提升人们的生活体验，智慧医疗、智慧教育、智慧出行、智慧物流、智慧社区、智慧家居等，人们享受的一切公共服务将在数字空间中以新的模式重新构建。

我国要从"数据大国"成为"数据强国"，借助大数据变革促进国家治理现代化，还有几个关键问题需要深入研究。切实建设数据政策体系、数据立法体系、数据标准体系。以数据立法体系为例，一定要在数据开放和隐私保护之间权衡利弊，找到平衡点。重视对"数据主权"问题的研究。借助大数据技术，美国政府和互联网、大数据领军公司紧密结合，形成"数据情报联合体"，对全球数据空间进行掌控，形成新的"数据霸权"。诸如思科、IBM、谷歌、英特尔、苹果、甲骨文、微软、高通等公司产品几乎渗透到世界各国的政府、海关、邮政、金融、铁路、民航系统。在这种情况下，我国的数据主权极易遭到侵蚀。对于我国来说，在服务器、软件、芯片、操作系统、移动终端、搜索引擎等关键领域实现本土产品替代进口产品，具有极高的战略意义，也是维护数据主权的必要条件。

此外，"数据驱动发展"或将成为对冲当前经济下行压力的新动力。大数据是促进生产力变革和治理方式变革的基础性力量，这包括数据成为生产要素、数据重构生产过程、数据驱动发展等。数据作为生产要素，其边际成本为零，不仅不会越消耗越少，反而保持"摩尔定律"所说的指数型增长速度。这就可能给我国的经济转型升级带来新动力，对冲经济下行压力。因此，我国需要建设一个高质量的"大数据与国家治理实践案例库"。其中，国家行政学院一直重视案例库的建设，在中央的重视和支持下，就大数据促进国家治理这一主题，各部门、各地方涌现出大量创新性的实践案例，亟待进行系统梳理和总结，形成一个权威的"大数据与国家治理实践案例库"，以方便各级政府进行借鉴和推广。

6.1.2 数据治理内涵的演化

大数据环境下，基于数据治理实现数据的价值和解决实际问题，具有广泛的前景和现实意义。数据治理起源于企业管理领域，被用于解决企业管控问题，是提升数据资产管理和应用水平的关键所在。随后，各行各业借助于数据治理重塑数据的价值。随着数据价值的不断挖掘，衍生出了各种数据问题，数据治理的内涵进一步地拓展，一方面是对数据本身的治理，另一方面基于数据对社会的治理，数据治理内涵不断发生变化。因此，针对数据治理内涵不断演进的过程，结合当时的具体环境，可以清晰把握数据治理演进的脉络，对安全服务一体化战略中数据治理的过去、现在以及未来有更深的把握。

过去 10 年，我国对数据的重视程度发生了显著的改变。过去，数据被视为组织运行的必需品，如今大多数的领导者认为数据是重要的战略资源，可用于提高销售和盈利能力。[1] 但对于大多数组织来说，数据的可用性、完整性和可获取性阻碍了企业利用其总体价值的能力。管理数据变得越来越困难和昂贵，数据量呈指数级增长，而组织必须收集和分析的数据种类也在增长。非结构化数据正变得与结构化数据一样有意义，因此，数据的妥善使用和恰当管理变得异常重要。数据管理协会指出，数据管理是指对数据集进行管理，包括管理不在组织范围内的数据集。衍生出的数据管理员，可能代表着整个组织的需求，也可能是一个业务团体、部门或数据本身的代表。因此，数据管理员是数

---

① 刘桂锋，钱锦琳，卢章平. 国内外数据治理研究进展：内涵、要素、模型与框架 [J]. 图书情报工作，2017，6(21)：137-144.

据利益相关者的代表，他们负责对数据的处理作出决定，确保应用于数据的规则和控制是适当的。数据管理协会从职能角度出发，认为数据管理是确保通过数据治理制定的政策和实践能有效地帮助数据相关工作的开展的一系列活动。① 国外学者 P. Brous 指出制定和执行关于数据管理的政策对于有效的数据治理实践至关重要。② 与此同时，国际标准化组织于 2008 年对数据治理和数据管理提出差异化概念，指出数据治理履行数据管理的主要职能，即数据治理规定在管理的过程中哪些决策应被制定，以及决策者为谁，而数据管理确保这些决策的制定与执行。因此，传统的数据治理的内涵更倾向于数据管理，侧重数据内容本身被动式的管理，而数据治理既包括数据也包括对相关利益主体的管理，管理范围更广，体系更完善，效果更显著。

数据质量是数据治理中的重要问题之一。有国外学者 J. Juran 提出，如果数据符合其在运行、决策制定和计划中的预期用途，则该数据是高质量的数据。数据质量即指数据与其预期用途相关，具有高度的准确性和完整性，数据之间的来源是具有相关性的，同时以合适的方式呈现。③ 现实生活中的数据质量往往是参差不齐的，数据库中的恶劣数据通常会产生误导或有失偏颇的分析结果和决策，这就需要进行数据质量管理。需要注意的是，数据质量和信息质量不一样。数据质量是确保数据符合其在运营、决策和规划中的预期用途，但信息质量是描述信息系统内容的质量，确保所提供数据的价值性。简而言之，信息是数据含有的意义或者是基于其上下文的数据解释，而信息质量是数据质量管理的结果。

国外学者 V. Khatri 研究发现，研究人员就数据治理的内涵达成了若干共识，即在数据治理过程中，必须厘清三个问题：①从全局出发，该做什么样的决策。数据治理决策的依据是关于数据质量的要求和测量、元数据管理、数据获取管理以及生命周期管理等一些数据管理的基本原则。②决策制定过程中，涉及哪些角色。数据治理包含的角色大多分为数据管理人员、数据拥有者和数

① Data Management [EB/OL]. [2017-05-28]. http://www.datagovernance.com/wpcontent/ uploads/ 2014/11/ dgiframework.pdf.

② BROUSP J M, VILMINKO-HEIKKINEN R. Coordinating Decision-making in Data Management Activities：A Systematic Review of Data Governance Principles[EB/OL]. [2021-11-09]. https://www.researchgate. et/publication/306092872_Coordinating_Decision_Making_in_Data_Management_Activities_A_System-atic_Review_of_Data_Governance_Principles.

③ JURAN J M, GODFREY A B. Juran's Quality Handbook [M]. 5th ed. New York：McGraw-Hill, 1999：2.

据委员会。③这些角色是如何发挥作用的。数据治理的不同角色涉及权利与职责的分配。其中，数据管理引领数据治理，并且数据质量管理是数据管理的子功能之一。数据治理旨在将数据的价值在安全服务一体化战略实现中放大到最大化。

6.1.3 数据治理概念的界定

随着全球数字化的飞速发展，数据成为最重要的生产力之一，数据价值不断被认识并挖掘出来。在大数据环境下，数据安全边界模糊化带来的外部数据安全威胁、数据价值提升带来的内部数据安全风险等，表现出威胁风险迅速升级、影响范围不断扩大、危害程度更加严重、防范难度显著增加等特点。因此，需要厘清数据治理的概念，清晰界定，把握网络信息服务中数据治理概念的核心内容。

20世纪80年代以来，随着IT治理的兴起，数据治理的概念首先被IBM等企业提出。此时的数据治理概念更倾向于企业中的数据管理。站在企业角度，数据治理意指为有效使用企业的结构化或非结构化信息资产而专门组织和实施的政策、流程和标准的实践。① 也有人将其定义为组织机构对数据和信息进行管理的方法，并提出一系列政策和程序，涵盖数据的全生命周期，从采集到使用和处理，从数据生命周期角度出发，数据治理是一整套数据流程，以确保重要的数据资产能够在企业得到正式管理。从内涵比较角度，过去的信息技术的数据治理更加侧重于信息基础设施和信息系统等硬件开发管理，而当今的数据治理则偏重各类信息基础设施、信息工具背后的数据流动过程管理及预期效益的实现。

从概念的演化轨迹来看，数据治理与信息治理、数据管理等内涵关联紧密、互为支撑。一方面，数据治理是信息治理的重要组成部分和关键子集，尽管在概念上都包含了风险和价值管理等基本要素，但在具体实施中，目标、对象、工具以及方法又各有差异，信息治理强调信息效益的最大化和成本、风险的最小化，而数据治理则聚焦在数据层面的数据资产开发与管理，力求借助适当的系统和流程来确保数据质量，降低数据风险；另一方面，治理是指为了确保有效管理和使用资源而作出的决定，而管理则涉及执行决策。"数据管理是

① PHANSE K. Data Governance Using SAP MDM [EB/OL]. [2016-12-05]. http://www.sdu.sap.com/irj/sdn/go/portal/prtroot/docs/library/uuid/600022998-5dd17-2b10-dbaa-8e3ab357fa55.

对数据计划、政策、方案和实践的开发、执行和监督，以便能够控制、保护、交付和提高数据和信息资产的价值。"①数据治理表达了对数据管理和数据利用的治理，包含了有效保护和控制数据的所有制度安排、技术应用、方法创新与流程优化。②

简言之，在网络信息服务发展战略中，"数据治理是对数据管理的高级规划和控制"③，反映了数据生命周期各环节管理的决策权与责任行使情况，以确保有效地管理和分配资源，而数据管理既是数据治理理念的具体实施，也是数据治理结构的重要组成部分，反映了各环节数据流程与任务的执行，以满足业务或规章的要求。

6.2 网络信息服务中数据治理的核心要素与特征

数据是网络信息服务中大数据发挥作用的核心生产要素，即为网络大数据。复杂性、不确定性和涌现性既是网络信息服务中大数据的特征，也是进行大数据治理的阻碍。要发挥数据治理的作用，必须首先明确数据资源的特征和权责归属。同时，大数据环境下数据治理工作的各类问题，并不是独立存在而往往是相互关联的。比如元数据、数据标准管理与数据资产、数据安全、数据质量管理、数据存储环境、数据隐私风险等，各因素相互联系、相互作用。因此，在大数据环境下，要分析数据治理的关键要素和驱动机理，必须进一步地厘清数据治理的核心要素与特征，通过提高可利用数据量的大小及被利用速率的高低，最终提升网络信息服务发展战略中的数据治理能力。

6.2.1 数据资源的特征与权责归属

数据资源作为一种生产要素，需要按照市场进行要素配置，但现实过程中，数据的价值评价难、数据的稀缺性不足、数据产权难以确定以及数据交易

---

① DAMA International. The DAMA Guide to the Data Management Body of Knowledge (DAMA-DMBOK)[M]. USA：Technics Publications，LLC，2009.

② British Academy and the Royal Society. Data Management and Use：Governance in the 21st Century [R/OL]. [2021-11-13]. https://royalsociety. org /topics-policy /projects/data-governance/.

③ DAMA International. The DAMA Guide to the Data Management Body of Knowledge (DAMA-DMBOK)[M]. USA：Technics Publications，LLC，2009.

流通困难，需要识别数据资源的特征，有针对性地培育数据要素市场，对数据的所有权、管理权、使用权、建设权等权利进行明确界定。

在当今的网络信息服务战略下，数据资源具有规模性、多样性、高速性和价值性四个方面的典型特征，在数据资源的产生和传播过程中又会出现不确定性高、海量、实时、多元、复杂、多维、碎片化、非结构化和多源异构的特征。① 与此同时，数据资源所具有的上述特征，在给网络信息服务和用户带来红利的同时，也在一定程度上增加了数字资源权益管理和权责归属的难度，主要体现在以下三个方面：

①网络信息服务权益关系复杂。安全服务一体化战略下，需要处理的更多是大体量、混合和碎片化信息，各类信息背后的权益表现形式更为多样，权益的边界在不断扩张和发展。其中涉及的权利类型，不仅包括知识产权，也包括合同约定权利、隐私权、数据产权等更多的权利类型。随着数字技术的快速发展，以及用户需求的深化，数字资源相关主体的权益在现行的法律框架下能否得到有效的保护和平衡仍存在一定的不确定性。以开放科学数据为例，虽然国务院办公厅在2018年印发《科学数据管理办法》，明确提出"加强知识产权保护，对科学数据使用者和生产者的行为进行规范，体现对科学数据知识产权的尊重"，但我国科学数据开放程度仍不尽如人意，数据产权保护力度不够和缺乏可行的共享机制是其中的主要原因。

②数字资源挖掘利用中的权益保障和权责归属亟待加强。在开展知识服务、智能情报、智慧图书馆的建设中离不开对数字资源的深度利用和相应的权益保障。在国外，欧盟、英国、日本等区域性国际组织或国家主要从知识产权的角度，以专门立法的形式规定了文本与数据挖掘的著作权例外制度。但国内还缺乏相应的法律政策，未能充分保障图书馆对数据的深度加工利用。有学者认为，就我国当下法律环境而言，在当前数据产权制度缺位的情况下，以知识产权为基础来界定科学数据的产权边界是可行举措，可将著作权、专利权、商业秘密三种类型的知识产权作为科学数据保护的权利基础。

③数字资源使用中的安全风险增加。由于大数据具有高度的开放性和流动性，在未来打造高端学术交流平台、开展智慧服务的过程中，需要对数字资源

---

① 刘静羽，贾毓洁，张婧睿，冉从敬，吴钢，黄金霞，刘细文. 大数据环境中的数字资源权益管理：关键问题与应对策略——2021年大数据环境中数字资源权益管理研讨会综述[J/OL].［2021-11-11］. 图书馆杂志：1-12. http://kns.cnki.net/kcms/detail/31.1108.G2.20211126.1028.002.html.

使用全流程中的数据安全问题给予充分关注，包括数据收集、汇聚、保存、传播和共享等各个环节。当前数据安全问题已引发全社会高度重视，我国从2021年9月1日起正式实施了《中华人民共和国数据安全法》，《中华人民共和国个人信息保护法》也于2021年11月1日起正式实施。在开展数字资源权益管理工作的过程中，要对资源利用中的权益问题给予充分的重视。图6-1为大数据环境中数据资源的特征和权责归属结构图。

针对以上三种大数据环境中的数据资产权责归属问题，在安全服务一体化战略中具有四种应对策略。

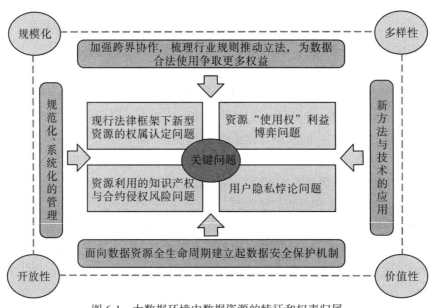

图6-1　大数据环境中数据资源的特征和权责归属

①加强法制体系建设，梳理行业规则推动立法，为数据资源权责的合理分配争取更多权益。在立法实践方面，我国现有法律制度与网络信息服务行业对数字资源利用需求之间还存在一定差距。一方面，在立法和政策制定层面更多地为图书馆"发声"；另一方面，不仅要关注网络信息服务中可能存在的侵权风险，更要重视数据资源使用权益的保障与落实。与过去着重强调对网络信息服务行业中的相关机构可能遇到的权益风险进行被动式规避不同，面向未来，网络信息服务行业的数据资源权益风险管控，应更强调主动性，包括利用先进技术识别重要风险点、主动对风险进行评估和管控，积极争取更多的正当、合法权益，引导用户以更好的方式使用数字资源及服务，帮助预警和规避未来面

临的侵权争议。

2020 年，我国完成了《著作权法》的第三次修订，在大数据时代该次修订意义重大，我国以数据和算法为核心的法律秩序也正在逐步建立，但当前对于数据资源的合理利用，还无法在现有的法律框架下得到满足。数据资源治理的相关学会和行业顶尖机构应当梳理出行业需求和一些惯例，并在法律层面上进行讨论，才有可能真正推动数字资源权益保障和权责归属的快速发展。

②提升数字资源权益管理的系统化、规范化水平。当前在网络信息服务领域还缺乏全面系统的数字资源权益管理理论、方法和技术解决方案。近年来，建立数字资源权益规范、以系统化方式开展数字资源权益管理的趋势日益明显。我国较早将现代化技术手段和信息管理系统应用到图书馆的版权管理中，并于 2012 年开发了版权信息管理系统，以解决数字资源的确权和服务方式选择问题。另外，电子资源授权许可管理也在许多机构逐步应用。但已有实践仍存在一定局限性，包括：数字资源权益管理缺乏统一的规范和标准；管理对象侧重于商业资源，缺乏对于更广泛来源资源的使用权管理；侧重于版权管理而少见对于其他约定权利、数据安全方面的管理；缺少数字资源权益管理与服务流程的对接；数字资源权益落实不到位、权益争取困难等。

中国科学院文献情报中心作为国家级战略科技信息资源保障的重要力量，在数字资源权益管理规范研究、数字资源权益争取等方面取得了一系列工作成果，相关成果已应用于中科院国家科学数字图书馆（CSDL）、中国科学院机构知识库、数字资源长期保存系统、OA 论文集成服务系统和国家科技图书文献中心开放资源建设等平台与服务中。另外，2020 年，中国科学院文献情报中心还组织开发了数字资源权益管理系统，目标是全面揭示各类资源版权情况、保障图书馆对资源的使用权。系统还为多类型、多层次的数字资源利用需求提供服务响应，包括查找权益信息的精准度、匹配使用方式与资源权益状况的契合度以及生成自建资源对外服务许可协议等。

③探索新方法、新技术在数据资源侵权风险评估中的应用。风险评估是数据资源风险管理的重要环节，现代风险管理理论通常以风险事件发生的概率和造成的后果这两个变量的乘积作为该事件的风险度量结果。目前学界在知识产权风险评估领域开展了大量研究，但还存在风险评估方法、工具不一，评估结果差异较大，甚至与感性认识不相吻合等问题。[①] 数据资源知识产权风险评估

---

① 朱雪忠，代志在. 我国图书馆著作权风险研究综述 [J]. 图书馆论坛，2021，41（3）：58-67.

方法还存在很大的改进空间。

区块链技术在数据共享、降低数据利用风险方面的价值也逐渐被认可，但在应用方面还存在着与法律制度相融合的障碍。中国科学院遥感与数字地球研究所何国金等学者指出，应完善和建立数据共享评价体系、数据共享指标等可操作的知识产权保障机制和激励措施；同时也建议借助区块链等技术解决、实现数据共享全过程的可监测、可控制，降低知识产权受侵害的风险。①

④面向数据资源全生命周期建立起数据安全保护机制。针对重要数据和个人信息安全问题，要以用户大数据为中心，构建面向数据全生命周期的可发现、可监视、可防护、可管理的保护机制，要考虑到重要数据特性和个人信息保护，建立起相应的保障框架与安全管理思路。另外，一些已有的研究可以提供参考。例如，科技大数据资源目前存在配置效率低、共享难、利用难以及安全保障风险等问题，对科技大数据资源进行安全分类和定级保护，并构建了相应的分类编码体系、安全定级体系，这些做法都值得网络信息服务行业在开展数据安全管理时参考和借鉴。

6.2.2 数据治理的核心要素

数据治理不应被视为"以一应万"的万能方法，数据治理应制度化、体系化。在开始数据治理之前，分析数据利益相关者，同时应当确定运作模式和范围。大数据环境下，数据治理需要政府、企业、组织和个人共同发力，从数据治理政策、数据组织完善、数据安全技术、数据使用流程的上下游路径，打通大数据生产、使用、存储、管理的各个场景。因此，从利益相关者视角分析数据治理的核心要素是非常有必要的。

由于数据是系统交互操作、业务规则和流程以及应用设计的基础，且数据治理在理论研究和实践操作中都处于缺乏的状态，所以数据治理应被给予足够的重视，同时数据治理的要素应围绕提高数据整体质量展开。有关数据治理的理解可以从宏观、中观和微观不同层面去解读。宏观层面的数据治理是国家和政府对数据产业、数据经济乃至整个社会数据化进程的宏观治理；中观层面的数据治理则涉及国家和政府的数据治理原则、数据治理制度、数据质量及数据生命周期管理等；微观层面的数据治理主要集中在对数据元素的定义、数据元素的构造、存储和移动等内容，主要包括数据架构管理、数据开发、数据库管

---

① 何国金，王桂周，龙腾飞，等. 对地观测大数据开放共享：挑战与思考[J]. 中国科学院院刊，2018(8)：783-790.

理、数据安全、数据仓库、内容管理、元数据管理和数据质量管理等。

在网络信息服务行业，从宏观层面上分析，数据治理的主要要素有职责与战略责任、标准、管理盲点、迎接复杂性、跨部门问题、计量、合作、战略控制点的选择、合规检测与数据治理教育培训等，可以概括为：组织数据管理、确保满足数据业务需求，确保数据资源的合规性和对数据的理解。

中微观的数据治理的核心要素包括数据治理组织结构、数据治理法规制度、数据架构管理、数据资产开发、数据库操作管理、数据安全、主数据管理、数据仓库与智慧管理、文件与内容管理、数据标准与元数据管理、数据质量治理等。数据治理组织结构指的是数据治理的组织领导体系，既包括宏观决策机构也包括中观指挥管理与微观执行机构，如数据治理委员会、首席数据官等。数据治理法规制度包括数据治理的法律制度体系，即包括法律层面的信息公开，隐私保护法、保密法等，也包括数据收集、加工、传播以及归档使数据资源易于利用和访问，并分配给恰当的用户。数据资产开发指的是明确数据可供获取与再利用的优先级以及实现和量化数据资产的过程，使得数据利用最大化地实现其资产价值。数据库操作管理包括公共数据库的设计与实施，诸如由数据库管理员负责对数据库以及相关信息网络和信息技术硬件的每日维护、数据归档与数据清洗。数据安全指的是用于降低风险和保护数据资产的政策、实践和控制，包括个人隐私与数据安全标准、密钥管理及数据风险识别、防范以及减轻或转移的流程、技术、方法等，如适当的备份和灾难恢复。主数据管理包括网络信息服务平台的数据建模、识别、关联、清理、共享等一系列数据活动的集成管理，实现包括用户数据、部门数据等多源数据操作应用程序的实时集成，以解决跨部门和跨行业的数据业务的协同。数据仓库与智慧管理是通过数据工具整合和元数据应用，建构数据仓库，建立统一的数据归档与存储体系，并能够从数据中自组织、自运行、自抽取用于科学决策和善治的观点、方法以及行政流程化的优化和潜在的经济社会价值。文件与内容管理是涉及数据治理的逻辑组织和物理组织、数据目录的结构和电子文件管理，应按照敏感程度对所有数据进行分类，负责数据以及内容的存储、检索、共享和保护。数据标准和元数据管理指的是在把握用户需求基础上进行建构和设计，包括数据名称、属性、格式、内容长度等要求的一致性，制定统一的用于数据发现、标识和管理的元数据，用于数据模型和创建通用语义定义的方法和工具的管理。数据质量是指建立数据质量保证计划与测评标准，对数据进行监督和质量分析，并证明其数据完整性、准确性以及实用正确的测试和归档方法。

2017 年，美国针对联邦和州等不同层级政府首席数据官、首席分析官的调查发现，当前数据治理的主要工作领域集中在机器学习、数据管理行动、大数据、深度数据挖掘和分析伙伴关系、物联网、数据分析创新、数据中心优化、开放数据原则、开放数据框架、人工智能、招揽和保留数据人才、建立数据分析团队等方面。由此可见，当前国家和政府的数据治理基本集中在中微观层面，与中微观的数据治理不同的是，宏观层面数据治理不仅突破了单一组织机构边界，更为广阔、宏观，且内外结构复杂，治理环境多变，标准要求与目标期望更高，从单纯的数据资产保值增值扩展到数据全社会共享和经济社会效益的全面发挥，内涵更加丰富，实施更具有挑战性。

6.2.3　数据治理的特征

治理的本质在于它倚重一种机制，创造内部的结构和秩序，发挥多主体参与的互动作用。治理是政府、企业、个人以及非政府组织等主体为了管理共同事务，以正式制度、规则和非正式安排的方式相互协调并持续互动的一个过程。数据治理具有治理的很多特征。然而，由于治理的是数据，它又有很多自身的特点。因此，需要系统梳理大数据环境下数据治理的特征，构建数据治理的多维特征模型。

在网络信息服务行业和人工智能时代，大数据技术的发展在给数据治理提出新挑战的同时，也给数据治理带来了前所未有的新机遇，这使网络信息服务发展战略下的数据治理呈现出一些新的特征，数据内容更加丰富、数据治理更加高效、数据决策更加科学、数据服务更加精准。[①]

①智能采集使数据内容更加丰富。智能数据采集是一种利用现代化智能手段采集所需数据的电子技术，目前在大数据领域得到了越来越广泛的应用。智能采集技术实现了采集速度的提升、数据量的增大以及数据结构的多源等，使得数据内容更加丰富。主要表现在：一是数据体量巨大。根据国际机构Statista的统计和预测，全球数据产生量将从 2020 年的 47ZB 上升到 2035 年的 2142ZB，预计中国数据总量将在 2025 年跃居世界首位，在全球的占比将达到 27% 以上[②]，而我国的数据资源 80% 掌握在各级部门手里。智能采集终端的普

---

①　何振，彭海艳.人工智能背景下政府数据治理新挑战、新特征与新路径[J].湘潭大学学报，2021，45(6)：82-88.

②　新浪网.国家信息中心主任刘宇南：中国数据总量预计 2025 年跃居世界第一[EB/OL].［2021-11-15］.https://finance.sina.com.cn/china/gncj/2020-12-04/doc-iiznezxs5227110.shtml.

及和应用，能够打破时空和地域限制，对跨系统、跨部门、跨业务的海量数据进行自动采集与归类，从而丰富基础数据资源库，形成"数据海"。二是数据结构多元。依托自然语言处理、图像处理、声音识别、深度学习的智能数据采集终端，数据采集节点增多、数据采集频次加快、分布式计算能力增强，既可以实现主动抓取数据，也能够被动输入数据，从而使得所获取的数据结构更加多元化，如结构化数据、半结构化数据和非结构数据，单一数据和多维数据等。三是数据类型多样。利用智能采集技术可以获取类型多样的数据，如元数据、主数据与数据集，图像数据、声音数据和文字数据，静态数据和动态数据等，使得数据内容更加丰富。同时，可以对所采集的多样化数据进行归类、分析与整理，自动实现数据去重、降噪和筛选，并根据场景应用需要进行数据标注、提取和转换，为数据治理的决策提供支持。

②智能计算使数据处理更加快捷。随着5G、物联网以及移动互联网等新兴技术的发展，数据呈现爆发式增长。人工智能具有超强的计算能力，通过数据清洗、数据转换、特征提取以及关联分析等手段，快速高效地处理海量数据。具体包括：一是数据处理的速度更快。智能计算可以将传统的查询、分解及数据分析进行分布式并行处理，首先将海量的数据分割成若干部分并分给多台处理器进行并行计算，然后把各台处理器计算后的结果进行统计汇总，从而完成海量数据的并行处理，提升数据处理效率。二是数据处理的结果更好。人工智能能够对海量数据进行精准挖掘和系统化分析，并自动智能生成决策方案，为推动数据治理现代化提供强大的决策智力支持。相比于传统数据处理而言，通过智能系统进行计算处理的结果，其时效性更强、精细度更好、准确性更高。三是数据处理的流程更优。传统意义上的数据处理流程包括数据采集、转换、分组、组织、计算、存储、检索、排序八个方面，每次处理数据大概需要使用至少三次软件，费时费力。借助智能计算，基本实现了从采集、计算、挖掘到可视化展现的一站式数据处理。

③智能监测使数据管理更加高效。智能监测技术的普及，可以帮助网络信息服务行业对数据进行全方位、多角度的管理，促进数据管理高效化和规范化。具体表现在：一是主数据管理高效化。主数据又被称为"黄金数据"，是满足跨部门业务协同需要的、反映核心业务实体状态属性的组织机构的基础信息。人工智能技术可以对大规模的数据集进行监控，能够自动鉴别和筛选出主数据，并快速确定主数据的可靠与可信数据来源，构建完整的主数据视图。同时，机器学习、自然语言处理等还可以帮助定义和维护主数据匹配规则，解决同一数据项在多个系统中的匹配和合并问题，让主数据管理变得更加智能和高

效。二是元数据管理高效化。元数据是描述数据资源的数据，又称为"数据的数据"，一般包括技术元数据和业务元数据。元数据管理是数据管理的基础，也是数据治理的关键领域，其主要价值在于为集团数据提供在计算、存储、成本、质量、安全、模型等方面的数据支持。三是数据生命周期管理高效化。数据生命周期管理是人工智能背景下数据治理的核心内容。依托人工智能引擎，应用机器学习、知识图谱、自然语言处理和文本聚类分类技术，通过对业务数据的获取、清洗、语义计算、数据挖掘、认知计算等，实现对数据收集、分类、存储、分析、传输、利用等全生命周期过程的监控，及时发现异常数据，并进行相应的修补和完善，以此提高数据管理效率。

④智能感知使数据治理的决策更加科学。智能感知技术可以帮助获取所需的决策数据，能够自动分析数据之间的关系、深度挖掘隐藏在数据背后的隐性信息、找出事物之间的本质与规律，帮助准确掌握决策信息，提高决策的科学性。主要包括：一是决策数据更加客观。数据是决策的基石，数据的客观性决定了决策的科学性。利用物联网和传感设备构建智能感知系统或平台，能够实时地采集多维度全量感知数据、加快数据耦合与融合、促进数据流动与交换，为决策提供海量数据支持。相比于传统的数据采集而言，利用人工智能技术获取的数据，减少了很多人为因素的干扰，使得决策数据更加客观。二是决策质量显著提升。传统的决策大多是建立在人力计算和人为加工信息基础之上的，由于人的时间和精力的有限性，决策质量难以保证。人工智能背景下的决策是建立在海量数据精准挖掘和系统化分析基础之上的，可以依靠智能决策支持系统和专家系统对各种类型的数据进行自动化、数字化、精细化、智能化的分析，使决策支持信息得以全面提升，打破了决策者凭借领导意志、自身水平、个人经验的"拍脑袋""一刀切"或是有限数据的决策模式，从而大大提升了的决策质量。三是决策方式更加科学。基于挖掘技术、聚类分析技术、并行计算技术、可视化技术等相关智能技术的决策，能够实时动态地捕获决策信息，并通过算法模型对信息进行精准预测和客观分析，避免主观决策、片面决策，提高了决策的科学性。

⑤智能挖掘使网络信息服务更加精准。智能数据挖掘技术的应用让望"数"兴叹逐渐转变为"驱动引擎"。通过数据挖掘，可以从大量的、有噪声的、随机的、不完全的、模糊的以及多源异构的数据中搜索隐含于其中的、潜在的、深层次的信息，并将其转化为有效的预测和决策，从而提升数据服务的精准性。主要表现为：一是精准感知服务需求。运用人工智能的数据挖掘技术，可以有效绘制公共服务需求的知识图谱以及市民的用户画像，并进行数据关联

分析，在"去粗取精""去伪存真"后，准确提取和凝练公众的现实需求，减少需求信息收集过程中的各种错误、重叠和遗漏，提升精准识别服务需求的精细度、精准度和完整度。二是精准开展智能政务。部门依托人工智能实现了跨层级、跨地域、跨系统、跨部门、跨业务的数据融合与业务协同，打破了部门间的"数据壁垒""数据孤岛""数据烟囱"，促进了数据资源的有序流动，为精准开展智能政务提供条件。三是精准推送个性化服务。人工智能背景下的数据治理将实现智能技术与公共服务的有效整合，打造以公众需求为导向的自动感知、高质量、便捷式的信息服务体系。通过人工智能可以实时感知、收集多样化的公众需求，科学分析公众的行为数据，洞悉公众的兴趣偏好，形成个性化的数据档案，从而为社会公众推送个性化的政务服务，使得政务服务更加主动、更加精准、更有温度。

6.3 网络信息服务中数据治理的驱动机理

大数据环境下数据治理应按照一定的逻辑来驱动相关要素进行运作。从技术层面来看，硬件技术的迭代、数据理论的积累和数据处理技术逻辑的突破会推进数据治理的不断创新、应用和更新，并随着政策的规范激发出新的治理方向；从社会层面来看，大数据环境下所带来的数据泄露、数据隐私保护、数据垄断等问题影响社会稳定、企业利益和国家利益，社会对数据治理的需求不断驱动着数据治理的发展与应用。

6.3.1 数据治理的资源驱动机理

数据作为一种资源，在驱动数据治理过程中最大的优势在于能够提供可访问的巨大数据集，从中发现可能性的机会，并在此基础上提供一种更为精准的服务。在数据治理过程中，一方面要考虑数据来源、数据形式以及数据载体；另一方面要考虑"存量数据"和"增量数据"，更为全面地反映社会需求及其动态变化。因此，数据作为一种资源可驱动以精准反映社会需求为基础的大数据治理方式，这种治理方式有助于精准服务的实现。

在网络信息服务行业的数据经济勃兴的时代，需要树立科学的数据资源观，深挖数据资源，高效利用数据资源赋能网络信息服务行业和从资源层面驱动数据治理，实现网络信息服务产业从资源依赖走向科技引领，从粗放型数据治理转向个性化数据治理，推动网络信息服务行业高质量发展。①

（1）以数据量驱动网络信息服务产业内容创意

内容创意是网络信息服务中文化产业生存和发展的源头，如何将具有原创性的知识通过一道道生成环节，借助一定的运营流程提供给消费者，是文化产品供给端必须思考的问题。有几类数据资源可以帮助创意者进行预测和决断。第一类数据资源是消费者行为数据，此类数据资源指向的是需求侧，也就是文化企业服务的对象。此类数据资源集纳消费者各种行为痕迹数据，如"客户资源、市场信息、订阅量、销量、收视率、上座率、票房、流量、点击率、点赞数"等，对此类数据资源进行数据属性与关联规则的分析，可以有效帮助创意者如剥茧抽丝般地识别创意价值，进而推进创意方案的确定，进入创造创意价值阶段。其中，识别创意价值体现的是数据资源由内容创意与设计制作环节形成的产品价值创造过程，创造创意价值体现的是通过营销服务与客户消费获得数据资源，从而使客户价值得以创造的过程，两者共同作用实现了文化企业提质增效。第二类是保障文化产业持续发展的数据资源，此类数据资源来源于国家的公共文化机构（如图书馆、博物馆）、科研机构（如高校、研究院）、文化生产单位（如广播电视台、报社、出版社、网站等），对此类数据资源的分析，可以有效提升文化产品与传播渠道的适配性。上述数据资源的合力驱动，共同促进网络服务行业的文化内容创意提升。

（2）以数据速度驱动网络信息服务行业文化产业传播效能

时间和空间是存在的根本属性，如何利用数据速度，以时间速度换取空间拓宽，以传播速率的提升扩大文化产品的传播范围，是文化企业完成创意生产后必须面对的课题。因为"基于时间的整合营销传播能力、渠道及终端掌控能力、内部资源营运能力已成为文化企业的基本生存力量"②。传播效能关乎生产者和消费者能否有效接驳，至少有三个因素产生作用。第一，文化产品的消费场景。是在线消费还是线下消费？抑或线上线下混合消费？不同的消费场景大数据处理所需的时间是迥异的：在线模式下数据的处理时间最短，一般在微秒至毫秒之间，离线模式下数据的处理时间则以天为单位，近线模式下的数据处理时间在分钟级以及小时级之间。第二，文化产品的相关度。如《触及巅峰》这本在实体书店售卖的图书，虽然口碑很好，但是并不畅销。十年后当线

---

① 崔波. 以数据资源驱动文化产业高质量发展[J]. 出版广角特别策划，2021，3：31-35.

② 宋振杰. 大数据时代速度决定生存[N]. 中国质量报，2014-05-28.

上销售《走进空气稀薄的地带》一书时，亚马逊的书评将该书与《触及巅峰》相提并论，并对后者赞赏有加。亚马逊通过大数据分析，发现购买《走进空气稀薄的地带》一书的顾客同时也会购买《触及巅峰》，于是将两本书放在一起售卖，使这本沉寂多年的图书焕发新的生命力。第三，消费者的日常消费行为。长期对消费者日常行为数据进行跟踪，能判断出其消费趋势，进而推荐与其志趣相投的产品，这是大多数网络平台普遍采用的手段。以出版业为例，数据速度驱动下的空间重构路径有：运用众包众智众创（如维基百科）拓展出版营销空间，运用云推荐和口碑评价拓展消费者选择空间，运用"集合器"（如亚马逊对书的集合）和"数据仓库"（如美国销售二手书的 Alibris）拓展出版存在空间。

（3）以数据多样性驱动网络信息服务消费升级

大数据的类型非常广泛，不仅包括数字、符号，还包括图片、音视频、电子邮件、游戏、网络日志和位置信息等，不论是政府、企业产生的相关数据，还是人们日常生活和工作行为产生的数据都可以被记录和分析。多样性数据的挖掘与分析为我国文化产业消费升级提供了决策依据。

目前，我国社会主要矛盾是人民日益增长的美好生活需要和不平衡不充分的发展之间的矛盾。据统计，2018 年我国居民用于文化娱乐的人均消费支出为 827 元①，而线上文化产业的消费人群更是高达 10 亿，他们的消费数据之大、来源之广超乎一般人想象，尤其"90 后""00 后"是数字文化产品的消费主力。《2018 中国互联网消费生态大数据报告》显示，"90 后"的消费呈现七大特征：原创消费大众化、内容付费多元化、粉丝经济迭代、宠物消费升级、社交消费"圈子"化、租经济深入渗透、懒人经济全面展开。通过大数据技术，收集海量消费者行为数据，以全数据从多个维度分析市场需求，引导创造文化产品，才能更好地满足不同类型消费者的多元化、个性化、移动化、碎片化的消费需求。此外，利用大数据对新一代消费群体的消费取向进行分析研判，也能进一步发掘新的需求，降低周转成本，提升消费者的消费效率和投入的回报率。

6.3.2 数据治理的技术驱动机理

大数据作为促进治理创新的一种技术手段，在实践层面为数据治理提供新的模式，为数据治理提供多样化的鲜活案例。通过案例观察与分析，总结大数

---

① 经济日报. 国家统计局发布报告显示：文化产业增加值在国民经济中占比逐年提高[EB/OL]. [2021-11-15]. http://www.gov.cn/xinwen/2019-07/26/content_5415564.htm.

据技术进行治理的成效，并试图将大数据作为技术手段与路径，尝试进一步探索治理政策工具的融合创新，如利用大数据技术形成社会公共服务体系数据链等，研究大数据技术的更新、迭代与数据技术突破的相关理论，分析相关技术进步与数据治理之间的相互作用关系；研究大数据技术升级引导的数据治理需求变革、政策出台与用户场景变换，明确大数据环境下数据治理的技术驱动机制。

此外，网络信息服务行业的数据治理是社会治理的重要方面，完善网络服务行业的数据治理体系，应利用好当前的技术体系，共同推进网络信息服务行业治理体系和治理能力现代化。当今时代，科技对治理能力现代化的支撑作用越来越明显，科技进步能够有力提升社会治理效能。应着力推动现代科技和数据治理结合，利用好大数据云计算、物联网、人工智能、区块链等技术手段，提升数据治理的科学化、信息化、智能化、精细化水平。

①技术驱动数据治理转型。将大数据、人工智能和区块链等技术应用于数据治理最大的价值在于数据不再只是被治理的对象，也是治理的工具。一方面，大数据作为被治理的对象是因为传统的数据治理中存在数据安全度不够、数据质量不高等问题，限制了数据业务的有效展开；另一方面，大数据作为新的生产要素和治理手段，治理理论上由管理本位转向服务本位。治理体制上由传统的科层化、碎片化向网状化、扁平化转变，治理主体也从传统的单一治理主体到多元共治转变。数据治理方式也从传统的基于部分抽样和个案试点的经验判断转向全样本数据的科学决策。数据治理模式也由稳定的静态化治理向复杂的动态化治理转变。

②技术体系与数据治理融合。技术逻辑指导下的数据治理，其实质是把智能技术嵌入数据治理之中，使其成为数据治理的"准主体"，进而发挥其善治的逻辑。但作为准主体的各类智能技术因其自身的边界性、互补性、可操作性，导致技术与数据治理体系的融合利用会是一把双刃剑。一方面，云计算、大数据、区块链和人工智能等技术的互相融合可以实现数据治理体系的智能化和数据的安全、高质和共享；另一方面，需要警惕新兴技术本身所蕴涵的风险，如大数据杀熟、智能算法的滥用等。需要处理好政府与技术之间的监管，并做好前瞻性风险防范，使更多优秀的技术服务于数据治理，并成为我国数据治理的良策。

③基于技术融合应用的数据治理体系赋智。利用大数据、人工智能、区块链等技术可以通过人机协同为数据治理体系赋智，推动数据治理体系走向"智治"。人机协同下的数据治理主要包括：第一，业务替代，人工智能能够替代

常规的数据治理人员执行标准化、程序化任务，提升数据治理效率，降低数据治理业务人员负担，也可以使数据治理人员更加聚焦于决策性任务。第二，决策补偿，数据管理人员是有限理性的，通过技术可以对其决策进行实时验证，辅助其进行科学决策，有效规避决策错误、遗漏等行为发生。第三，方案创造，通过对大数据进行挖掘和数据分析，可为数据管理者提供创新性行动解决方案。当然，数据技术治理不仅仅聚焦数据治理问题的解决，也致力于建设智能化、自动化、个性化、多元化以及协同化的数据治理秩序，并进一步推动"秩序"与数据资产价值发展的对接，实现数据的价值提升。

6.3.3 数据治理的思维与认知驱动机理

大数据不仅是一种新的信息资源和技术工具，同时也是一种新的思维方式。这里所说的思维和认知的驱动，主要是指数据转化所形成的洞察力和理解力带来的一场思维模式和认知方式的变革。具体体现在以下两个方面：一是推动从样本思维向总体思维转变，决策者更注重从海量数据中进行分析挖掘，探寻事物背后的真相。二是推动从因果思维向相关思维转变，通过相关技术挖掘事物之间隐蔽的相关关系，可以准确地获得更多的认知和洞见，从而帮助决策者更好地预测未来。

①从大数据技术到数据治理观。无论是从制度层面还是从行动层面来看，国家治理现代化都不能脱离全球第四次科技革命带来的大数据技术的示范性效应。尽管大数据技术最早是在私人部门（如企业）中率先应用和普及，但这并不影响服务于改进公共服务供给效能的效用。在现代社会，大数据起初是以技术形态展现的，最终却要归结于思想文化领域，即人们脑海中的价值观念——大数据观。因此，影响时代的制度变革与行动变化并不仅仅是大数据技术，还有它背后存在并时刻发挥作用的大数据观。

从技术层面说，大数据的产生旨在集成化、数字化运作的 IT 管理。企业可以将实时数据流分析和历史相关数据相结合，对成规模建制的大数据加以分析，并借此进行预测和诊断。政府公共服务部门可以利用大数据，强化对社会公众公共服务需求捕捉的洞察力和感知力。政府公共服务部门也可以依据大数据技术来追踪和记录公共服务供给过程中有关政府与公众的网络行为，凭借大数据轻松识别公共服务供给与消费过程中的有效度、均等化、可及性等指标。因此，从社会文化意义上看，大数据治理首先以技术形态展现，事实上却潜移默化地影响着政府与公众的思维与行为方式，最终转化为一种文化价值观念，即数据治理观。

②数据治理认知驱动下的新运作模式。国家治理现代化进程中，大数据的运作模式体现为采取"媒体+智库+产业组织"的模式，打造"一网一库一圈"的大数据产业服务实体，即通过"媒体"作为聚合资源的枢纽，通过构建"智库体系"作为自身的价值支撑，依托与各种产业组织的合作，形成面向产业服务的运营生态，最后表现为区别于传统政府的治理模式。大数据给现代社会提供了一个可能，使得政府公共服务部门能够以量化方式来把握社会公众的公共服务需求，反映出不同类别的群体在价值取向、偏好上的差异，以量化的方式看到他们在社会生活中对公共服务需求的占比及其变化。这就为前瞻性地看待国家治理现代化，强化国家治理现代化的善治取向提供支持。

③大数据治理理念。数字信息的开放共享使生产生活的透明度不断加大，也为政府公共服务部门、第三部门、企业、社会团体等形成协同治理提供了技术支持与保障。这反过来也形塑了强调协同与合作的治理理念。大数据是以容量大、类型多、存取速度快、应用价值高为主要特征的数据集合，它的发展不仅取决于大数据资源的扩展和技术的应用，还取决于大数据思维的形成。对于不以技术研发与生产为主的政府公共服务部门来说，理念甚于技术。大数据作为政府提升治理能力的一种有效资源，可用于分析个体与群体、偶然与必然、孤立与联系、主观与客观等之间的内在联系，使政府实行分类治理和协同治理，最终促进政府治理思维的现代化变革。通过大数据技术的支持，可以对政府公共服务供给流程实现再造，有力地推进智慧型政府和服务型政府建设。因此，在国家治理现代化进程中，大数据还体现为一种强调协同与合作的治理价值观，这正是真正促进政府树立大数据思维，转变治理观念，实现政府治理能力现代化的核心所在。通过将大数据技术广泛运用到政府决策、公共服务、社会监管以及社会民生保障等领域，推动社会治理模式的不断创新，提升政府科学决策、精准服务、精细管理等水平。

在数据治理现代化进程中，大数据还体现为一种强调协同与合作的治理价值观，这正是真正促进树立大数据思维，转变治理观念，实现治理能力现代化的核心所在。通过将大数据技术广泛运用到政府决策、公共服务、社会监管以及社会民生保障等领域，推动社会治理模式的不断创新，提升科学决策、精准服务、精细管理等水平。

6.3.4 数据治理的安全驱动机理

数据安全是数据治理的重要部分，在大数据环境下，数据主权、数据战等议题成为世界共同探讨的焦点。本节将从数据安全角度，分析大数据环境下数据治理的信息技术安全、在线服务安全、政府行政活动安全、政策与民主风险等问题，探寻数据安全引导的数据治理驱动机制。

①大数据环境安全监管。完善数据安全监管是落实党中央、国务院决策部署、维护总体国家安全的需要，也是数据要素得以充分有效利用的前提和保障。目前，我们初步建立了数据安全监管的政策框架和法律体系，涵盖数据监管机制、个人数据保护、跨境数据流动等方面，但也存在一系列问题，数据安全监管的系统性有待加强，数据安全监管具体制度有待完善，同时还面临国家数据霸权的威胁。面对全球数据安全博弈加剧的新形势，要从维护我国数据安全和国家安全的长远大局出发，结合当前数据安全监管现状和不足，明确我国数据安全监管的工作思路，从数据监管的体系化、法治化、国际化方面完善数据安全监管重点制度。

②数据保护与共享动态平衡。在我国，数据保护与数据流通共享的融合发展离不开政府的主导和支持。单纯依赖政府的命令式监管或是依靠经营者的自我管理都不是解决数据保护与共享动态平衡的最优方案。从我国现实出发，在构建"共建共享共治"的数据多元共治系统过程中，并非不分主次，而要从经济社会治理的基础和重点入手，充分发挥政府在现阶段数据共享监管中的基础性和主导性作用。经数据采集而得的数据，要在充分保障用户知情同意的情况下，实行"场景化授权"和"一次性授权"并行模式；以数据计算而得的数据，在数据去个人化后，要充分考虑开放平台经营者对数据整合及价值挖掘的贡献，赋予相对应的财产性权益，以激励其进行持续的数据挖掘和数据创新并进行对外数据共享；对在数据服务和数据应用过程中取得的数据，探索建立有偿的数据共享机制和数据交换机制，既有助于激励开放平台经营者进行高质量数据共享，也有利于降低或消解其利用自身优势地位或支配地位实施"不平等"的数据共享政策而招致的反竞争风险。

③平衡数据开放利用与安全管理。《中共中央关于制定国民经济和社会发展第十四个五年规划和2035年远景目标的建议》明确提出，要"推动数据资源开发利用"和"扩大基础公共信息数据有序开放"。如何最大限度地开发利用公共数据资源，释放数据潜能，激发创新活力，是数据治理的共性问题，也是党和国家高度重视的重大问题。为破解这一难题，需要从国家层面界定数据开放内容、范围、程序及具体要求，鼓励社会数据在公共数据平台共享开放，扩展数据清单覆盖面，加强政企数据合作。构建法律、管理、技术层面的数据开放与安全管理体制。加快细化数据分类分级基础上数据开放责任分担制度研究，明确数据安全责任的归口部门、管理制度和处置流程，确保在数据安全法出台

后尽快推出相关的可操作性实施细则。出台政策鼓励地方有条件地开放数据，进一步扩大开放范围和方式。通过构建公共数据商业利用适当收费机制，引入事业单位或国有企业具体托管公共数据，提供初步的数据处理、去标识、加工提炼等数据增值以及数据安全保障等业务服务，打通公共数据产品与数据交易中心流通渠道，打造融数据供需、应用场景供需为一体的安全可信赖数据共享平台，促进数据有序流动。

6.4　多主体参与下的数据治理体系协同

如今数据成为一种战略资源和生产要素，数据治理强调组织协同机制建设，其关键要素与组织协同的要素高度契合。多主体参与下的协同共治强调政府、社会组织和公众等多元主体的协同善治，尽管各治理主体具有不同的价值观念和利益诉求，控制的社会范围也不同，但在战略性治理思想和科学化治理模式下，各主体可以有效实现良性竞争下的协作共赢。

6.4.1　数据治理体系的结构性协同

协同治理的根本特征是对治理过程中多元化的主体、多样性的目标与资源进行整合，并且重视在此过程中形成的协同关系。结构性协同是综合以权威为依托的政府数据治理模式、以社会组织和企业为代表的横向协同模式、围绕专项任务开展的条块式协同治理模式。明确政府、社会机构、互联网企业、公众、社会媒体、专家六大治理主体及其在整体治理框架下的角色定位，识别六大主体间的利益关系，以关系链和信息链明确其关联关系，最终从目标、功能和过程三个维度实现数据治理的结构性协同，搭建协同治理框架体系。

数据治理体系包括三个阶段：第一阶段是数据治理体系的战略规划阶段，在数据治理体系中处于支撑地位；第二阶段是价值构建阶段，在数据治理体系中处于核心地位；第三阶段是数据治理体系的泛化阶段，在数据治理体系的三个阶段中处于辅助阶段，也是数据治理体系的应用场景。战略规划是为数据治理体系制定一系列的治理策略。价值构建阶段主要通过对数据治理过程中的生产层、应用层和管理层三个层面介入，保证数据治理价值的有效性和数据价值变现的时空不被限制，同时从国家、行业和组织三个层面探讨数据治理体系的核心内容。数据治理的泛化阶段是对第二阶段的应用，具体分析国家、行业和组织从哪些方面进行数据治理。

①数据治理体系战略规划。安全服务一体化战略下的数据治理作为一种体系，战略规划作为数据治理结构性协同的第一阶段，主要任务是制定战略规划、指导战略实践，包括数据治理的战略目标、战略实施步骤、实现数据治理战略的时间和策略的制定，以及与之相关的法律政策的支撑与调控、数据治理理念的构建。在进行数据治理体系的战略规划时需要注意数据治理体系的四个维度：第一，基于数据开放共享的治理策略打通"数据孤岛"。第二，基于数据产权的治理策略进行权能分类，明确数据的所有权、使用权和收益。第三，基于数据泛滥和安全的治理策略对个人信息进行保护，国家层面加快法制建设，企业加强自律，个人加强维权意识和技能。第四，基于数据跨境流动的治理策略做到三不危害：不危害国家利益安全、不危害企业商业利益、不危害个人信息。

②数据治理体系价值构建。价值构建在数据治理体系结构性协同中处于基础地位，也是整个数据治理体系的核心内容。这个阶段的主要任务是数据价值的挖掘与数据价值变现，包括数据治理的生产层、应用层和管理层的构建，使用的主要是大数据工具，包括大数据处理分析工具、大数据云储存与云共享工具、大数据系统管理工具等。同时，在数据治理体系的框架中，国家、行业和组织三个层次之间应该相互关联。其中，国家通过建立相关的法律法规和指导性政策等方式向行业和组织提供指导和监督；行业则以行业协会、联盟等形式，一方面向国家反馈企业需求，支撑国家政策的落实；另一方面则向组织提供服务和监督；而组织则在国家和行业的指导、监督下，做好组织内部的大数据治理工作，并向行业和国家贡献成功的应用实践。

③数据治理体系结构性协同的泛化和应用场景。泛化阶段是数据治理体系结构性协同的第三个阶段，在数据治理体系中处于辅助地位，也是对第二阶段核心内容的应用。这一阶段的显著特点是数据治理体系的构建已经基本完成，其工作任务是通过不断拓展数据治理体系的适用范围，不断对数据治理体系进行假设检验和改进，不断提高数据治理体系的泛化能力。国家层面需要加强法制和管理制度的建设；在所有权上国家享有政府数据归属权；在数据的使用权上，国家需要做到公共服务提升与促进经济并重。行业层面上需要注意加强自律，做到不滥用数据信息；在所有权上，行业享有衍生数据所有权；在使用权上，行业需要注意用权和限权的结合。组织层面上需要培养公众的维权意识和技能；在所有权上，组织和个人享有原生数据所有权；在使用权上，组织和个人需要在个人数据使用上更侧重于数据人格的行使和保护。其中，在进行数据治理的诸多应用场景中，数据治理的管理制度建设和安全保障是数据治理体系

的核心和基础，数据治理体系的泛化需要在良好的管理制度下进行。

6.4.2 数据治理体系的程序性协同

多主体参与下的程序性协同主要包括"程序性安排"和"配套技术"。程序性安排包括常设性专门协调机构的运作管理程序和非常设性机构设立的门槛条件、启动程序、运作程序、终止程序等；配套技术包括数据信息共享平台、数据治理的程序规则、数据使用规则、协同激励和问责工具。通过数据治理体系中的程序性协同可以在多主体参与的情况下使治理流程和方式更加规范，提高数据治理的协作共治能力。

①数据治理体系中的程序性安排。目前，大部分数据治理办法包括数据归集、数据共享、数据应用和安全监管等方面。① 主要涉及数据生产应用部门、数据资源主管部门、技术服务部门、各政务部门以及其他社会组织等。数据治理程序性安排流程如图 6-2 所示。

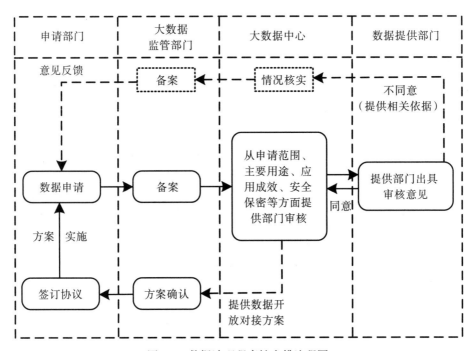

图 6-2　数据治理程序性安排流程图

---

① 叶战备. 政务数据治理的现实推进及其协同逻辑——以 N 市为例[J]. 中国行政管理，2021(6).

在数据归集环节，数据生产部门(一般也是数据应用部门)按照数据目录和相关标准规范归集本部门数据，并向大数据中心完整归集。数据主管部门牵头建立人口、法人、电子证件照、空间地理等基础数据资源库。在数据共享环节，数据生产部门梳理本部门可共享数据资源，在数据共享交换平台注册、发布和及时更新。数据应用部门根据履行职责需求申请数据共享，通过数据共享交换平台提出共享申请，数据生产部门对共享申请予以授权或拒绝。数据主管部门负责数据共享交换平台的相关建设。在数据应用环节，数据治理各部门开展数据智能化应用，鼓励公民、法人和其他组织在经济和社会活动领域中开发应用已开放的数据。在安全监管环节，数据主管部门和各部门保障数据资源安全，数据主管部门对数据治理各部门的工作进行评价。

②数据治理程序性协同中的配套技术。大数据技术强化了数据治理不同部门和不同领域之间的协作，丰富了社会治理主体的构成，孕育了新的协同治理模式。实行扁平化管理形成高效率的组织体系是数据治理程序性协同的根本保障。数据治理程序性协同的结构如图 6-3 所示。

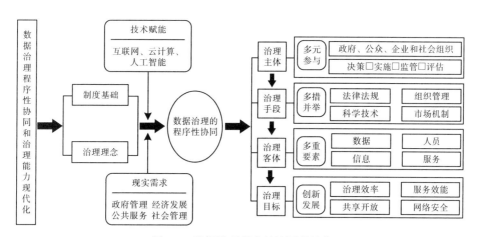

图 6-3　数据治理程序性协同的结构

遵循程序性协同这一逻辑，在治理结构方面，政府部门要加强与互联网公司、社会组织的合作，积极探索建立社会数据和政务数据的融合交换机制。在治理功能方面，由于数据存储格式的多样性、数据的实效性和完整性等多方面原因，给数据管理的数据规整、数据质量、脚本管理、数据建模和调度管理带来了很大难度。由此，数据治理的程序性协同目标应该是规范数据的生成以及使用，持续改进数据质量，最大化数据价值，落脚点在于一方面通过数据管理提升核心能力掌握，提升系统开发和维护的质量，减少系统建设、实施及运维等各方面成本；另一方面将数据中心中分散的信息按照主题类别进行整合，自定义配置模型规则，通过计算引擎生成新资源，进而丰富数据资源。

6.4.3 数据治理的目标性协同

协同治理是资源高度密集型的综合治理形式，各个主体间协调的目的是实现"共同的数据治理目标"或期望的结果，在多主体参与的情况下，政府在上级领导下，利用以权威为依托的等级制纵向协同模式，构建起数据治理体系统筹机制，使政府、企业、社会组织和个人在以政府为主导的数据治理生态中统一目标，实现数据治理体系的目标性协同。安全服务一体化战略下实现数据治理的目标性协同如图6-4所示。依据我国"数字政府、数字经济、数字社会"建设的总体战略目标①，可将国际标准中数据治理目标性协同归类为三个方面，

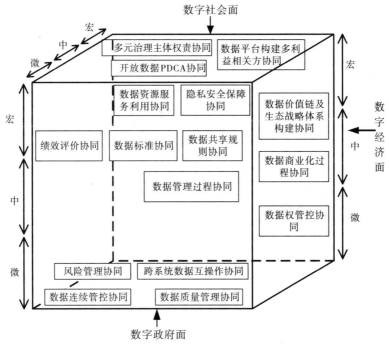

图 6-4 安全服务一体化战略下实现数据治理的目标性协同

---

① 安小米，许济沧，王丽丽，黄婕，胡菊芳. 国际标准中的数据治理：概念、视角及其标准化协同路径[J]. 中国图书馆学报，2021，47(5)：59-79.

每个方面根据宏观、中观和微观确定不同层面的数据治理目标性协同路径，由此梳理出安全服务一体化战略下针对数据政府、数字经济和数字社会应用场景的数据治理目标性协同的路径及其关系。

①数字政府角度下数据治理目标性协同。在数据政府方面，需要考虑数字政府服务的终端用户体验。在宏观层面构建数字政府的绩效评价体系，并保持绩效评价体系与当地法律法规的协同一致，与制定的战略规划协同一致。就具体评价内容而言，应从数字政府的一站式服务能力、在线服务一网通办能力、电子签名部署情况、市民服务请求办结率等角度开展绩效评价；还应构建互联互认的数据治理标准体系，邀请多利益相关方如政府部门、行业协会、开放数据组织等参与到数字政府数据治理相关标准的制定中；也应构建数据共享规则，在组织范围内或一定区域内保持规则的连续性、一致性，数据共享规则协同以数据字典、数据目录、数据谱系为主要协同抓手，需共建一套促进数据安全访问与控制的规则体系，从而对数据共享利用、再用形成有效管理。在中观层面，应协调多部门共同管理数字政府内部数据的生成、分类、传输、存储、处理、共享、利用、处置与长期保存等活动。对不同价值、不同风险的数据资产制定不同的管理流程要求。

在微观层面，要构建风险管理协同机制，积极应对系统脆弱性、数据篡改、数据泄露、业务中断等常见风险，开发处置或规避上述风险的工具；还要提升数字政府系统的互操作性，能够为其他系统提供服务，同时也能接受其他系统的服务；也要提升数字连续性管控的协同能力，确保在跨系统、跨部门、跨层级过程中数据质量不发生改变。

②数字经济角度下数据治理的目标性协同。在数字经济方面，宏观层需要数据价值链及生态战略体系构建协同，以数据作为一种生产要素，协同数据内容的所有者、消费者、咨询商、通信服务供应商、数据安全供应商、数据监管者、数据劳动力、数据标准化组织参与到数据的升值、保值、增值和数据赋能价值链中，构建数据市场生态体系。中观层面需要数据商业化目标协同，重点建立数据直接商业化模式、数据间接商业化模式（如数据咨询）、数据分析支撑的效能提升商业化模式，探索并得出数据资产化、数据升值、数据定价、数据授权、数据分配、数据市场化、数据销售的成套性解决方案。在微观层，应该提供数据权属的可追溯工具，对数据资产的转移、销售、代理、再利用提出具体要求，杜绝对知识产权的滥用，保护数据所有者权益。

③数字社会角度下数据治理的目标性协同。在数字社会方面，包括市民、企业、非政府组织在内的私营部门需要在宏观层建立与政府机构的协同合作关

系，构建多元主体协同共治的生态图景；通过数据责任图谱，明确数据活动各个阶段的主体责任，以角色分配的方式明确数据治理参与主体的权责利关系，阐明数据生成者、数据拥有者、数据客户、数据发布者、数据再发布者、数据使用者之间的关系，并以"平台即服务"的方式，在特定应用场景融合多利益相关方的优势，提供更加便捷高效的数据服务，如智慧城市大脑。在中观层建立开放数据 PDCA（计划-Plan、实施-Do、检查-Check、行动-Action）的过程管理机制，为开放数据治理和赋能设定目标，在识别、准备、发布和维护等环节做好开放数据的管理，按照质量管理过程要求监控与管理规则或法律制度相悖的开放数据活动，并定期发布报告，为进一步提升开放数据服务效能做出必要改进。在微观层建立数据资源服务利用通路，实现数据供应商、数据服务端和数据客户之间的目标性协同，打通数据交换壁垒，监管数据交换和融合过程中个人数据流动所产生的隐私泄露问题。

总而言之，多个主体在进行数据的协同共治中需要密切配合，应在集中各个主体力量的前提下，制定科学的协同治理方式，协调各主体实现数据信息的共享、开发、使用和监督，保障数据信息安全，从整体上提升我国数据治理体系水平。

6.4.4 基于协同治理体系的网络信息服务系统优化

数据在社会治理中发挥了重要价值，但由于大量数据中含有个人隐私及商业机密等敏感信息，一旦泄露将对个人或企业带来难以估量的伤害和损失，保护数据安全、降低数据风险也迫在眉睫。如何在两者之间找到平衡，构建合理、有效的数据治理生态是一个重要的问题。建立数据协同治理体系，最终的目标是构建优化的数据生态环境。

（1）数据治理生态系统的特征

数据治理生态具有多物种、多角色、流动性三大特征，多物种指参与者众多，既有企业、个人、政府等主体，也包含行业协会、产业联盟、消费者保护协会、媒体、智库、国际组织等机构在内的众多利益相关体。多角色是指参与体可能同时担任着不同的角色，既是数据的生产者也是数据的使用者，各司其职的同时又相互关联和支撑。流动性是由数据的虚拟性和流动性等特点决定的。

从创新生态系统的数据生产和应用来看，创新生态系统数据治理的目标就是要建立良好的协同机制，使得数据在各成员之间能够通过网络进行有效的生产、流动、共享与应用，最大程度发挥数据要素的内在价值，实现协同创新。

而事实上，创新生态系统成员在数据资源共享过程中不仅会表现出个体的有限理性，即追求自身利益的最大化；同时也面临信息不对称、收益不确定、外部环境复杂等诸多不确定性，由此带来数据共享的"囚徒困境"。① 不完全合约理论认为，在个体有限理性、环境复杂性和动态不确定等外界因素前提下，合约双方不可能详尽准确地将与之交易有关的所有未来可能发生的情况及相应情况下的职责和权利写进合约。由此可见，基于协同治理体系的网络信息服务生态系统不仅要明晰和界定数据的所有权，形成创新生态系统成员数据生产的"参与相容"机制；还必须构建良好的"激励相容"机制，促进数据资源在网络服务生态系统内部有效的生产、共享与应用，最大程度发挥数据作为生产要素的内在价值。

（2）数据治理生态系统的构成

根据信息生态系统理论，将参与大数据治理的信息、信息人和社会环境看作一个相互关联的有机整体，构成公众信息生态系统。该系统以公众为核心，以公众数据信息需求为驱动；以满足公众数据信息需求为最终目标；将国家政治经济大环境、信息相关政策及法律法规、信息技术、以公众隐私泄露为代表的紧急事件等纳入信息环境范围，采用系统动力学、模拟等方法确定各主体之间的协同作用机制，模拟各环境变化下生态系统的自我调节能力。

协同治理体系下数据治理生态的目标就是要促进数据资源在生态系统内部合法交易，实现数据要素价值的最大化。具体来说：首先，确保数据采集合法合规，包括数据来源合规、权属清晰、采集手段合法、采集流程透明。保障数据存储安全，根据创新生态系统中不同类型数据的安全要求，建立数据资产保护清单，对敏感数据采取不同的技术手段和预警级别，提升数据存储的安全性。其次，实现数据交易的透明和可追溯，确保数据授权真实合法、交易过程合规和信用真实可靠。为此，需要从数据产权确定、数据收集、数据交易和数据存储共享等业务流程出发，促进数据开放、共享、应用和保护，形成创新生态系统规范化的数据治理格局。

（3）数据治理生态系统的优化

立足于大数据环境，基于协同治理体系的网络信息服务生态可以从数据治理策略方面进行优化。第一，完善生态系统中政府的数据权益管理，从源头上保障数据所有者资产收益。数据权益管理是指对创新生态系统相关数据的权利

---

① 资武成. 创新生态系统的数据治理范式：基于区块链的治理研究[J]. 社会科学，2021(6)：80-87.

和角色进行明确，确保创新生态系统中的数据所有者、使用者和收益产权明确、角色清晰、责任规范，这也是数据治理生态系统中对数据进行产权保护的前提和基础。第二，行业层面开发适合不同应用场景的功能区块，确保数据运营可靠。网络信息服务生态系统能够将所有节点企业区块组成一个联盟链，不同节点企业由于其应用场景不同，对数据治理的目标和安全运营诉求不同。因此，需要基于不同的应用需求开发相应的功能区块，满足网络信息服务生态系统中的数据需求。根据应用类型，需要开发数据确权、生产、交易、共享、信用、安全等功能区块，对生态系统中的研发设计数据、生产数据、市场数据、交易数据、金融信用数据等运营数据进行管理，构建基于数据共享的生态系统高效运营模式。第三，坚持数据安全保护和商业应用相结合，创新数据资源应用商业模式。要提升数据资源的价值，就必须坚持创新生态系统的数据安全保护和数据应用相结合，在保护原始数据产权的基础上，利用各种智能技术对收集的原始数据进行挖掘分析，不断创新数据资源应用的商业模式，实现数据资产产权保护和商业应用的生态平衡。第四，构筑先进的网络信息服务联盟系统平台，为协同治理生态系统的数据应用提供技术支撑。创新生态系统的数据呈现出碎片化、多样化特征，随着研发数据、生成数据、市场数据及客户数据等数据类型的不断丰富，文件、语音、视频等非结构化数据处理更为复杂。要挖掘数据资产的潜在价值，必须构筑先进的网络信息服务联盟系统数据管理平台，为协同治理生态系统的数据应用提供技术支撑。

基于协同治理体系的网络信息服务生态系统如图 6-5 所示。根据 PDCA 循环管理理论，通过层次分析法等方法，充分掌握数据治理生态系统发展态势，识别生态系统发展中存在的问题，通过健全的反馈机制，及时反馈各个机构使用公众数据信息时存在的缺陷，制定最优的解决措施，使大数据治理生态系统在稳定运行的同时增强抵御风险的能力，最终形成良性数据治理生态闭环。

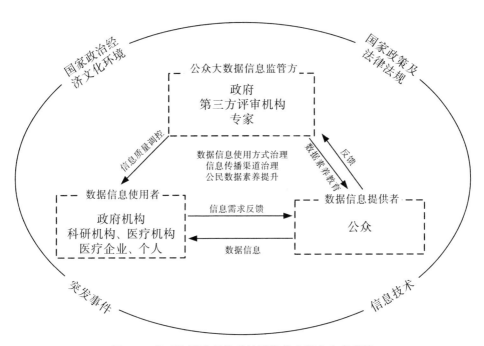

图 6-5 基于协同治理体系的网络信息服务生态系统

7　网络治理中的信息服务质量保障

网络信息服务监管的核心是保证为用户提供高质量的服务，从而更好地满足用户在移动网络环境下的信息需求。在网络信息服务体系运作过程中，服务质量的变化受到多方面因素的影响，需要从服务质量的评价标准与控制方法出发，根据各因素的作用机制探寻服务质量变化规律，从而进行科学的服务质量监督控制与处理。

7.1　网络信息服务质量管理

服务质量是服务能力、服务过程和服务结果的综合体现，决定着用户对服务的满意程度。在移动网络环境下，网络信息服务功能不断丰富，服务链条不断延展，使其服务质量也呈现出复杂的属性和维度。

7.1.1　网络信息服务质量的内涵与属性

服务质量作为一项复杂的结构变量，在服务科学领域已得到广泛研究。芬兰学者 Grönroos(1984)首次提出感知服务质量的概念，并将其界定为用户对服务期望与实际感受到的服务情况相比较的结果。[①] 随后，美国学者 Parasuraman，Zeithaml 和 Berry(1985)又提出了服务质量差距模型，发展和完善了 Grönroos 的用户感知服务质量理论，并开发了测量差距模型的 SERVPERF 量表。[②] 除了从质量差距的角度对服务质量进行界定外，一些学者还从整体感

---

① GRÖNROOS C. A Service Quality Model and Its Marketing Implications[J]. European Journal of Marketing, 1984, 18(4): 36-44.

② PARASURAMAN A, ZEITHAML V A, BERRY L L. A Conceptual Model of Service Quality and Its Implications for Future Research[J]. Journal of Marketing, 1985, 49(4): 41-50.

知绩效水平出发进行了界定，如 Bitner 和 Hubbert（1994）认为"服务质量是消费者对组织及其服务优势与劣势的总体印象"①。A. Parasuraman、V. Zeithaml、Malhotra 在 2002 年开发出适合衡量网络服务质量的量表——e-SERVQUAL，确认了初期七个会影响网络服务质量的指标——效率（Efficiency）、可靠性（Reliability）、完成性（Fulfillment）、隐私性（Privacy）、回应性（Responsiveness）、补偿性（Compensation）以及接触性（Contact）。前四个指标形成了 e-SERVQUAL 的核心量表，用来衡量顾客对于网络服务质量的感知，后面三个则是当顾客有疑问或是遇到麻烦时特别关心的部分，是属于 recovery e-SERVQUAL 的核心量表。② 接着，Yang 和 Jun 从消费者角度出发提出他们认为值得关注的六个指标：可靠性（Reliability）、存取性（Access）、易用性（Easy Use）、个人化（Personalization）、可信性（Credibility）和安全性（Security）。③ 此外，Loiacono 经过完整的资料分析后，也提出一个衡量标准——Web Qual，它通过十二个方面来对网络服务加以评分；Santos 也从潜在层次和主动层次提出了网络服务质量模式。④

网络信息服务作为泛在知识及互联网高速发展环境下产生的一项服务，其质量研究处于较快的阶段。但从本质上而言，服务质量作为一个主观范畴，其核心目标是满足用户的服务需求与期望。目前普遍认同的观点是，网络信息服务质量是指信息服务能够满足信息用户明确和隐含需求的能力的特性之总和。

从服务质量属性来看，网络信息服务具有以下特性：

① 多维性。网络信息服务链条不断延伸，拓展了服务时间与空间范畴，使服务体系的组成要素与基本结构变得更加复杂，也使网络信息的服务质量受到来自更多层面的综合影响，因此需要从多个维度进行综合度量。由此形成了网络信息服务质量的多维结构。

---

① 　BITNER M J, HUBBERT A R. Encounter Satisfaction Versus Overall Satisfaction Versus Quality［M］. Service Quality：New Directions in Theory and Practice［M］. CA：Sage Publications，1994：72-94.

② 　PARASURAMAN A, ZEITHAML V, MALHOTRA. Service Quality Delivery Through Web Sites：A Critical Review of Extant Knowledge［J］. Journal of the Academy of Marketing Science，2002（4）.

③ 　YANG Z, JUN M. Consumer Perception of E2Service Quality：From Internet Purchaser and Non2Purchaser Perspectives［J］. Journal of Business Strategies，2002（19）.

④ 　SANTOS J. E2Service Quality：A Model of Virtual Service Quality Dimensions［J］. Managing Service Quality，2003（9）.

② 易感知性。移动终端的便捷性使用户享受网络服务更加频繁、深入，用户能随时随地通过手机、平板电脑等移动终端设备在交互过程中感知每项服务环节的运作水平，由此对网络信息服务质量做出直观判断。

③ 自适应性。移动网络环境具备情境感知的特性，移动终端设备能够自动采集用户的情境信息进而对服务内容和服务功能作出动态调整，使服务质量尽可能达到用户要求，实现自适应匹配。

④ 不稳定性。移动网络环境的异构性和复杂性也给网络信息服务带来了诸多不确定因素。由于在服务运作中需要实现移动服务平台与已有服务平台的无缝对接，往往需要在不同网络环境下进行反复切换，从而对服务的连贯性造成一定影响，使服务质量表现出更多不稳定性。

⑤可信性。其实就是服务的安全性与隐私性的整合。从某个角度来看，安全性是指保护使用者免于被欺诈的风险，如信用卡或其他财务信息使用上的财务损失，而隐私性是指对顾客个人信息的保护，不能和其他网站或统计机构分享顾客相关的个人信息，确保匿名性，并且提供告知的责任，这两者都是保护顾客的合法权益不受损害。这样，可以将可信性定义为：网络信息系统能够确保顾客不会遭到任何财产或是个人信息的损失与侵害，能够放心消费服务的程度。

⑥回应性。回应性是对于顾客遇到问题时进行的回应。我们对于顾客获取信息后的服务质量也应该加以重视，基于这个理由，可引入回应性，衡量当顾客在获得所需信息后发现存在问题时，信息服务提供商(ISP)所能提供适当的信息以帮助顾客解决问题、提供适当且多重的联络通道，以及解决顾客由于问题所产生的损失的能力。

7.1.2 网络信息服务质量指标

国际标准化组织(ISO)对质量的定义为："产品、体系或过程的一组固有特性满足顾客和其他相关方要求的能力。"美国著名质量管理学家朱兰认为，质量是由两项因素综合而成的：第一项因素是吸引顾客并满足其需要的特征；第二项因素是免于不良，从而避免顾客的不满。服务质量是指服务特性的集中效果，它决定于被服务用户的满意程度。

具体来说，一项优质服务的质量主要由以下六个因素决定，即可感知性、可靠性、响应性、保证性、安全性和移情性，从而形成了优质服务的质量指标。信息服务作为一种特殊的服务，这六项质量指标也是同样适用的，主要包括：

①可感知性(Tangibles)。可感知性是指网络信息服务的"有形部分",如各种信息服务设施与设备、各种载体的信息资源以及信息服务人员的外表等,借此可以有形地体现出该信息服务机构有别于其他信息服务机构的竞争能力。服务的可感知性从两个方面影响用户对服务质量的认识,一方面,它提供了有关服务质量本身的有形线索;另一方面,它又直接影响到用户对服务质量的感受。

②可靠性(Reliability)。可靠性是指工作人员可靠准确地履行信息服务承诺的能力。许多以优质服务著称的服务机构都是通过可靠的服务来建立自己的声誉的。可靠性实际上是要求服务机构避免在服务过程中出现差错,因为服务差错不仅会造成直接的经济损失,而且可能意味着失去很多潜在的用户。

③响应性(Responsiveness)。这是指工作人员随时准备迅速准确地为用户提供个性化网络信息服务的意识。对于用户的各种需求,信息服务机构能否予以及时的满足和回应将表明该机构的服务导向,即是否把用户放在第一位。同时,服务效率则从一个侧面反映了该机构的服务质量。

④保证性(Assurance)。这指工作人员具有网络信息服务的知识和技能、服务伦理以及表达出完成服务任务的自信与可信的能力。它能增强用户对网络信息服务质量的信心和利用信息机构的热情,增强用户对信息服务机构的服务质量的信心和安全感、友好态度和胜任能力,二者都是不可或缺的。服务人员缺乏友善的态度自然会让用户感到不快,而如果他们对专业知识懂得太少也会令用户失望,因此服务人员更应该具有较高的胜任服务的知识水平。

⑤安全性(Safety)。这指用户在接受服务的过程中能够保证其人身和财产的安全。特别是在网络环境中,当用户在接受某项服务时,需要将自己的个人重要信息或私人隐私提供给服务机构,用户总希望这些隐私信息不会被服务机构或其他人非法利用。

⑥移情性(Empathy)。这指服务人员应设身处地地为用户着想,给予用户热情的关注和帮助。移情性不仅仅是服务人员的友好态度问题,更是指信息服务机构要真诚地关心用户,了解他们的实际需求并予以满足,使整个服务过程富有"人情味"。

总之,提供优质的信息服务是信息机构生存和发展的基础,也是开展质量管理活动的目的和工作核心。而事实上,一个产品或服务的质量只有在使用过程中才能体现出来,故对质量唯一有发言权的是用户,以上优质服务的质量指标从用户的角度去衡量的话,最终还是表现为用户对信息服务机构所提供的信息产品和服务的满意度。

7.1.3　网络信息服务质量控制方法

姜永常与陶颖曾从知识服务资源角度、服务内容角度、服务方式角度、服务手段角度、服务对象角度、服务人员角度、服务经营角度、服务过程角度八个方面分析了如何进行知识服务质量的全面控制问题。① 这对于网络信息服务是同样适用的，因为知识服务是网络信息服务的一种形式，都是为了向用户提供各种信息甚至是能够直接解决问题的答案或知识，更好地满足用户需求。控制信息服务质量的常用方法主要有质量差距分析方法和服务过程控制方法。

(1)基于差距分析的服务质量控制

服务质量差距分析内容主要包括：通过与用户期望的服务质量比较分析找出差距；通过与管理者制定的服务质量标准比较分析找出差距；通过与其他服务机构相同或相似的服务项目对照分析找出差距；通过用户感受到的服务质量与信息服务机构承诺的服务质量比较分析找出差距。其中基于用户期望的质量与实际提供的信息服务质量之间的差距分析是最主要的服务质量差距分析法。

通常用户对服务质量所作的评价不仅与其经历的实际服务质量有关，而且与其对服务质量的期望有关，用户对服务质量的评价是其期望质量与实际经历的服务质量之间比较的结果。不同知识背景的用户对服务具有不同的期望。因此，管理人员应该深入了解用户期望，进而制定出服务质量标准。同时应该为用户提供真实的服务信息及能够实现的合理承诺；因为过低的服务承诺不足以吸引用户，而过高的承诺则会令服务者无法履行诺言。

目前 LibQUAL +TM 是最有影响的基于用户期望的服务质量差距分析与控制法。LibQUAL +TM 来源于 SERVQUAL。SERVQUAL 是 20 世纪 80 年代末在服务行业兴起的一种新的服务质量评价方法。美国学者 L. L. Berry、A. Parasuraman 和 V. Zeithaml 依据"全面质量管理"(TQM)理论提出了这种服务质量评价方法，其理论基础是"服务质量差距理论"。按这一理论，最终的服务质量取决于用户感受到的服务水平与用户所期望的服务水平之间的差值。即：服务质量=用户感受到的服务水平−用户所期望的服务水平。

美国学者 Zeithaml、Berry 和 Parasuraman 等人将顾客期望分为理想服务(Ideal Service)、期望服务(Desired Service)和一般服务(Adequate Service)。将其应用到信息服务的期望分析，可以这样解释：Ideal 有"称心如意的"意思，

---

① 姜永常，陶颖. 论知识服务质量的全面控制[J]. 中国图书馆学报，2005(1)：65-70.

也就是期望获得最满意而期望值高的信息服务。Desire 的"愿望、希望"之意即期望能获得事先认为能得到的服务。Adequate 有"适当的"意思，也就是期望获得符合自身信息需求的服务。理想服务为非常满意，可归为潜在期望；期望服务和一般服务为用户可以接受的服务，可归为基本期望。

SERVQUAL 则采用问卷调查的方式调查用户的主观感受（知觉）。在可接受的最低服务水平和理想的服务水平之间存在一定的差距，这个差距称为"容忍区"。如果用户实际感受到的服务水平落在容忍区之内，则表明用户认为这种服务的质量是可接受的、可容忍的；如果用户实际感受到的服务水平落在容忍区之外，若低于可接受的最低服务水平，则表明用户认为其服务质量不可容忍，若高于理想的服务水平，则表明其所提供的服务质量高于用户的期望。

ARL（美国研究图书馆协会）和 Texas A&M 大学合作，以 SERVQUAL 为基础，继承了 SERYQUAL 的评价方法和工作机理，通过反复进行读者调查来对 SERVQUAL 进行不断的修订，2000 年美国教育部高等教育改善基金向 ARL 提供"研究型大学图书馆服务效果评价"项目资助，并定名为 LibQUAL+TM。该项目以 SERVQUAL 为基础，重新定义调查问题、层面以及数据收集过程，旨在研究一种新的用于衡量信息服务质量的方法。LibQUAL+TM 项目的目标是研制适于图书馆的服务质量评价方法和系统，主要包括四个方面的内容：制定基于 Web 界面的图书馆质量评价方法；制定评价图书馆的机制和协议；确定图书馆提供服务的最佳方法；建立 ARL 的图书馆服务质量评价程序。

基于用户期望的服务质量差距分析是有效控制信息服务质量的方法，它有助于信息服务机构发现服务供需双方对服务理解的差异，找出引发差距的根源和改进服务策略，以便保证用户期望的质量与实际提供的信息服务质量相一致。差距分析要做好下列几项工作：①与用户建立伙伴关系。②建立用户沟通渠道。③影响用户期望，按意识到的用户期望变化调整适应于用户需求的模式。④信息服务质量概念是动态的，应及时改进服务手段和方式。⑤改善管理，提高服务中的用户满意度。

（2）基于服务过程的服务质量控制

过程控制法是服务质量管理的一种主要方法和原则。"1509001：2000"质量管理体系标准列出了质量管理的八项原则，其中就包括过程方法，其他依次为以顾客为关注焦点、领导作用、全员参与、管理系统方法、持续改进、基于事实的决策方法和与供方互利的关系，以这八项原则和方法为基础，从而使组织理解质量管理和应用，真正改善组织绩效。

以创新主体信息需求为导向的集成服务强调与用户的高度交互性，使得过程质量控制成为一个需要重视的环节，而且也是保证最终服务产品质量的前提。不仅服务过程贯穿于用户解决问题的全部过程，而且服务人员还要融入用户及其决策过程之中，与用户形成非常明确和紧密的双向沟通关系。这就决定了服务质量应由服务产品质量和服务过程质量两方面组成。以往，信息服务更多地强调服务产品质量，过程质量往往存在指标上的不足，控制的方法也多停留于服务态度等方面。

对网络信息服务过程进行质量控制是用户服务过程的重要组成部分，它依赖服务工作规范、程序和标准来评价和控制整个用户服务的过程。对信息保障平台提供服务过程实现质量控制要做好下列几项工作：

①确定信息集成服务的内容范围和质量标准。根据用户需求从自身拥有的信息服务能力出发，策划和确定提供信息集成服务的内容和类型，制定出既与用户期望相吻合，又能同国际接轨的，切合实际，通过努力能够达到的集成服务质量标准。

②制定质量标准时要合理地权衡服务质量和成本，还要通过对主要信息产品和服务的评估找出存在的质量问题和制约因素。制订质量体系文件，通常质量文件由质量计划、质量测量、质量记录和质量手册四部分组成。

③全面分析各环节的质量职能，确定负责各级质量管理和控制的权限及职责，以便及时消除或者减少由于不合理程序的复杂操作和不适当的训练造成的各种不良因素。

④充分利用质量管理工具、绩效测定工具和统计工具，对信息提供及时、准确、新颖、可靠与否以及价格可承受性等方面进行测定。

⑤记录信息服务的过程和结果，建立信息服务档案。这是改进质量的依据。通过对记录内容的模拟和分析可以发现服务过程中不合理的程序，找出对用户要求理解和认识方面的差距，进而通过构建服务补救系统实施补救。

⑥收集信息用户对服务质量的评价也是服务质量控制中的重要环节，在此基础上提供服务质量承诺，服务承诺必须与能够提供的服务能力相一致，对内要能够取得管理者的认同，对外要符合用户特定的质量要求。

⑦与用户建立稳定的服务信息反馈联系。用户对信息服务的反馈信息，既是改进服务质量的重要依据，也是挖掘潜在服务内容的重要依据。

⑧规划分析服务流程。通过分解服务步骤画出服务流程图，以便信息供需双方在服务过程的接触瞬间改进服务的质量。

在整个过程中，可通过图表的形式把服务的过程和每一步的内容展示出来，直观清晰地展现信息服务的全过程，然后整合和分析服务失败信息，找出提供劣质服务或者服务失败的原因。

7.2　网络信息服务质量管控的维度

网络信息服务质量评价为服务的完善和发展指明了方向，立足于自身现状和未来发展推进服务变革与质量优化。针对服务质量评价体系中的主要维度，按照服务质量控制目标，可分别从服务环境质量、服务交互质量、信息资源质量管理三个方面提出具体优化对策管控，为网络信息服务管控体系建设与发展提供有益参考。

7.2.1　网络信息服务环境质量管控

网络的泛在性和智能性使网络信息服务具备更强的环境感知能力，也使服务质量受环境的影响更加明显。服务环境作为支撑网络信息服务体系稳定运作的基础条件，不仅受整个社会技术水平与宏观政策的影响，还与基础设施建设、服务体系设计、组织结构调整息息相关。需要立足于内外部环境变化进行综合管理与优化。

（1）形成良好的技术支撑条件

信息技术是网络信息服务创新发展的主要驱动力，为服务质量控制与优化提供基础保障。面对信息技术革新带来的机遇和挑战，应加强新兴技术在服务中的应用，实现服务功能拓展，并以此为依托推进移动网络的优化部署，为用户使用网络信息服务提供良好、便利的技术条件。

① 加快新技术的应用。信息技术的飞速发展在改变传统网络信息服务理念的同时，也给服务模式创新带来了新的契机。目前，以二维码/条形码扫描、LBS、情境感知等为代表的信息技术已广泛应用于网络信息服务中，给用户带来了良好的服务体验。但随着移动网络不断演进，5G、NFC 近场技术、可穿戴设备技术、增强现实技术等各类新兴技术层出不穷，迫切需要网络信息服务紧跟时代步伐，及时吸收技术创新成果，实现服务升级和质量优化。譬如，创建集 Wi-Fi、增强现实和高精度室内定位技术于一体的数字导览服务；应用情境感知技术实现服务质量的自适应调整等，为用户营造更加智能的学习、交流和互动环境。

② 实现移动网络优化。面对移动互联网业务的快速增长，世界发达国家都将移动网络基础设施建设纳入国家宏观战略体系，致力于泛在智能环境构

建。我国也在《通信业"十二五"发展规划》和"互联网+"战略中提出要大力发展移动互联网，构建高速网络、业务平台、智能终端有机结合的业务创新体系。① 对于网络信息服务而言，移动网络环境配置与优化是保障移动服务顺利开展的重要前提，应纳入其总体发展规划，积极与移动网络运营商和服务提供商展开深度合作，应用信令跟踪分析法、话务统计分析法、路测分析法等实现网络参数优化、频率优化、容量优化和配置优化，保证移动网络覆盖效果，提高网络资源利用效率。

③ 提供智能终端支持。目前，智能化移动终端设备正日益普及，各类开发商利用云计算、智能传感、微电子等技术不断提高移动设备的信息处理能力、数据存储能力和应用融合能力，使其更好地适应 4G/5G 高速移动互联网条件下的信息交互和多任务操作需求。② 对于使用移动智能终端设备访问信息资源的用户，信息资源平台应提供与之适配的 WAP 站点和 App 应用，顺利实现从传统服务平台到移动服务平台的过渡；对于因为缺乏设备条件而没有使用信息资源服务的用户，信息服务平台应当主动提供电子阅读器外借服务，培养用户的使用习惯。如当前国家图书馆、北京大学图书馆、清华大学图书馆、暨南大学图书馆等都已开展移动阅读器外借服务，上面装载了丰富的电子书籍，不仅为读者提供了很多便捷，也扩展了图书馆的阅读空间，带给用户更丰富的阅读体验。

（2）建立功能完善的服务体系

服务体系规范着各服务主体的运作行为和作用关系，是由服务要素、服务性能、服务模式、服务内容、服务流程构成的整体框架，对服务环境建设起着至关重要的作用。欧美国家的网络信息服务开展较早，普及程度较高，具有服务功能全面、服务形式新颖的特点。相比之下，我国的网络信息服务功能则较为单一，相似程度很高，无法给用户带来超出期望值的感知体验，在很大程度上阻碍了网络信息服务的进一步普及推广。

网络信息服务体系结构的功能层包括延伸型服务、创新型服务、集成型服务和特色化服务。其中，延伸型服务是在移动网络平台上对传统信息服务功能

---

① 工业和信息化部. 通信业"十二五"发展规划［Z/OL］. http://www.miit.gov.cn/n11293472/n11293832/n11293907/n11368223/14578927.html，2016-05-02.

② Bejing Gao Hua Securities Company Limited. Analyzing China's Smartphone Market：Six Main Forces at Work［R/OL］.［2016-05-02］. http：//tech. sina. cn/t/2011-02-09/17185161609.shtml.

的拓展；创新型服务是促进网络信息服务转型升级的核心内容；集成型服务和特色化服务则是对移动服务资源的增值利用。显然，完善基础功能，开发创新应用，强化特色服务，促进跨系统的服务集成，是提升网络信息整体服务能力、优化服务环境的重要途径。具体而言，按照移动网络环境下的用户需求演变，在移动服务体系基础功能建设中，信息服务应兼容各类移动终端设备，突破数据格式限制，实现用户随时随地的信息获取和移动阅读。通过统一检索平台提供数字资源的一站式移动检索服务。通过 WAP、App 等移动平台发布相关信息，同时建立用户个人管理板块，方便用户查询自己的历史信息。在创新功能建设中，依托移动网络的定位性和可感知性，针对用户即时需求提供个性化信息服务，并充分利用各类移动信息技术实现线上线下的互动发展。在集成功能建设中，充分发挥移动网络泛在互联的优势，广泛整合优质网络资源和相关服务应用，积极开展移动协同服务，突破自身的功能局限，使移动互联网成为信息资源体系与功能架构的重要支撑。在特色功能建设中，突出我国的资源优势，基于移动服务平台整合特有资源，推出特色化服务，树立品牌优势。通过不断完善移动服务功能，为用户营造集知识性、专属性、智能性、特色性于一体的服务环境。

（3）推动面向移动服务的组织结构调整

组织结构是组织内各组成单元之间相互联系和分工协作的框架模式。网络信息服务的组织结构决定了其内部管理机制和服务运作机制，是服务环境的重要组成部分，直接影响着服务绩效。当前，我国信息服务机构普遍采用的是职能型组织结构，即按流通、咨询、资源建设、技术服务等职能划分的架构体系，其优点在于发挥了职能部门的专业管理作用，促进了信息人才的专业化发展。[①] 但是在网络环境不断演化、移动技术飞速发展以及服务环节日益复杂的大背景下，我国信息服务机构的组织结构也面临变革与调整。与传统服务模式相比，信息服务不仅要求极大地调动工作人员的主观能动性，还要改变传统的业务流程，需要对组织结构进行相应调整。

目前，我国许多网络信息服务中基本都没有设立专门的移动服务部门，与移动服务相关的工作分散于不同业务部门中。随着移动服务范围不断拓展、业务需求不断增加，各部门的工作难度随之加大，部门之间的协调和分工也变得更加困难。鉴于此，网络信息服务应在管理层安排专门人员负责移动服务工作的部署与协调，在其组织下成立跨部门或跨职能的工作小组，形成矩阵式组织结构。工作小组由具有移动服务方面专长的人员组成，专注于移动服务体系建

---

① 王颛. 图书馆组织结构分析与再造[J]. 图书情报工作, 2011(21): 98-102.

设与规划，通过有效调用不同部门的资源，促进分工协作和部门联动，紧密围绕用户需求和移动服务发展战略进行业务布局与流程设计，建立起与网络环境相适应的组织管理机制和业务运作模式。优化网络信息服务组织结构，是实现可持续发展的必然选择。围绕网络信息服务运作机制进行的组织结构调整，本身就是一个创新的过程，不仅可以实现组织功能创新，还会在更大范围内带动技术创新、管理创新、制度创新、环境创新，使网络信息服务产生源源不断的创新动力。①

7.2.2　网络信息服务交互质量管控

网络为用户与信息之间的即时交互建立了有效途径，使交互质量成为衡量网络信息服务绩效的重要指标。交互质量体现了用户在接受网络服务过程中对交互渠道和专业化程度等方面的总体感知，是用户与信息多维互动结果的直接反映。总体而言，交互质量受到交互载体、交互渠道、交互双方的共同影响，需要从一体化服务平台开发、交互渠道建设和服务人员能力培养三个层面进行整体优化。

（1）开发一体化的服务平台

服务平台是用户与信息直接交互的媒介，平台上的操作界面、内容展示、应用功能等都会影响用户对网络信息服务的感知体验。良好的交互过程需要服务平台准确获取用户的实际需求，进而通过友好的操作界面为用户提供所需的信息内容和服务，同时通过后台管理对平台功能、资源存储、用户关系进行有效维护，确保用户在交互过程中获得良好的感知体验。

① 准确定位用户需求。移动网络环境下，用户需求具有明显的碎片化、即时性、个性化和情境性特征，由此对网络信息服务的交互性提出了更高要求。准确定位用户需求是实现有效交互的必要前提，不仅需要用户充分、正确地表达自己的想法，还需要服务平台能合理引导用户进行需求表达，并通过情境关联预测用户潜在需求，提前做好服务准备。对此，可以通过用户需求调研获取用户对移动服务功能、信息内容的期望，同时通过情境感知、历史数据挖掘、偏好分析等方法预测用户对服务的潜在需求，并积极鼓励用户参与平台建设和内容贡献，通过观察用户行为提炼相关需求，以此为基础建立用户需求档

---

① 孙晓明，张爱臣. 知识服务与图书馆组织结构变革［J］. 图书馆工作与研究，2010（11）：45-48.

案，为交互活动的开展提供依据。①

② 合理设计信息架构。信息架构是产品或服务所呈现的信息层次，体现了产品或服务的组成结构以及各结构功能之间的逻辑关系。② 按照信息架构的设计思路，可以从组织系统、标引系统、导航系统、检索系统对服务平台进行规划布局，为服务交互提供有效渠道。其中，组织系统设计要采用明确的组织策略对服务功能、服务流程、服务模式进行优化设计，并根据服务项目和用户类型进行内容分类；标引系统设计要对用户经常点击的标签(如资源更新标签、重要通知标签等)进行重点标注，并对标签进行详细解释或辅以图片加深用户对标签含义的理解；导航系统设计要对平台的功能模块进行合理布局，方便用户通过移动终端快速访问，而且要结合网络特性提供情境式导航，方便用户对深层次页面的访问；检索系统设计需要运用数据库技术实现对各类资源的系统化、规范化管理，通过移动 OPAC 实现一站式检索，并合理融入 QR 检索、语音检索、拍照检索等功能，使用户可以方便、快捷、准确地查询到所需的信息资源。

③ 强化后台控制与管理。服务平台不仅需要进行交互界面的信息架构设计，还要制定后台的管理规则与约束。一是将信息资源按照一定的规则进行集中控制和管理并即时发布；二是对平台中的软硬件、基础设施、数据等进行保护，保证服务平台的稳定运行，实现业务的连续性；三是对终端设备进行有效管理，通过跟踪和监控移动终端上的应用软件使用情况，及时响应用户需求，实现终端设备与移动网络接口的相互适配，进行多元化部署与管理；四是对服务平台进行权限设置，允许注册并通过认证的用户访问指定资源，确保资源的安全性与可用性。③ 在此基础上，为服务平台的有效运行提供基础保障，促进用户与移动图书馆间的交流互动。

(2)建立多元化的服务交互渠道

在当前的网络信息服务中，用户可以随时随地通过语音、短信息、WAP站点、App 应用等渠道进行信息服务交互。这些渠道为用户的需求表达、资源

---

① SYMA C, PASCHEL A, CALLENDER D. Smart Library: Innovations, Mobility and Personalized Services [R/OL]. [2016-05-03]. http://library connect. elsevier. com/ articles/ marketing-advocacy-roi/ 2011-06/Smart library innovations-mobility- and- personalized- services.

② 张新民，胡红亮，王艳. 网站信息架构的评估[J]. 现代图书情报技术，2004(3)：51-55.

③ 任军虎，赵捧未，秦春秀. 移动图书馆服务交互模型构建[J]. 图书情报工作，2014(20)：23-27.

获取和服务应用提供了有效途径，便于在互动过程中更好地理解用户需求，发现用户期望与实际感知之间的具体差距，从而更好地从用户角度进行服务组织，及时响应用户需求。具体而言，网络信息服务可以从基础渠道建设、社会化网络渠道拓展和多元渠道协同几个层面进行交互渠道管理和优化。

①加强基础交互渠道的功能建设。网络信息服务交互渠道的作用在于实现用户与终端设备以及用户与用户之间的信息沟通、知识共享和资源传递。因此，交互渠道应具备基本的语音通话、信息收发、即时会话、数据传输等功能，这些依托移动网络运营商的基础平台即可实现。随着用户需求的不断提高，人们希望可以更智能地与自己进行信息沟通和服务传递，譬如通过识别用户的肢体语言、面部表情等获取相关信息，这就需要终端设备生产商和软件开发商在软硬件设施上提供相应的配套功能，提升服务交互的智能化程度。与此同时，随着信息资源数量和类型的不断丰富，交互渠道不仅需要具备文本传输功能，还要具备实时传递音视频等大型文件的功能，这就需要对移动网络带宽、网络负荷量、数据传输速率等进行优化和升级，确保资源的有效获取。

②推进基于社会化网络平台的服务交互。微博、微信等社会化网络平台作为基于用户关系实现信息实时分享与传播的有效工具，具有信息传播速度快、展现形式丰富、交互性强等特点，使用户能及时获取最新资讯和个性化服务，充分发挥网络信息服务的社会服务价值。① 近年来，已有越来越多的高校利用微博和微信搭建起服务交互平台，拓展了移动服务的交互渠道。而用户之间也能通过这些社会化媒体进行交流互动，增进彼此间的知识共享与学科交流，形成固定的学习小组和领域研究群体。针对基于社会化网络平台的交互渠道建设，网络信息服务应安排专门人员负责这类平台的运营和维护，定期进行内容发布和更新，保持平台应用热度。在发布内容时，应结合用户的实际需求与关注焦点，发布有特色的热门话题，吸引用户参与讨论；同时，尽量做到权威信息原创发布、大众话题转发评论，形成自己独特的运营风格，提高微博、微信的公信力与影响力，使用户更乐于通过这一渠道进行交流和沟通。

③ 实现多元交互渠道的协同运行。多种交互渠道的共存为用户访问信息提供了很大便捷，但也给用户在渠道选择时带来了诸多困扰。因此，在进行服务平台构建时，应对各类渠道进行合理规划与整合，充分发挥不同渠道的功能优势。对于短信息平台，由于其覆盖范围最广，可进行重要信息推送和个人借

---

① 赵杨，宋倩，高婷. 高校图书馆微博信息传播影响因素研究——基于新浪微博平台[J]. 图书馆论坛，2015(1)：93-99.

阅信息提醒；对于 WAP 站点和 App 应用渠道，应发挥其基础平台作用，进行各类服务应用操作和数字资源传递；对于微博、微信等社会化媒体渠道，考虑其展现形式的局限性，可将其用于部分信息的发布，同时利用其强大的社会网络传播功能，可以向用户经常推荐有价值的知识信息，提升信息服务的社会服务地位，此外，还可以利用其即时会话功能，为用户提供参考咨询，实现实时交互。

（3）提升服务人员专业化服务水平

尽管用户与信息之间存在多维交互关系，但从实质上而言，这些交互最终都体现为用户与服务人员之间的交互。只有当服务人员正确、全面地理解了用户需求和行为，才能有效地进行服务规划、设计和组织，进而通过服务平台为用户提供所需的服务和资源。因此，服务人员的服务能力、业务水平、服务态度会对交互质量产生直接影响。按照网络信息服务质量控制目标，服务人员应具备以下能力：一是了解用户的基本需求，同时熟悉网络平台所能提供的服务内容，知己知彼，在两者间发挥桥梁作用；二是当用户在获取和利用移动服务的过程中遇到阻碍时，能及时提供帮助和指导，并能形成正向反馈，激发用户更多的潜在需求；三是积极参与到服务流程的不同环节中，不断积累实践经验，在服务过程中为用户提供切实有效的帮助；四是通过与不同学科背景用户的广泛接触，增强对相关学科资源的熟悉程度，了解和跟踪该学科的前沿理论和最新动态，在网络信息服务建设中发挥更大作用。

为了提高服务人员的服务能力和业务水平，应加强对服务人员的持续培养和业务培训，使其更好地胜任服务工作。首先，应积极地为服务人员提供学习和交流机会，定期开展与信息服务相关的业务培训，介绍信息服务发展趋势和最新应用成果，使服务人员系统掌握专业知识，学习新技术和工具的使用方法。其次，鼓励服务人员之间经常进行经验交流，共享最新资讯，探讨移动服务发展模式和实施技巧，总结服务质量控制与优化经验，建立"同侪督导"机制。再次，既要以总体目标为引导促进服务人员之间的协同合作，又要充分发挥每位服务人员的创造性、主动性，使其以更大的热情投入到服务工作中。最后，设置科学的奖励与考核机制，鼓励员工自我审查、自我提升，认真履行本职工作，规范业务操作流程，在与用户交互过程中充分展现专业素养，提高服务水平。

7.2.3　网络信息资源质量管理

作为知识存储、传播和共享的重要平台，网络信息服务必须将信息资源质量作为服务质量控制的核心，通过不断丰富信息内容、优化资源结构带动整体服务水平的提升。在网络环境下，信息资源分布更加分散、结构类型更加复杂、传输载体更加多元，需要针对新的服务要求对信息资源进行加工处理与组织揭示，使其更符合服务平台与终端设备的性能要求，提高用户的信息资源利用效率。

(1) 丰富信息资源内容与形式

移动互联网为全媒体信息资源建设提供了机遇，可以通过文字、声音、影像、动画、网页、3D 等多种媒体表现形式为用户提供各类资源。在这一背景下，网络信息服务不仅要努力提高自身资源价值，还应充分借助全媒体展现形式对现有资源进行加工重组，并在详细了解用户信息需求的基础上与各大数据库提供商和移动内容提供商展开广泛合作，增加各领域专业数据库的订购，满足不同用户的知识利用需求。同时，针对移动网络环境下的用户碎片化、多元化、一站式需求特性，网络信息服务还要广泛集成有价值的网络资源，向用户提供电子报、实时新闻资讯、网络公开课等公共资源，提供用户浏览和订阅，使网络信息服务成为集知识生产、资源聚合、内容推荐于一体的社会化知识服务平台和智慧中心。此外，还要定期对用户需求进行分析、调研，结合网络信息服务发展趋势对资源内容进行动态更新，使用户可以及时获取最新的资讯和最需要的资源。

对于网络信息服务而言，精简的、碎片化的信息更能适应基于移动网络平台的服务方式。因此，网络信息服务应深入更细小的知识单元中，加强深层次的信息服务在终端设备上的开展。譬如，可以采用专题形式的资源展示方式，从知识组织、类型融合等多个方面深度揭示特色资源，实现资源的高效利用。还可以通过游戏模式，将相对枯燥的文献资源以趣味游戏的方式展现给用户，在传播知识文化的同时，也为用户带来良好的服务体验，是增强文献资源可读性、耐读性的很好创新。此外，随着人们生活和工作节奏的不断加快，大多数用户基本没有时间停下来慢慢阅读信息。因此，还可以采用"听书"这种模式来帮助用户获取知识，使用户可以放松双眼，解放双手，真正实现随时随地随身阅读。

(2) 加强资源的关联性和统一资源标准

目前，网络信息服务并未对所有整合的资源进行关联展示。因此，网络信息服务需要对馆藏文献资源、各类多媒体资源、原生资源和 OA 存取资源进行集成整合，提供统一检索，揭示相关资源库的内在关联，为用户提供更加方便的学习和研究手段。例如，国家图书馆对多个数字资源库进行了有机整合，采用 PDF、JPG 作为内容显示格式，不需额外安装特殊插件即可使用。资源间的关联集成主要依赖于元数据元素集的语义属性映射与取值词汇集的概念语义匹配。要达到跨数据集的关联，消除数据冗余，必须将元数据、受控词表与规范文档放在同一个层面上综合处理，这就需要建立统一的规范标准。语义建模的丰富化和本体匹配技术的发展为数据关联集成提供了有效方法，但与相对封闭独立的本体相比，如何在开放关联的数据环境下实现链锁式关联仍是一个需要深入研究的课题。资源关联性的建立不仅是技术问题，还是数据资源生态体系的构建过程，涉及资源所有权、开放力度、多方主体(行业标准制定者、系统提供商等)的利益关系权衡，需要从总体上进行综合考虑。

在网络信息服务中，信息资源体系的建设面临数据存储格式差异、移动终端显示差异、传输载体差异等问题，给信息资源的跨平台整合与多终端应用造成了很大障碍。为了有效实现同一资源的多终端发布，使其可以在 WAP 站点、App 应用程序等多种移动平台上同时展示，并且实现基于不同平台移动阅读的平滑切换，网络信息服务必须建立切实可行、符合行业要求的资源标准，如服务数字资源加工转换标准、资源制作标准、资源对象标准、元数据标准等，为信息资源的开发、共享、传递、处理、应用提供规范引导和有效管理，形成从资源收集整理到格式转化，再到资源发布展示的标准化运作流程，为网络信息服务的深入开展提供可靠的参考依据，也为服务标准体系建设奠定坚实的基础。

7.3 网络信息服务质量认证与监督

在以知识创新为标志的科技与经济发展中，进行网络信息服务的全面质量控制与监督作为信息服务社会监督的一大主体，理应得到各方面的重视。因此，对于网络信息服务的质量监督问题应从网络信息服务质量认证标准、质量认证的社会化组织出发进行系统性分析，以利于涉及社会多方面的现实问题的解决。

7.3.1 网络信息服务质量认证标准

网络信息服务的质量与技术具有不可分割的联系，网络信息服务的知识性与创造性决定了服务技术和服务人员的创造性劳动对信息服务质量的综合影响。因此，可以采用与技术产品质量认证类似的方法，从技术角度对网络信息服务的质量进行认证，在此基础上实施对网络信息服务质量的监控，即网络信息服务的技术质量监督与控制。

网络信息服务具有软科学研究特性，其技术质量除由服务技术(包括相关的技术设施及使用技术等)决定外，还由服务人员的知识性创造劳动水平、服务态度和信息条件等因素决定。由此可见，信息服务的技术质量实为信息服务全面质量的反映，全面质量控制在信息服务中具有重要意义。以此出发，在技术质量认证中理应注意信息服务的软硬件技术结合的特征及其对质量的影响。

(1)网络信息服务的质量认证标准与技术质量评估的标准化

网络信息服务是在一定范围内针对一定用户的需求进行的，用户无疑是认证与评价信息服务技术质量的主体，然而用户的个体差异致使技术质量认证因人、因地而异，即难以用统一的"尺度"衡量信息服务客观技术质量的优劣。这说明，技术质量认证需要有一个相对统一的标准。

鉴于网络信息服务面向用户的特征，其"标准"的制定应从用户出发，将用户的"评定"视为信息服务质量的基本"测量"，同时注意将用户对信息服务的技术质量认证与专业标准认证相结合，建立一套可行的客观"技术质量"认证标准。

网络信息服务技术质量认证标准与工业品相比具有其特殊性，从技术质量评价角度看，其特征主要包括以下几个方面：

①多变性与复杂性。网络信息服务并非某一单纯信息技术的简单应用，它具有"硬"技术的应用和"软"研究结合的特点，其技术组合具有多样性，服务环节具有复杂性，且不同类型服务之间的差别很大，因此必须在多变的技术与信息环境中针对复杂的服务制定认证标准。

②作用的滞后性。物质性商品的技术质量一般可以在获取商品之时通过相应的技术检测手段来认证；网络信息服务商品的技术质量，除一部分(如服务的技术形式、服务手段和服务针对性等)可以即时认证外，服务对用户的"知识"作用及参考作用往往需要通过信息作用过程分析来解决，这里存在着认证滞后问题。

③效用的模糊性。评价网络信息服务的效用不是直接的，而是评价作用于科研、开发管理、经营和其他用户的职业活动，通过用户吸收、消化其内涵信息，间接发挥作用。整个过程的作用质量，不仅与信息服务本身有关，而且与用户及其环境因素有关，二者之间的"模糊"作用关系决定了网络信息服务的技术质量认证的模糊性。

④内在因素的重要性。内在因素在服务的技术质量认证中是重要的，如服

务人员的潜在素质、服务态度、服务所依赖的信息源、服务的技术环境等，这些因素从不同方面影响着服务的技术质量。内在因素的作用带来了标准制定的困难，因而存在着内在隐性因素的显化问题，即用可评价的指标显示内在因素的外部作用结果。

基于以上特征，在制定信息服务技术质量认证标准时，理应将结果与过程结合、定性评价与定量评价结合、即时评价与后果评价结合、专家评价与用户评价结合和采用多因素分析的认证方法建立其技术质量认证标准。在按标准所进行的评价中，通过多种实践在一定范围内实现信息服务技术质量认证的标准化。

（2）网络信息服务质量认证指标的确立

网络信息服务属于社会服务的范畴，对于"服务"的技术质量认证，ISO（国际标准化组织）在其发布的关于质量管理和质量保证的系列标准（ISO9000）中进行了说明。它的基本思路是，使用户对服务的认证与服务组织的专业标准相一致。[①] 据此，ISO 将包括网络信息服务在内的社会化服务的质量评价按三个方面进行：服务技术设施、服务能力、服务人员素质、服务条件和材料消耗；服务提供的过程时效和作用；服务的方便性、适用性、可信性、准确性、完整性、服务信用和用户沟通渠道。

ISO 关于制定服务行业技术质量评价与认证标准的基本思路具有普遍意义。对于我国信息服务的技术质量认证来说，可以在 ISO 通用标准的基础上，结合我国的具体情况建立我国的信息服务技术质量认证体系，在大的原则上组织社会化的技术质量认证与监督。

信息服务技术质量认证指标体系应充分反映上述网络信息服务技术条件与设施质量、过程质量和服务效用质量。对于指标体系的建立可以采用目前普遍适用的层次分析法（AMP 法），将以上三方面基本内容在目标层中反映出来，然后逐一分解制定相应的评价、认证准则，最后形成详细的指标体系。这一指标体系可以用通用的评价层次结构图表达，如图 7-1 所示。

值得指出的是，质量认证指标体系中，各层指标可以量化，其量化指标可以根据不同情况加权处理，最终衡量总体技术质量。同时，考虑到不同类型信息服务的不同要求、特征以及不同地域、不同信息环境、用户环境下的不同情况，其层次及指标体系可做针对性调整，以使其适应不同的服务业务及服务条件和要求。另外，技术质量认证指标体系应随着社会信息环境的变化、信息技

---

①　ISO 90004-2 标准译文［J］. 世界标准信息，1995（7）：1-11.

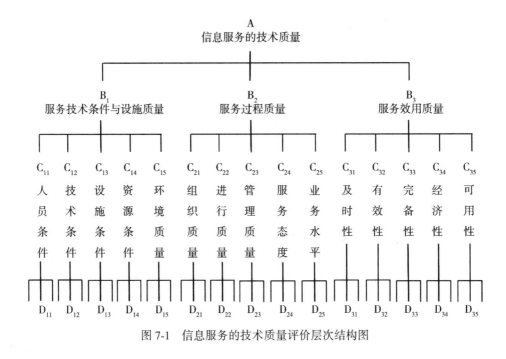

图 7-1　信息服务的技术质量评价层次结构图

术的进步、社会结构与用户需求的变革而调整，这一工作应归为网络信息服务质量认证的日常工作。其变更后的标准在一定范围内和通过一定程度认可后及时发布。

7.3.2　网络信息服务质量认证的社会化组织

网络信息服务的技术质量标准是对网络信息服务实施技术质量管理与监督的客观依据和准则，对其实施监督应立足于认证标准，在规范主体与客体的前提下组织系统化的监督工作。

进行网络信息服务质量监督的组织首先应明确监督的主体和客体。信息服务技术质量监督的主体是监督的承担者和执行者，监督的客体是信息服务承担者所提供的服务。监督的主体和客体在实施监督中相互关联和制约，二者的沟通和整合是社会化信息服务技术质量的基本保障。

网络信息服务质量监督围绕服务业务展开，在监督中各主体的结合是有机的。作为服务监督组织机构的政府管理部门、业务部门、行业组织和用户组织围绕信息服务技术质量监督业务各司其监督职能，在分工协作和依托社会行政法律机构与公众舆论的基础上组成全方位的技术质量监督系统。

(1)网络信息服务质量的行政监督

网络信息服务质量的行政监督由政府部门承担，对于我国来说，其相关的管理机构承担着服务的技术质量监督任务，其主要机构包括信息产业部的管理监督机构，有关部委的信息服务管理机构(如科技部有关司局、文化部图书馆司)，国家技术监督机构以及工商行政管理机构等。

行政监督的基本任务主要有：

①进行网络信息服务基本技术条件的认可，通过服务组织形式、结构、人员、技术等必备条件的认证，确认服务机构开展服务业务的资格，在业务进行中，进行跟踪监督与审查，实施行政监控。

②对网络信息服务的业务进行行政管理与监督，对服务中的技术环节和过程进行评价，确认业务水准，通过监督进行宏观管理。

③对网络信息服务效果及其社会影响进行行政监督，接受用户及舆论对信息服务技术质量的监督意见，评价服务效果，裁决服务中的质量争议与投诉。

长期以来，我国将网络信息服务技术质量的行政监督纳入行政管理的范围，专门的监督职能未能有效地发挥。政府主管业务的部门主要限于网络信息服务基本技术条件及机构、人员的资格审查与认证(如科技部及各省市的科技主管部门对科技咨询与信息服务经营实体的资格认证与资格审批)，而未能对其实施全面监督。另外，我国对信息服务技术质量的行政管理体系不尽完善，各管理部门的监督职能不太明确，其规范性程度差。目前以部门为主的内部技术质量监督体系难以适应信息服务的社会化发展需要，因此应立足于在信息服务体制改革中同步实现行政监督的社会化转变。

(2)网络信息服务质量的法制监督

利用法律手段进行网络信息服务的质量监督已成为开放化、社会化和网络化信息服务技术质量监督的主流。在我国已颁布的法律中，目前还没有关于信息服务技术质量监督的专项法律，其原则性的条款可以部分采用相关的《消费者权益保障法》和《产品质量法》等。因此，网络信息服务质量监督的专门法律有待颁布和实施。

网络信息服务作为一种知识性服务商品，其质量直接关系到服务的可用性。质量低劣的信息服务对用户来说是有害的，其中决策信息服务如果存在技术质量问题将直接引起用户的决策失误，造成难以预见的损失。鉴于网络信息服务技术质量的重要性，在网络信息服务技术质量监督与保障法律制定中，应明确规定用户对享有信息服务的质量保证与监督权利，规定网络信息服务技术质量的监督办法和法律惩处办法，规定法律的实施原则和适用范围。

网络信息服务质量的法制监督主要目的不仅在于惩处因技术质量问题引发的责任者，而且在于通过法律的强制性作用，通过宣传强化服务者、用户和管理、监督部门的法律意识，达到以法律为准则自觉约束各自的行为和利用法律监督的作用，提高信息服务技术质量的目的。

（3）网络信息服务质量的行业监督

通过行业组织来管理网络信息服务，监督其技术质量，作为发达国家成功的实践经验，已得到各国和国际社会的认可。发达国家的信息服务行业协会的专业性强，例如美国涉及信息咨询服务的行业组织就有咨询工程师协会（ACEC）、管理咨询工程师协会（ACME）、管理咨询协会（AMC）和专门管理咨询顾问委员会（SPMC）等。除美国以外，德国咨询业协会（BDV）、英国咨询企业协会（BCB）等协会也具有相当的规模。这些专业网络信息服务的行业性组织独立于政府，是政府公众、用户和本行业成员之间的联系桥梁，具有行业组织资格认证、业务监督、社会公关、用户联络和与政府间管理沟通的责任。其中，实行行业监督是一项基本的工作。在网络信息服务行业协会履行的监督职责中，网络信息服务质量的监督是一项基本监督业务。它包括行业技术资格与条件的认可、从业的技术质量监督、用户因质量引发的投诉、行业技术质量的法律诉讼等。发达国家的经验表明，行业的共同利益和业务监督管理的需要决定了它的存在价值。

与发达国家相比，我国的行业自律性监督组织发展较晚，随着信息服务的社会化和行业的发展，建立和完善独立于政府的行业组织势在必行。处于转型期的我国网络信息服务业，行业监督的组织应在改革中发展。

（4）网络信息服务质量的用户监督

用户监督是指用户在利用网络信息服务中，因服务的"技术质量"引起利益受损、造成后果或已掌握服务确有技术质量问题时，进行投诉并通过行政法律、行业组织或舆论澄清事实，维护自身利益的一种监督。用户监督分为两种形式：一是个体用户的投诉与监督；二是通过用户组织的监督。这两种形式的监督在世界各国具有通用性，所不同的是，发达国家的用户监督组织较其他国家多。用户个体监督与用户组织监督相互协调发展。对于我国，社会意义上的网络信息服务专门性用户组织尚未形成，目前的用户组织（如消费者协会）作为商品消费组织而存在，涉及网络信息服务的监督业务不多，对于网络信息服务消费的技术质量投诉主要由用户个体通过行政法律和舆论手段进行。随着网络信息服务业的发展，用户的组织行为监督体系有待建立和完善。

在用户监督中，用户对网络信息服务技术质量的评价是实行监督的主观依据。在接受信息服务中，用户对服务的技术质量有其期望值(预期质量)，如果用户所接受的服务质量与预期质量之间存在差距，很可能产生监督投诉。显然，这一情况下的投诉难免存在主观因素的影响。针对这一情况，在用户监督中，强调从用户角度建立客观的"技术质量监督"评估体系，要求用户从利用网络信息服务过程中所感知的服务质量和利用信息服务的效果出发来评估服务质量，以期达到用户监督客观化的目的。可见，在用户监督中用户组织和行政管理部门存在着对用户监督的管理问题。

某一网络信息服务的用户，对于其他服务用户而言是第三者，因此，该用户亦可作为公众的一员参与舆论监督。基于这一事实，在用户监督中，辅以舆论监督是可行的。

7.4 网络治理中的信息服务质量提升

网络治理中的信息服务质量提升需要从网络信息服务质量监督的后处理出发，积极解决用户投诉。同时进行基于过程的质量控制。

7.4.1 用户的网络信息服务质量问题投诉及个案处理

网络信息服务质量监督是评价服务、发现问题、认证技术质量、得出结论的过程，结论一经得出便要进行相应的处理，这一工作称为网络信息服务质量监督的后处理工作。在网络信息服务质量监督的后处理工作中，负技术质量责任的机构或人员应受到相应的惩处，受损用户应得到相当的补偿。另外，网络信息服务质量监督的后处理还包括对网络信息服务机构开展服务业务的技术资格认证，以此为据对不合格的服务机构或业务实体提出取消资格或整顿的处理意见，做出惩处决定。

用户利用网络信息服务的过程中，因服务的技术质量问题引起后果并造成损失者，一经发现或经用户投诉都应进行调查、取证、评判，继而通过一定的监督程序，由监督主管部门提出处理意见。在社会化信息服务中，其投诉监督和处理应实现规范化、制度化，以便通过个案处理，确保用户利益，维持正常的服务技术质量管理秩序，提高网络信息服务的整体技术质量水平。

对个案技术质量监督处理的方式包括服务部门与用户的协商处理、政府行政管理部门和行业处理、法制处理。

①服务部门与用户协商处理。协商处理是网络信息服务部门和用户通过对

服务质量的认证，针对因质量问题出现的后果，采用双方商讨的方式达成一致协议后对服务质量的处理，包括重新提供服务、改进服务的技术质量赔偿用户损失、对技术质量责任人进行处罚等。协商处理过程中，用户直接向服务提供者提出要求，向其技术质量监督部门反映情况，直接向服务者索取补偿，因而也将用户监督作为强化服务业内部技术质量管理的有力措施。

协商处理作为一项日常的业务管理与监督工作，必须有一套完整的制度作保证，在网络信息服务行业中必须有专门的部门接受用户的质量投诉，负责认证、协商和处理。这项工作的开展不仅从根本上保证了服务的技术质量和用户享受服务并获取效益的权利，而且有助于树立服务者良好的外部形象，有利于用户市场的开拓和技术业务的发展。

协商处理的社会影响和作用表明，它必须在政府行政管理下，在国家信息政策和法律原则的基础上进行。在此前提下，服务部门和用户具有一定的处理灵活性，信息服务承担者可以以此出发寻求合适的途径，有针对性地解决技术质量纠纷。

②行政管理部门和行政组织处理。社会化网络信息服务的行政管理部门（包括政府有关的业务主管部门、技术监督部门、工商行政管理部门、物价部门等）对网络信息服务质量的监督与处理以及服务行业组织的监督与处理是网络信息服务行业开展高质量网络信息服务的重要保证，这些部门对质量的监督与处理有着明确的分工，在监督与处理中各司其职、相互配合、成为一体。

一般说来，业务管理部门主要从宏观上管理与监督本系统的网络信息服务，督促所属的服务实体或机构处理技术质量问题；会同国家技术监督部门监督和处理本系统突出的服务质量问题，对于营利性经营实体的服务，协同工商行政管理部门进行处理。国家技术监督部门和工商行政部门行使行政处理的权力，从主体上负责处理影响较大的技术质量问题，接受用户组织的投诉，针对问题，做出处理并负责实施。

网络信息服务行业组织的处理是对本行业（如协会）成员涉及用户投诉技术质量问题的处理，包括督促有关成员改进服务技术质量、向用户赔偿损失等以及与行政管理部门配合处理行业内的问题。

③信息服务质量的法制处理。法制处理是对网络信息服务质量问题处理的最高形式，处理的是涉及面广、影响深远和损害社会公众与国家利益的重大的服务技术质量问题。法制处理的目的在于：一是通过法律的强制作用，惩处在网络信息服务质量方面的违法者，保证用户及当事人的责任赔偿，从根本上维护国家利益和正常的网络信息服务质量监督的社会秩序，确保监督在法制上的

实施；二是通过在法律范围内的强制处理，宣传技术质量法律，提高信息服务从业者的法律意识和用户与社会公众的法律监督意识。

网络信息服务业中许多行业（如咨询业、中介服务业、数据商务服务等）的从业者与执业者应具备基本的从业和执业资格，其中技术资格是一项基本的认证和审查内容，技术质量监督中的从业、执业者技术资格审查和处理作为一项基本的工作应得到足够的重视。

信息服务从业执业者资格认证中的技术监督包括从业、执业人员及机构的从业、执业技术资格审批监督和资格获得后从业执业过程中的技术质量监督两个方面。在国外行业从业和执业资格认证不是一劳永逸的，对于那些已具备资格的从业者，如果服务的技术质量低劣，甚至造成重大的社会影响和损失者，则应做出停业整顿，直至取消从业、执业资格的处理。在资格认证、审批与管理的工作中，服务的技术质量监督及其后处理是其中的一个重要环节。

值得指出的是，网络信息服务业的各行业因管理体制和业务范围的差异，其资格审批有着不同的模式。其中，公益性服务机构（如图书馆，国家、省市和部门的信息中心，情报所等）由主管部门设置并配备人员，其资格审查包含在行政管理与监督之中，这些服务机构及其人员的从业、执业资格监督也在管理的基础上进行；对于产业化服务机构（如信息咨询组织、中介组织及网站经营者等），其资格审批则需要专门的部门通过专门的管理监督程序进行。

网络信息服务从业和执业者资格审查与认证大致分为两种模式（如咨询服务业），这两种形式是政府部门审查制和协会会员制。

在这一制度下，网络信息服务从业者（有的限于执业人员）必须经过政府部门，通过政府部门审批后才具备相应的从业资格。例如：咨询服务的从业、执业资格的认证，目前在法国必须由政府部门组织严格的考试，经筛选评定；美国虽然对一般的信息咨询人员没有特殊的执业资格要求，但在工程、法律、医疗、技术、会计等专业性较强的咨询领域实行了严格的执业资格制度，其人员必须具备政府专门认可、颁发的资格证书。

"会员制"是指网络信息服务从业、执业资格由行业协会负责认定的制度。一般说来，申请者必须首先是其个人会员制行业协会的成员，然后才能在协会认可下取得职业资格。如英国的咨询业就是如此，在英国要取得咨询业的职业资格，必须具备大学学历和13年左右的专业工作经历，首先取得相关专业学会会员资格，然后根据不同专业的情况，经过专门的考试才能成为正式的咨询业执业人员。在这种体制下，协会负责执业的技术监督与资格认证和处理。

我国网络信息服务从业、执业的资格认证与监督管理制度尚不健全，目前主要由政府部门进行资格审查和认证，如科技咨询从业资格由科技管理部门审查、认证。为了强化这一工作，各地根据各自的情况颁布了一些办法(如天津市颁布的《天津市咨询从业人员资格认证办法》)，正力求使这一工作规范化、制度化。因此，资格认证后的质量监督及后处理工作必须与此同步，使之成为一项规范化的工作。

7.4.2　基于过程的信息服务质量控制

根据国际组织 ISO 的定义，全面质量管理(Total Quality Management，TQM)是一种以产品或服务质量为中心，全员参与为基础的管理策略，其目标是通过让客户满意、组织内所有成员及社会受益而实现组织的长期成功。①

服务质量是一个内涵非常丰富的概念，它是指信息产品或服务的特性满足要求的程度。就物化产品而言，其质量可能体现在达到功能要求的程度、在规定条件下的使用寿命、在规定条件下实现其功能的可靠性、使用和流通中的安全性、产品的经济性等方面。在组织运转中，影响质量的要素主要包括组织机构职责、人员素质、设备控制、质量文件资料、纠正措施、质量成本、质量审核七个方面。同时，产品质量的形成过程伴随其生产、销售和服务的整个流程，就企业物化产品而言，其主要流程包括市场调查、开发设计、工艺准备、采购供应、制造、检验、销售、技术服务等。从综合角度看，这三个方面交互作用，构成了产品的质量体系，图 7-2 归纳了这种交互关系和质量体系的动态结构。为实现网络信息服务全面质量管理目标，基于流程的全面质量管理理论强调打破传统的按部门职能分散管理，最后由质量检测部门进行总体控制的机制，围绕产品质量的特征体现，按照产品的质量形成流程进行全程化的管理。在管理组织中，除了要求全员参与管理和应用科学方法外，还特别强调实行全过程管理和按质量形成流程进行管理。

(1)实行全过程管理

全程化质量管理的目标是在产品生产中就消灭掉所有不合格的产品，从而实现成品的零缺陷。其要求从产品质量的形成环节和影响因素入手，建立有效的质量检测、控制体系，将质量控制的中心从成品的检测转移到生产过程中的环节控制，也即对每一个环节的半成品质量都进行控制。因此，全程化质量管理机制的实施，要求在市场调研、产品研发、原材料采购、生产制造、产品检

①　PFEIFFER T. Quality Management：Strategies，Methods，Techniques[M]. Munich，Germany：Carl Hanser Verlag 2002：5.

测、销售与服务过程中，都要注重质量控制，从而最终满足用户对产品质量的全面要求。

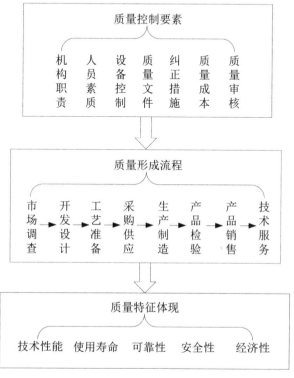

图 7-2 质量形成与控制流程①

（2）按质量形成流程进行管理

从产品质量的形成过程看，各质量要素的作用是有序的。以物化产品为例，产品调研中如果对用户的需求把握不准，就会使得设计出来的产品无法最终满足用户的功能需求或质量要求；而如果产品设计出现偏差，则必定难以生产出高质量的产品，无论产品的生产制造工艺如何精良；另外，原材料的质量是产品质量的基础，因此原材料采购环节出现了质量问题，将最终导致成品的质量较差；同时，即便成品的质量较高，但是售后服务质量较差的话，也会导致用户的感知质量不佳。由此可以看出，质量要素的作用是有序的，要实现产

---

① 胡昌平. 管理学原理[M]. 武汉：武汉大学出版社，2010：177.

207

品的全面质量管理就必须明确质量要素的作用顺序，并按流程进行严格控制，做到环环相扣。

服务结果从整体上反映了用户对最终获取到的服务的满意程度，是网络信息服务绩效水平的最终体现。服务结果质量注重服务交付效率以及与用户个性化需求的匹配程度。因此，应在对服务环境质量、服务交互质量、信息资源质量进行全面优化的基础上，进一步提高服务的实时性与对应性，通过建立有效的服务质量闭环反馈机制，不断促进网络信息服务质量的持续优化。

①提高服务交付的实时性。随着用户对信息获取的实时性要求不断提高，网络信息服务在业务处理速度、信息加工效率、服务响应程度上都面临极大挑战。移动网络环境的优势在于可以随时随地建立用户与网络之间的访问连接，帮助用户方便、快捷地获取所需的信息资源，在一定程度上保证了服务交付的及时性。但与此同时，移动网络结构的复杂性与不稳定性也常常使服务的连续性、同质性受到很大影响，降低了服务结果质量。因此，一方面要加强移动网络基础设施建设，保障移动数据传输的及时性与稳定性，并通过新技术的开发与引入实现移动服务交付的自动化；另一方面，应通过基于泛在智能网络的服务动态聚合对用户需求做出实时响应，提供从用户接入、请求接受、资源调用、服务聚合到最终需求响应的一体化解决方案，使信息服务的各项移动服务应用和信息资源能快速、及时、准确地送达到用户移动终端。

②提高服务模式的个性化。用户需求是网络信息服务的出发点，满足用户的个性化需求无疑是衡量服务结果质量的重要指标。目前，国内外都在积极利用移动技术和创新思维为用户营造个性化的知识交流空间与互动环境，无论是为用户提供基于 SoLoMo 技术的数字导览，还是通过情境感知为用户推荐符合当前需求的信息内容，都极大地提高了网络信息服务模式的个性化程度。在此基础上，网络平台应继续借助网络的情境化优势和移动设备一对一的特点，深入分析用户的知识结构、心理变化和行为习惯，挖掘用户的潜在需求，有针对性地提供一对一服务。同时，通过了解用户的学科背景、研究领域、学习(工作)内容，主动提供满足用户需求的知识服务或学科化服务。此外，还应与微博、微信等社会化网络平台建立有效连接，通过许可途径获取用户在社交平台上的个人信息，应用大数据分析技术挖掘用户在学习、工作、生活中存在的知识服务需求，为用户提供个性化定制服务，使网络信息服务的功能延伸到用户身边各个角落。

③建立服务质量控制的闭环反馈机制。网络信息服务质量控制与优化是一个螺旋循环的过程，应将用户需求定位、服务质量描述、服务质量控制、服务

质量评价、服务质量优化统一在静态描述和动态刻画中,建立服务质量控制的闭环反馈机制。服务质量的度量与评价既面向服务交互过程又面向服务实施结果,其目的是通过度量指标来跟踪服务效益的产生过程,把握提升服务绩效的关键因素,并根据评价结果找出服务体系运作中存在的主要问题,制定相应的解决方案,同时也为下一步服务规划的制定提供有效依据。服务质量控制与优化既是对评价结果的响应和落实,又是对新一轮服务活动的规划与保障。在此基础上,形成从服务质量管理控制到服务质量评价优化再到更高层面服务质量管理控制的良性循环,能够更好地适应移动网络环境变化与信息技术变革,始终保持最优服务状态,实现网络信息服务的可持续发展。

8 基于网络治理的信息生态环境建设

网络治理现代化对信息生态环境建设提出新的要求，网络治理是信息生态环境建设的基础，基于网络治理的信息生态环境建设是政府治理能力的重要体现。本章基于生态学相关理论，对网络信息生态加以分析，为网络信息生态建设提供理论基础。在阐述网络信息生态环境的要素与结构的基础上，探讨基于网络治理的信息生态外部环境建设和内部环境建设。

8.1 网络治理与信息生态环境建设的关系

为探寻现代网络治理视域下信息生态环境建设的路径，首先需明确网络治理与信息生态建设的关系。在总体上，网络治理是信息生态环境建设的基础，因而应明确网络治理视域下信息生态环境建设的不足，按网络治理现代化机制对信息生态环境建设进行组织。

8.1.1 信息生态环境建设的不足

在网络治理的组织中，当下我国网络治理取得了一定的效果，但在价值引领、技术分享、力量分布、生态修正等方面仍需改进。①

①网络信息价值导向有待强化。不同于传统社会环境下，伦理道德等思想观念有助于形成人的行为规范和价值塑造等功能。网络信息生态具有特殊性，网络信息包罗万象，各类价值观念充斥其中，互联网传播企业过度强调信息的经济属性而忽略文化属性，负面网络信息给年轻群体的价值观带来极大的冲

---

① 胡剑. 国家治理能力现代化视域下网络信息内容生态治理制度构建[J]. 北方论丛，2020(4)：66-76.

击。若正确的价值观念缺位或缺乏引导，并不利于青年群体正确价值观的形成。如网络信息生态环境中各种暴富观、消费观、炫富观等，短期来看是吸引网民眼球，但长期的潜在负面作用不容忽视。如，在突发事件中，网络谣言、虚假信息常常带偏节奏，导致网民情绪激发。① 因此网络信息生态环境建设首先应关注网络信息价值导向，在各类事件发生时及时恰当引导，重视价值引领工作。

②网络信息技术分享不尽合理。现代网络治理视域下，网络技术分享不合理是较为严重的一个问题。主要表现在：一是各类信息内容推送算法模型分享不充分。网络信息服务提供商为实现内容的精准推送，依据用户的行为特征、个体属性等作为依据，但不利的一面在于信息茧房的形成，因此信息内容推送算法分享仍不充分。二是网络话语技术运用分享不充分。尽管人人都有网络发言的权利，但个体的影响力显然存在巨大差异，且在网络信息技术影响下，这种差异越来越大，如何保障网络信息技术分享更加合理是值得关注的问题。

③网络生态环境资源有失均衡。当下网络信息生态环境中，不同主体拥有的资源存在巨大差异。拥有强势资源的主体可以进行舆论造势，形成网络攻击，对资源弱势用户造成舆论压力。如商业资本对网络热点事件的介入，导致舆论转向。另外，网络大V由于拥有强大的网络社会资本，其网络言行会引领众多一般用户的跟随。若这些主体能够发挥正确的价值导向作用，无疑是有利于网络信息生态环境建设，但若得不到正确价值观的引领，必然打破信息生态均衡，影响信息生态环境良性发展。

④信息生态修正能力有待增强。良性发展的网络信息生态具有自组织、自生长、自适应和自修正的功能。② 传统视域下的信息流变、舆论哗然现象较为普遍，当代网络治理情景下，网络信息生态自我修正能力有待增强。如突发公共事件中各类信息充斥于网络空间，网络言论失序、网络秩序失范等现象较为严重，从而造成不必要的恐慌，这亟待引起网络信息生态环境建设主体的关注，这也是对网络信息生态修正能力建设提出新的要求。

8.1.2 网络治理现代化对信息生态建设的要求

在网络安全维护中，推进网络治理现代化是网络信息生态环境建设的需

---

① 夏一雪，兰月新，李昊青，吴翠芳，张秋波. 面向突发事件的微信舆情生态治理研究[J]. 现代情报，2017，37(5)：28-32.

② 王玉珠. 微信舆论场：生成、特征及舆情效能[J]. 情报杂志，2014，33(7)：146-150.

要。针对网络领域的治理现状，治理现代化对网络信息生态环境治理提出了新的要求。

①网络信息生态环境建设应实现价值引领。个体是社会的细胞，身处整个社会环境的关注和道德评价下，现实生活空间中个体行为的伦理特性会被放大。网络空间具有衍生性，同时也具有其自身的独特性——隐蔽性。虽然目前已制定出相应网络空间行为的道德规范要求，但此规范更多约束的是网络空间中个体的真实行为，对个体行为所蕴涵的伦理道德的约束和规范不足。由此可见，传统的管理手段和治理方式不足以实现网络社会道德价值观念的精准引导。各级政府、网络信息部门对网络空间个体行为的道德规范应从显性行为矫正和隐性价值引领两方面着手，加强网络空间正向价值引领。

②网络信息生态环境建设应实现技术分享利用。个体不能独立于社会而存在，个体所生活的社会环境和社会关系对其生活质量有着重要影响。当下的推荐算法技术以内容接受者的特征为推送依据，建立在个人主义基础之上。网络环境和网络社会关系是整个社会的重要组成部分，个性化信息需求弱化了网络信息服务的社会引导功能。因此，网络信息生态环境建设需要在国家层面统筹安排，对网络信息内容推送进行积极干预和治理。各级政府应努力实现网络信息服务平台、网络信息生产者、网络信息内容服务使用者、网络行业组织的多方共振，促进网络信息内容科学合理地生产与传播。网络平台也应在各级政府的引导下完善其推荐算法技术，在满足内容接受者个性化需求的同时应考虑整个网络信息生态环境良性发展。

③网络信息生态环境建设应优化资源配置。在网络信息生态环境建设中，各种资源的分布应该相对均衡，如此才能实现生态系统的和谐发展。受角色、所占资源、技术手段利用、资金支配程度的影响，各网络主体在资源掌握上存在差别。在网络信息生态环境建设过程中应正视在资源上存在的正常差异，当前，资源优化配置应从合理性、合情性、合法性、合乎逻辑性四个方面进行约束。合理性要求资源配置应在合理的范围内，应配合必要性分析和行使程度分析共同进行；合情性要求资源配置应合乎情理，避免造成资源分配不均；合法性要求资源配置应遵守法律法规，以法律为底线约束自己的网络行为；合乎逻辑性要求资源配置遵从现实逻辑，尽量避免网络空间的失序。

④网络信息生态环境建设应完善制度体系。网络信息生态环境建设应遵循国家治理的整体思路与规律，全能主义的管理模式与全然放任的管理方式都是应予避免的。在当今的网络空间发展态势下，各级政府和各网信部门不可能实现对网络空间全盘式的管理。网络个体自主意识的增强、网络空间相对较大的

自由度、公众对公共空间治理强烈的参与意愿，也促使网络信息生态环境建设从传统向现代转型。因此，网络空间的和谐发展需要国家、市场、社会共治且相互赋权，形成"三强"的局面。各级政府、各网信部门应该对网络信息内容生产者、网络信息内容服务平台、网络信息内容服务使用者、网络行业组织等进行赋权。在关键治理职能上，其他网络主体也应向各级政府、各网信部门赋权。为了避免全然放任的情况出现，政府和网信部门作为网络信息内容核心主体的地位不能动摇。在网络信息生态环境建设的新阶段，各级政府、各网信部门应加强对网络空间的治理，实现以各级政府、各网信部门为核心的多元治理。

⑤网络信息生态环境建设应重视生态自我修正。生态治理观侧重于生态修正能力建设，认为必须对生态治理进行反省与纠正。与日常生活中的文字传播不同，网络信息内容传播有着碎片化等特点。网络信息中，文字内容一般仅百余字甚至几十字，多媒体内容则一张图片、一段短视频都可能演化成独立的网络传播载体。形式的碎片、精炼导致了信息接收者对于内容解码的多义性。不仅如此，网络信息内容使用者还会出于个人的兴趣偏好、价值判断对其取舍、加工，并进一步形成再传播。这还会导致部分信息在后续的传播链条中得以强化或是出现偏差。网络传播具备传播节点多样化的特点，多个节点对某个网络信息内容的集中传播可能形成信息洪流，而瞬时形成的信息洪流具备很强的网络舆论潜能，进而可以点燃网络舆情。此时就需要针对信息内容和信息传播节点的特性建立网络生态自我修正制度。

8.2 网络信息生态环境的要素与结构

从生态学的角度出发，对网络信息生态加以分析为网络信息生态建设提供新的视角。从生态学机制而言，网络信息生态与自然界生态具有类比性和相似性，将网络信息生态与自然生态类比研究，可为网络信息生态环境建设的研究提供依据。

8.2.1 网络信息生态环境要素

从网络信息生态的基本要素和要素间的层次关系两个方面阐述其生态组成，以构建网络信息生态环境建设的基础体系。由于网络信息不仅包括了社会信息，反映了人民的社会交互关系和活动，而且它包括通过数字手段获取自然信息，如生物信息、生物空间活动信息、自然地理信息等，因而可以进行包括自然和社会在内的信息生态环境建设。

（1）网络信息生态环境基本要素

自然生态是在特定的时间和空间下系统中的生物成分（如动物、植物、微生物等）与其所占据的非生物环境的统一。将网络信息生态环境与自然生态环境基本要素构成对比分析，如表 8-1 所示。将网络信息生态环境的构成要素与自然生态进行对照[①]，主要包括个体、种群、群落、生态系统以及生产者、消费者、分解者、生态链、生态位、生态因子等，以此对网络信息生态环境进行全面剖析。个体、种群、群落等是结构层面的划分，生产者、消费者等则是组成成分层面的区分。

表 8-1 自然生态环境与网络信息生态环境基本要素对比

构成要素	自然生态环境	网络信息生态环境
个体	生物有机个体，如动物、植物、微生物等	各类网络信息平台的用户个体，如微信的使用者、微博使用者、短视频使用者等
种群	在一定自然分布区域内，同一物种的生物个体有规律的集合	网络信息平台群落中具有同质性的大量用户个体组成的集合，如微博群落中，政务官方微博、媒体官方微博、意见领袖、群落平台的编辑人员等
群落	在特定时间下，由具有关联性和多样性的生物种群聚集在一定的生境中所形成的具有一定结构和功能的集合	相关联的多个种群相互适应、相互作用而形成的具有一定结构和功能的集合，如新浪微博平台、微信平台、抖音平台等
生态系统	在特定的时间空间下，生物群落与所处环境组成的一个具有自调节功能的复合体。组成要素间进行着能量与物质的流动和信息与价值的传递	在特定的信息场域内，不同网络信息群落与所处的社会环境相互作用而形成的共同进化的统一体

---

① 黄欣荣. 从自然生态到产业生态——论产业生态理论的科学基础[J]. 江淮论坛，2010，53(3)：11-17.

构成要素	自然生态环境	网络信息生态环境
生产者	利用简单的无机物合成有机物的自养生物	网络信息群落内利用各种资源提供信息内容服务的用户
消费者	为维持生命及繁衍后代而消耗或吸收有机物的生命体	网络信息群落内消耗和利用信息内容服务的用户
分解者	系统中具有分解能力，将有机物分解为无机物，并释放能量的生物	网络信息群落内分化信息的能量，存储信息内容的用户
生态链	系统中的生产者和消费者通过一系列的捕食和被捕食关系而形成的依存关系	网络信息群落内各类用户相互关联、相互依赖、相互作用形成的网链关系
生态位	在特定时空内，生物个体或种群所占据的位置及与其他生物个体或种群的营养关系	网络信息群落内，各类种群用户对各类资源的利用和对环境适应性的总和
生态因子	对生物有影响的各种环境因子	对网络信息种群用户生存和发展有影响的各种环境要素

　　由上述分析可知，网络信息群落由多个种群构成，网络信息生态系统由许多群落通过能量和资源利用而联合形成。具体而言，主要包括不同类型的网络信息生态群落，如微博、微信、短视频等网络信息平台，而在各平台上有相应的信息内容生产者、受众用户及信息传播组织者。且在网络信息生态系统中许多环境因子，作为生态系统的组成部分，构成了主要生存外部环境，主要有技术因子、制度因子、资源因子、需求因子等。另外，其内部环境则包括群落内种群间或种群内的捕食、竞争、共生等相互作用关系。网络信息生态系统生存和发展依赖各类信息内容资源与服务，此系统的核心包括一个或多个群落(或种群)，对系统的整个发展方向起引导控制作用，同时由此建立相互协调的系统内外部环境。网络信息生态系统规模可大可小，在国家范畴内的，抑或是全球性质的，但通常情况下系统拥有多个群落。

　　网络信息生态系统不同于一般生态系统的组成，其信息生态系统可以视为一级生产者、二级生产者、消费者、分解者以及外部环境(含有制度环境、市场环境、经济环境和技术环境等)构成的系统。

一级生产者：作为传播的起点，通常是个人或组织作为传播活动发起人或者信息内容发出者，称为"内容生产者"或"内容生产种群"。一级生产者不仅对整个传播活动起决定作用，还控制信息内容、信息量、信息流向等，它关乎整个网络信息生态系统运行。一级生产者有普通和职业之分，普通生产者不以信息传播为谋生手段，主要是兴趣和分享，无特定的训练与教育，如从行业领域专家、网络意见领袖到草根达人及一般用户等。职业生产者为得到物质或精神上的满足，将信息传播活动看作经营活动，进行特定的训练与教育，包括政务、媒体、企业等组织的官方用户。

二级生产者：指介于一级生产者与消费者之间，起到介质平台作用的实体，一般是企业组织，称为"传播组织者"或"传播组织种群"。从网络信息生态的角度来看，完善且功能齐全的"连接种群"，上接生产者，下连消费者，是信息资源的传递者，并与社会环境各要素之间和谐统一，实现各媒体平台互动互助以及整个生态系统的平衡循环。他们包括各网络信息类型平台的管理人员、编辑人员、平台开发维护人员、数据分析人员等。

消费者：指信息内容的消费人群，他们是信息传播食物链中的关键一环，也是网络信息生态环境的重要组成部分。包括信息内容传播中的大规模消费群体——微博的粉丝用户、微信公众号的订阅者、各网络信息类型平台的使用者、垂直社区使用者等，也包括其他范围信息交流中的消费个体，如基于社交电商的消费个体等。对于信息内容消费者可按性别、文化、教育程度等分类。

分解者：虽然位于信息消费和信息接收的一端，它们的主要职能和作用是分化信息的能量，将其归还到社会环境之中，或者被生产者再次加工或利用。其中最主要也最典型的是存储在各网络信息平台的数据库、各类基于云计算的云存储应用服务等。数据显示，在"十二五"期间(2011—2015年)，国内云计算产业链规模已达7500亿到1万亿元。①

外部环境：指信息传播活动中因人类主体关系构成的社会状况和条件。制度环境、经济环境、市场环境和技术或信息环境等均属外部环境的范畴。

传播活动以具体的形貌存在于一定传播生态环境中。② 生态学中生态因

---

① 人民网.2015年云计算产业规模最高可达1万亿元[EB/OL].[2016-01-11].http://it.people.com.cn/n/2015/0326/c1009-26751659.html.

② 邵培仁.媒介生态学——媒介作为绿色生态的研究[M].北京：中国传媒大学出版社，2008：138.

子，又称生态因素，指作用于生物的各种环境因子，对个体生存发展、种群分布和数量、群落结构和功能等有直接或间接的影响。所有生态因子构成生物的生态环境。网络信息生态因子是网络信息生态环境中直接或间接作用于生存、发展、生产传播活动等的组成要素。单独的生态因子构不成环境，环境即是各种生态因子的总和。只有很多生态因子的集聚才能共同组成进行传播活动的基础和条件，成为网络信息生存和发展的各种生态因子的总和。各种生态因子以相互制约、互通互联的态势作用于媒介生存与发展，在网络信息各发展阶段就会有类型不同、功能不一的网络信息生态因子。它们是网络信息生存发展的环境要素，包括技术因子、制度因子、资源因子、需求因子等，这些生态因子并不是单独的和封闭的，而是集群的和开放的，也不是个别的独自发挥作用，而是相互联系并共同发挥作用。

（2）网络信息生态要素间的层次关系

在生态学领域中，自然生态由个体物种、种群、群落和生态系统由低到高的四个层次构成。传统生态的研究则涵盖了个体生态、种群生态、群落生态以及生态系统不同层面的生态学研究。运用生态学的原理和方法想象自然环境、人、社会环境、媒介信息平台等相互作用的复杂关系。同样，我们将网络信息生态分为网络信息个体、种群、群落和生态系统四个层次，如图8-1所示。

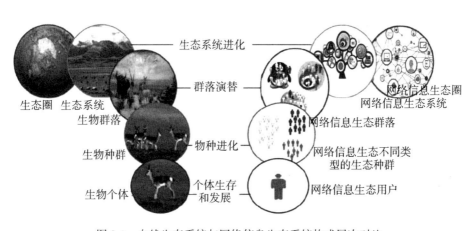

图 8-1　自然生态系统与网络信息生态系统构成层次对比

生物个体是生命活动的基本单位，网络信息生态的个体则是各网络信息平台上的用户，如微博用户、微信用户，他们能够及时进行自我调整，不断更新，以适应环境不断变化，有其自身生存和发展历程。

种群是生态学中的一个重要概念，它是物种进化的基本单位。在本书中，网络信息生态种群是具有相同(或相似)的活动特征的个体集合，如新浪微博群落平台上的政务官方微博，主要发布政务相关信息，或通过信息发布提供网上政务服务。自然种群具有年龄结构和空间布局，存在着迁入、迁出现象，有其自然增长与下降的调节规律。在网络信息生态环境下，种群亦具有动态变化特征，网络信息用户个体发展形成种群，以种群的形式生存和发展。用户个体以种群的整体形式与环境形成各类关系。

自然条件下，生物群落是生态系统中的生命主体的总和。种群的相互关系和适应性决定了群落的结构、功能和多样性。网络信息群落由组成群落的各类网络信息种群对外部环境的适应过程(如对制度法规、社会资源环境等的适应程度)以及这些种群彼此间的相互关系(如竞争、共生等)来决定其属性。形态和功能特征各异的不同种群聚集形成网络信息群落，使得种群间能够实现资源共享、优势互补，从而提供一个闭环完整而稳定有利的生存环境。网络信息生态系统外部的影响要素通过使系统各组成成分及其相互关系发生改变，进而发生演化。

8.2.2 网络信息生态环境的结构

结构与功能的优化程度，是衡量生态是否平衡和具备可持续发展能力的重要标准。网络信息生态环境的结构是指网络信息内部组成因子之间相对稳定的关联作用方式及其时空关系的内在表现形式的综合。对于生态结构与功能而言，二者密不可分，一定功能由一定系统结构产生，特定结构决定了特定的功能。同时，网络信息生态结构有其特殊性。本书从形态结构、功能结构及生态结构中能量与物质流动加以分析。

(1) 网络信息生态的形态结构

网络信息生态系统的形态结构指各构成要素在不同时空上的变化与配置的基本框架，包括垂直性结构和水平性结构。根据空间生态位，垂直性结构包括博客、SNS平台网站、微博、共享平台、论坛、知识协作、即时通信等。而水平性结构主要是横向比较分析层级相同的媒介种群，比如中国网络信息使用的东高西低与中国"西高东低"的自然地理形势就是横向的比较分析。

一个网络信息平台用户、网络信息种群、"生活"在一起的种群的集合(常称为群落)、网络信息生态系统或全球整个网络信息生态圈都是生态学系统。每一个较小的生态系统是更高一级更大生态学系统的子集。不同类型的生态学系统形成了一个等级系统，如图8-2所示。说明许多个体形成种群，而相互关联的种群形成群落，群落间的能量和资源利用联合形成生态系统，而生态圈则包括了所有生态系统。

网络信息平台用户在其信息知识创造过程中转化能量，从生态环境获取能量和营养物质。它们改变了环境条件和其他为用户可用的资源，为整个网络信息环境的能量流动和物质循环作出贡献。生态系统大而复杂，包括众多平台的各类网络用户群体。我们将一个微博生态群落、SNS 平台网站生态群落、微信生态群落、垂直社区生态群落等各自作为一个独立的单元。每一个生态系统内部包含多个能量转换过程，而这些生态系统间的能量和物质交换却较少(如不同类型平台间的账户关联、链接分享等)。

所有生态系统彼此联合成为一个生态圈，它包括整个网络信息全部环境和生物体。即便是相隔遥远，部分通过信息内容传播带动的能量和营养物质仍然可以流通，互相联系。而过时的信息内容可以被存储或废弃，各类服务提供商的服务器、云端设备等电子设备以及编辑印刷成纸质介质的出版物等则是信息内容重要的存储空间。但信息内容存储的载体空间有限，并非所有内容均被保存，信息内容可以被删除或销毁。

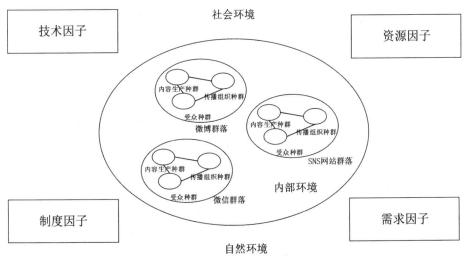

图 8-2 网络信息生态系统结构

(2)网络信息生态的功能结构

生态功能结构主要是指生物成分间通过食物链网构成的网络结构。自然生态中，各个生态系统的外貌、结构和性质相差甚远，但均存在生产者、消费者和分解者。① 网络信息生态与之类似，也有以上三个等级要素，系统内物质与能量的代谢功能才能顺利进行。但网络信息生态其功能结构与自然生态存在巨大差异，如图 8-3 所示，两者生态链结构有类似之处，但不尽相同。

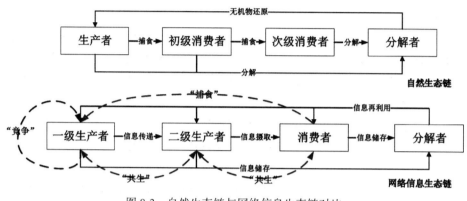

图 8-3   自然生态链与网络信息生态链对比

自然生态链常常由生产者、多级消费者及分解者共同构造，初级消费者与生产者、次级消费者与初级消费者间以捕食关系形成相互联系的序列。且在链条的每环间都与分解者关联，分解者将动植物残体中的有机物分解，释放在环境中，供生产者再次利用。

而在网络信息环境中，我们将生态链分为一级生产者、二级生产者、消费者及分解者。在自然环境中，一般而言，一条生态链只有一类生产者，但考虑到网络信息平台本身是需要主体开发、管理和维护的，他们起到了信息传递和保障的作用，是信息资源流通的保障，作为中间环节是维系整个链条存续的关键。因此我们将这类主体称为二级生产者，他们不生产信息内容，却是信息共享、传播和分享的必要环节。当然，在信息资源的传递过程中，生产者、消费者均会将信息内容储存起来，且均可以对信息再次利用。

网络信息生态链与自然生态链的差别之处主要表现在，在自然生态链中，通常物质能量从上至下流动，即从生产者向消费者流动。但在网络信息环境中，生产者与消费者之间能量流动与转化并不是依赖于消费者对生产者的捕食关系，而是消费者对信息的需求促使其主动获取信息资源，以及生产者为信息内容的传播及信息资源流动提供的推动力。

---

① 陈玉平. 生态系统的结构与功能[J]. 农业新技术，1984，7（2）：40-45.

同时，网络信息生态链中内容生产者通过对信息的生产、搜集、组织、提供利用等活动将信息资源内容提供给信息受众，受众在获取信息后有选择地将信息利用效果反馈给信息内容生产者。在这个过程中，信息受众作为消费者完成网络信息平台内信息内容摄取过程，信息内容生产者则实现了对受众注意力的捕获以及其自身影响力的增加，从而形成类似于"捕食"的生态链关系。只不过此时"捕食者"是内容生产者，而"被捕食"对象是受众的注意力资源，且受众亦有所获益。网络信息生态环境下，注意力是一种稀缺性资源，当其受众规模增大，其创造的经济效益则凸显出来。网络信息生态链上，生产者间关于受众的注意力则是"竞争"关系。一级生产者、二级生产者及消费者间密切接触形成的互利关系，我们将其称为"共生"关系。

网络信息生态中资源交换和功能转换伴随着各因子间的互动来实现，食物链和食物网将整个环境及各类要素连接成有机统一的整体，如图 8-4 所示。网络信息生态食物链是根据要素间的功能关系形成的链条结构。这种结构可以加长，如信息传播食物链：一级生产者→二级生产者→消费者→分解者。但是，这种加长不是无限的，因为当物质、能量、信息由低向高传递时，每经过食物链的一个环节，都会有递减效应。

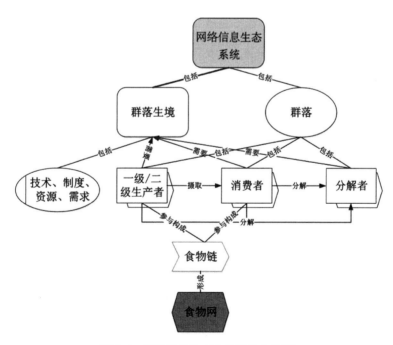

图 8-4　网络信息生态食物链和食物网

网络信息生态系统食物链的基本形式表现为：上游的策划与创作，中游的推送与维护以及下游的消费与利用。在这条食物链上传递的是网络信息系统所特有的信息资源产权，形成信息资源的生产、使用保护、升值及转化的生命周期过程，体现了网络信息系统独有的增值魅力。网络信息生态系统的食物链分析如下：

①信息内容的策划与创作。在网络信息生态系统食物链首要环节中，参与主体是网络信息内容的生产者和提供者，他们可能是网络信息从业人员，也可能是与平台有签约关系的作家，还可能就是任何能够创造出信息内容产品的普通人等。信息内容的生产者将无形知识经验等转变成有形信息载体形式，并决定信息量和传播方向。

②信息内容的推送与维护。信息内容推送与维护阶段，参与主体主要是不同网络信息类型平台的开发维护人员，在平台的编辑开发和维护的基础上，将信息内容以符号(声音、文字、图像、动画等)的形式负载于平台空间之上的过程，决定着信息传播的深度和广度。

③信息内容的消费与利用。受众的网络信息需求是网络信息市场和网络信息系统存在、发展的出发点和归纳点。网络信息生态系统的发展和完善，不能忽视消费者这个参与主体对整个食物链的反馈和互动。受众的口味与需求正越来越成为信息内容产品生产与制造、营销与传播的主要依据和真正动力。这就要求处在网络信息生态食物链的内容创意和策划环节需根据受众审美、娱乐、休闲、兴趣进行升级调整，适应公众的网络信息需求。

网络信息生态因子不可能只固定在某一食物种群或食物链上，更多的是连接食物网的同时指向许多食物种群，从而形成交叉的网状的取食状态或结构。比如，传播者不仅要取食信息资源和受众资源，还需要物质资源、能量资源和财力资源。受众也不仅需要数据、新闻、娱乐，还需要知识、理论、科学、思想和智慧等。也就是说，网络信息领域内各种生态因子、社会经济条件和自然环境条件都是相互联系的整体。

在新闻生产中，某些因子或种群具有一定的主导性，属于优势种和关键种，处于十分特殊的和非常重要的地位。

虽然网络信息生态系统链条上的有些因子可能处于主导地位或者起决定的作用，但是网上的各种因子又都是重要的、不可或缺的。网络信息生态系统的各种网络信息生态因子之间是一种互助合作、共进共荣的关系，缺少任何一种生态因子都会在不同程度上使网络信息生态系统的稳定性有所下降。从网络信息生态系统的稳定性和发展性的角度来看，也需要维持食物链和食物网的复杂性。因为食物网结构越复杂，生态系统抵抗外力侵扰破坏的能力就越强；食物网越简单，生态系统就越容易导致生态退化、衰竭甚至消亡。

因此，在网络信息生态系统中，我们也需要建构和营造不同生态因子和传播主体之间相互依存、相互作用、互惠互生、协同演化的良性生态关系，使它们能彼此联系，共同完成物质、能量和信息的交换、转化和传递，形成有生命力的可持续的稳定增长的产业价值链，不断增强网络信息生态系统的稳定性和抵抗力。

（3）网络信息生态的能量与物质流动

生态学系统服从物理学和生物学一般原理：生态学系统存在于动态稳定状态之中，生态学系统的维持要有能量消耗，生态学系统随时间的推移发生进化。生态系统的营养结构是食物链和食物网。能量从一个营养级流向相邻较高营养级总是伴随着能量损耗。生态系统是生物及其栖息地物理环境的完整复合体，它也是一个不断地以热的形式散发能量的巨大热力学机器。

地球上一切生命过程的基本能量源泉来自太阳辐射，通过植物光合效应实现对太阳能的转化，并通过链网实现能量在生态系统中的传递，进而为生命系统的生存和繁衍提供动力。生态系统同外部环境进行能量和物质的循环交换，以实现生态平衡和可持续发展，能量流动、物质循环是生态系统的两大功能。能量流动和物质循环密不可分。物质的合成和分解伴随着能量的固定、储存、转移和释放。物质作为载体，使能量沿着链网结构流动，能量作为动力，使物质能够不断循环在生物群落和无机环境之间。同样，网络信息生态系统也不例外，图8-5是网络信息生态系统能量与物质流动示意图。

网络信息生态系统中能量流的主要内容是信息资源和社会资源。物质资料包括人力、物力、财力等社会资源是网络信息生态系统种群主体生存和发展的基础，生产者、消费者、分解者均需有社会资源的投入。消费者获取并消费生产者生产的信息资源，以获得信息、知识和智慧。而无论是生产者，还是消费者均可以将信息资源放置或存储在服务器端或数据服务商处，而这些存储的信息资源可以被再次挖掘和交易。

在网络信息环境中，种群主体要获得信息，并对信息进行加工生产，在信息生产、交换、再生产、再交换的循环过程中实现系统能量（信息资源和社会资源）流动的平衡。在系统内，物质流动（包括资金、人力、技术、设备等）是能量流动的保障和前提。投入的人力物力和技术资源不充分，能量循环也就无法有序进行，网络失衡，无法维持运转。信息资源质量状况体现出物质投入产出状况。信息资源是网络信息生态系统收集、加工、创造、生产并拥有的精神

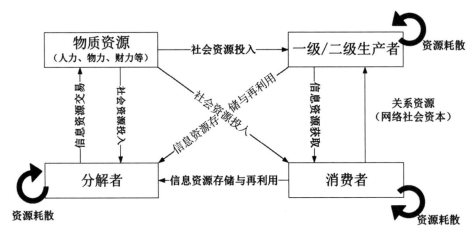

图 8-5　网络信息生态系统能量与物质流动示意图

资源, 同时它也拥有或需要其他资源来维持运行, 如人力资源、物质资源、财力资源等, 这些资源通常由社会系统提供, 或者两者通过市场中介交换这些资源。

Lotka 认为系统大小及其能量和物质转换的速率都遵循着支配所有能量转换的热力学原理, 能量在生态系统中的传递逐级递减且具有不可逆性。此原理在网络信息生态系统中亦成立, 无论是生产者从社会环境中获取社会资源, 还是消费者从生产者处获取信息内容资源, 除了由于生产者、消费者为了自身维持运作, 能量传递过程中存在的能量耗散, 能量均向下一级传递。但网络信息生态系统异于自然生态系统之处在于, 消费者在接受生产者提供的信息资源的同时, 除了其付出的经济时间成本外, 它赋予内容生产者一种无形的关系资源, 这种形式我们称为关系赋权, 这种赋权方式在网络信息生态环境中, 对信息生产传播的价值生成的影响尤为明显。

8.3　基于网络治理的信息生态外部环境建设

生态学中, 构成生态环境的各种要素称为环境生态因子。环境由非生物和生物因子综合形成, 非生物因子即生物有机体生存环境中的非生物要素, 如光照、温度、水分等; 生物因子则包括同种和异种的其他有机体, 生物因子间构成种内、种间关系。借鉴此观点, 据环境范围的大小及环境要素对主体的影响方式，将网络信息生态演化环境划分为外部环境和内部环境，外部环境是指影响主体行为的技术、制度、资源、需求等环境要素的集合；内部环境是个体间产生较直接的相互影响关系，如捕食、竞争关系等影响要素的集合。

群落的变迁不是孤立的，而是其与环境生态因子相互作用的结果，是整个生态系统综合作用的结果。① 本研究从网络信息生态演化的内外环境要素两个方面探讨网络信息生态环境建设。

8.3.1 信息生态外部环境因子分析

据生态协同学理论，某一生态系统有众多变量，但仅有少数的变量可以导致系统在临界点的变化，而且复杂结构本身也只是由少数的变量主宰。在自然生态学领域，对于生态因子已有较为深入的研究。具体到网络信息生态环境，网络信息生态系统作为一种客观存在的系统，其涵盖的变量较为复杂，仅有为数不多的几个变量决定了网络信息在整体环境的适应嵌入性，它们也是网络信息生态建设的重要外部环境要素。

网络信息生态系统的结构与发展，是网络信息与环境相互影响，也是网络信息子系统间互动互助后所形成的结果。生态环境是众多生态因子的总和。生态因子作为决定网络信息生存和发展的主要环境因素，与网络信息具有循环催化的关系，且不断推动网络信息生态的有序发展。

（1）网络信息生态外部环境因子构成

邵培仁指出信息媒介生态环境主要包括经济环境、政治环境、文化环境以及技术环境。② 网络信息生态环境是一个复杂的整体，包含了众多生态因子，它们作用的方向、特点和强度等方面各不相同，它们相互之间的竞合关系导致了生存环境丰富多样的形态。处于均衡适度状态的各因子和网络信息群落进行着物质的循环、能量的流动，最终导致网络信息生态系统的综合变化。网络信息生态因子众多，依据其性质，将网络信息生态外部环境生态因子归为四类：技术、制度、资源、需求，它们构成了网络信息生态外部环境建设的重要影响要素。其中：技术因子为网络信息生态外部环境建设提供技术支持；制度因子包括政府的环境规制以及行业自行制定的相关规章制度等；资源因子主要指网

① 王刚，赵松岭，张鹏云，等. 关于生态位定义的探讨及生态位重叠计测公式改进测研究[J]. 生态学报，1984，4(2)，119-127.
② 邵培仁. 媒介生态学——媒介作为绿色生态的研究[M]. 北京：中国传媒大学出版社，2008：117.

络信息发展所需的多种生产要素，是网络信息生态系统各组成部分生存与发展的物质基础与基本保障；需求因子反映在受众对网络信息平台提供信息内容的需要上。

上述生态因子对网络信息生存与发展起着至关重要的作用，它们并非一直稳定，均可能发生突变，使得网络信息生态发展或衰亡。另外，除上述生态因子之外，偶然性事件也是不可忽视的重要环境要素，如自然灾害、战争等，这些均属于变量的破坏因子，其表现形式可以是自然运动，也可以是社会活动。

（2）技术因子与制度因子的影响

人类在不断认识自然进而改造自然过程中总结出各种工具和方法的总和即为技术。投入可以因技术转换成产出，如设备和知识等（过程技术），新产品或新服务的工具也能在此过程中得以实现（产品技术）。① 技术包含依照自然科学规则和历史生产经验提炼演变成多种能够解决问题的操作流程及方法，同时包含各种工具及操作方法和作业程序等，相应的管理技术以及生产创新活动也包含在内。技术是作用于生产过程的技能和手段，指导如何获取和利用资源。技术在网络信息平台的生存和发展中扮演着重要的角色。②

网络信息相关技术产生于网络信息生态系统内部。技术的创造、改进并逐渐走向成熟，是网络信息逐渐演化所伴随的必要性过程。技术创新是经济发展的内生结果，即经济发展的内生动力促进技术进步。③ 技术的形成和发展直接影响着网络信息生态的发展进程，也符合协同学的支配原理所阐述的发展规律。技术是网络信息生态从业者、技术创新研发者、网络信息平台以及社会其他组织通过不断的社会生产劳动和科学研究而形成的，但是技术的出现又反过来左右着网络信息平台的发展。

技术直接或间接影响网络信息生态中主体的行为及活动。技术的先进程度和成熟度，决定着网络信息生态的特征以及发展程度。就网络信息生态本质而言，网络信息生态中节点关联性是社会关系向前推进的结果，社会关系体现的是个体间相互合作和相互协调关系的状态，合作与协调的发展也会受技术发展状况所影响。传播媒介工具伴随人类社会发展也逐渐在演替：从口语传播时代

---

① ROSENBERG N. Factors Affecting the Diffusion of Technology [J]. Explorations in Economic History，1972，10(10)：3-33.

② 彭兰. 社会化媒体时代的三种媒介素养及其关系[J]. 上海师范大学学报(哲学社会科学版)，2013，42(3)：52-60.

③ 唐岳驹. 熊彼特和他的"创新理论"[J]. 世界经济，1981，41(9)：76-77.

到文字传播时代，从印刷传播时代到电子传播时代，单一的口口相传已满足不了社会发展的需要，如今印刷技术、广播技术、网络技术、通信技术、新媒体技术等逐渐走向成熟。从投入产出来看，在不同阶段网络信息平台生产水平与发展程度，并不只是依赖于投入多少劳动力、资金等生产要素，还同所包含的技术水平有很大的联系。技术对网络信息平台各参与要素的活动产生深刻影响，技术参与资源-需求互动的运作，如图8-6所示①，在连续不断变化的过程中，由技术推动平台运行。整个平台的资源-需求相互作用由技术渐进创新推动，而更高层次的变迁则由技术突破创新决定。基于此，从网络信息生态特性以及产出效益两个角度来看，技术水平和含量都对网络信息生态建设起着举足轻重的作用。

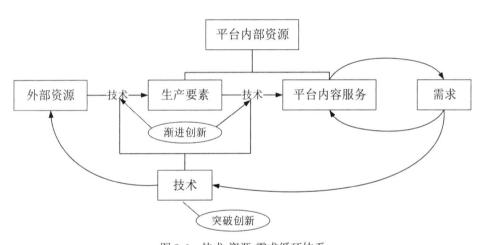

图 8-6　技术-资源-需求循环体系

社会经济系统中，技术是生命周期最长的变量。它贯穿于整个社会经济发展过程，伴随着其产生和发展。一旦形成基于新技术的网络信息技术应用，就体现出自身特有的路径属性，保持使用直到被其他更具优势的技术所取代。通常，一个技术为人们所依赖的过程便代表着一个经济时代，并会因人们的习惯而保持很长的时间。

在网络信息生态系统中，技术是较为踊跃的"不稳定"因素，它是系统从

①　钱辉. 生态位、因子互动与企业演化——企业生态位对企业战略影响研究[D]. 杭州：浙江大学，2004：140-143.

原本稳定态势飞跃到全新结构的"革命性"变量。一个科学理论的创建与应用、一次技术的创造与革新都能使网络信息生态的组织结构及地位产生巨大的改变，旧的平台市场地位剧烈下降，同时这种改变伴随着众多网络信息生态群体的消亡与创生。

技术作为反映网络生态系统有序结构的重要参数，是控制网络信息生态系统发展过程的主要因素。技术的演替进程从简单发展到复杂，从无序转变为有序，从有序到更高级的有序。它是网络信息演化有序的量度，同时是衡量网络信息生产能力由低到高、由简到繁的有序发展的主要变量。技术的更新不仅能够促进系统功能的进步和革新，还可以增强网络信息的交流和转换，从而推动整个网络信息生态的发展。

综上所述，技术作用于网络信息生态发展的整个过程，又对网络信息生态系统中其他相关要素变量的运行起关键性作用，同时它的进步与更新反映了整个网络信息生态系统及其各子系统的结构状态与未来发展，也体现出其各构成子系统的有序演化程度，因此技术因子是网络信息生态外部环境因子的典型代表。

网络信息生态系统的发展改变了人类的日常生活、工作娱乐等，拓展了人们的真实社交，使得人们的实时沟通交流更为便捷，但也出现了网络谣言、虚假信息传播等问题，因而法律法规、行业规制等相关制度问题则显得尤为重要。

凡勃伦提出，制度在本质上来讲是个人或社会在特定的环境下对关系及行为等形成约定俗成的想法，如今制度体现出人们对某一种行为、作用或生活方式的认可。制度需要符合特定的环境，随环境的变化而变化，是生态演替发展的结果。① 通过传统、习惯或法律约束的综合作用，制度能够规范行为类型，使社会组织更为稳定。制度是一种行为规则或决策，行为决策对个人选择活动的多次博弈具有约束作用，进一步为与决策有关的行为提供判断依据。② 尼尔提出，制度广义上是对人类活动进行的一种可观察性安排，而且它体现出符合时间、地点的特殊性而并非具有普遍性与不变性。哈耶克将制度看作抽象规则的具体化。规则是由组织成员共同制定的并愿意自觉服从的共识。通过规则的

————————

① 杨虎涛，张洪恺. 凡勃伦制度主义的过去与现在[J]. 当代经济研究，2009，162（2）：21-25.

② ELSNER L. Comparisons of Weak Regular Splittings and Multisplitting Methods [J]. Numerische Mathematik，1989，56(2)：283-289.

引导和约束，组织成员不必为自身知识有限而苦恼，其他成员的预期行为是能够在一定程度上掌控的，这也控制了成员交往中的不可预测性。规则在减少因知识分散化而造成的诸多不确定因素方面发挥了作用。虽然学者研究视角不同，对制度的定义各有差异，但较受认可的基本思想包括以下几点①：规范化的组织；共同的行为方式；规范和约束。

制度观认为，人类诸多活动的目的性，是使最优化个体行为受到组织各种规范和个人义务等诸多因素的限制。组织的生存和发展很大程度取决于成员对社会期望的认同。② 他们认为成员行为须顺应、符合社会环境状况，与其保持一致。制度通常被定义为一套规则，制度可以细分为三个层次：制度环境、制度安排和制度装置。制度环境是通过基本的政治、社会和法律基础规则制度安排来约束组织的生产、交换和分配过程，同时它也制约着组织成员的竞合关系。制度安排则是制度的细化。制度装置则是配合组织发展的一种工具和途径。③

网络信息生态系统发展的持续竞争优势的获取要求网络信息生态系统中主体的行为符合制度性规范。制度环境对网络信息生态主体行为加以限制，同时也是控制网络信息生态主体行为的生态因素，网络信息生态系统必须与社会系统步调相一致，满足整合及结构保持等功能各项要求的同时，调整自身行为与经济和社会效益目标相吻合。

在上述"规则"的含义基础上，本研究中所定义的"制度"是按以上规则所描述的"制度环境"的角度提出，实际上也是"制度环境观"，制度环境具体到网络信息生态环境要素上，可以看成由与规范化组织的关系(政府关系、公共关系等)、是否符合社会共同的行为方式(社会认同度)、所受到的规范和约束范围(合法性、法律地位)三方面构成，这些方面可以影响网络信息生态主体的各种活动，是制度因子在网络信息生态环境上的外显形式。

制度形成于网络信息生态系统内部。一方面，制度是由组织成员一起创造并愿意自觉服从的，这一特点显而易见，制度的形成具有强烈的目的性，反映出对网络信息生态的控制约束力度；另一方面，制度能调节网络信息生态系统的运行与发展，制度的不同所造成的作用也有差异。

---

① 盛昭瀚，蒋德鹏. 演化经济学[M]. 上海：上海三联书店，2002：129.

② BAUM J A C, OLIVER C. Institutional Linkages and Organizational Mortality [J]. Administrative Science Quarterly, 1991, 36(6)：489.

③ 张钢. 企业组织创新的理论与实证研究[D]. 杭州：浙江大学，1997：35-37.

制度是反映网络信息生态系统有序程度的关键因子。在整个环境的信息传输过程中，无法避免地会出现信息衰减，最后到信息消亡。信息的确定程度决定了信息的衰减容量，信息越是不确定，那么它在传输过程中更易递减，最终消失，即"社会的记忆性损失"，这也推动了社会无序化发展，提高了系统的熵值。因此，网络信息生态系统中信息明确性增强有助于组织的固化和规则化并形成共识，进而产生制度。制度是与熵之间的博弈，避免造成组织损失。

制度的长期存在有助于网络信息生态发展路径的形成。从一定意义上而言，网络信息生态的生存与发展必须依靠良好的制度，网络信息生态也可以看作制度的产物。制度环境的改变不但会对整个网络社会产生影响，也对其演化的路径特征有决定性作用，我们可以从分化和整合两个维度描述制度环境的变迁。① 网络信息稳定持续的发展，须以生态系统整体行为和目标符合制度约束作为前提。而制度自身的变迁极其复杂，它们控制着网络信息演化的路径和范围，其变迁过程也会受到其他因素的影响。英国学者巴勒特在"媒介-社会关系模式"中提出不仅要考虑政治、经济、技术三个维度对制度的影响，且需包含其他要素变量，如图8-7所示。②

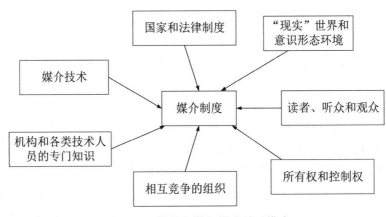

图 8-7 巴勒特的媒介-社会关系模式

由此来看，制度变迁具有如下特征：一是制度的变迁是一个逐渐进步的过

---

① 冯鹏志. 论技术创新行动的环境变量与特征———一种社会学的分析视角[J]. 自然辩证法通讯，1997，42(4)：39-46.

② 潘祥辉. 中国媒介制度变迁的演化机制研究[D]. 杭州：浙江大学，2008：79-80.

程，各个时段的制度都是紧密相连的，之前的制度就是当前制度的前提与依据；二是制度变迁过程是一个复杂的过程，包括市场因素和政治因素等诸多因素的影响，规定其评估适应性标准和筛选机制并非易事；三是制度变迁最终结果的不确定性，哪一种制度对整个生态环境作用最大很难确定，而且对环境影响产生作用的制度不一定是最优制度。从以上分析可以看出，制度是维护网络信息生态有序化的一个重要因子。

（3）资源因子与需求因子影响

网络信息生态系统不是在真空中存在和发展的，需要持续不断地从外界资源中获取各种能量。各类资源是网络信息生态发展所需物质能量的供给者。资源直接决定了网络信息生态是否能够生存下去，以及生存发展的质量。网络信息生态系统深受社会经济资源发展程度影响。经济形势的走向决定了网络信息生态系统的兴衰，国家或地区的综合经济实力强，网络市场规模就大，发展水平就高。其经济资源发展水平直接决定了受众的网络信息消费能力以及广告市场空间。资源生态因子是网络信息生态系统生存和发展最根本的基础，对网络信息生态系统的各个有机部分有着莫大的现实意义。

各类网络信息文化产品，从科技文化知识到休闲娱乐信息，都要利用网络信息进行传播，与此相对应的是，受众也要利用网络信息平台接受与消费文化和科学等方面的知识信息，而且大众在接受网络信息内容的过程中，必然会受到网络信息内容的熏陶和影响，这种影响是长期的、潜移默化的，包括人的思想、行为、态度、生活习惯和生活方式等多方面。网络信息生态系统为网络文化的传播与普及提供了前提，而受众对网络信息生态营造的文化氛围的需求，又进一步促进了网络信息生态文化的繁荣和发展。在以往的大众信息传播中，各传播媒介根据主观意图发布信息内容，没有充分考虑受众的真实需求，受众处于被动接收阶段。随着传播媒介通信技术的应用与发展，媒介市场从以卖方为中心向以买方为中心转变，受众个性需求愈加丰富，媒体简单的单向传播已难以为继。受众与媒体的互动构成了受众的评价体系，受众的注意力影响资本、人才、信息和广告的流向，改变政府、社会对网络信息生态的影响机制，并反作用于受众个体的网络信息使用行为和价值观念。网络信息生态系统发展需充分了解受众的内在需求，坚持以受众为本，以受众的需求为中心制定发展战略。

网络信息生态系统其基本生存特征是获取信息生产资源，同时向市场按需输出。用户需求与资源间的相互关系如图 8-8 所示，各类资源是满足用户需求的支撑层，人力资源、资金资源、技术资源等是用户需求得以满足和实现的支撑和保障。在主干层，通过信息资源流转来实现服务功能，保证主干层上各节点紧密相连。映射层则是平台、信息内容、用户及需求间相互关系的映射，只有保证各部分高效运行才能实现良性发展。资源和需求作为影响网络信息生态生存发展的关键生态因子是不言而喻的。①

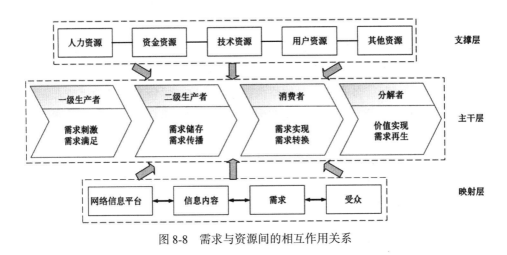

图 8-8　需求与资源间的相互作用关系

　　首先，需求反映了网络信息生态系统平台中用户的要求；资源为网络信息生态发展提供必要保障。在人类社会中，需求和资源是相互推进的关系，也是发展的条件与产物。网络信息生态是网络社会的一部分，网络信息生态生存与发展的前提是通过获取信息，并生产加工来满足受众需求，这也是网络信息生态生存与发展的目的。且对于内容生产者而言，网络信息生态环境下受众的注意力资源是稀缺的。由此，网络信息生态的一切活动均是围绕着受众需求和能够获取的资源进行，需求和资源对网络信息生态的发展起着决定性作用。

　　其次，需求与资源是网络信息生态发展过程中表现踊跃的因子，如同社会变革中，发生的所有革命、战争以及社会变化均是为争夺资源产生的。资源在市场经济环境下，是保障网络信息生态发展的必要因素，而受众需求是决定网络信息生态存亡的最终裁判。同时，随着社会不断发展变化，需求和资源的性质和内容也相应发生改变，更多样化的需求和丰富的资源供给是促进网络信息生态发展的最基本动力。

　　最后，需求因子与资源因子是衡量网络信息生态系统有序程度的重要因

①　彭兰. 社会化媒体与媒介融合的双重挑战[J]. 新闻界，2012(1)：3-5.

子。资源为网络信息生态系统提供必要保障,用户需求为网络信息生态提供发展空间。网络信息平台能否长期发展,在于其对整体市场的形势掌握和对资源合理有效利用程度,而网络信息竞争优势的获取也取决于能否满足受众需求和对资源的运用程度。毋庸置疑,需求与资源是网络信息外部生态环境中重要的两个因子。

8.3.2 信息生态外部环境建设架构

综上所述,网络信息生态系统的外部环境主要由技术、制度、资源、需求四个要素构成。在网络信息生态系统中,网络信息生态生存的条件主要是由资源因子与需求因子所决定:资源环境为价值生产创造了其所需的各种物质基础,需求环境则是价值实现的必要前提。网络信息生态发展总会由更高的需要和更多的资源推进。网络信息生态位的容量取决于资源和需求的水平程度,而网络信息的生态嵌入度则是由资源和需求的获得程度所决定。

网络信息生态环境建设通过不断地收集和了解受众的需求特点,努力获取并整合资源,由于信息受限、认知不足、关系模糊等各种限制,"有缺陷的"和"不完全的"资源与需求市场造成了生态位的多样化和两极化,但通过对需求的定位和特殊资源的锁定,能够找到自身的差异化优势,进而维系网络信息生态系统的发展。生态位上的错位特征解释了战略资源观中的资源"异质性"导向作用。"异质性"常指相同市场环境中不同的网络信息平台会选择不一样的发展战略,这种"异质性"使得网络信息生态环境建设获得更高的经济效益。这些能保证获得长远性高额回报的异质特性,是网络信息生态环境建设在有限理性特质的情况下形成前瞻性决策的能力所赋予的。关键性资源被其他资源所替代、不完全的受众需求等影响了网络信息生态环境建设获得关键性资源和满足需求的可能性,同时这些阻碍也阻挡了网络信息生态环境建设获得更大的竞争优势。

在社会化发展过程中,技术和制度因子是主要的控制变量,是网络信息生态环境建设由利用资源到满足需求这一过程的催化剂。它们如同调节控制器,对网络信息生态环境建设整体的投入(资源)和产出(需求)关系造成影响,使网络信息生态环境建设的资源的获取推迟或加快,提高对资源的利用程度和实现价值的有效进程,或者使网络信息生态环境建设状态发生阶段性改变。由此,通过对技术和制度因素的合理利用能够有效控制网络信息生态环境建设过程。

技术能够帮助网络信息生态环境建设运用更多的资源,也能将潜在需求朝显性需求转变,并使整体市场需求量增大。但是技术也能限制网络信息生态环境建设资源开发能力，甚至会妨碍网络信息生态价值的转化。在技术的上下限范围内，网络信息生态环境建设的分化表现尤为显著，网络信息资源与需求定位也是在技术水平的基础上制定的，所以网络信息生态环境建设对自身技术定位至关重要。合理的技术定位能够帮助网络信息环境建设充分了解自己在各方面存在的优劣势，更好地认识及掌握自身的生态位。简单来说，技术定位便是网络信息生态环境建设确定好自身资源以及需求；从整个发展过程分析，技术定位实现了对资源和需求的协调、运作、反馈转化。网络信息生态环境建设要一直完善自身的技术路线，使技术的可获得性能够适应网络信息生态环境建设的发展变化。

　　制度为网络信息生态环境建设确定了行为规定和界限，制度能够调节网络信息获取资源的范围，同时也能对需求的量加以限制。制度也有上下限，它的影响主要是让界限内的信息生态有序统一，不会出现紊乱。网络信息生态环境建设活动被社会规范和义务所束缚，对社会期望的认同将有助于网络信息生态系统的各子系统的生存和发展。若想为社会规范所认可，获得制度上的竞争优势，网络信息生态需不断完善自己的制度体系，具备独特的制度嵌入性。

　　总之，网络信息生态环境建设的正常运行离不开技术和制度因素，在技术和制度的积极作用下，才能创造价值，将正向能量引入进来。技术和制度能够推动网络信息生态系统高效运转，输入更多能量，然而没有技术和制度的调节控制，就无法保障正向能量的输入，更加长远的发展也就不切实际。在目前的经济形式来看，技术和制度这两个因素的作用显得日益重要。没有技术和制度，网络信息生态环境建设就不会存在。根据以上讨论，可以建立网络信息生态外部环境建设架构(如图 8-9 所示)。

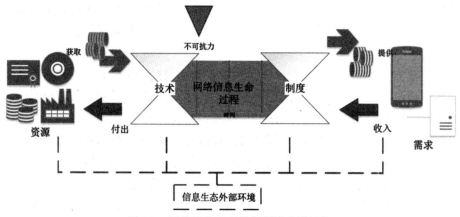

图 8-9　网络信息生态外部环境建设架构

对于网络信息生态环境建设来说，资源和需求是其基础，也是适应环境实现创新发展的参照点。资源和需求决定了网络信息生态环境建设的方向，技术和制度则推动着网络信息生态环境建设向前发展，它们对网络信息生态系统发展进程进行调节，对网络信息生态环境的物质流和信息流进行过滤和控制，据此来调节控制网络信息生态环境的建设。此外，技术与制度还能促进网络信息的革新和资源整合。同时，一些不能预测和抵抗的因子也许发生概率小，但对整个系统的破坏力不容忽视，因为其不确定性破坏会扰乱整个系统的稳定性，甚至导致整个系统崩溃。网络信息生态外部环境就是由以上各种因子共同作用形成。上述因子彼此关联、共同作用，形成了网络信息生态外部环境。

资源、需求、技术、制度因子各有其特征，因子之间的边界划分明确，因而很容易与其他因子区分开来，并进行识别。

当其他因子作用于某一因子时，该因子的变化远不及施加影响因子的变化。例如在 Web2.0 技术出现之初，人们对其需求的变化几乎不受其影响，当 Web2.0 技术在各领域应用得到推广甚至发展至成熟阶段，这时候需求才会显著增长。同样，在用户需求偏好发生改变时，技术并不会立刻产生，而是在用户需求积累到一定程度时，为满足人们需求，新的技术才会出现变化。

各个因子有其特有的作用方式，对网络信息生态环境建设的影响和功能也全然不同。一个因子作用于另一个因子，将会被该因子内化，以新的作用方式显现出来。例如，技术因素对需求因素的影响，总会转化为受众对新的信息内容聚合技术或信息获取方式的认可和需求，此时它与技术本身没有直接关联。

网络信息生态环境建设包含这四个因子，因子间的关联关系复杂，但其基本原理大致相同。在整体系统演化过程中若一因子起主导作用，其他因子对系统的关联影响几乎可以忽略不计。因此，独立地考察资源、需求、技术、制度因子对网络信息生态位的直接影响，且仅考虑因子间的间接关联作用是可行的。

8.4　基于网络治理的信息生态内部环境建设

为分析网络信息生态环境，既要分析网络信息生态的外部环境，又要分析其内部环境，如网络信息生态内部，不同网络信息种群之间在对受众注意力、广告等资源获取的竞合关系，以及网络信息种群内部的生态位争夺关系。

8.4.1 基于信息群间关系的内部环境建设

网络信息生态内外环境相互作用如图 8-10 所示，网络信息生态作为一个系统，需保持相对稳定，从外部环境输入获得物质和能量，通过输出反作用于环境并起到反馈作用。对网络信息生态环境中的受众而言，其获取的信息内容与其消耗的时间、精力、经济成本平衡；对于内容生产者，其获得用户注意力资源与其投入的财力、人力资源平衡。网络信息生态群落内种群或个体相互竞争、合作形成的内部环境与外部环境发生相互作用和影响。

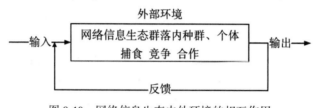

图 8-10 网络信息生态内外环境的相互作用

网络信息生态环境中，基础营养生态位主要由受众资源与广告资源构成，在同样的生存环境中，各种信息种群均会尽其所能去争取这两种资源。不同信息种群间主要存在捕食、竞争、共生几种关系类型，如表 8-2 所示。

表 8-2 信息种群间关系分析表

关系类型	关系特点	举例
捕食	种群间的资源的相互摄取关系	内容生产种群对受众注意力资源的获取
竞争	需求同一类型资源，此消彼长	主流媒体与自媒体用户对网络话语权的争夺，在受众资源上的竞争关系
共生	彼此互相有利，互惠共赢	平台运营方与各类职业内容生产种群(如媒体用户、意见领袖等)间的合作

整体而言，网络信息种群间既有竞争又有合作，相互间的作用机制由竞争机制和合作机制组合而成，两者间由协调机制来实现制衡，如图 8-11 所示。各类机制并不是单独存在，而是通过相互作用关联，共同推动各群落的发展。

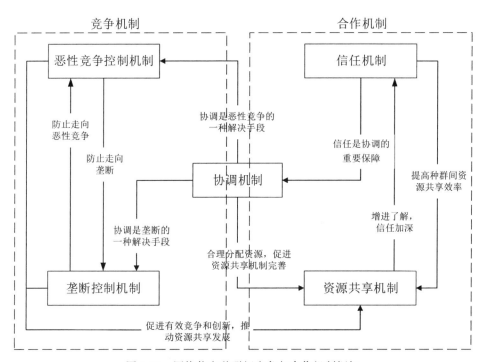

图 8-11 网络信息种群间竞争与合作机制框架

恶性竞争、垄断是竞争的极端形式，对恶性竞争和垄断的控制有利于种群间的良性竞争，防止极端情形的出现，为网络信息生态环境建设提供发展动力，这也在一定程度上促进了环境内部的资源共享机制的发展。协调作用相当于种群间竞争和合作的缓冲机制，起到节点桥接作用。协调是竞争控制的手段，促进信任的建立，使得资源分配、使用合理化。信任机制促使群落间信任关系的形成，提高资源共享效率。资源共享的同时，相互间的交流合作增加了彼此间了解，又会完善相互间的信任机制，且信任是种群间协调机制发挥作用的重要保障。

一般来说，网络信息生态位可分为泛化生态位和特化生态位，两者比较来看，显然特化生态位会更明确、细致。网络信息生态系统中不同种群依据其自身内容定位、特有背景等差异，采用泛化生态位争取较广的受众资源或采用特化生态位将受众群锁定到某一特定目标群体。如以休闲娱乐为主题的内容生产种群受众定位广泛，以时事政治为主题的生产种群则拥有一大批对此类主题感兴趣的用户。网络信息生态环境下，各种群间的相互作用即体现在对资源的竞争与利用上，对受众的注意力资源的获取，实现更大范围、更精准的宣传或营销；对信息知识的获取，满足自身的价值需求等是网络信息生态建设实质所在。

以网络信息平台广告为例，随着中国互联网的蓬勃发展，网络营销手段丰富多样，其精准投放的模式日益获得广告主的认可。随着移动服务的完善，网络信息广告挤占了其他广告媒体平台更大的空间。人们更多的时间花费在移动屏幕上，杂志受广告投资商的关注逐步降低。网络广告分流，使得报业广告持续大幅下降。在整个网络信息生态系统中，广告传播模式也已然发生改变，传统的"推"式单向传播向多中心的裂变式传播转变，传播链条上的各主体相互影响。①

随着网络信息生态发展，受众的需求以及行为方式也发生变化。广告业面临新的机遇和挑战，网络信息环境下广告投放更为精准，且更易为用户接受，例如通过网络红人、营销大V帮助企业主做原生广告投放等，获得更好的传播效果和营销效果。另外，利用大数据分析，有效匹配广告主和不同种群的特征，实现有效的推荐和链接也能创造良好的个性化推荐效果。

8.4.2 基于信息群内关系的内部环境建设

生态学中将生物种群内部个体间的相互关系定义为种内关系。通常，同种个体占有相同的资源生态位，而且有限的资源会致使种内竞争激烈，在生存斗争中存活并能繁殖后代的个体是竞争能力较强的。在网络信息种群中也体现了类似的种群特征，即生活在同一信息种群内的，由于资源的限定，会出现种内斗争或种内互助行为。种内斗争行为主要是针对受众资源、广告资源、市场份额、话语权的争夺与分享；种内互助行为包括信息传播内容的互访、评论、引用和推荐等。

在网络环境交互中，如微博平台相当于一个种群的栖居群落空间，当内容生产种群密度随着生产者数量增大而增大，对生态位愈加激烈的竞争将会使得种群内单个生产者获得的平均资源愈小。对于一个整体而言，其整体竞争力跟内容传播用户数量呈正相关，竞争力越大则占有的用户资源生态位就越大，它是内容生产者获取风险投资或者广告资源的一个重要参考数据之一。如具有雄厚的用户基础的内容生产用户（营销型意见领袖或段子手），相对于其他微博

---

① 李艳松. 社会化媒体广告传播系统模型的构建及特性[J]. 新闻大学，2015(2)，98-105.

用户，更容易取得广告商的信赖和资金支持。

在管理理论中，波特五力模型充分揭示了企业竞争战略决策的影响要素，以此分析一个行业的基本竞争态势，从而有效剖析客户的竞争环境，其在管理学领域被广泛采纳和应用。借此来看网络信息种群内的竞争关系，具有重要启发意义。本研究提出种群内的竞争结构，如图 8-12 所示。作为某一类内容生产者，其受到同一种群新进入者以及其他种群竞争者的威胁，同时与其上游的资源支持者的支持力度及受众的需求层次密切相关。如某一媒体微博用户，其网络话语权会受到其他媒体微博及自媒体微博等用户冲击，其竞争优势体现在是否具备足够的资源提供信息内容服务以及其提供的报道信息能否满足大众求真求实的需求等。

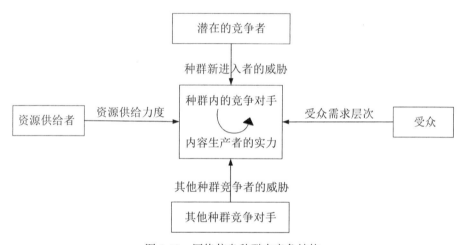

图 8-12　网络信息种群内竞争结构

网络信息环境中，每一个用户都是传播主体和传播接受者，即在同一时空场域中扮演着传播者和受众的双重角色。在这个机会与挑战并存的环境下，为了抢占用户资源并获得更多的粉丝数，同一网络信息种群内的个体可以通过改良营销手段、增加资金投入等某些特定手段和方式来抢占资源，从而为自己增加生存的机会。例如，通过挖掘并聚合人们津津乐道的话题来生产传播的内容，达到满足市场需求的效果。

竞争发展到一定阶段必然会出现等级。随着网络信息社会的发展，种群个体会逐渐有分工合作的现象，这时种群已不是绝对的同等级系统，个体地位的不平等表现尤为突出。在网络信息生态中，体现为优势个体拥有的网络关系资源更多，占有生态资源的优先权和对群体的主导权，体现在优势个体对于网络社会资本的支配性。优势个体会主导其话语权，并且拥有大量粉丝，影响范围极广，随着粉丝数量的增长，于无形之中充当了意见领袖的角色。由于这种影响范围广泛以及拥有的繁杂关系网络，因此意见领袖发布内容拥有议程设置的作用。不同于职业内容生产者的是，大量普通受众只是将网络信息当作浏览信息、情感发泄以及维持社会关系的平台，几乎没有话语权可言。尽管每个用户拥有获取信息的权利是一样的，但对舆论的导向作用，每个用户作用不一。此种情况下，种群内的个体便产生了等级之分。

在信息交互和网络活动中，人们根据自己喜好，接收不同信息的空间逐渐变大，而个体平均资源分布也就愈加具有分散性。为了实现资源最大程度的优化配置，避免恶性竞争出现的浪费，种群内个体采取互动合作策略，获得更多资源的同时，保持与竞争对手之间的良性发展关系。

网络信息生态系统平台中，各类用户相互依赖，彼此密切关联，有竞争亦有合作。面对有限的资源环境，各种群内个体间对资源的调整和分配会相互影响。由于网络资源具有可共享性，对于利益追求一致的种群个体，相互间的合作效应将带来边际效益的增长。这种合作形式目前分为两个阶段：第一阶段，浅层次的合作，这个阶段的合作结果为双方受益或使一方有益，而对另一方既无害也无益，并且双方分开后能够独立生存。体现在网络信息生态中，为个体双方信息的短时间互动，如转载、点赞、相互推荐等。第二阶段是深化层次的合作，合作的形式往往为长期稳定的。例如形成战略上的矩阵联盟。

种内合作增强了个体间的资源共享，着力开发同步功能，将会为广大用户带来更多的便捷。同时对各内容生产者而言，可以整合各方优势，合作改善原有的作用机制，形成整合优势并提供新的服务内容，加强双方的竞争实力。当然，在有些情况下，种内的合作反而会给媒体平台带来不良的影响，如"刷粉"现象的存在，表象的粉丝状况缺乏真实的互动感，对提升个体形象和制定相应的策略均不利，因此应进行生态环境层面上的治理。

9　互联网服务中信息安全保障的
法制化推进

互联网服务安全保障在网络环境治理的基础上开展，需要基于行业发展全局进行规划和法制化推进。在我国互联网信息安全监管不断完善过程中，选取当下发展迅猛、具有代表性的大数据、物联网、人工智能等新技术与应用作为对象，针对信息安全保障中的现实需求，对互联网应用拓展中的安全问题进行分析，在梳理行业信息安全保障关系的基础上，针对安全保障的法制化问题，形成行业信息安全保障的法制化推进对策。

9.1　互联网信息安全法制化保障中的政策与法规文本分析

互联网信息安全保障中的政策制定与执行是法制化管理推进中的一个重要方面。从整体上看，法律是保障信息安全的基本支持，依法行政和国家安全体制下的法律建设，又依赖于政策的贯彻执行。因此，在法制化推进中，拟从政策文本分析出发，明确基本的构架，寻求完善法律体系建设的途径。鉴于互联网服务中个人信息保护的关联性，以下从个人信息安全出发进行政策文本解析，以反映互联网服务安全保障的政策框架。

9.1.1　互联网服务中的个人信息保护政策与法规框架

我国自 2009 年起将买卖个人信息罪和非法获取个人信息行为纳入刑事处罚范围，此后又相继出台相关的个人信息保护政策。2019 年，十三届全国人大常委会将《个人信息保护法》纳入立法规划，个人信息保护政策从无到有，由少到多，体现了对个人信息保护工作的重视。同时，随着互联网的普及和大数据等技术的应用，网络上存在大量收集、贩卖、泄露个人信息的问题，对个人信息保护工作提出了更高的要求。因此，个人信息保护法律及政策的制定和完善在新时代尤为重要，根据我国个人信息安全现状制定具有针对性的国家政策并推行，能保护个人信息安全，提升国家网络环境治理水平。

围绕个人信息保护领域，我国的研究焦点集中在个人信息保护路径研究、个人信息保护政策协同研究和国内外个人信息保护政策比较三个方面。现有的研究大多从某一特定角度或问题探讨个人信息保护政策未来发展，鲜见从政策文本内容和结构量化的角度进行的研究，而个人信息保护政策能否实现其基本目标，与政策的内容和结构有密切关系，政策的内容与结构是否完整、各部分之间能否达到动态平衡，是政策发挥效用的前提和基础。使用政策工具进行政策文本的量化分析不仅能透彻剖析政策结构，还能观测政策体系是否平衡。目前将政策工具应用于个人信息保护政策的研究较少，典型的有谭春辉以政策工具探究个人信息保护政策，并据此提出相应的政策工具优化建议①。童林从政策工具、政策要素两方面对我国个人信息保护政策进行框架分析并提出改进方案。② 但仅从政策工具和政策要素的角度考量政策是否有效地发挥作用是远远不够的，政策是国家运用资源协调社会经济活动的重要工具，当其与社会角色责任耦合形成系统的共治主体时，才能实现个人信息管理闭环，因此政策中社会系统责任的分配对构建我国长效完善的个人信息保护体系具有重要意义。基于上述考虑，政策体系的考量分析还应结合社会系统论，考察在社会系统运行中现存个人信息保护体系的适应性，从而为我国进一步优化个人信息保护实现路径提供参考建议。不仅如此，还要结合政策效力，考察政策颁布部门对于政策推进的影响，以提出更为科学实用的改进建议。

基于此，系统剖析国内近年颁布的个人信息保护相关政策，构建个人信息保护的政策工具、社会系统论和政策效力三维分析框架，对相关政策进行文本分析，以期发现目前个人信息保护政策存在的问题，进而提出完善个人信息保护政策体系的建议，促进我国网络安全环境的建设和个人信息保护的发展。

政策工具维度为 X 轴，包括供给、需要和环境要素，社会系统论维度为 Y 轴，由信息主体、信息收集者、政府、监管、技术和公众六个要素组成，政策效力维度为 Z 轴，按照效力划分为 1~5。图 9-1 为个人信息保护政策分析三维

---

① 谭春辉，童林. 我国个人信息保护政策工具的分析与优化建议[J]. 图书情报工作，2017，61(23)：67-75.

② 童林. 政策工具视角下的我国个人信息保护政策研究[D]. 武汉：华中师范大学，2018.

框架，以下将对此框架内容进行阐述。

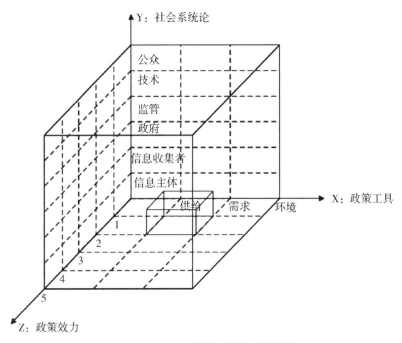

图 9-1　个人信息保护政策分析框架图

　　基于我国个人信息保护意识不强、个人信息保护路径较少、个人信息保护商业链尚未形成的现状，个人信息保护的发展一方面靠政府鼓励政策的推行，以提升群众个人信息保护的积极性；另一方面，还需要进行人才专项培养、发放补贴，扶持个人信息保护机构的创办。因此，本研究采取 Rothwell 等的研究思路，将供给性工具、需求性工具和环境性工具纳入个人信息保护政策分析的X 维度进行考察。个人信息保护供给性政策工具是指政府通过人才、资金、场地、技术等支持和鼓励个人信息维权机构创建，是增加个人信息保护途径的政策工具；需求性政策工具是指政府通过增加侵犯个人信息缴纳的罚金，并扩大个人信息维权价值，是刺激群众产生个人信息保护需求的政策工具；环境性政策工具是指政府间接支持个人信息保护机构创立，支持个人信息维权活动，是为个人信息保护工作开展提供环境的政策工具。在我国个人信息保护政策体系中，供给性工具起到推动作用，需求性工具起到拉动作用，环境性工具发挥间接作用。理想的个人信息保护政策体系需要保持供需的动态平衡，当供大于求时，就会出现个人信息保护人才闲置现象；当供小于求时，则会影响个人信息保护的发展。

尽管社会治理方式众多，但就我国而言，政策管制依然是我国社会治理的核心措施。在我国数据安全环境严峻形势下应用社会系统论探讨个人信息保护体系内部结构与社会环境的适应规律，协调多元利益主体，设立综合治理模式治理个人信息泄露问题是必然趋势。已有研究认为在社会系统论中，信息主体、信息收集者、公众以及政府对个人信息的利益诉求呈现有机整体的特征，需要各主体之间进行协调与平衡。在此基础上，随着个人信息价值日益凸显，个人信息保护亦不再局限于信息主体的被动发现，而依赖于各主体的主动监管与信息保护技术的加强，监管与技术将成为各主体之间共同协作的目标。因此，本书构建了一个新的社会系统论视角综合探讨我国个人信息保护政策与社会系统运行的适应度，其中 Y 维度要素包括：信息主体、信息收集者、政府、监管、技术和公众。

政策效力是政策权威性的重要体现，需要根据国家行政权力结构与政策类型对政策进行赋分来反映出政策效力。参考彭纪生等对政策效力的量化思想，以个人信息保护政策发布层次及其重要程度，将个人信息保护政策效力划分为五个层级。按照政策效力从高至低分别包括中共中央和国家部委发布的法制管制文件、国务院颁布的规范性文件、国家部门的指导性文件。由于我国个人信息保护体系尚在完善之中，省级政策较为零散，为聚焦研究内容，仅以中共中央和国家部委发布的相关政策为研究对象，省级政策在本书未被纳入。个人信息保护政策效力赋分规则如表 9-1 所示：

表 9-1　个人信息保护政策效力赋分表

政策发布部门	赋分
全国人民代表大会及常务委员会颁布的法律法规；中共中央、国务院颁布的纲要	5 分
中共中央、国务院颁布的指导意见、决定、决议等	4 分
中共中央、国务院颁布的通知；国家部门的条例、规定	3 分
国家部门的意见、办法、暂行规定	2 分
通知、公告	1 分

在政策文本分析方面，已有的研究已经证实文本挖掘和数据统计分析可以细致分析政策的结构特征、内部关系，显示出政策的演化趋势。因此本研究将

在全面把握政策文本内容的基础上反思现有政策体系，从而对政策现状和理论框架进行双向阐释。因此，本研究遵循的政策分析过程是：收集分析样本，建立政策文本分析数据库；人工精读政策，根据架构的三维分析框架从不同维度对政策文本进行编码及分类；最后计算统计分析结果。

通过查阅国务院办公厅、工业和信息化部官网及北大法宝网站，时间范围确定为 2004 年 1 月至 2020 年 4 月 10 日，检索关键词为"个人信息保护或安全""个人数据保护或安全"，通过对收集的政策内容进行详细阅读、认真筛选，剔除相关度不高或已失效的政策文本，确定 133 份相关度较高的有效政策文件作为研究对象。（见表 9-2）

表 9-2 部分政策文本列表

序号	政策名称	发文部门	颁布时间
1	《中华人民共和国刑事诉讼法（2018 年修正）》	全国人大常委会	2018
2	《中华人民共和国刑法修正案（九）》	全国人大常委会	2015
3	《中华人民共和国刑法（2017 年修正）》	全国人大常委会	2017
4	《中华人民共和国消费者权益保护法（2013 年修正）》	全国人大常委会	2017
5	《中华人民共和国网络安全法》	全国人大常委会	2016
6	《中华人民共和国社会保险法》	全国人大常委会	2018
7	《中华人民共和国普通护照和出入境通行证签发管理办法（2011 年修正）》	全国人大常委会	2011
8	《中华人民共和国民法总则》	全国人大常委会	2017
9	《中华人民共和国旅游法（2018 年修正）》	全国人大常委会	2018
10	《中华人民共和国居民身份证法（2011 年修正）》	全国人大常委会	2011
11	《中华人民共和国国家情报法》	全国人大常委会	2018
12	《中华人民共和国国际刑事司法协助法》	全国人大常委会	2018
13	《中华人民共和国公共图书馆法（2018 年修正）》	全国人大常委会	2018
14	《中华人民共和国电子商务法》	全国人大常委会	2018
15	《中华人民共和国测绘法（2017 修订）》	全国人大常委会	2017
16	《中国银监会办公厅关于加强银行业消费者权益保护解决当前群众关切问题的指导意见》	中国银监会办公厅	2016

续表

序号	政策名称	发文部门	颁布时间
17	《中央网信办、工业和信息化部、公安部、市场监管总局关于开展 App 违法违规收集使用个人信息专项治理的公告》	中央网信办、工业和信息化部、公安部、市场监管总局	2018
18	《中国人民银行、工业和信息化部、公安部等关于促进互联网金融健康发展的指导意见》	中国人民银行、工业和信息化部、公安部	2015
19	《工业和信息化部关于贯彻落实〈推进互联网协议第六版(IPv6)规模部署行动计划〉的通知》	工业和信息化部	2018
20	《中共中央办公厅、国务院办公厅印发〈关于做好2020 年元旦春节期间有关工作的通知〉》	中共中央办公厅、国务院办公厅	2019
21	《中共中央、国务院关于完善促进消费体制机制进一步激发居民消费潜力的若干意见》	中共中央、国务院	2018
22	《征信业管理条例》	国务院	2013
23	《邮政行业统计管理办法(2013 年修正)》	交通运输部令	2013
24	《银行卡清算机构管理办法》	中国人民银行、中国银行业监督管理委员会	2016
25	《养老机构管理办法》	民政部	2013
26	《新闻出版统计管理办法(2016)》	国家新闻出版广电总局	2016
27	《消费金融公司试点管理办法(2013)》	中国银行业监督管理委员会	2013
28	《未成年人节目管理规定》	国家广播电视总局	2019
29	《网络预约出租汽车经营服务管理暂行办法(2019修正)》	交通运输部	2019
30	《网络零售第三方平台交易规则制定程序规定(试行)》	商务部	2014

对 239 个条款依据政策工具进行供给、需求及环境属性判断，统计结果如图 9-2 所示。截至 2020 年 4 月 10 日，环境型条款 181 条，约占总比为 76%；

需求型条款 21 条，约占总比为 9%；供给型条款 37 条，约占总比为 15%。

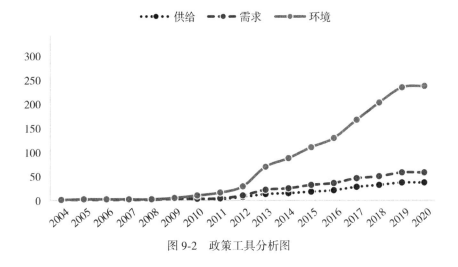

图 9-2 政策工具分析图

图 9-2 的统计结果显示，环境型条款(76%)在我国现行个人信息保护政策中占比最重，供给(15%)与需求型条款(9%)远远少于环境型条款。造成这一现象的部分原因是由于我国个人信息保护工作处于发展阶段，政府推出大量环境性条款进行环境建设。另一部分是政府对个人信息安全问题治理依赖于个人信息保护措施，通过仔细研读政策发现政府补贴刺激公众需求类型条款尚无，政府扶持个人信息保护产业链发展也较少，难以形成完善的个人信息管理市场。供给型条款是增加个人信息维权途径的直接途径，需求型条款是提升个人信息价值的有力举措。持续地使用环境政策工具，而忽略供给、需求政策工具将使得我国群众正处于个人信息保护意识较强而维权途径有限、个人信息维权价值低迷的状态。据《中国个人信息安全和隐私保护报告》显示，七成受访者表示对个人信息安全问题感到焦虑，但苦于维权程序复杂、成本高而放弃，另有少部分受访者认为"即使维权成功，好处也不大"。这表明我国群众个人信息保护意识较强，但当个人信息受到侵犯时，依旧缺乏便捷的维权平台与可观的维权收益，进一步佐证了政策工具失衡将不利于我国个人信息保护工作的开展这一结论。

9.1.2 网络信息安全法制化治理保障的政策建议

基于社会系统论对我国个人信息保护政策从监管、信息主体、信息收集者、公众、政府及技术六个方面对 239 个条款进行分析。其中，信息收集者条款 153 条，出现频次为 64%；公众条款 52 条，出现频次为 22%；信息主体条款 69 条，出现频次为 29%；监管条款 44 条，出现频次为 18%；政府条款 116 条，出现频次为 49%；技术条款 27 条，出现频次为 11%。由此可见，在社会系统论中，政策体系与社会系统结构存在耦合，我国社会系统与政策体系相互依赖、互为环境。① 因此，政策体系中社会系统要素分布不均，将使得政策目标实现受阻。我国个人信息的管理主要依赖于个人信息收集者，个人信息主体并未参与对自身信息管理工作，从而致使个人信息收集者压力过大，个人信息泄露途径防不胜防。且我国个人信息保护工作主要依靠政府制定的行政处罚和刑事处罚，对于个人信息安全监管工作不够重视。而提及最少的技术的层面，正是解决问题的关键所在，但其却主要停留在规划阶段，并未观察到实际推行政策。基于上述分析，我国个人信息保护事业的发展主要依靠政府约束信息收集者来实施，缺乏严密的技术监管途径。在流通个人信息时信息收集者与信息主体是重要关卡，对个人信息的保护，不仅应要求信息收集者，还应当重视信息主体。因此，在推行个人信息保护工作中，个人信息主体应与信息收集者给予同等程度的关注。

从政策发布层级对 239 条政策条款中的政策效力进行判断，统计每年政策效力增长结果如图 9-3 所示。

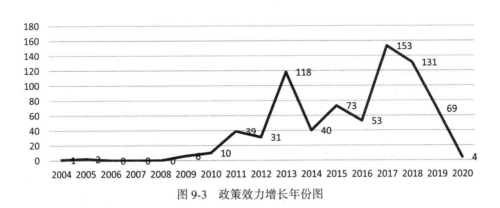

图 9-3　政策效力增长年份图

---

① 陈锦波. 法治中国建设进程中的思维方式演进——一个社会系统论的视角[J]. 内蒙古社会科学(汉文版)，2019，40(6)：93-99.

不同级别的政策颁布体现了政府的重视程度，通过对我国政策增长效力的量化分析，结合政策类型、发文部门类别能宏观地体现出政府部门之间的协调性。从政策总效力来看，从 2004 年至 2019 年政策总效力持续增高，其中 2017 年增长幅度最高，条款总效力在样本中占 21%，但 2019 年的政策增长效力大幅度降低。其原因可能是 2017 年、2018 年颁布了太多的高效力政策，而 2019 年在为各政府部门之间的政策协同做工作，其间颁布的政策文件以效力较低的通知、意见和办法为主。尽管如此，2017 年、2018 年的政策效力增长仍然与 2019 年落差过大，这说明政府部门之间的协同性不高，政策的颁布目的缺乏一致性，主要依靠部门对于个人信息保护法律的理解。因而，极有可能导致政策在实施时由于不能适应各阶段或不能兼顾各个方面，最后导致政策落实不到位。

我国以使用环境型政策工具为主，其政策效力也显著高于供给和需求型政策工具。并且由于环境型政策工具的数量基数大，社会系统完善度也高于供给和需求型政策工具，但我国个人信息保护问题依旧不容乐观。以《网络安全法》为例，其要求"网络运营者不得收集与其提供的服务无关的个人信息，不得违反法律、行政法规的规定和双方的约定收集、使用个人信息，并应当依照法律、行政法规的规定和与用户的约定，处理其保存的个人信息"，表明我国基于"个人控制"模式制定大量环境型政策工具来治理个人信息安全问题，"个人控制"模式要求信息主体在被收集信息时，完整阅读信息收集者提供的隐私政策，并作出适宜的决定。但人的理性是有限的，在认知和决策过程中，将会受到"框架效应""禀赋效应""现状偏好"等因素的影响。[1] 并且大数据时代，零散的信息被聚合加工后极可能成为能识别个人的隐私信息，因此仅依靠环境型政策工具去运维我国个人信息保护环境是不可取的，环境型政策对信息收集者提出需告知并取得信息主体同意这一要求，而信息主体受限于有限理性和复杂的数据环境，很难维护个人信息安全。而在《网络安全法》中仅列出少许缺乏具体措施的支持个人信息保护的条例，如"国家鼓励开发网络数据安全保护和利用技术，促进公共数据资源开放，推动技术创新和经济社会发展。国家支持创新网络安全管理方式，运用网络新技术，提升网络安全保护水平"。并且用户维权时相关条例模糊，如"违反本法规定，给他人造成损害的，依法承担民事责任"，造成公众信息维权途径与价值缺失，形成尽管我国已在多部法律

---

① 郭春镇、马磊. 大数据时代个人信息问题的回应型治理[J]. 法制与社会发展，2020，26(2)：180-196.

法规中对其做出规定，但个人信息泄露问题依旧屡见不鲜。① 因此，我国个人信息保护政策制定时应转变治理观念，推行多元主体监管，加强个人信息保护途径、刺激公众个人信息保护需求，以实现多元技术、主体的协同治理。

以上构建的三维政策分析框架中，X 维度通过政策工具探究我国个人信息保护政策中基本目标是否贯彻；Y 维度通过社会系统要素考量我国政策与社会系统的适应性；Z 维度通过政策效力梳理国家政策侧重点。通过不同维度的个人信息保护政策文本分析，识别出相关政策存在的一些问题，具体如下：

①只重视环境建设，忽略供给与需求刺激。尽管环境建设是系统生态建设必不可少的一步，但轻视供给与需求发展也并非明智之举。个人信息保护的建设不仅仅依赖于政府规范个人信息保护制度，还在于个人自发守护个人信息，意识到个人信息保护的重要性，并愿意开展维权行动；在于提供便捷有效的途径使个人信息保护实现。一味地完善制度，极有可能使群众漠视政策的推行，从而导致政策的推行无法看到成效，影响我国个人信息保护体系的持续发展。除了信息主体层面，针对信息收集机构，政府的供给与需求政策也是缺乏的。大部分的信息收集机构并非公益性机构，都以盈利为目的。为了实现个人信息保护供给，政府缺乏针对机构开发信息保护技术税收政策、各个机构之间的技术共享政策及政府资助政策，缺乏对个人信息保护措施做得好的信息收集机构的宣扬政策。

②压力集中于信息收集者，技术发展缓慢。信息收集者对个人信息的保护有着不可推脱的责任，但政策将所有的焦点集中于信息收集者而不重视个人信息主体的保护意识，容易导致信息监管链脱节。个人不懂信息保护的方式、个人信息保护技术不到位都是信息泄露的根源。要想建立完备的个人信息保护体系，就必须解决这些问题，因此在政策制定中应当将信息主体、技术与信息收集者的管理齐头并进。否则，我国个人信息保护困境将无法得到改善，公众将继续面临个人信息安全风险。

③顶层政策设计倾斜，部门间政策缺乏一致性。首先，我国缺乏针对性的个人信息保护法律，个人信息保护仅体现在其他政策中。其次，即便是有顶层政策规划设计，部门之间也缺乏协同性。作为一个初生的政策体系，在营造出较好的社会氛围后，缺少直接的刺激供给与需求政策来平衡体系。下级部门没有经过沟通协调，颁布了较多重复性的政策，如都从信息收集者对个人信息保

———————————

① 互联网法治研究中心：中国个人信息安全和隐私保护报告［EB/OL］．［2021-11-25］．http://www.199it.com/archives/540836.html．

护措施入手，从而忽略其他要素。最后，在政策效力上，不同效力的部门政策应当层次分明，以保证顶层政策有力实施，而不是一味地印发通知等效力较低的文件，致使政策落实缓慢，顶层设计继续倾斜。

为更好地发挥政策对个人信息保护发展的导向、调控、服务等功能，促进个人信息保护的可持续发展，研究提出以下政策建议：

①平衡政策工具要素。在国内环境型政策基数较大、群众个人信息安全意识觉醒的状况下，政府应针对个人信息保护现状增加供给与需求政策，个人信息保护供给政策可以通过加大政府投资，扶持个人信息保护机构建立；对信息收集机构实施个人信息保护的项目进行税收优惠；国家机关先示范，自主研发信息保护技术等政策加强供给工具要素。个人信息保护需求工具要素可以通过政府出资承担一定比例的个人信息保护维权支出；增加个人信息维权的收益；鼓励开展个人信息保护相关培训讲座。

②加强多元主体合作。除了规范信息收集者的行为以外，每个人对自己的个人信息安全应当具有防范意识。对于网民来说，个人信息保护不应当是被动的，应该学会主动甄别信息采集者意图，与管理者携手防范。同时，政府还可通过披露个人信息泄露案例来警醒公众，提高公众个人信息安全意识。最后，应建立完善的个人信息监管机制，聚集信息主体、公众、政府部门合作监管个人信息，及时治理个人信息泄露问题。

③提高部门协同性。在加快个人信息保护法建设的基础上，各个部门也应当做好配套的政策推行方案，做到有法律保障、有奖罚措施、有发展规划，每一项出台的政策都有其特定的目标。以全国人民代表大会制定的法律、国务院的纲要为核心，工业和信息化部为首，带动民政部、交通运输部、卫生部等逐渐普及个人信息保护在各行各业的应用。各个部门在实现社会公众个人信息保护的前提下，出台不同侧重的政策，都应当考虑部门的定位，结合政策效力的轻重，提高个人信息保护政策体系的协调性，保证社会资源运用的最大化，构架一个完备的具有中国特色的个人信息保护政策体系网络。

9.2　大数据应用安全保障的法制化推进

2016 年 12 月，国家互联网信息办公室发布了《国家网络空间安全战略》，提出实施国家大数据战略、建立大数据安全管理制度、支持大数据信息技术创新和应用要求。全国人大常委会和工信部、公安部等部门为加快构建大数据安全保障体系，相继出台了《加强网络信息保护的决定》《电信和互联网用户个人信息保护规定》等一系列法规和部门规章制度。与此同时，相关标准研制机构还发布了国家和行业的网络个人信息保护相关标准，开展以数据安全为重点的网络安全防护检查。① 2016 年以来，大数据技术与大数据应用发展，除技术层面的安全维护外，对法制化管理提出了进一步要求，以确保数据治理和数据安全应用的目标实现。

9.2.1 大数据信息安全相关法规与条例

大数据应用的场景越来越多、越来越重要，因此，要科学规范利用大数据并切实保障数据安全，在法规制度和标准体系方面也将面临新的挑战。

一方面，大数据的发展推动了经济发展，但也给监管和法律带来了新的挑战。法律带来的是稳定的预期和权利义务关系的平衡。大数据以及它给政治、经济、社会带来的深刻变革，终将需要法律规范的保障。《促进大数据发展行动纲要》指出，推进大数据健康发展，要加强政策、监管、法律的统筹协调，加快法规制度建设。要制定数据资源确权、开放、流通、交易相关法规，完善数据产权保护法规。通过积极研究数据开放、保护等方面的法规，有利于实现对数据资源的采集、传输、存储、处理、交换、销毁的规范管理，可以促进数据在风险可控原则下最大程度开放，明确市场主体大数据的权限及范围，界定数据资源的所有权及使用权，加强对数据滥用、侵犯个人信息安全等行为的管理和惩戒。如通过制定个人信息方面的法规制度细则，可以界定哪些数据属于个人信息，如非法使用则将受到相应的惩戒；又如通过制定跨境数据流动方面的法规制度细则，可以加速形成跨境数据安全流动框架，明确相应的部门职责、数据分类管理要求以及数据主体的权利和义务等。

另一方面，大数据的发展也给标准规范配套带来了新的挑战。标准是法规制度的支撑，肩负着规范市场客体质量和技术要求的重要职能。因此，除了在立法层面要明确数据保护方面的法规外，还应制定相应的数据采集、储存、处理、推送和应用的标准规范。通过制定符合实际的大数据应用和安全标准，能有效促进大数据安全应用，从而既能引导、规范、促进大数据的发展，又确保了数据开放共享、个人信息保护需求和安全保障需求之间的平衡。如制定了个

---

① 中国电子技术标准化研究院. 大数据安全标准化白皮书[EB/OL]. [2020-12-20]. http://www.cesi.ac.cn/201804/3789.html.

人信息分类、责任原则、保护要求和安全评估方面的标准内容，有利于更好地规范实施个人信息的安全采集、存储和处理过程，防止个人信息被误用和滥用；又如制定了数据确权、访问接口、服务安全要求等标准内容，有利于建立安全的大数据市场交易体系，促进大数据交易流通的发展。

大数据安全相关的法规和条例是大数据行业发展的基础和保障，是大数据安全标准制定的重要依据，我国及世界其他各国充分重视大数据相关法律法规的建设与制定。围绕大数据安全保障问题，美国、欧盟、澳大利亚、俄罗斯、新加坡等已制定或发布了数据保护相关法律法规，总结起来其数据保护法律法规分两类：

一是制定专门的数据保护法律法规，并明确相应的数据安全管理部门，如欧盟、俄罗斯、新加坡等。其中，俄罗斯进行数据保护的主要法律是《个人数据保护法案》，涉及的主要监管部门是俄罗斯电信/信息技术和大众传媒联邦监管局(Roskomnadzor)。新加坡进行数据保护的主要法律是《个人数据保护法令》(PDPA)。同时，为了执行PDPA，新加坡专门成立了个人数据保护委员会(PDPC)来承担PDPA的制定和实施工作。

二是数据保护的相关要求分散地体现在本国各项法律法规及部门规章的相关条款中，但尚未颁布数据保护的专门法律法规，也未设置相应的管理部门，如美国、澳大利亚、日本等。从一定意义上说，各国数据保护法律法规的宗旨就是围绕数据提供者、数据基础设施提供者、数据服务提供者、数据消费者、数据监管者等参与方，力图将数据保护范围、各参与方对应的权利和义务、相关行为准则等要点界定清晰。具体监管分以下四种：

①可监管辖区范围。可监管的辖区范围是指法律法规里规定的所能管辖的数据涉及的领土范围，尤其是设立在境外的数据中心是否受到本国法律法规的监管，这也是目前业界关注的重点之一。不同国家和地区对此规定有一定的差异性。如美国、澳大利亚目前的管辖范围是本国领土，也就是说，外国企业以及本国企业设在境外的数据中心，均不受本国法律法规约束(但某些特殊情况下，美国有可能会运用长臂管辖权等特殊原则，以国家安全的名义，在认为必要的时候实施强制管辖)。但欧盟、俄罗斯、新加坡等则相对监管较严，如俄罗斯规定其数据保护法律法规不受领土管辖权的限制，适用于任何在俄罗斯发生的数据处理过程，包括所有对俄罗斯公民数据的收集和使用，而无论数据中心是否建立或位于俄罗斯境内。对于跨境的数据流，如果俄罗斯公民是对应的数据传输协定中的一方，那么俄罗斯的数据保护法律法规也可在一定程度上

应用。

②需保护的数据对象。目前，美国、欧盟、俄罗斯等的数据保护主要针对个人信息，一般说来可划分为两类：个人识别信息（PII, Personal Identity Information）和个人隐私/敏感数据。其中，PII 是指能直接根据该信息识别和定位到个人的信息，如姓名、身份证号码、银行卡号、家庭住址等；个人隐私/敏感数据是指虽不能直接识别和定位到个人，但通过关联和综合分析，有可能定位到个人的信息，如健康信息、教育经历、征信记录等。各国对个人隐私/敏感数据的定义不同，其保护的数据范围也就各不相同，如美国在一些部门规章（如 HIPAA）中划定了个人隐私保护的具体范围，而俄罗斯、新加坡等国则规定凡是和个人相关的信息，均被认为是个人隐私/敏感数据，均在保护范围内。

③需监管的数据应用场景。一般情况下，所有涉及数据收集、存储、处理、利用的数据控制者都是被监管的对象，但各国也根据自己国情划定了可免除监管的例外条例，如新加坡规定了公民个人行为、员工就业过程中的必要行为、政府/新闻/科研等公共机构的部分行为、某些获取了明确证明或书面合同的数据中介机构等，可免于数据保护法律法规的监管。

④需监管的数据处理行为。目前，美国、欧盟、俄罗斯、新加坡等均提出应对数据的全生命周期进行监管，包括收集、记录、组织、积累、存储、变更（更新、修改）、检索、恢复、使用、转让（传播、提供接入等）、脱敏、删除、销毁等行为，但各国也根据自己的国情划定了可免除监管的例外条例，如俄罗斯规定了专为个人和家庭需求处理个人数据（前提是不侵犯数据对象的权利）、处理国家保密数据、依照有关法律由主管当局向俄罗斯法院提供相关数据等情况，则属于相应的例外豁免情形。

9.2.2 大数据信息安全保障存在的问题及其法制化管理对策

大数据中包含的大量数据，在交互传输和利用中存在着数据安全多发的诸多问题。其中包括个人隐私保护和大数据应用中的权益保障。

①数据安全保护难度加大。从总体上看，法制化管理面临以下几方面的挑战：大数据中包含大量的数据，使得其更容易成为网络攻击的目标。在开放的网络化社会，蕴涵着海量数据和潜在价值的大数据更受黑客青睐；同时，分布式的系统部署、开放的网络环境、复杂的数据应用和众多的用户访问，都使得大数据在保密性、完整性、可用性等方面面临更大的挑战。曾经发生过多起大

数据平台数据泄露的安全事件。如 2016 年年底，因系统漏洞和配置问题，全球范围内数以万计的 MongoDB 系统遭到攻击，数百 TB 的数据被攻击者下载，涉及包括医疗、金融、旅游在内的诸多行业。一部分攻击者甚至在入侵 MongoDB 数据库后，将数据清除并向受害者索取赎金。又如在 2017 年 6 月，因 HDFS 服务器配置不当，导致全球近 4500 台服务器遭受攻击，泄露数据量高达 5120TB。这些情况说明，急需进行法制化管理的推进，解决数据安全保障基本问题。

②个人信息泄露风险加剧。一方面，由于大数据系统中普遍存在大量的个人信息，因此在发生数据滥用、内部偷窃、网络攻击等安全事件时，常常伴随着个人信息泄露；另一方面，随着数据挖掘、机器学习、人工智能等技术的研究和应用，使得大数据分析的能力越来越强大，由于海量数据本身就蕴藏着价值，在对大数据中多源数据进行综合分析时，分析人员更容易通过关联分析挖掘出更多的个人信息，从而进一步加剧了个人信息泄露的风险。在大数据时代，要对数据进行安全保护，既要注意防止因数据丢失而直接导致的个人信息泄露，也要注意防止因挖掘分析而间接导致的个人信息泄露，这种综合保护需求带来的安全挑战是巨大的。

③数据真实性保障更困难。大数据类型繁多(Variety)，在当前的万物互联时代，数据的来源非常广泛，各种非结构化数据、半结构化数据与结构化数据混杂在一起。数据采集者将不得不接受的现实是：要收集的信息太多，甚至很多数据不是来自第一手收集，而是经过多次转手之后收集到的。事实上，由于采集终端性能限制、鉴别技术不足、信息量有限、来源种类繁杂等原因，对所有数据进行真实性验证存在很大的困难。收集者无法验证到手的数据是否是原始数据，甚至无法确认数据是否被篡改、伪造。这一现实决定了法制化监管的迫切性。

④数据所有者权益难以有效保障。数据脱离数据所有者控制将损害数据所有者的权益。大数据应用过程中，数据的生命周期包括采集、传输、存储、处理、交换、销毁等各个阶段，在每个阶段中可能会被不同角色的用户所接触，会从一个控制者流向另一个控制者。因此，在大数据应用流通过程中，会出现数据拥有者与管理者不同、数据所有权和使用权分离的情况，即数据会脱离数据所有者的控制而存在。从而，数据的实际控制者可以不受数据所有者的约束而自由地使用、分享、交换、转移、删除这些数据，也就是在大数据应用中容易存在数据滥用、权属不明确、安全监管责任不清晰等安全风险，而这将严重

损害数据所有者的权益。在大数据应用与服务中，权益的法律界定和认证有待从更深层的高度解决。

针对以上问题，特别是数据权益和隐私保护，各国进行了相应的处置，其中的数据提供者权利处于核心位置。数据提供者权利主要是指用户在使用信息服务中被收集的相关数据支配权利，包括对自身信息的所有权、处置数据知情权，访问/查询/更新权、投诉权等。对此各国都有着相应的法律规定，表9-3列举了部分国家的相关法规内容。

表 9-3　一些国家对数据提供者权利的规定①

权利内容	美国	欧盟	澳大利亚	俄罗斯	新加坡
数据收集/处理前被告知的权利	允许[1]	允许[1]	允许[1]	允许[1]	允许[1]
授权个人数据收集/处理的权利	允许	允许	允许	允许	允许
访问/查询个人信息的权利	指定情况下允许[2]	允许	允许	允许	允许
更正个人信息的权利	指定情况下允许[3]	允许	允许	允许	允许
停止收集个人信息的权利	指定情况下允许[4]	允许	未明确规定	允许	未明确规定
删除个人信息的权利	指定情况下允许	允许	不允许	指定情况下允许[4]	不允许[4]
投诉的权利	未明确规定	允许	允许	未明确规定	允许
其他权利	未明确规定	允许[5]	未明确规定	允许[5]	未明确规定

① 全国信息安全标准化技术委员会. 大数据安全标准化白皮书（2018 版）[EB/OL].[2021-12-20]. https://www.tc260.org.cn/upload/2018-04-16/15238082932200001658.pdf.

权利内容	美国	欧盟	澳大利亚	俄罗斯	新加坡
注：1. 美国、欧盟、澳大利亚、俄罗斯、新加坡对收集数据前征求数据提供者同意的形式、提供的内容、例外情况等规定各不相同。 2. 除了 HIPAA、加州法律等，FTC、GLBA 等大多数美国隐私法一般不支持为用户提供相关访问权限，但《儿童在线隐私保护法案》允许父母查看网站所收集的孩子个人信息。此外，HIPAA、《儿童在线隐私保护法案》还支持用户的删除/更正信息的要求。 3. 美国 GLBA、HIPAA、加州法律都支持公司提供渠道，允许用户退出其提供的信息服务。 4. 美国《儿童在线隐私保护法案》允许父母删除信息的要求。俄罗斯个人数据保护法案规定，当个人数据不完整、过期、不准确、非法取得、数据处理声明的目的不是必须的等情况下，数据提供者可以请求删除个人数据。新加坡 PDPA 不给个人请求删除自己个人信息的权利，但保留有限制的责任。 5. 欧盟 GDPR 在第 17 章中明确定义数据遗忘权和删除权。俄罗斯个人数据保护法案规定的数据主体其他权利还包括获取数据使用相关信息、反对直接营销等权利。					

由表 9-3 可知，各国数据保护法律法规对数据提供者权利基本都进行了规定，但规定的力度又各不相同，如针对知情权，俄罗斯则规定，针对数据主体全名/地址/身份证明 ID(如护照)/身份证明的发行时间与发证机关/签名等信息、数据控制者的全名/地址/数据处理目的等关键信息，需要以书面形式给出(包括电子签名的方式)。新加坡则规定，数据控制者在收集个人数据之前需经数据主体的同意，但不指定通知形式。

对于数据使用，美国、欧盟、澳大利亚、俄罗斯、新加坡等均规定数据使用者除了有责任在数据收集、存储、处理等全生命周期中配合数据主体实现其权利外，还有确保数据安全、对数据监管者进行数据收集和利用情况报备、发生异常事件时的通报、数据境外流转/存储前向数据监管者申请等义务，如表 9-4 所示。

表 9-4 一些国家对数据使用者义务的规定

义务内容	美国	欧盟	澳大利亚	俄罗斯	新加坡
保证数据中心在境内外的业务	指定情况下不要求	指定情况下不要求	指定情况下不要求	要求数据中心在境内	未明确规定

义务内容	美国	欧盟	澳大利亚	俄罗斯	新加坡
收集数据前征求政府部门同意的义务	未明确规定	未明确规定	明确规定[1]	明确规定[2]	明确规定[3]
发生异常时向指定政府部门及数据主体等报告	明确规定	明确规定	明确规定	明确规定	未明确规定

注：1. 澳大利亚没有要求必须通知 OAIC 和信息专员。

2. 俄罗斯规定数据控制者在操作处理个人数据之前必须通知 Roskomnadzor（通知可以是纸质版或电子版），Roskomnadzor 会在收到通知后 30 天内对数据操作者进行登记。

3. 新加坡规定有义务通知政府主管部门收集、使用或披露个人信息的目的（包括书面和口头两种形式）。

关于数据境外流转/存储和转移协议的要求，各国有着相应的规定，这些规定与各国的制度和安全体系相适应。

数据跨境主要包括流动、存储以及所涉的协议等方面内容，各国对数据境外流转/存储和转移协议的规定如表 9-5 所示。

表 9-5 一些国家对数据境外流转/存储和转移协议要求

数据境外流转/存储和转移协议要求	美国	欧盟	澳大利亚	俄罗斯	新加坡
数据是否可存储在境外	允许	允许	允许	不允许	允许
数据是否可流转到境外	在指定条件下流转	在指定条件下流转	在指定条件下流转	在指定条件下流转	在指定条件下流转
数据流转到境外的转移协议	未明确规定	未明确规定	未明确规定	未明确规定	未明确规定
发生数据境外存储/流转时是否告知数据监管者	未明确规定	未明确规定	未明确规定	必须告知主管部门	未明确规定

美国对个人数据跨境传输限制较少，只有部分州颁布相关法律限制国外组织或机构开展数据服务，但通常仅限于为政府机构提供服务或产品的企业。FTC 和其他监管机构的立场是，美国法律法规适用于跨境传输的美国数据，监管企业如下方面：①数据出口到美国国外。②海外分包商处理的数据。③分包商使用相同的保护措施(如通过使用安全保障协议、审核和合同规定)监管跨境后的数据。

欧盟 GDPR 规定：数据接收国的法律、监管机构能够有效地保护欧盟数据主体的权利，并且有充分的司法救济权力；数据接收国必须是欧盟认可的数据保护充分的国家。

澳大利亚《联邦隐私法案》规定：组织或机构将持有的个人信息披露给位于澳大利亚以外的第三方之前，必须采取合理的步骤以确保海外的数据接收者不会违反法案中规定的原则(除了特殊情况，组织或机构将持有的个人信息披露给位于澳大利亚以外的第三方之前，必须采取合理的步骤以确保海外的数据接收者不会违反《联邦隐私法案》的要求。在一定程度上，甚至认为组织或机构须对任何境外接收者违反《联邦隐私法案》的行为负责)。

俄罗斯个人数据保护相关法律法规指出：在个人数据跨境流动的情况下，所有的数据控制者必须确保(做出转让之前)其各自的数据主体的权利和利益在相应的其他国家能以适当的方式得到充分的保障。所有签署《斯特拉斯堡公约》的国家都被认为是能为数据主体提供权利和利益"充分保护"的司法管辖区。只要征得数据主体同意，数据跨境流动到具有对等保护级别的司法管辖区是不受任何限制的。同时，Roskomnadzor 已列出能够对个人数据跨境流动提供足够级别保护的国家正式名单，包括澳大利亚、阿根廷、加拿大、以色列、墨西哥和新西兰。只有在特定例外情况下才允许个人资料跨境流动到无足够保护水平的国家。

新加坡原则上规定不能把任何个人资料转移到新加坡以外的国家或地区，除非其符合 PDPA 第 26 节规定的要求，这是为了保证组织能够提供与 PDPA 保护框架相对应的保护水平。只有当组织在采取合理步骤，满足特定条件时，才可将个人数据传输到境外。

我国在推进大数据产业发展的过程中，围绕数据安全问题，不断完善数据开放共享、数据跨境流动和用户个人信息保护等方面的法律法规和政策，为大数据产业发展和大数据应用安全提供保障。

近年来，中央和地方政府高度重视数据开放共享工作，相继出台数据开放共享相关政策法规。2015 年 8 月，国务院印发《促进大数据发展行动纲要》，提出加快政府数据开放共享，推动资源整合，提升治理能力。要大力推动政府部门数据共享，明确各部门数据共享的范围边界和使用方式，厘清数据管理及共享的义务和权利，依托政府数据统一共享交换平台，大力推进国家基础数据资源共享；稳步推动公共数据资源开放，建立公共机构数据资源清单，建设国家政府数据统一开放平台，推进公共机构数据资源统一汇聚和集中向社会开放，提升政府数据开放共享标准化程度；建立政府和社会互动的大数据采集形成机制，制定政府数据共享开放目录，通过政务数据公开共享，引导企业、行业协会、科研机构、公共组织等主动采集并开放数据。

2016 年 12 月，工信部印发《大数据产业发展规划（2016—2020 年）》，提出加强资源共享和沟通协作，协调制定政策措施和行动计划，解决大数据产业发展过程中的重大问题，建立大数据发展部省协调机制，加强地方与中央大数据产业相关规划、法律、政策等的衔接配套，通过联合开展产业规划等措施促进区域间大数据政策协调；推动制定公共信息资源保护和开放的制度性文件，以及政府信息资源管理办法，逐步扩大开放数据的范围，提高开放数据质量。

2018 年 3 月，国务院办公厅发布《科学数据管理办法》，深刻把握大数据时代科学数据发展趋势，充分借鉴国内外先进经验和成熟做法，针对目前我国科学数据管理中存在的薄弱环节，进行了系统的部署和安排，围绕科学数据的全生命周期，加强和规范科学数据的采集生产、加工整理、开放共享等各个环节的工作。把确保数据安全放在首要位置，建立数据共享和对外交流的安全审查机制；按照"开放为常态、不开放为例外"的共享理念，明确为公益事业无偿服务的政策导向，充分发挥科学数据的重要作用。

随着全球数字经济快速发展，数据跨境流动日趋频繁，数据跨境传输引发的国家重要数据资源安全风险也与日俱增。为了加强数据跨境安全保护，我国在《网络安全法》中首次明确了关键信息基础设施有关个人信息和重要数据本地存储和向境外提供的规定。此外，国家网信部门依据《网络安全法》制定了《个人信息和重要数据出境安全评估办法》，提出网络运营者在我国境内运营中收集和产生的个人信息和重要数据，因业务需要向境外提供的，应进行安全评估。

《个人信息和重要数据出境安全评估办法（征求意见稿）》（以下简称《评估办法》）明确规定，出境数据存在以下情况之一的，要经过安全评估：含有或累计含有 50 万人以上的个人信息；包含核设施、化学生物、国防军工、人口健康等领域数据、大型工程活动、海洋环境以及敏感地理信息数据等；包含关键信息基础设施的系统漏洞、安全防护等网络安全信息；关键信息基础设施运营者向境外提供个人信息和重要数据等。评估重点包括：数据出境的必要性；目的地是否有能力及网络安全保护水平能否确保数据安全；可能对国家安全、社会公共利益、个人合法利益带来的风险等。国家网信部门统筹协调数据出境安全评估工作，指导行业主管或监管部门组织开展数据出境安全评估。《评估办法》中还规定，个人信息出境，应向个人信息主体说明，并经其同意。未成年人个人信息出境须经其监护人同意。可能影响国家安全、损害社会公共利益的以及其他经国家网信部门、公安部门、安全部门等认定不能出境的数据不得出境。

在个人信息保护中，目前，我国已出台专门的个人信息保护法，同时，个人信息保护相关规定在多个法律法规和规章制度中提出，如《网络安全法》《刑法》和《民法》等基本法中加入个人信息保护的内容，不断完善个人信息保护法律体系。

2021年8月20日《中华人民共和国个人信息保护法》正式通过，且自2021年11月1日施行。个人信息保护法厘清了个人信息、敏感个人信息、个人信息处理者、自动化决策、去标识化、匿名化的基本概念，从适用范围、个人信息处理的基本原则、个人信息及敏感个人信息处理规则、个人信息跨境传输规则、个人信息保护领域各参与主体的职责与权利以及法律责任等方面对个人信息保护进行了全面规定，建立起个人信息保护领域的基本制度体系。①《个人信息保护法》兼顾个人信息保护与利用，奠定了我国网络社会和数字经济的法律之基。②

《网络安全法》中也有关于个人信息保护的内容，《网络安全法》第四十条至第四十五条对个人信息保护作出有关规定，明确了我国个人信息保护的基本原则和框架。《刑法》中也有关于个人信息保护的内容，我国正逐步加大威胁个人信息安全行为的刑事罪责，从法律的强制性上加强个人信息保护。《民法》中也提及个人信息保护，为了进一步保障公民的个人信息安全，我国将个人信息保护的内容纳入《民法》中，强化了公民个人信息民事权益保护。其意义重大，表明个人信息权利拥有了基本民事权利的地位。

我国各行业和领域也开始高度重视个人信息保护工作，出台专门的个人信

---

① 《个人信息保护法》适用要点解读［EB/OL］．［2021-09-30］．https://m.thepaper.cn/baijiahao_14262904.

② 个人信息保护法的深远意义：中国与世界［EB/OL］．［2021-10-08］．http://www.cac.gov.cn/2021-08/25/c_1631491542896651.htm.

息保护行业法律法规或部门规章，或是将个人信息保护有关内容写入相关法律法规中，进一步完善了个人信息保护法律体系。

9.3 物联网行业信息安全保障的法制化推进

随着信息化和数字经济的发展，全球物联网正进入跨界融合、集成创新和规模化的新阶段。① 当前，物联网面临着错综复杂的安全风险。从管理角度看，物联网应用涉及国家重要行业和关键基础设施，产业合作链条长、数据采集范围广、业务场景多，各类应用场景的业务规模、责任主体、数据种类、信息传播形态存在差异，为物联网安全管理带来挑战。从技术角度看，物联网涉及通信网络、云计算、移动 App、Web 等技术，本身沿袭了传统互联网的安全风险，加之物联网终端规模巨大、部署环境复杂，传统安全问题的危害在物联网环境下会被急剧放大，由此提出了整体化安全保障问题。

9.3.1 物联网信息安全保障相关法律法规

基于网络环境治理的物联网信息安全法制化保障，在于为物联网安全监管机构、标准研究及测评认证机构、物联网产业建设和运营商提供支撑，推动各相关方在物联网安全保障上的协同，完善物联网安全标准及应用，支撑安全监管的有效落地，促进物联网产业健康持续发展。

物联网发展中，美国重视物联网安全，将战略、政策、立法协同推进。美国是较为重视物联网安全的国家之一，在战略制定、政策落实、立法协同层面，推进物联网安全保障与治理。2016 年美国国土安全部发布了《保障物联网安全战略原则》，制定了物联网安全高级原则，提出要在设计阶段考虑安全问题、加强安全更新和漏洞管理、建立安全操作方法、根据影响优先考虑安全措施、提升透明度、谨慎接入互联网等。2017 年颁布的 13800 号总统行政令《加强联邦网络和关键基础设施的网络安全》提出美国需增强应对僵尸网络及其他自动化和分布式威胁的能力。为落实 13800 号总统令，美国国家电信和信息管理局（NTIA）发布了征求评议文件《促进利益相关者对僵尸网络和其他自动威胁的行动》，以应对物联网安全尤其是僵尸网络分布式拒绝服务（DDoS）攻击威

---

① 全国信息安全标准化技术委员会. 物联网安全标准化白皮书（2019 版）[EB/OL].[2020-10-10]. https://www.tc260.org.cn/front/postDetail.html？id=20191029165928.

胁。美国国家标准与技术研究所(NIST)也开展了物联网环境下增强网络弹性及应对僵尸网络威胁的解决方案的研究。在立法方面，加州于 2018 年 9 月 28 日批准的《物联网设备网络安全法》，是世界上首部针对物联网设备的网络安全法规，从法律层面规定了物联网设备的安全要求。2019 年 6 月，美国众议院通过了《物联网网络安全改进法案》，除了要求每家企业都提升其制造的联网设备的安全性，该法案还希望对联邦政府使用的任何物联网设备设定最低的安全标准。

欧盟建立物联网安全基线，严格保护个人数据和隐私。欧盟侧重于物联网安全基线的设置及用户数据的保护。2017 年 11 月 20 日，欧盟网络空间安全局(European Union Agency for Cybersecurity)发布的《欧盟关键信息基础设施环境中的物联网安全基线指南》，对物联网安全现状及安全基线建议进行了全面总结，以期进一步促进欧洲物联网产业的健康快速发展。其主要内容包括：物联网的体系架构、威胁和风险分析、安全方法和实践、差距分析以及改进物联网安全的高层建议。2018 年 5 月 25 日正式生效的《通用数据保护条例》对企业的数据保护义务提出了全新的监管要求，严格规定了企业对客户数据的搜集、存储使用的规范和准则。

日本关注物联网安全，加强终端设备安全保护。日本针对物联网安全的法律法规制定相对美国起步较晚，总务省于 2017 年 10 月出台了《物联网安全综合对策》，对物联网安全对策进行部署。此外，为了减少黑客利用物联网设备攻击东京奥运会基础设施的可能性，2019 年 1 月，日本通过一项法律修正案，允许政府人员使用默认密码和密码词典来尝试登陆日本消费者的物联网设备，将政府人员尝试登录私人物联网设备的行为合法化。2019 年 4 月，日本总务省就《关于物联网设备的安全标准和技术标准合格认证指南》征求意见，以便明确终端设备的安全标准和认证。

我国物联网安全战略明确，安全管理和技术双管齐下。我国政府早在 2013 年就在政策规划中将物联网安全纳入工作体系，并持续推进物联网安全建设工作。2013 年发布的《国务院关于推进物联网有序健康发展的指导意见》中提出应建立健全物联网安全测评、风险评估、安全防范、应急处置等机制。2017 年制定的《物联网"十三五"规划》中明确了构建完善标准体系、提升安全保障能力等具体任务目标。2017 年 5 月，中央网信办、国家质检总局、国家标准委联合发布《"十三五"信息化标准工作指南》，鼓励加快推进物联网等重点技术标准的研制。2019 年 2 月，全国信安标委印发《全国信息安全标准化技术委员会 2019 年度工作要点》，明确加快工业控制系统安全、汽车网络安全、智能门锁安全等重点领域标准研制。2019 年 8 月，工信部等十部门发布《加强工业互联网安全工作的指导意见》，明确了到 2020 年制定设备、平台、数据等至少 20 项急需的工业互联网安全标准的工作目标。由此可见，中国物联网安全工作目标逐步细化，安全标准工作有序推进。

相比国外，中国的安全管理和技术保障要求较为严格。2019 年两部委对电信运营商的考核重点之一是物联网、通信能力开放平台相关应用及服务等业务的反诈、数据安全、个人信息保护安全，要求健全安全管理与技术保障措施。近期出台的网络安全等级保护 2.0 相关标准也明确了物联网安全要求，包括感知节点物理防护、感知节点设备安全、数据融合处理等方面，共划分 4 个等级、8 个控制点、21 个要求项。

在法律方面，我国政府已出台网络安全相关的法律和配套规范性文件，包括《中华人民共和国网络安全法》《国家网络安全应急预案》《网络产品和服务安全审查办法》《网络关键设备和网络安全专用产品目录》等，为物联网行业安全监管提供了法律制度依据。

由于物联网不仅涉及经营安全，而且需要支持管理的网络系统运行安全。因此，在安全事件处理上，存在着相关法律完善和进一步明晰问题。例如，物联网服务中的用户消费，不仅存在着消费者权益保护问题，而且需要对个人信息进行保护。

网络环境下，我国《消费权益保护法》修订案增加了个人信息保护相关内容，中国消费者的个人信息受保护权益正式被确认。2013 年 10 月 25 日，第十二届全国人民代表大会常务委员会第五次会议修正通过了新版《消费者权益保护法》，并于 2014 年 3 月 15 日开始正式实施。第二十九条对个人信息保护作了明确规定："经营者收集、使用消费者个人信息，应当遵循合法、正当、必要的原则，明示收集、使用信息的目的、方式和范围，并经消费者同意。经营者收集、使用消费者个人信息，应当公开其收集、使用规则，不得违反法律、法规的规定和双方的约定收集、使用信息。"2016 年 11 月，国家工商总局公布《消费者权益保护实施条例（征求意见稿）》。第二十二条规定："经营者收集、使用消费者个人信息应当遵循合法、必要、正当的原则，明示收集、使用信息的目的、方式和范围并征得消费者同意，经营者不得收集与经营业务无关的信息或者采取不正当方式收集信息。消费者明确要求经营者删除、修改其个人信息的，除法律法规另有规定外，经营者应当按照消费者的要求予以删除、修改。"《条例》对实施消费者个人信息保护做出明确规定，成为《消费者权益保护法》的护航者，对保障个人信息安全起到重要作用。

另一方面，物联网构建需要相应的技术标准，其中安全技术标准的法制化管理处于重要位置。目前国内已经出台关于数据安全标准化的法律政策文件，为推进物联网数据安全标准化工作提供了法律保障和意见指导。

全国人大针对《中华人民共和国标准化法》(《标准化法》)进行了多次修订，对加强和推进国家标准化工作起到了重要作用。《标准化法》对标准的制定、实施和标准化工作的监督做出明确规定和要求，同时对违反该法和相关法律规定的行为依法追究法律责任。数据安全标准化工作的开展必须依据《标准化法》，在其指导下进行数据安全相关标准的制定、实施和监督，确保数据安全标准化工作顺利进行。

2015 年 8 月，国务院印发《促进大数据发展行动纲要》，在指导思想中明确提出"完善法规制度和标准体系，科学规范利用大数据，切实保障数据安全"；在政策机制中明确提出建立标准规范体系；推进产业安全标准体系建设，加快建立政府部门、事业单位等公共机构的数据标准和统计标准体系，推进数据采集、政府数据开放、指标口径、分类目录、交换接口、访问接口、数据质量、数据交易、技术产品、安全保密等关键共性标准的制定和实施；加快建立物联网市场交易标准体系；开展标准验证和应用试点示范，建立标准符合性评估体系；充分发挥标准在培育服务市场、提升服务能力、支撑行业管理等方面的作用；积极参与相关国际标准制定工作。

9.3.2 物联网信息安全法制化保障对策

随着物联网与个人生活及各行各业的深度融合，物联网呈现出与传统网络不同的特性。首先，终端连接数量非常巨大，且终端形态多样，有各类摄像头、传感器等；在通信层面，终端的接入方式多样化，包括 2/3/4/5G、WiFi、蓝牙、Zigbee、LoRa、NB-IoT 等多种无线接入技术。此外，物联网的业务种类繁多，根据具体业务的不同，短信、数据、语音等不同功能进行组合以满足物联网业务需求。新特性带来新挑战，物联网面临复杂的安全风险与挑战。

①攻击影响易放大且安全保护难度加大。物联网终端规模巨大，且以集群的方式存在，攻击者容易通过暴力破解、发送恶意数据包、利用已知漏洞等方式控制物联网终端，构建僵尸网络，发动 DDoS 拒绝服务攻击，导致网络拥塞、瘫痪、服务中断，且物联网的时代到来，更多的传感器将收集和分析更多的信息，更多的终端在底层被连接，意味着用户信息泄露的概率越大，安全漏洞也会更多，更易被网络黑客所攻击。由于终端数量庞大，这种攻击造成的危害被急剧放大。物联网采集了大量的个人及行业数据，基于大数据、云计算、

AI 等技术深挖数据的价值，为个人和行业提供了更高效便捷的服务。数据在物联网时代成为一项重要的资产。然而，采集的数据不可避免地会包含敏感数据如个人隐私、生产数据、位置信息等，而敏感数据在收集、传输、存储、处理的各个阶段均有被泄露的安全风险。

②物联网用户数据被滥用。针对用户权益的损害不仅仅来源于外部黑客的攻击，物联网所属公司同样会做出损害用户权益的行为。在信息社会，信息就是财富。人工智能、深度学习等依赖数据、依赖算法。在物联网的环境下，所有的物品都将被互联网所连接。智能硬件上的传感器将实时收集数据。在过去，信息被滥用的方式很简单，因为用户被收集的个人信息非常有限，基本只局限于姓名、性别、年龄、电话、邮箱、工作及家庭地址等基本信息。当这些信息被滥用时，通常造成的损害就是骚扰和诈骗的增多或者更为精准的推销。在物联网背景下，我们生活中使用的各个终端都在无时无刻地收集我们的信息，涉及衣食住行各个方面。掌握我们信息的数据公司便可以利用各自的算法通过对数据进行分析，对每一个客户进行刻画。在合理使用的情况下，这些技术将会给客户提供更加贴心舒适的服务，但是一旦滥用，则会严重侵害客户的权益。如在物联网环境中可以收集到足够的数据，利用算法对用户进行刻画，而用户在消费的同时，面对的是自己终端的屏幕，难以获取完整的外部信息，如果不对这种行为进行规制，那么公民权益将会受到直接损害。

③我国物联网信息安全保护立法存在不足。首先是法规分散、不成体系。我国关于信息安全的规定分布在多部法律法规之中，至今没有一部专门针对信息安全问题的基本法，没有形成一个完整的法律体系，并且相关规定过于繁杂。其次是部门立法、行业立法现象普遍。我国多个政府部门或者行业都对信息安全问题出台了相关的部门规章或者行业自律管理办法，但是各部门或者各行业往往是立足于本部门或本行业规定进行规定，因各方利益冲突，会导致相关规定冲突。最后是立法存在滞后，无法适应物联网时代的新挑战。目前，我国相关法律法规对于物联网时代的一些新的侵犯信息安全的行为没能及时予以规定，更没有明确各方的权利义务，难以适应物联网时代的发展，可操作性不强。

为进一步提升物联网行业信息安全标准规划体系性与重点聚焦性，适应当前物联网产业快速发展的需要，需进一步调整标准体系布局、加快重点领域规范研制，据此提出从以下五个方面推进物联网信息安全法制化：

①完善物联网感控设备安全法规。物联网感控设备存在终端数量大、能力差异大的特点，由于其同时涉及信息技术以外的电子、物理等领域，使其呈现

出复杂性、多样性等特征，物联网感控设备安全是物联网安全标准工作的难点之一。同时，由于其计算资源的有限性、组网方式的多样性、物理终端实体的易接触性等，其安全防护需求也最为迫切。建议优先针对关键应用场景研制相应的感控设备安全技术规范，包括无人机设备安全管理要求、智能医疗设备安全技术及测评法规要求等。物联网系统中的密码应用问题也与传统 IT 设备有所区别，如感知终端设备由于能量、功耗、存储空间、计算能力受限，无法运行或需要消耗过多的代价运行复杂的密码算法(公钥密码算法)和安全协议(密钥交换协议等)。建议基于上述应用需求，优先针对资源受限物联网设备研制轻量级密码算法(如基于身份的密码算法)的应用实施指南标准。

②加快物联网垂直行业的安全法规建设。由于物联网具有广泛的应用性，不同行业和领域的物联网应用具有不同特点，所涉及的业务类型和服务场景因政策环境、行业环境不同存在差异。对重点行业应用的聚焦有利于针对不同的物联网应用场景提供完善的安全法规，有利于解决物联网在行业之间或组织之间的应用服务安全和业务可持续发展问题，支撑行业物联网应用与服务的快速发展。工业互联网安全是国家关注的重点领域，建议根据十个部门《加强工业互联网安全工作的指导意见》等政策，进一步加快工业物联网网络设施安全、平台和工业应用程序(App)安全、数据安全防护、测试实验环境等方面安全标准的推进。车联网应用发展迅速，目前已经具备一定的安全标准基础，建议重点推进车联网业务平台安全、车联网边缘计算安全等技术要求进行法律法规的完善。

③推进物联网安全运维与管控的法制化。物联网业务涉及多个利益方，包括用户、设备制造商、网络运营商、服务提供者等，一旦出现安全问题，安全责任界面难以划分。因此，安全运维的过程中有效组织各相关方、及时判断异常行为，将极大提升物联网系统的安全和可靠性。建议在物联网安全运维、事件应急响应等方面加快安全标准研制，推动物联网安全生态的有效协同。在组织管理中，应强调规范化和法制化。

④进行物联网通用服务平台安全规范和法制化管理。物联网生态系统中，有部分的传统行业，例如交通、医疗、物流、家居等，并没有能力打通物联网生态链，业务运营需要借助通用的业务服务平台。这些平台在为企业提供物联网业务助力的同时，如何应对物联网安全风险挑战，实现数据安全防护、身份认证、访问控制等，需要通过相关规范进行明确。建议加快物联网通用业务服务平台安全能力要求、物联网通用业务服务平台安全实现指南等规范的研制，加强平台安全能力，在法制化管理框架下保护各行业在物联网环境下的安全

运行。

⑤依法进行物联网数据的合规利用监管。针对物联网中涉及的各类数据，包括个人信息、业务数据等，需依据国家相关法律政策及已发布的相关数据安全标准加强管理，做好各种场景下的数据安全管理工作。针对工业互联网、智慧城市等关键领域加强数据生命周期安全管理、个人信息以及数据交易，依法进行数据的合规利用监管，同时可针对领域应用制定数据安全指南。

着眼于物联网未来发展和安全需求，针对物联网未来发展可能面临的网络安全新形势和新需求，建议从规范行业安全管理、完善安全技术标准、构建新型有效的安全防护体系、探索和研究新技术新应用等多个维度着手，联合政府和行业力量，共同打造物联网安全生态，积极推动物联网安全健康发展。

物联网安全标准化是构建物联网安全保障体系的技术保障，新时代网络安全标准化工作必须坚持紧紧围绕我国安全建设主线，谋划部署推进。通过安全标准的法制化管理，加强物联网全生命周期安全管理，构建覆盖物联网系统建设各环节的安全防护体系。在物联网系统规划、分析、设计、开发、建设、验收、运营维护以及废弃等各环节，明确安全管理要求，使安全融入物联网系统建设全生命周期中。下一步，我国应着眼于物联网未来发展趋势，引导研发机构、企业在物联网技术体系中关键核心技术的研究和标准制定方面加大力度，以关键共性技术和前沿引领技术的创新作为突破口，加快对高可靠认证、边缘计算、终端安全轻量化防护技术、软件定义边界等新技术新应用的研究和探索，形成安全标准并将其应用于物联网安全防护中，满足物联网未来发展的安全保护需求。

9.4　人工智能信息安全保障的法制化推进

习近平总书记在十九届中央政治局第九次集体学习时明确指出，要加强人工智能发展的潜在风险研判和防范，维护人民利益和国家安全，确保人工智能安全、可靠、可控。2017 年我国发布《新一代工智能发展规划》，将发展新一代人工智能上升至国家战略高度。随着人工智能在相关行业和人民社会生活中的深度融合应用，由此带来的国家安全、社会伦理、网络安全、人身安全和隐私保护多个层面的风险和挑战，也引起了社会的广泛关注。对此，应从法制化角度进行安全保障的推进。

9.4.1　人工智能信息安全保障背景

人工智能信息安全保障是人工智能产业发展的重要组成部分，在激发健康良性的人工智能应用、推动人工智能产业有序健康发展方面发挥着基础性、规范性、引领性作用。《新一代人工智能发展规划》中明确提出了"要加强人工智能标准框架体系研究，逐步建立并完善人工智能基础共性、互联互通、行业应用网络安全、隐私保护等技术标准"，切实加强人工智能信息安全工作，是保障人工智能安全的必由之路。

联合国聚焦人身安全和伦理道德，自动驾驶、机器人、人工智能犯罪等领域逐步深入。目前，联合国对人工智能安全的研究主要聚焦于人身安全、伦理道德、潜在威胁和挑战等方面，关注人工智能对人身安全、社会安全和经济发展的影响和挑战，目前已发布了自动驾驶、智能机器等领域的相关法律法规和研究成果，相关研究正逐步深入。

2016年，联合国欧洲经济委员会通过修正案修改了《维也纳道路交通公约》。2017年9月，联合国教科文组织与世界科学知识与技术伦理委员会联合发布了《机器人伦理报告》，指出机器人的制造和使用促进了人工智能的进步，并讨论了这些进步所带来的社会与伦理道德问题。

2017年，在荷兰和海牙市政府的支持下，联合国在荷兰建立人工智能和机器人中心，以跟进人工智能和机器人技术的最新发展。该办事处也将联合联合国区域间犯罪和司法研究所(UNICRI)共同处理与犯罪相联系的人工智能和机器人带来的安全影响和风险。

美国关注人工智能设计安全，采用标准规范和验证评估减少恶意攻击风险。2019年2月，美国总统签署行政令，启动"美国人工智能倡议"。该倡议提出应在人工智能研发、数据资源共享、标准规范制定、人力资源培养和国际合作五个领域重点发力。其中，标准规范制定的目标是确保技术标准最大限度减少恶意攻击可利用的漏洞，促进公众对人工智能创新技术的信任。

为响应美国人工智能倡议，2019年6月美国《国家人工智能研究与发展战略计划》进行了更新，在2016年版本基础上提出长期投资人工智能研究、制定有效的人机协作方法、应对人工智能的伦理、法律和社会影响、确保人工智能系统安全、开发共享的公共数据集和环境、通过标准评估技术、把握人工智能研发人才需求、扩大公私合作八个战略重点。

人工智能道德、法律和社会问题。提出通过设计提高公平性、透明度和问责制，建立道德的人工智能，为道德人工智能设计架构。设计包含道德推理的人工智能架构，如采用操作人工智能和评估监视器分开的双层监视器体系结构，或选择安全工程确保人工智能行为安全且对人类无害，或使用集合理论原则与逻辑约束相结合来制定道德体系结构。美国国防高级研究计划局（Defense Advanced Research Projects Agency，DARPA）正在开展"可解释人工智能"（XAI）计划，旨在创建一套机器学习技术，在保持高水平的学习性能的同时，生成更多可解释的人工智能系统。

创建可信赖人工智能系统问题。采取提高可解释性和透明性、建立信任、加强验证、防范攻击、实现长期人工智能安全和价值调整等措施。例如加强对人工智能系统的验证评估，确保系统符合正式规范且满足用户的操作要求。研究人工智能系统的自我监控架构，用于检查系统与设计人员的原始目标行为的一致性。2019 年 2 月，DARPA 宣布开展另一项计划"确保人工智能抗欺骗可靠性"（GARD），旨在开发新一代防御技术，抵抗针对机器学习模型的对抗欺骗攻击。

构建人工智能公共数据资源问题。采取开发和提供各种数据集、制定培训和测试资源、开发开源软件库和工具包等措施。同时会考虑数据安全共享问题，研究数据安全共享技术和隐私保护技术例如 VA Data Commons 正在创建世界最大的链接医学基因组数据集。在标准和基准测试方面，提出制定广泛的人工智能标准、建立技术基准、增加人工智能测试平台的可用性、让社区参与标准和基准测试。其中在人工智能标准方面，提出要针对软件工程性能、度量、人身安全、可用性、互操作性、安全性、隐私、可追溯性建立人工智能标准体系。

欧盟面对人工智能带来的挑战，也采取了一些措施。2017 年欧洲议会曾通过一项立法决议，提出要制定"机器人宪章"，推动人工智能和机器人民事立法。2018 年 4 月，欧盟委员会发布《欧盟人工智能战略》，通过提高技术和产业能力、应对社会经济变革、建立适当的伦理和法律框架三大支柱，来确立欧盟人工智能价值观。

2018 年 5 月，欧盟 GDPR 正式生效，其中涉及人工智能的有，GDPR 要求人工智能的算法具有一定的可解释性，这对于"黑箱"人工智能系统来说可能具有挑战性。同时，GDPR 第 22 条对包括画像在内的自动化决策提出了要求：如果自动化决策产生的法律效力涉及数据主体，或对数据主体有类似的重要影响，则数据主体应有权不成为此决策的对象；如果自动化决策是为了履行数据主体和控制者的合约必须作出的决策，且经过数据主体明示同意，数据控制者应当实施适当措施以保护数据主体的权利、自由和合法权益，并至少保证数据主体具有对自动化决策进行人为干预、个人表达自己观点并拒绝该决策的权利。

2019 年 4 月 8 日，欧盟委员会发布了由人工智能高级专家组编制的《人工智能道德准则》，列出了人工智能可信赖的七原则，以确保人工智能应用符合道德，技术足够稳健可靠，从而发挥其最大的优势并将风险降到最低。其中，可信赖人工智能有两个组成部分：一是应尊重基本人权、规章制度、核心原则及价值观；二是应在技术上安全可靠，避免因技术不足而造成无意的伤害。

德国积极应对人工智能伦理道德风险，提出关于自动驾驶的首项道德伦理标准。2017 年 3 月，德国 24 家企业组建"德国人工智能协会"，为行业利益发声，其中包括妥善应对伦理风险等负面影响。德国数据伦理委员会负责为人工智能发展制定道德规范和行为守则。所有基于算法和人工智能的产品、服务需通过审查，尤其是避免出现歧视、诈骗等不法现象。

德国将自动驾驶伦理道德作为规范人工智能发展的核心领域之一。2017 年 5 月 12 日，德国通过首部针对自动驾驶汽车的法案，对《道路交通法》进行了修订，首次将自动驾驶汽车测试的相关法律纳入其中。法案的目的是保障驾驶者的人身安全，这是德国向自动驾驶迈出的重要一步。2018 年 5 月，德国政府推出关于自动驾驶技术的首项道德伦理标准，该准则将会让自动驾驶车辆针对事故场景作出优先级的判断，并加入系统的自我学习中，例如人类的安全始终优先于动物以及其他财产等。

2018 年 7 月，德国联邦政府内阁通过了《联邦政府人工智能战略要点》文件，旨在推动德国人工智能研发和应用达到全球领先水平，以负责任的方式促进人工智能的使用，造福社会，并释放新的增值潜力。该文件确立了德国发展人工智能的目标以及在研究、转化、人才培养、数据使用、法律保障、标准、国际合作等优先行动领域的措施，例如采取政府和科研数据开放、国家企业间数据合作、欧洲数据区、扩大医疗卫生行业数据系统互操作性等措施使数据可用能用，保障人工智能系统的透明度、可追溯性和可验证性等。

英国关注机器人及自治系统的监管，建立数据伦理与创新中心为政府提供咨询。2016 年 10 月，英国下议院的科学和技术委员会发布了一份关于人工智能和机器人技术的报告，对"机器人技术及自治化系统"（简称 RAS）的监管进行了研究。

2018 年 4 月，英国政府发布《人工智能行业新政》，旨在推动英国成为全球人工智能领导者。该文件包括国内外科技公司投资计划、扩建阿兰图灵研究所、创立图灵奖学金以及启动数据伦理与创新中心等内容。其中，数据伦理和创新中心是一个由英国政府设立的独立咨询机构，可为政府机构和行业提供建议，以支持负责任的技术创新并帮助建立强大、可信赖的治理体系。2019 年该中心的主要工作是分析数据驱动技术带来的机遇和风险，包括算法偏见策略审查、人工智能晴雨表，及针对人工智能和保险、智能扬声器和深度造假等主题进行研究等。

2018 年 4 月，英国议会下属的人工智能特别委员会发布报告《人工智能在英国：准备、志向与能力?》，报告认为当前不需要对人工智能进行统一的专门监管，各个行业的监管机构可以根据实际情况对监管做出适应性调整。报告呼吁英国政府制定国家层面的人工智能准则，为人工智能研发和利用设定基本的伦理原则，并探索相关准则和最佳实践等，以便实现行业自律。报告在一些重点问题的建议为：

在最大化公共数据的价值方面，报告提出要区分数据和个人数据，建议通过数据信托、开放公共数据、开放银行数据机制等措施促进数据访问和共享。在实现可理解、可信赖的人工智能方面，建议避免在特定重大领域采用"黑盒"算法，鼓励研制可解释性的人工智能系统，在安全攸关的特定场景中要求使用更加技术透明的人工智能系统。在应对算法歧视方面，建议研究训练数据和算法的审查和测试机制，需要采取更多措施确保数据真正具有代表性，能够代表多元化的人群，并且不会进一步加剧或固化社会不公平。

此外，在自动驾驶方面，英国在 2017 年 2 月出台《汽车技术和航空法案》，规定在自动驾驶汽车道路测试发生事故时，可通过简化保险流程，帮助保险人和保险公司获得赔偿。英国预计在 2025 年建立完整的监督框架，以支持自动驾驶汽车技术。

日本成立人工智能伦理委员会，积极开展人工智能伦理道德研究。2014 年 12 月，日本人工智能学会成立了"伦理委员会"，探讨机器人、人工智能与社会伦理观的联系。2016 年 6 月，伦理委员会提出人工智能研究人员应该遵守的指针草案。该草案强调"存在无关故意与否，人工智能成为有害之物的可能性"，草案规定无论直接还是间接，均不得基于加害意图使用人工智能。在无意施加了危害时，需要修复损失，在发现恶意使用人工智能时采取防止措施。研究者须尽全力促使人们能够平等利用人工智能，并负有向社会解释人工智能局限性和问题的责任。

2015 年 1 月，日本经济产业省将委员会讨论的成果进行汇总编制了《日本机器人战略：愿景、战略、行动计划》(又称为《新机器人战略》)，将机器人的发展与推进作为未来经济发展的重要增长点，制定了详细的"五年行动计划"，将围绕制造业、服务业、农林水产业、医疗护理业、基础设施建设及防灾等主要应用领域，展开机器人技术开发、标准化、示范考核、人才培养和法规调整等具体行动。

2017 年 3 月，日本人工智能技术战略委员会发布《人工智能技术战略报告》，阐述了日本政府为人工智能产业化发展所制定的路线图，包括三个阶段：在各领域发展数据驱动人工智能技术应用（2020 年完成一二阶段过渡）；在多领域开发人工智能技术的公共事业（2025—2030 年完成阶段过渡）；连通各领域建立人工智能生态系统。

从以上分析可知，对于人工智能安全问题，各国的处理基本一致，分别在各自的实践中形成了相对完整的构架。在今后的发展中，应进一步从法律层面上进行规定和约束。

9.4.2　人工智能相关法律法规建设与完善

我国已发布了一系列的人工智能相关政策法规，围绕促进产业技术发展出台了相关政策文件，包括《新一代人工智能发展规划》（下称《发展规划》）《促进新一代人工智能产业发展三年行动计划（2018—2020 年）》（下称《行动计划》），《"互联网+"人工智能三年行动实施方案》《关于促进人工智能和实体经济深度融合的指导意见》和《国家新一代人工智能创新发展试验区建设工作指引》等。这些文件中均提出了人工智能安全和伦理等方面的要求，主要关注人工智能伦理道德、安全监管、评估评价、监测预警等方面，加强人工智能技术在网络安全领域的深度应用。

《发展规划》提出要"制定促进人工智能发展的法律法规和伦理规范"，包括：重点围绕自动驾驶、服务机器人等应用基础较好的细分领域，加快研究制定相关安全管理法规；开展与人工智能应用相关的民事与刑事责任确认等法律问题研究，建立追溯和问责制度；开展人工智能行为科学和伦理等问题研究，建立伦理道德多层次判断结构及人机协作的伦理框架；制定人工智能产品研发设计人员的道德规范和行为守则，加强对人工智能潜在危害与收益的评估，构建人工智能复杂场景下突发事件的解决方案等方面内容。

《发展规划》也指出要"建立人工智能安全监管和评估体系"，包括：加强人工智能对国家安全和保密领域影响的研究与评估，完善人、技、物、管配套的安全防护体系，构建人工智能安全监测预警机制；加强人工智能网络安全技术研发，强化人工智能产品和系统网络安全防护；构建动态的人工智能研发应用评估评价机制等内容。

《行动计划》提出要建立"网络安全保障体系"，包括针对智能网联汽车、智能家居等人工智能重点产品或行业应用，开展漏洞挖掘、安全测试、威胁预警、攻击检测、应急处置安全技术攻关，推动人工智能先进技术在网络安全领域的深度应用，加快漏洞库、风险库、案例集等共享资源建设等内容。

在国家人工智能发展战略的指引下，国家相关部门在无人机、自动驾驶、金融等细分领域出台了相应的规范性文件，如今国家民航局先后发布了《关于民用无人机管理有关问题的暂行规定》《民用无人机空中交通管理办法》《轻小型无人机运行规定（试行）》《民用无人机驾驶员管理规定》《民用无人驾驶航空器经营性飞行活动管理办法（暂行）》等规范性文件，对民用无人机飞行活动、民用无人机驾驶员等相关安全问题做出了明确规定；工业和信息化部、公安部、交通运输部联合制定发布《智能网联汽车道路测试管理规范（试行）》；中国人民银行、证监会等四部委联合发布《关于规范金融机构资产管理业务的指导意见》，中国人民银行发布《金融科技发展规划》，指出要加快制定完善人工智能、大数据、云计算等在金融业应用的技术与安全规范。

2017 年和 2018 年，ITU-T 组织了"AI for Good Global"峰会，此次峰会重点关注确保人工智能技术可信、安全和包容性发展的战略，以及公平获利的权利。ITU-T 主要致力于解决智慧医疗、智能汽车、垃圾内容治理、生物特征识别等人工智能应用中的安全问题。在 ITU-T 中，SG17 安全研究组和 SG16 多媒体研究组开展了人工智能安全相关标准研制。其中，ITU-TSG17 已经计划开展人工智能用于安全以及人工智能安全的研究、讨论和相关标准化项目。ITU-TSG1 安全标准工作组下设的 Q9"远程生物特征识别问题组"和 Q10"身份管理架构和机制问题组"负责 ITU-T 生物特征识别标准化工作。其中，Q9 关注生物特征数据的隐私保护、可靠性和安全性等方面的各种挑战。

与此同时，IEEE 开展了多项人工智能伦理道德研究，发布了多项人工智能伦理标准和研究报告。早在 2017 年年底，IEEE 发布了《以伦理为基准的设计：人工智能及自主系统中将人类福祉摆在优先地位的愿景（第二版）》报告。IEEE 正在研制 IEEEP7000 系列标准，如 IEEEP7002《数据隐私处理》，规定如何对收集个人信息的系统和软件的伦理问题进行管理，将规范系统/软件工程生命周期过程中管理隐私保护的实现，也可用于对隐私实践进行合规性评估。

人工智能应用正在改变人类经济、社会的发展轨迹，给人民的生产生活带来巨大改变。但人工智能行业信息安全问题也给全社会带来不容忽视的风险挑战。

数据是人工智能的基础资源，机器学习需要数量大、种类多、质量高的数据进行训练，从不同工程阶段来看涉及采集的人工智能应用中的数据存在以下隐患：

①数据采集安全隐患。在数据采集阶段，人工智能系统通过用户提供、自动采集、间接获取等方式采集大量训练数据和应用数据，用于训练模型或推断预测。常见数据采集阶段主要问题包括：一是过度采集数据，由于模型训练需要采集大量、多样的数据，如何确保数据采集遵循必要原则、针对使用目的明确数据采集范围是个难点。二是数据采集与用户授权不一致，除了直接从用户采集数据外，通常还存在从网上公开数据源、商务采购等渠道获取训练数据的情况。如何保证这些场景下的用户授权同意面临一定挑战。三是个人敏感信息采集合规问题，当前发展较好的计算机视觉、语音识别等应用，通常需要采集人脸、声纹等敏感的个人生物特征，而生物特征等个人敏感信息采集存在法律合规风险。四是数据质量问题，人工智能模型精度受限于训练数据、应用数据的质量，而训练数据集规模不足、数据集的多样性和均衡性不足、数据集的标注质量低、数据投毒攻击、数据噪声等都将影响训练数据的质量。五是用户选择退出权难以保障，由于人工智能系统通常由训练好的模型部署而成，用户对于模型训练时所用的数据很难做到选择退出。

②数据使用安全隐患。数据使用阶段，即数据分析和处理，涉及模型训练过程和部署运行过程，包括数据准备、模型训练、测试验证、模型部署、实际数据处理、预测结果输出等。其中数据准备主要对采集的原始数据进行预处理和标注等操作，产生用于训练的数据集。一是匿名化数据被重复识别问题。在数据预处理阶段，通常使用数据预处理技术来提升数据质量，这个过程会把外部获取的数据和用户自己的数据进行合并，可能导致已经被匿名化的数据再次被识别。二是数据标注安全隐患和合规问题。受限于数据标注成本，大多数公司委托数据标注外包公司和自主标注相结合的方式进行数据标注。由于数据标注人员能够直接接触原始数据和数据集，如果数据安全管理不规范，可能存在内部人员盗取数据、数据未授权访问、训练数据集污染、数据泄漏等风险。三是自动化决策隐私合规问题，利用个人信息训练的人工智能系统，通常需要考虑自动化决策的合规问题。

③其他阶段的数据安全隐患。一是数据存储安全隐患。人工智能系统的数据，通常存储在云端的数据库、数仓等存储系统，或以文件形式存储在端侧设备。数据存储安全隐患主要体现在数据、模型的存储媒介安全方面，如果存储系统存在安全漏洞或模型存储文件被破坏都可能会造成数据泄漏。例如 2019年 2月深网视界被曝泄露超过 250 万人的人脸识别信息，主要由于未对内部

MongoDB 数据库进行密码保护。另外，在数据采集和数据标注环节，许多人工智能公司会委托第三方公司或采用众包方式实现海量数据的采集和标注，数据链路中所涉及的多方主体的数据保护能力参差不齐，可能带来数据泄漏和滥用隐患。在人工智能系统运行阶段，存在很多向第三方分享和披露数据的情况，例如机器学习算法或模型训练由第三方完成，需要和第三方的人工智能 API 进行数据交互。二是数据传输安全隐患。人工智能系统通常部署在云侧和端侧，云侧和端侧之间存在大量数据传输，传统数据传输存在的安全隐患都可能发生。

在人工智能安全保障法治化推进过程中，应针对以上问题，形成总体协调、精准治理的法制化管理体系。当前，人工智能正催生总体协同、精准管理的法制化安全保障新模式，要求信息安全管理在创新驱动中确立起总体安全的新理念、新范式和新路径。主要体现在以下几个方面：在体制上，形成总体协同管理模式，在机制上进行跨域保障构架。以此出发构建完整的法规体系，确立协同执法的组织机制。同时，针对人工智能数据采集安全、数据使用安全和其他方面的安全，进行法制化保障的组织，在网络环境治理中实现法制化安全保障目标。

10 基于网络环境治理与权益保障的信息安全法律建设

在国家安全体制下，我国围绕网络空间安全制定了一系列法律法规，有效保障了网络信息安全。与此同时，随着全球化治理中对网络空间安全的重视，各国也都加强了对网络安全法律的建设，不同国家之间的法律分歧导致了冲突，需要进行法律关系协调。因而应针对当前存在的问题，进行法律保障体系完善，以保障网络空间信息安全目标的全面实现。

10.1 网络环境治理与安全保障中的法律建设框架

以互联网技术为核心，以国家安全为导向，以产业发展为重点，通过一系列法律政策的实施，我国网络空间法治基本达到有法可依的水平。在总结我国现行法律建设现状的基础之上，梳理我国数十年来网络安全立法进展，能够全面审视我国网络安全法制建设的重点与困境，为完善我国网络安全法律体系提供依据。

10.1.1 我国信息安全法律建设框架

我国信息安全法律建设经过几十年的发展，已基本具备机制协调、内容全面、层级分明和阶段性显著等特征。如图 10-1 所示，我国信息安全法律体系框架初步形成。从法律建设主体来看，我国信息安全法律建设机制趋于完善，立法、执法和司法机关各环节法治工作相互贯通、相互促进；从法律效力上看，我国网络安全立法囊括了法律、政策法规、部门规章、规范性文件等各个法律效力层级；从内容上来看，我国网络信息安全法律涉及网络信息安全、国家保密、个人信息保护以及知识产权保护等方面，内容构成趋向全面化和针对性，其建设重点也兼顾国家安全和个人信息保护。从发展阶段来讲，我国网络安全法律建设经历了起步、探索和快速发展阶段。

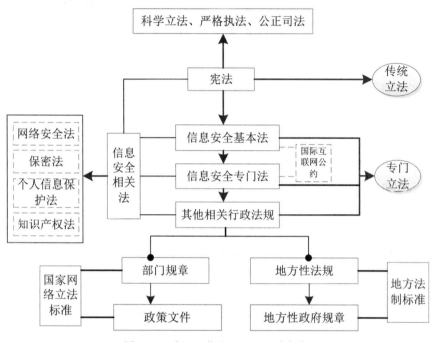

图 10-1 我国网络安全立法基本框架

（1）信息安全法律建设主体

科学立法、严格执法和公正司法是我国网络信息安全法治的重要环节。如图 10-2 所示，我国网络环境治理与信息安全法律建设主体可划分为立法主体、执法主体和司法主体。

①立法主体。我国的信息安全法律的立法主体包括全国人民代表大会及其常委会、国务院及国务院各部、地方人大及其常委会、地方人民政府等。其中，全国人民代表大会及其常委会是我国最高国家权力机关，在立法体制中占据最核心的地位，其拥有制定和修改信息安全相关基本法律的权力，其他的立法都要以此为依据且不能与它相抵触。如全国人大常委会近年出台了一系列信息安全的相关法律，包括《个人信息保护法》《数据安全法》等。国务院是我国最高国家权力机关的执行机关，是最高国家行政机关，其可以行使全国人大及其常委会授予其行使的立法权。国务院的立法主要是通过颁布相关的信息安全

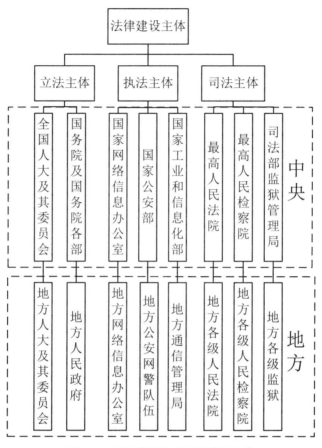

图 10-2 我国信息安全法律建设主体

行政法规,将地方性法规与全国性法律、法规联结在一起,进而确保相关信息安全法律的实施,如颁布了《关键信息基础设施安全保护条例》《计算机信息系统安全保护条例》等。而其下设的部门机构主要是根据法律和行政法规的规定和国务院的决定,在本部门的权限范围内制定和发布调整部门规章。地方人大及其常委会和地方人民政府,分别是我国地方的国家权力机关、地方各级国家行政机关。其可以根据各地实际情况,颁布针对网络安全问题所制定的行业性、地方性行政法规。如各地政府为了保障网络安全、促进当地的信息化发展,分别出台了一系列的网络安全和信息化相关法规,如湖南省颁布的《湖南省网络安全和信息化条例》和河北省颁布的《河北省信息化条例》等。

②执法主体。我国信息安全法律建设的执法主体包括公安机关、互联网信息管理部门、电信管理部门和信息产业管理部门等相关行业主管部门。其中公

安机关、互联网信息管理部门和电信管理部门是最主要的执法机构。公安机关，包括国家公安部及各地方的公安机关网警队伍，主要关注网络安全运行管理制度相关问题，核查网络运营者是否落实网络安全等级保护制度以及履行网络安全保护义务，地方公安机关和网警队伍则依职权打击本辖区内的与网络安全及个人信息保护有关的违法、犯罪行为。国家互联网信息办公室负责统筹协调全国的网络安全工作和相关监督管理工作，依职权管辖全国范围内发生的重大、复杂的互联网信息内容行政处罚案件；各地方网络信息办公室则依职权管辖本行政区域内的互联网信息内容行政处罚案件。电信管理部门包括工业和信息化部和地方的通信管理局等相关机构。其中工业和信息化部主要负责实施相关行业规划、产业政策和标准，管理通信业，协调维护国家信息安全。各地方通信管理局则依职权管辖本辖区的电信行业公司相关电信证照管理及电信行业发展秩序，包括对电信行业个人信息保护的监管，如各种社交应用软件的个人信息使用及保护情况等。

③司法主体。我国网络环境治理与信息安全法律建设的司法主体包括检察院、法院、监狱等。检察院包括最高人民检察院和地方各级人民检察院。其主要对危害国家信息安全案、危害公共信息安全案、侵犯公民人身和民主权利案以及其他重大网络犯罪案件行使检察权。法院包括最高人民法院和地方各级人民法院。其主要任务是审判刑事案件、民事案件和行政案件，通过审判活动惩办相关网络犯罪分子，维护网络信息安全法制和网络环境秩序。同时结合互联网技术的发展开设互联网法院，实现互联网审判体系的创新发展，完善审理机制，提升审判效能，为维护网络安全、化解涉网纠纷、促进互联网和经济社会深度融合等提供司法保障。监狱包括司法部监狱管理局和地方各级监狱。司法部监狱管理局主要负责监督检查监狱法律法规和政策的执行工作；指导、监督监狱执法、管理和罪犯改造工作。地方各级监狱依职权对本辖区相关实施网络信息安全的罪犯实行惩罚和改造，将罪犯改造成为守法公民。

（2）信息安全法律法规类型

基于上位法优于下位法、新法优于旧法、特别法优于一般法和普通法以及法律文本优于法律解释的立法原则，我国网络安全立法按法律效力可以分为法律、法规、规章、司法解释、规范性文件等。

①法律。我国的法律文件是由全国人民代表大会及其常委会依照立法程序制定和颁布的规范性文件。它的设立是基于我国政治、经济制度等国情，以我国公民基本权利义务和国家机构的组织与活动作为内容，其地位与效力要高于其他法规文件。如《中华人民共和国网络安全法》，就由中华人民共和国第十

二届全国人民代表大会常务委员会于2016年11月7日通过，其解释权最终也归属于人大常委会。

②法规。法规包括行政法规与地方性法规。其中，行政法规是由国务院根据我国《宪法》和其他法律制定，并由总理签署国务院令公布，如《互联网信息服务管理办法》。地方性法规由省、自治区、直辖市等大型市级人民代表大会及其常委会根据该行政区域的实际需求和具体情况制定，由大会主席团或常务委员会发布公告予以公布，如《经营性网站备案登记管理暂行办法实施细则》（2000年）就由北京市工商行政管理局制定。

③规章。包括国务院部门规章和地方性的政府规章。国务院部门规章由国务院各部、委员会、中国人民银行、审计署和具有行政管理职能的直属机构，依据相关法律和国务院的行政法规、决定、命令在本部门的权限范围内制定。地方政府规章由省、自治区、直辖市等大型市级人民政府，根据国家法律、行政法规和地方性的法规制定。规章由本部门首长或者省长、自治区主席、市长签署命令予以公布。① 规章的名称一般称"规定""办法"，但不得称"条例"，如《网络安全审查办法》（2020）等。

④司法解释。一般来讲，司法解释类型的文件只能由最高人民法院和最高人民检察院这两个最高司法机关制定和发布，主要用来规范和引导司法实践活动。就实际情况而言，司法领域已扩大制定"规范性文件"的范围。司法解释性文件是司法政策的重要形式，具有法理和功能意义上的政治性和正当性。例如《最高人民法院、最高人民检察院关于办理利用信息网络实施诽谤等刑事案件适用法律若干问题的解释》，就对信息侵权行为的边界进行了界定，以维护公民权益。

⑤规范性文件。规范性文件是指除了上述法律法规以外的由国家机关在其职能范围内依法制定的具有普遍公约性的文件。② 平时最常见的规范性文件一般是由国家行政机关制定的行政规范性文件，例如《互联网危险物品信息发布管理规定》等。

10.1.2 信息安全法律内容构成

在网络基础设施与信息系统安全、国家保密、个人信息保护、知识产权保

---

① 赵秉志，陈志军. 论越权刑法解释[J]. 法学家，2004(2)：69-81.

② 郑川，向禹. 档案规范性文件的效力层级浅析[J]. 资源信息与工程，2018，33(5)：176-178.

护等领域，我国信息安全立法能够使相关违法犯罪得到处罚，促使组织和个人依法制作、发布、传播和使用信息，依法规范网络行为。① 各项法律文件的陆续颁行，为我国网络环境治理中的信息安全提供了法制依据与保障，基本构建了我国互联网主要领域的网络法律体系，如图 10-3 所示。

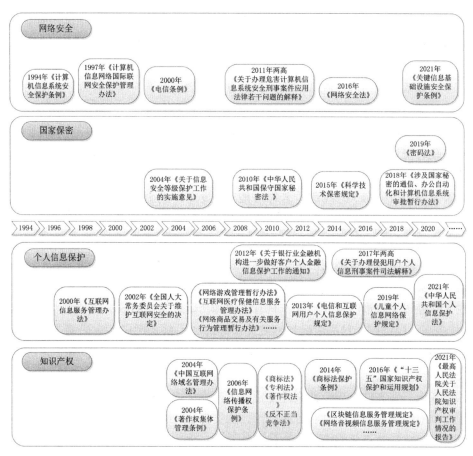

图 10-3　我国网络安全法律内容构成

（1）网络安全的法律规范

网络安全的法律规范主要包括：网络环境中国家信息安全的法律规范、网

---

①　中国信息通信研究院. 互联网法律白皮书（2019）［EB/OL］.［2022-01-07］. http://www.caict.ac.cn/kxyj/qwfb/bps/201912/t20191219_272126.htm.

络环境中的基础设施法律规范、网络环境中信息技术安全的法律规范、网络环境中信息系统运行和使用安全的法律规范以及其他与网络信息安全有关的法律规范。由于信息设备和系统自身的脆弱性容易转化为网络安全的综合风险，信息基础设施的网络信息安全情况是国家网络的基础，我国保障网络安全的法律按其规范内容比较注重基础设施尤其是国家关键基础设施相关的信息安全法律建设。

网络安全保障与网络运行维护问题紧密相关，针对网络信息安全与系统安全，我国相关立法主要对当事人非法利用网络的行为进行处罚量刑。1994 年发布的《中华人民共和国计算机信息系统安全保护条例》，是我国关于信息系统安全的首部法律，其颁布对我国的网络立法具有奠基性的作用。此后，为适应信息技术发展带来的法制化需求，2011 年两高《关于办理危害计算机信息系统安全刑事案件应用法律若干问题的解释》对"破坏计算机信息系统功能、数据或者应用程序"及"故意制作传播计算机病毒等破坏性程序，影响计算机系统正常运营"，构成"后果严重"的情形予以了"列举+兜底"的明确规定，这一解释为我国信息系统相关法律的提案与发布提供了司法适用指引。此后，我国针对国内信息系统安全的法律制度也由此逐步实现了立法、执法与司法机制的完善。随着全球安全形势的发展变化，2016 年我国颁布《中华人民共和国网络安全法》（下称《网络安全法》），旨在通过建设网络与信息安全保障体系加强网络管理，防范、制止和依法惩治国际上对国家的网络攻击、网络入侵、网络窃密、散布违法有害信息等网络违法犯罪行为。此外，对不构成犯罪的危害信息安全的违法行为，依照《中华人民共和国治安管理处罚法》《中华人民共和国电信条例》《计算机信息网络国际联网安全保护管理办法》和《互联网信息服务管理办法》等法律法规予以行政处罚。

为应对"全球一网"背景下的基础设施与技术威胁，《网络安全法》第三章第二节专门规定了"关键信息基础设施的运行安全"，这是在我国立法中首次明确规定关键信息基础设施的定义和具体保护措施，对于切实维护我国网络空间主权与网络空间安全具有重大意义。为适应该条款的实施，2021 年我国配套发布了《关键信息基础设施安全保护条例》《网络安全审查办法（修订草案征求意见稿）》等配套法律法规，进一步明确了关键信息基础设施范围和保护工作原则目标、监督管理体制，完善了关键信息基础设施认定机制，明确运营者责任义务、保障和促进措施，以及法律责任划分和审查机制，进一步健全关键信息基础设施安全保护法律制度体系。在上述法律法规的指引下，我国着眼国家层面的网络安全威胁，以维护我国信息基础建设整体安全为总目标，将关键信息基础设施持续健康运行和国家关键数据资产的可靠保护纳入网络空间的关键范畴。

网络安全领域的保障立法，是我国互联网分行业、分领域制定专门保护规划的立法方针的集中体现，能够有效划分监管主体职责，保障网络技术应用与相关规划及监管的同步进行。当前，我国网络信息安全保障法律建设取得了不小成就，但同世界先进水平相比还有差距，且在立法过程中容易出现重系统建设、轻运营维护和主体责任交叉的情况。只有在现有立法基础上加强战略规划和统筹，才能加快推进网络安全建设的各项工作。

（2）国家保密法律法规

国家保密法律内容包含：关于保密工作对象、领域和环境的法律规范，关于泄密标准和刑法处置的法律规范，关于国家信息安全的法律规范，以及关于科学技术秘密事项的法律规范等。

2010 年发布的《中华人民共和国保密法》第 2 条指出国家秘密是关系国家安全和利益，依照法定程序确定，在一定时间内只限一定范围的人员知悉的事项，包括我国政治、经济和军事等方面的信息。我国《刑法》第 287 条规定利用计算机窃取国家秘密的，依照《刑法》有关规定定罪处罚。《互联网安全法》第 12 条中规定，不得利用网络从事危害国家安全、荣誉和利益的活动，包括通过互联网泄露国家秘密。《泄密案件查处办法》第 5 条规定，未采取符合国家保密规定或者标准的保密措施，在互联网及其他公共信息网络、有线和无线通信中传递国家秘密的；或使用连接互联网或者其他公共信息网络的计算机、移动存储介质等信息设备存储、处理国家秘密，且该信息设备被远程控制的被定为泄密处理。

从我国目前国家秘密相关的法律来看，主要是对国家秘密进行分级和界定，对公职人员和个人的泄密情况进行处罚规定。对于互联网泄密还存在一些法律制度上的漏洞，主要表现在以下两方面：

首先，我国法律对泄密追责存在重个人、轻单位的情况。我国《刑法》第 398 条依法对国家机关人员和非国家机关人员的故意或过失泄密情节进行处罚规定，但其中并未提及对泄密单位的责罚追究。如此，对于某些互联网平台的泄密，可能出现由具体员工为平台顶罪的情况，实则是对互联网企业责任的忽略。

其次，在网络信息泄密的立法规制中，存在民事法律、行政法律和刑事法律结构失衡的问题。尤其体现在对泄密的刑事处罚重，而缺乏对泄密进行经济处罚和民事责任的规定。通常，互联网泄密行为易对国家、企业等造成巨大的损失，仅对个人刑事责任的追究无法弥补，如对泄密平台或企业追究相关的民事责任，则更有利于法律公平价值利益的实现和对违法组织的惩罚。①

（3）个人信息保护的法律规范

有关个人信息保护的法律内容包括：网络个人隐私权利保护的法律规范，当事人权利义务的法律规范，信息服务提供者的权利义务的法律规范，以及对特殊群体如儿童的信息保护法律规范等。

近年来，通过侵犯公民个人信息从而获取经济利益的犯罪活动屡屡发生，为了保护个人信息权益，2009 年《刑法修正案（七）》增设了出售、非法获取和提供公民个人信息罪。2010 年 7 月 1 日实施的《中华人民共和国侵权责任法》明确规定了对公民个人隐私权的保护。于 2021 年 11 月 1 日施行的《中华人民共和国个人信息保护法》在个人信息处理规则和信息活动规范、个人信息权和信息处理者义务、个人信息保护的部门职权和相关法律责任等多方面进行规定，开启了我国个人信息保护领域统一和专门性立法的元年，具有里程碑意义。

此外，《全国人大常务委员会关于维护互联网安全的决定》《电信条例》《计算机信息网络国际联网安全保护管理办法》《网络游戏管理暂行办法》《互联网医疗保健信息服务管理办法》《网络商品交易及有关服务行为管理暂行办法》《互联网视听节目服务管理规定》和《上海市促进电子商务发展规定》等法律、行政法规、部门规章以及地方性法规各层级也有保护个人信息的相关规定。我国互联网行业从业企业与平台还以行业自律规范的形式签署了《中国互联网行业自律公约》，《公约》规定互联网服务开发者和提供者必须依法采取有效措施保护用户个人隐私。公约的设立为规范互联网从业者行为，建立我国互联网行业自律机制，促进互联网健康环境建设筑起了法治栅栏。

从基础性立法、专门立法到行业规范，我国个人信息保护立法构建了以法律保护为主、行业自律为辅的个人隐私和个人信息保护模式。近年来，针对个人信息保护和隐私保护的法律法规的密集出台，更彰显我国依法维护公民权益，从关注技术到关注人的网络治理重点转变。

（4）网络知识产权保护法律规范

有关知识产权保护的法律内容包括：对网络环境中专利权、著作权、商标权等各类知识产权的法律规范，对侵权行为进行界定、防范、赔偿、补救的法律规范，实施法律援助及援助方法实现的法律规范，对其他主要领域的知识产

---

① 蒋坡. 论网络法的体系框架[J]. 政治与法律，2003（3）：54-60.

权的法律规范，以及其他相关的法律规范。

在知识产权保护领域，我国主要颁布了《商标法》《专利法》《著作权法》《反不正当竞争法》等基础法律，以及《地理标志产品保护规定》《知识产权海关保护条例》等各领域专门产权保护相关法律规范。网络环境下的知识产权立法工作主要是对基础性法律进行网络相关内容的延伸，此外，还出台了《计算机软件保护条例》《著作权集体管理条例》《商标法实施条例》《信息网络传播权保护条例》《中国互联网络域名管理办法》《中文域名注册管理办法》《互联网站管理工作细则》《关于审理计算机网络著作权纠纷案件适用法律若干问题的解释》等以保护知识产权为主要内容的法律法规及司法解释。

著作权保护相关立法相对密集。2001 年最新修改的《著作权法》首次增加了"信息网络传播权"，该法的确立顺应了网络环境下著作权保护的迫切需要。2006 年，由国务院制定颁布的《信息网络传播权保护条例》正式实施，一方面以法律的形式明确保护网络原创者的基本权利，更准确地区分了著作权人、图书馆、网络服务商、读者各自可以享受的权益；另一方面使版权保护内容更加具体，有效约束不法网站对他人著作的剽窃行为，进一步完善了我国网络知识产权保护法律体系。2009 年，文化部印发了《文化部关于加强和改进网络音乐内容审查工作的通知》，主要针对解决网络音乐市场内容良莠不齐、侵权盗版、非法链接现象等突出问题。① 对网络专利权的保护，主要有《专利审查指南》(2006 年)，对网络新型专利进行分类，制定相应审查标准和步骤。当前，我国能够对于商标进行保护的专门法律主要有《网络商品交易及有关服务行为管理暂行办法》，该法主要对网络环境下的商品交易进行保护，但其立法层级相对较低。总体而言，相较著作权的立法保护，商标权和专利权还相差甚远，制定一个针对性强、完善的网络商标与专利保护法律迫在眉睫。

在一些专门领域，对网络知识产权保护也有相关立法。如在计算机软件领域，《计算机软件保护条例》规定了软件著作权人的信息网络传播权，以及涉及侵权行为的民事责任、行政责任、刑事责任等；在文化产业领域，《电影产业促进法》对电影的知识产权保护相关问题予以规制，体现了网络著作权保护在电影产业的重要地位。国家版权局《关于加强网络文学作品版权管理的通知》从行政监管的角度进一步明确了网络服务商的主体责任和义务。总体来看，知识产权保护对我国网络环境的创新健康发展有着十分重要的保障意义，

---

① 王四新.《网络安全法》：互联网治理的总动员令[J]. 人民论坛，2016(36)：76-77.

我国已经基本形成较为完善的著作权法律体系，但是网络技术与内容产业蓬勃发展，版权保护客体及内容日益丰富，侵权行为日益多样化，亟待对网络环境下知识产权各重点领域精细化、专业化立法，在原有法律体系框架下通过修法、释法等多种手段进行调整和完善，以适应当前网络时代的发展变革。

10.1.3 我国网络安全中的信息法律建设发展

全国人民代表大会常务委员会作为我国主要的立法机构，其在网络安全方面的立法覆盖面逐渐扩大，主要原因有两方面：一是由于网络空间与现实空间紧密相连，网络安全问题直接影响到现实社会的安全，因此，需要扩大网络安全领域的立法范围，覆盖社会生活的重要领域；二是由于网络安全是国家安全的重要组成部分，为维护国家的整体安全，需要重点建设网络安全方面的相关法律。目前，我国在《网络安全法》的基础上出台了一系列相关的法律以保障网络信息安全。

在网络全球化治理的趋势下，网络环境治理的国际合作必不可少，一方面，参与国际网络治理合作可以维护国家网络主权的完整性，进而维护国家整体安全；另一方面，蓬勃发展的网络技术激发了许多隐藏的问题，如网络攻击、网络霸权、网络恐怖主义等，而虚拟社会与现实社会之间是相互映照的，因而网络空间的治理需要全人类共同面对。近年来，我国积极参与并加强了网络治理的国际合作，在 2015 年的第二届世界互联网大会上，中国国家主席习近平提出"四项原则""五点主张"，倡导尊重网络主权，推动构建网络空间命运共同体，为全球互联网发展治理贡献了中国智慧、中国方案。① 随后 2019年，第六届世界互联网大会组委会发布了《携手构建网络空间命运共同体》概念文件，进一步阐释了"网络空间命运共同体构建"这一理念。在当前浮躁的信息环境中，网络空间命运共同体的构建更加紧迫，为建设一个有益于全人类的网络空间环境，我国政府提出了"发展共同推进、安全共同维护、治理共同参与、成果共同分享"的行动倡议。

中国互联网法制建设虽已初步具备体系性，但互联网硬件自身所携带的安全隐患以及网络病毒、网络欺诈、网络谣言等网络安全隐患问题，仅靠法治难以根除，立法也不是主要方案，但如果能够建立严密、高效的信息安全法律体

---

① 国家互联网信息办公室. 世界互联网大会组委会发布《携手构建网络空间命运共同体行动倡议》［EB/OL］. ［2022-01-11］. http://www.cac.gov.cn/2020-11/18/c＿1607269080744230.htm.

系，无疑会促进网络环境的保护。

网络安全是一个全球性问题，需要全人类共同去面对。因而要求相关立法部门从国家的整体性出发去构建一个综合的基本法律。我国的《网络安全法》无论是从其具体的立法程序还是从其具体法律内容来看，都无法肯定其是一部网络安全的基本法。从法律制定的程序来看，《中华人民共和国立法法》中的第 7 条规定"全国人民代表大会制定和修改刑事、民事、国家机构的和其他的基本法律"。由此可知，只有由全国人民代表大会所制定的法律才能称之为基本法，然而《网络安全法》是由全国人民代表大会常务委员会监管与组织。目前多元主体之间的角色分工、信息共享等并没有形成一个良好的融合状态，究其原因在于各主体之间没有一个融合互补的沟通机制与多元创新的法律制度体系。政府在网络安全法律的立法与执法中占据主导地位，具有天然的指导特性，因此政府要充分发挥资源联合优势，即对社会资源进行宏观调控，为其他主体提供一个沟通交流的机制与场所。

10.2　全球化治理中的网络安全法律关系协调

网络安全直接关联着国家的主权、安全和发展，维护网络环境安全已成为全球社会的共识。为缓解并降低现存的网络风险，联合国及各国紧跟国际形势出台了一系列法律规章制度以营造健康的网络环境，但由于国家制度、文化、经济方面的对立和差异，现有的基于国际网络安全的法律存在一些矛盾和分歧。对此应进行关系协调，以适应国际化的全球网络环境。

10.2.1　网络信息安全中的国际法分歧与冲突

现代环境下，世界各国在互联网的影响下已经形成既相互关联又互相制约的整体，网络环境治理已超越国界的限制，需要各国共同参与。在网络信息环境的全球化治理中，由于立法原则、理念、模式等方面的分歧，各国在制定和实施网络信息安全法律方面也存在一些差异，从而导致了国家安全法律的冲突发生。因此，可充分分析网络信息安全的法律分歧，并以此为基础深入挖掘信息安全法律建设中的冲突表现。

如图 10-4 所示，可从网络信息安全保障的法律分歧出发，探讨网络信息安全法律冲突的具体表现，同时借鉴国外网络安全立法经验，从而提出协调法律关系的具体策略，为维护网络信息环境安全提供法律保障。

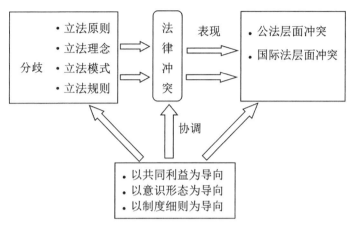

图 10-4 全球化治理中的网络安全法律协调

（1）国际网络安全治理中的法律分歧

在互联网立法进程中，各国内部的社会环境是制定法律所必须考虑的主要因素，而在当今社会，世界各国都把互联网安全提到了国家战略层面，对于互联网全球治理各执己见，因此，当前国际社会在面临互联网空间全球治理方案时，遇到了一些阻力。如图 10-5 所示，当前国际社会面对互联网全球治理主要有四个层面的分歧。

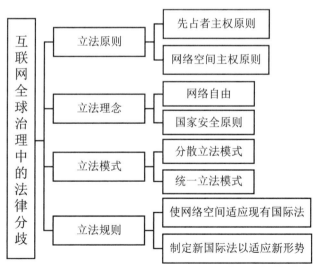

图 10-5 互联网全球治理中的法律分歧

①立法原则。网络信息安全立法的基本原则贯穿于整个网络安全法律体系之中，对法律的制定和实施具有指导意义。受国家意识形态的影响，目前主要有两种具有代表性的信息安全立法原则：一是以美国为首的西方国家秉持先占者主权原则，即凭借国家网络技术、信息产业等方面的优势，掌握网络空间主导权。基于此原则，美国积极调整"美国优先"的网络安全战略，统一内部政策与行动，确保占领并巩固网络空间主导权。① 二是以中俄为主导的国家倡导网络空间主权原则，认为网络空间主权属于国家主权的一部分，各国应该以《联合国宪章》为宗旨，尊重各国在网络空间的主权。我国立法高度重视网络空间主权，在《网络安全法》和《网络空间国际合作战略》中均对网络空间主权作了具体阐述。②

②立法理念。立法理念决定着网络信息安全法律建设的总体方向和最终成效。美英等西方发达国家坚持网络自由理念，认为网络安全法规的制定与颁布建立在防止国家权力侵犯个人自由的理念之上。例如，美国《网络空间国际战略》(2011)将网络自由作为网络空间战略系统性框架的重要组成部分，主张在网络安全受到入侵和威胁时，始终保障信息自由流动和民众言论自由。③ 而中国在网络安全立法过程中始终坚持国家安全至上理念，网络信息环境的治理、信息安全法律的实施最根本的是要维护国家安全与国家利益。

③立法模式。目前就世界范围内的网络信息安全立法情况而言，以美国、英国为首的欧美大部分国家在网络立法层面上实行分散立法，即根据既有法律的相关条款，再结合国家网络安全管理的实际诉求，确立新的网络法律条文和立法范围。而以中国、日本、印度为例的主要亚洲国家则普遍实行统一的网络法律，即在国家制定统一网络基本法制度前提下，依据实际情况逐步添加各行业法律，主要侧重于数据隐私、数据安全以及未成年人保护等公众利益范围。

④立法规则。世界各国围绕网络空间立法需要围绕既定的规则来展开，网络信息安全问题属于全球化关注重点，制定统一的网络空间治理规则即所有国家和成员必须遵守的规章和条例是网络立法的前提。虽然国际社会已经逐步在"治理规则适用于网络空间治理"上达成共识，但目前并没有形成全球范围内共同认可的网络空间国际公约。以美国为首的西方发达国家倡导现有国际法仍

---

① 李艳. 美国强化网络空间主导权的新动向[J]. 现代国际关系，2020(9)：8.

② 刘然. 中美网络安全立法比较研究[D]. 长春理工大学，2019.

③ 汪晓风. 美国网络安全战略调整与中美新型大国关系的构建[J]. 现代国际关系，2015(6)：17.

适应于网络空间，而新兴国家、发展中国家主张制定新国际法以顺应新环境①，即根据网络安全问题和信息技术应用情况来调整国际法内容。

（2）国际网络安全法律中的冲突表现

一般来说，法律冲突是指两个或两个以上国家的法律同时调整一个相同的法律关系，而这些法律之间彼此相互矛盾的社会现象。② 国际网络安全法律中的冲突主要表现为公法领域的冲突和国际法层面的冲突两方面。

①公法层面的法律冲突。公法主要是指调整国家与普通公民、组织之间关系以及国家机关及其组成人员之间关系的法律③，而公法冲突指的是各主权国家之间，或同一国家内部法域之间的法律冲突。由于网络的自由化与无边界性，网络信息安全问题威慑力更强、连锁效应更大，国家的关联性增强，各国不得不承认内外国法律的平等，在一定范围内让渡或限制部分主权、承认外国法的域外效力，以促成有效合作。互联网环境使得公法的效力范围具有域外性，从而引起公法冲突，这种公法冲突主要发生在网上赌博、计算机犯罪以及网上交易等方面。以美国雅虎网络公司起诉案为例④，在反纳粹问题上法国法与美国法具有明显冲突。雅虎美国站收录了拍卖纳粹物品的站点，严重违反了法国"不得展示和出售纳粹物品"的法律。但服务器位于美国，拍卖纳粹物品不违反美国法规定。从中看出，互联网领域的公法冲突通常具有一个特点，尽管网络信息服务行为符合本国的法律，但违反了他国法律。公法冲突在国际刑事处罚中较为常见，因此制定协调公法冲突的国际规则或法律规则对于国际网络环境治理与合作至关重要。

②国际法层面的冲突。国际法是指若干国家参与制定或者国际公认的、调整国家之间关系的法律。2013 年联合国大会第六十八届会议上国际法被正式确认为适用于网络空间，世界各国在这一点上基本达成共识。2018 年法国在《网络空间信任和安全巴黎倡议》中倡议，支持包括《联合国宪章》、国际人道

① 侯云灏，王凤翔. 网络空间的全球治理及其"中国方案"[J]. 新闻与写作，2017（1）：5-9.

② 洪萍. 国际私法[M]. 南昌：江西高校出版社，2017：60.

③ 王世杰. 私人主张超个人利益的公权利及其边界[J]. 法学家，2021(6)：120-134，194.

④ 朱纯岚. 论传统冲突规则在网络空间的应用与困境[J]. 网络法律评论，2004，5（2）：247-253.

法和习惯国际法在内的国际法对各国使用信息通信技术活动的可适用性。① 国际法一般由国际组织或者是一些国家通过谈判缔约来制定。虽然国际法客观上是保障国际关系有序存在和发展、解决国际冲突和纠纷的最佳手段，将国际法引用到网络环境治理中，既可以有效协调国家间在网络空间的利益冲突，又可以为判定网络信息安全犯罪行为提供法律依据，但从国际法的制定程序、实体规则和国际合作机制来看，现有的国际法仍然存在一些不足，法规内容与国家主权相冲突而无法得到有效的发挥。以《网络犯罪公约》为例，作为全世界第一部针对网络犯罪行为所制订的国际公约，其目标是为国家间的网络犯罪立法提供一致共同的参考，以进行有效的国际合作。② 在该《公约》的规定中，其对于网络犯罪管辖权的界定与国家主权相冲突，在俄罗斯、中国等主权国家中并未形成统一认可。《公约》第 22 条规定："对于网络犯罪的管辖权方面，每一个缔约国都可以针对网络犯罪出台相关的法律，也可以采取遏制网络犯罪的措施，当犯罪实施在其领地内，或在悬挂该缔约国国旗的船上，或在根据该缔约国法律注册的航空器上，或由本国国籍公民实施且根据行为地的法律规定应受刑罚的，或是本国国籍公民不在任何缔约国境内所实施的。"这一条例仅规定了属地管辖以及属人管辖两种原则，缔约国只能通过"属人原则"追究在其领土内发生的网络犯罪行为，由此寻求司法协助。③ 其次，公约规定缔约国可以通过对其国内法进行扩大解释或进行修正以扩充刑事管辖权，加剧管辖上的冲突，从而导致侵犯他国的网络主权。

总之，随着网络技术的发展，网络空间面临的风险愈加复杂化与全球化，网络犯罪、网络攻击、网络恐怖主义等非传统安全威胁的出现对每一个国家的生存和发展都构成了核心挑战。④ 在这种情况下，与国家主权相关的网络安全问题具有高度的政治敏感性，在信息安全法律制定上必须采取谨慎态度，充分考虑国家利益、主权和安全问题。

---

① 刘碧琦. 论国际法在网络空间适用的依据和正当性[J]. 理论月刊，2020（8）：109-119.

② 郭美蓉. 网络空间治理中的国际法路径[J]. 信息安全与通信保密，2019（5）：48-55.

③ 朱明丽. 打击网络犯罪的国际法规范研究[D]. 广州：华南理工大学，2018.

④ 堵一楠. 网络空间适用主权问题的国际法思考——以国家利益为视角[J]. 研究生法学，2019，34（1）：43-54.

10.2.2 基于网络环境治理与安全防护的各国法律协调

大数据、云计算、物联网等信息技术的应用激发了网络信息环境变革，信息安全问题的内容的范围呈现出正向扩张趋势。虚假新闻、网络暴力、个人信息泛滥等安全问题持续升温，数据治理、网络内容管理、个人信息保护、网络安全防范成为各国信息环境治理新的关注点。相关国家和地区聚焦网络信息环境安全，通过强化网络安全立法和调整法规侧重点，积极防御和管控网络信息安全风险。

网络安全保护方面，20世纪90年代起，欧盟陆续发布了《关于信息安全决议》《关于计算机犯罪的协定》《关于打击信息系统犯罪的框架决议》和《关于建立欧洲网络和信息安全机构的规则》，奠定了欧盟网络建设与信息安全的框架。2011年欧盟颁布《保护关键信息基础设施指令》，旨在从提高基础设施安全来实现网络安全。2016年第一部欧盟层面的网络安全立法《网络与信息系统安全指令》(NISD)出台，通过确保NISD纳入各国法律，提高欧盟整体网络安全水平。① 2019年欧盟《网络安全法案》正式生效，构建跨境安全事件联合处置机制及网络安全认证框架，同时将欧盟网络和信息安全署(ENISA)定位为欧盟永久性机构；同年3月，欧盟发布《5G网络安全建议书》，要求各成员国对国内5G网络基础设施进行安全风险评估。欧盟的方式在欧盟国家之间具有现实意义，对于其他国家法律调整具有借鉴作用。

国际法律关系的协调涉及多维因素的影响，为了能够充分考虑各因素，从全局视角构建稳定的法律关系，以下拟采用金字塔分析结构，如图10-6所示，分别从物质层面的利益冲突、精神层面的意识形态冲突和制度层面的法律条文冲突展开分析，并提出了相应的解决方案。

(1)以共同利益为导向的法律关系协调

国家利益冲突是国际网络安全法律关系矛盾的根本原因。以共同利益为导向协调法律关系，就是要使国际网络安全法律内容在最大限度上维护各个国家的网络共同利益，将国家利益损害程度降到最低。可以从国际网络安全法律内容和国际网络安全法律主客体来协调法律关系。

①协调国际网络安全法律内容。网络技术的出现扩大了各个国家经济状况、军事实力和政治手腕的差距，造成发达国家凭借其先进的网络技术和影响力单向推行国际规则的局面，使得国家网络安全规则不具有普适性。各国在国

---

① 刘天慧. 中美俄欧网络安全立法比较研究[D]. 哈尔滨：哈尔滨工业大学，2018.

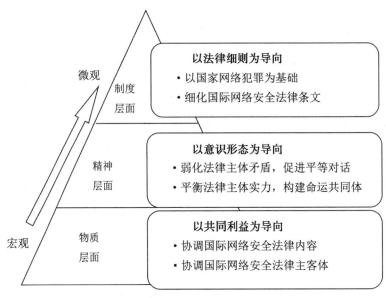

图 10-6　国际网络安全法律关系协调的金字塔模型

际法实用性与内容调整方面缺乏统一认可，这就使得在国际网络安全方面迟迟未出台统一公认的有效法律文件。为减少犯罪分子跨境实施网络犯罪损害各国利益事件的发生，联合国成员应成立国际网络安全联盟作为协调法律关系的中介，推选国内代表领事参与协商国际网络安全法制定，并向发展中国家提供技术援助，推动全球网络安全环境构建。在国际网络安全法律内容方面，应顺应全球网络安全发展态势，根据信息安全问题及时调整国际法内容，管辖范围决不应当局限于网络基础物理设施安全，更应广泛包含网络经济犯罪、网络恐怖主义和网络军机窃取等，防止法律制定中的"网络霸权"现象，为全球网络技术革新提供安全的网络环境，谋求全球共同发展。

②协调国际网络安全法律主客体。受共同利益驱使建立的国际网络安全联盟，除规范国际网络安全法律内容外，还应协调国际安全法律的主、客体关系。据美国最大的信息安全公司 Norton 发布的网络安全报告显示，2017 年在联合国成员中有将近 20 个国家的 9.78 亿人遭受网络犯罪的攻击，而国际网络犯罪的破获率仅 5%，其中网络犯罪的管辖权、电子证据、跨境取证和司法协助问题是维护国际网络安全的重难点。在国际网络犯罪频发的背景下，2018 年联合国成立信息安全开放性工作组（OEWG），并以"现有信息安全领域威胁和潜在威胁及解决措施"为主题举行会议，将网络犯罪和网络恐怖主义定为网

络空间安全的主要威胁，并对网络空间国际规则制定提出了建议。① 可见，要解决国际不同网络犯罪法律之间主、客体冲突问题，国际网络安全联盟遵从共同利益理念协调国际辖权冲突，秉持有限扩大罪犯属地辖域原则，即各国分别依据罪犯实施违法活动的发生国、服务器地址、罪犯居住国、犯罪结果实现国、被害人所在国和上诉国进行管制，如遇多国同时上诉的情形，则交由犯罪结果实现国或者犯罪造成主要损失国受理。

综上所述，从利益视角出发，以共同利益原则组建国际网络安全联盟，形成公认公平的国际网络安全标准，才是打击国际网络犯罪和协调国际网络安全法律矛盾的有效途径。在共同利益协调后，由于各国意识形态不同，提出的国际网络安全法律亦不尽相同。因此，在解决国际网络安全法律关系矛盾时，协调各国意识形态也是国际网络安全联盟的重要工作之一，只有统一维护国际网络安全的意识形态，才能在国际网络安全制度中融合各国法律关系要素。

（2）以意识形态为导向的法律关系协调

法律主体的形态对法律内容的确定具有指导作用。以意识形态为导向协调法律关系，主要是通过调和各国网络空间治理理念和网络安全立法原则来协调网络安全法律关系。目前，在国际法律关系中，各主体的意识形态可以分为两大类：以美国为首的西方中心主义法律观，以中俄为首的东方法律观②，两种意识形态虽存在一定的差异和冲突，但并非是毫无交集的关系，其在寻求长久权益方面存在一致性，因而以意识形态融合为基石的法律关系协调是存在可行性的。具体协调方案如下：

①弱化法律主体矛盾，促进平等对话。意识形态间的平等对话能够促进法律矛盾主体间的沟通与互动，充分理解彼此行为背后的核心思想，推动彼此间的意识交融，缓解国际法律主体矛盾，避免在国际网络安全建设中因固有偏见的存在而影响合作的推进。

意识形态间平等对话的推进需依赖于各法律主体对意识形态差异的客观认识，以及各意识形态话语权的增强。对于差异客观认识实现，一方面，国家主体层应在意识形态接触、碰撞过程中，悉心研究他国政治文化理念，加大与邻

---

① 李彦. 网络犯罪国际法律规则制定与中国方案研究[J]. 中国社会科学院研究生院学报，2020(3)：92-101.

② 何志鹏. 新时代国际法理论之定位与重构：接榫国际政治的互动探究[J]. 法学评论，2020，38(4)：11-22.

邦国家的文化交流与互动，促进周边地区的文化融合，积极消除文化误解，为国际网络安全建设提供良好合作环境，在安全防护方面达成高度一致；另一方面，各国主体还要时刻保持宽容态度，积极了解不同意识形态，研究不同意识形态的要义。此外，各法律主体还应加强其文化创新，只有加大现代文化的创新力度，构建以优质文化为核心的意识形态体系，方能不断巩固和强化意识形态领域的影响力，促进话语权的不断提高。

②平衡法律主体实力，构建命运共同体。命运共同体的概念最早于2013 年由习近平总书记提出，该理念主张国家之间日益相互依存、利益交融，各国在追求本国利益时需兼顾他国合理关切，才能获取可持续的权益。① 网络命运共同体则是对命运共同体在网络空间上的延伸。在国际网络安全关系中，网络命运共同体意识的共建虽无法满足某一意识形态对特定国家团体的利益最大化追求，但却能稳定各方法律关系，实现各意识形态对长久权益的追求。

命运共同体意识在法律主体行为层面的落实主要体现共商共建共享。"共商"就是沟通协商；在国际网络安全法规制定、犯罪打击等活动中尊重各国发展水平、经济结构、法律制度、营商环境和文化传统的差异，不以国之体量、发展快慢、经济强弱等因素作为国际法律主体参与度与有无发言权衡量标准，充分避免以强凌弱的局面。"共建"就是共同参与，深度对接有关国家和区域发展战略，确立合作项目并共同加以推进；在国际网络安全防护工作的开展中，不以强强联盟为导向建立合作壁垒，而是以包容的态度接纳各国网络安全发展战略，将各国纳入国际网络安全建设的活动中，广泛建立深度安全保护战略，充分打击各类网络跨国犯罪，进而保障各国的权益。"共享"就是资源与信息共享，实现互利共赢，各方通过合作实现利益的最大化。在国际网络安全建设活动中，不同的国家能力有所不同，对于能力较弱的国家其参与程度也相应较弱，国际法律关系中的强主体则应予以技术资源共享，避免短板效应，给网络犯罪留有突破口，从而实现对强弱主体共同利益保护。

（3）以制度细则为导向的法律关系协调

以制度细则为导向的法律协调应以国际网络犯罪为基础，细化国际网络安全法律条例规范，使制度的规范协调更具有全面性，从而构建更为稳定和谐的法律关系。

---

① 马忠法. 论构建人类命运共同体的国际法治创新[J]. 厦门大学学报（哲学社会科学版），2019（6）：21-31.

针对危害计算机信息网络运行安全的犯罪，包括入侵国家计算机信息系统、故意制造网络病毒、攻击网络系统等。由于各国对此类犯罪的量刑标准不同，要实现对此类犯罪行为的全局治理，各国家主体在条约或法规等方面的调整可分为两步走：首先明确此类犯罪行为的罪名划分细则，设定审判度量的统一口径，避免跨国犯罪打击过程中出现法律条文的冲突，为各区域或国家法律法规的融合提供基础，短期缓解国际网络犯罪打击的难度；然后采取"多边主义"路径，以制定普适性强的新公约为远景目标，推动构建多边融合的法律公约，避免因某一存在的局部法案的暴力推广导致国际利益的分配不公，进而加剧国际法律关系的不稳定。

针对利用计算机网络危害国家安全和社会稳定犯罪，包括网络谣言、诽谤、发布有害信息、窃取国家情报等。针对上述问题，联合国组织可试图为各国提供合作平台，制定全球性公约，充分吸纳各国法律法规，确立双边或多边的跨国网络犯罪司法协助机构，实现去区域化，构成由点到面的国际网络犯罪打击。

针对非法侵害他人计算机系统危害社会和经济秩序的网络犯罪，包括借助互联网销售伪劣产品、建立色情网页传播淫秽文字、图片和视频等违法行为。面对此类犯罪，应联合多国展开净网行动。具体而言，首先应在国际法律中借鉴已有网络色情分级基础，对经济市场和销售网站信息也给予风险评估和及时官方辟谣，并分级标示。如 2019 年，微软 edge 浏览器为增强网络信息可靠性，联合"新闻卫士"技术公司推出新闻分级服务，根据新闻业可信度和透明度评估用户浏览信息真实性。其次，严格区分公用电脑和私人电脑，要求公用电脑提供商负责监控顾客、过滤网络，以分区定责方式落实网络犯罪责任。最后，将网络分层级架构，严格控制层级跃迁程序，保障社会和经济秩序稳定运行。这一措施需要联合网络服务商协同实施，网站或软件开发商需设置儿童模式、加密色情内容和抵制虚假信息的扩散。

利用计算机技术损害自然人、法人及其他组织合法权益的网络犯罪行为，包括在网上侮辱他人或捏造事实诽谤他人；非法截取、篡改、删除他人电子邮件或其他数据资料，侵犯公民通信自由，或侵害他人知识产权等。[①] 从各国网络立法现状来看，各国法律主体不同会致使法律客体和内容不尽相同，因此，想要协调国际网络安全法律关系，首要步骤就是统一法律主体。具体方案如

---

① 张新宝，林钟千. 互联网有害信息的依法综合治理[J]. 现代法学，2015，37（2）：53-66.

下：首先，以联合国为核心力量推动国际标准中法律主体统一化，贯彻推行国际法律顶层设计，各国自顶向下的分化适合国内状况的法律政策细则。其次，联动企业和信息服务商建立严密的企业、服务准则，防范信息服务或活动过程中信息泄露，组建企业网络安全维护小组主动打击网络犯罪。最后，构建快速有效的反馈举报机制，使自然人、法人等小单位个体有效地参与到维护自身权益的活动中。

显然，国际网络安全法律关系协调并不能仅仅依靠某种单一的机制、个体以及国家解决。它是一项多元、复杂的系统工程，随着大数据时代的来临，网络安全必然内嵌于整个社会系统中，与国家利益、文明意识形态和法律制度息息相关。因此，协调国际网络安全法律关系不仅需要从国家利益出发，还要融合意识形态差异，依托于完善的法律机制建立统一的国际网络安全法律体系。

10.3 国家信息安全框架下的法律体系建设

网络信息环境治理是由政府部门、社会组织、网络用户等参与主体围绕着网络安全建设目标在规范之下的互动。网络信息安全法律体系作为国家法律体系的重要组成部分，主要目的是维护国家利益、保障国家安全，是提升国家信息安全效能的必由之路。党的十九届四中全会《决定》提出建立网络综合治理体系、创新网络信息内容建设、落实主体责任的战略方针。① 建立和完善我国网络信息安全法律体系，需要根据互联网发展的新特点、新趋势，不断创新立法理念，实现从互联网技术到社会公众的重点转变，通过多元协同共治，依法维护我国信息安全。

10.3.1 国家安全体制中的网络安全定位

《中华人民共和国国家安全法》将国家安全定义为："国家安全是指国家政权、主权、统一和领土完整、人民福祉、经济社会可持续发展和国家其他重大利益相对处于没有危险和不受内外威胁的状态，以及保障持续安全状态的能力。"我国国家安全体制主要是指在国家安全管理中的具体制度和行为规范，

---

① 《人民日报》人民要论：以创新理念提高网络综合治理能力［EB/OL］.［2022-01-07］. http://opinion.people.com.cn/n1/2020/0311/c1003-31626276.html.

如图 10-7 所示，其目的是为确保国家拥有安全状态和能力提供制度支撑，主要包括国家安全职能划分、机构管理制度、人力资源管理制度、权责机制和法律保障等内容。①

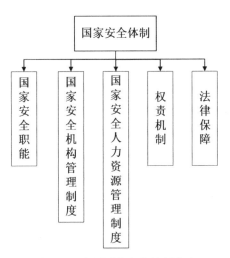

图 10-7　中国国家安全体制内容

　　我国国家安全体制为确保国家安全提供了制度保障，但在国际发展的新形势下，为了维护和捍卫我的的国家安全与国家利益、提升国家安全能力，以及完善国家安全体制，2013 年 11 月 12 日成立了中央国家安全委员会。此外，十八大以来，党和政府日益重视国家安全工作，不断加强国家安全体系建设。② 在党的十九届四中全会上，也提出完善国家安全体系、统筹和发展国家安全的目标，并明确了国家安全体系的内容与任务要求。

　　目前，在国家安全法制的相关立法方面，我国已取得了阶段性的成果。从2014 年 11 月通过的《反间谍法》到 2017 年 9 月通过的《核安全法》可以看出，我国的国家安全法制体系已较为完善，涉及各个领域的国家安全工作。其中，网络安全是国家安全法制的重要组成要素，由此可看出，网络安全治理与国家总体安全水平直接相关，并且网络安全还涉及军事、政治、经济等多个领域，

---

① 李文良. 中国国家安全体制研究[J]. 国际安全研究，2014，32(5)：40-52，156-157.

② 郑旭涛. 总体国家安全观：新时代中国国家治理的重要指导思想[J]. 学习与探索，2020(1)：44-50，175.

对国家安全影响较大。

综上可知，网络安全是国家安全的重要组成成分，因此，国家安全体制下的网络安全具有以下两个特点：①网络安全要维护国家安全利益。首先，网络空间成为与陆、海、空、天并列的第五大国家主权空间，全球已有三十多个国家制定了网络空间战略，在此形势下，网络空间就是国家主权的一个部分，侵犯网络空间，就是侵犯国家利益。其次，随着互联网的深度发展，国际斗争手段也体现在网络渗透和网络控制上，例如，利用网络技术窃取他国军事情报、控制他国通信网络系统、利用互联网干涉别国内政等都是网络时代的"没有硝烟的战争"。因而，网络安全已成为维护国家利益、捍卫国家主权的核心内容。②网络安全要促进国家发展利益，也就是要助力网络经济的发展。近年来，随着信息技术和通信技术的纵深发展，网络经济成为新的国际经济竞争点。具体体现在电子商务、智能工业、互联网金融等行业的快速崛起与发展，在短期内，实现了大量的财富积累。在未来，信息网络领域依旧是充满创新和激烈竞争的一个行业。

综上，在国家安全体制中，网络安全法律具有重要地位，不仅为国内的网络环境治理提供了法律依据，还为解决我国在国际网络空间中存在的冲突提供了法律保障，确保网络活动始终处于规范、有序和可控的状态。

面对当前我国网络安全领域的突出问题，以制度建设提高国家网络安全保障能力，掌握网络空间治理和规则制定方面的主动权，切实维护国家网络空间主权、安全和发展利益。党的十八大以来，习近平总书记从国家安全观出发，发表了一系列关于网络治理问题的讲话，提出了网络安全治理的十个方略。这十个观点充分阐明了中国建设网络强国的战略与方针，体现了信息全球化背景下我国网络安全治理的创新理念及发展趋势。由此可见，网络安全已上升到国家战略层面，主要体现在以下几点：一是习近平网络强国战略思想的形成。二是2016年全国人大常委会出台了网络领域的基础性法律——《中华人民共和国网络安全法》。至此，网络安全做到了有法可依，奠定了网络安全治理的基础架构。三是"建立网络综合治理体系"的战略部署。

10.3.2　网络信息安全法制化建设基本原则

当前，网络化生存已逐渐向群体行为转化，一个新型的社会形态正在形成，数字世界不同于物理世界的各种特征正在越来越深刻地展现在人们面前。这样一个新世界的社会规则在哪里是人们共同关心的话题。构建网络法治社会逐渐成为世界多数国家的目标。① 我国从 1994 年开始制定相关法律以保障信息安全，在坚持网络空间主权原则的基础上颁布了一系列法律文件。通过建设互联网法庭等措施，形成了一套以政府主导，多元参与的互联网治理模式，以保障互联网健康稳定发展。我国网络信息安全立法已初步步入良性发展的轨道，但在网络立法、执法、行政监管和公民法治意识等多方面还存在的诸多问题，要求必须坚守原则，在互联网法治化建设中不断寻求新的突破。

网络法制化管理体现了国家在网络生态建设领域的主要推进方式，重点突出了网络环境治理中的统筹协调关系。随着各项相关政策法律的出台，我国网络生态正式纳入法治轨道，并将依法形成合力。根据已出台的《网络安全法》《网络信息内容生态治理规定》等信息安全法律法规的特点及目标，提出以下关于互联网信息安全法制化管理原则，如图 10-8 所示。

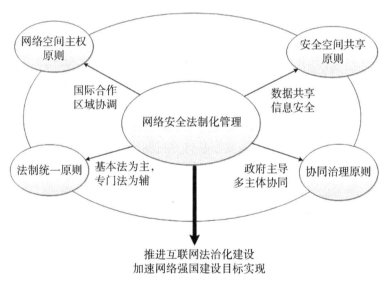

图 10-8　网络信息安全法制化管理建设原则

①法制统一原则。社会主义法制统一是指国家必须制定统一的宪法和法律，并保证它们在全国范围内和全体公民中得到统一的遵守和执行。网络环境

---

① 第四届中美互联网论坛. 北京邮电大学教授李欲晓作主题演讲[EB/OL].［2022-01-08］. http://www.scio.gov.cn/ztk/dtzt/42/6/Document/800851/800851.htm.

作为虚拟空间，其立法同样遵循法制统一原则，在此之外设立专门的相关法律。坚持以《刑法》《民法典》等基本法为主，《网络安全法》等互联网专门法为辅的立法方针。坚持法律协调运行，在立法时应明确立法边界，从法律运行的体制机制和执法程序上防止部门利益倾向和地方保护主义。对部门间争议较大的重要立法事项，由决策机关引入第三方评估，充分听取各方意见，协调决定，提高政府决策效率和能力。推进互联网法庭建设，加强法律解释工作，及时明确法律规定含义和适用法律依据，以深化司法体制改革。

②网络空间主权原则。网络空间主权是网络时代国家主权的自然延伸，可从两个角度进行理解：一是在国家内部，网络主权是指国家自主地对本国互联网事务进行发展、管理与监督；二是在国家外部，网络主权主要是指要防止本国的网络空间受到外部攻击和侵害。简言之，国家网络空间主权需要涵盖国内和国外两个方面，以全面保障国家网络空间的安全运行。网络空间是一个较为模糊的概念，为了维护网络空间安全，出现了"网络空间领土"概念，即在传统的领土、领空、领海等国家疆域中增加了"网络领土"，主要目的是在互联网中建立国家边界，打破"互联网是法外之地"这一谬论，以维护国家的总体安全。此外，在《网络安全法》这一基本性法律中，开篇就明确提出要维护我国网络空间主权。由此可见，网络空间主权原则是我国网络安全法制化建设的核心原则。习近平总书记也指出，《联合国宪章》确立的主权平等原则是当代国际关系的基本准则，其原则和标准也应该适用于网络空间。

③安全空间共享原则。资源共享是计算机网络的基本特点之一，共享原则是指坚持信息化发展、网络共享与网络安全并重。网络共享是互联网发展一大推动因素，一方面，共享使得个人可以平等地获取网络信息资源，并进行信息增值；另一方面，共享使得组织和机构在网络空间中有充分的自主权。因此，网络信息安全法制建设应当将共享作为基本原则之一，并聚焦于共享所具有的优势，以推动国家数字经济的发展。然而，在共享的同时会带来一些安全问题。由于网络的匿名性、自由性与无序性，导致在网络中很容易出现信息泄露问题和侵犯知识产权问题。为了有效打击这种犯罪活动，必须采取强有力的法律措施，制定网络信息安全的基本法律体系，从法律层面构建网络信息安全环境，对不良信息行为进行加以惩治，确保信息在组织、存储、传递和获取过程中的安全，实现网络信息环境安全的有效治理。

④政府主导的协同治理原则。协同治理原则是指坚持政府主导，互联网企业、行业组织、社会、公众协同治理的原则。其中，政府在立法、执法、司法过程中具有主导地位，具体表现为制定网络安全相关法律法规、稽查网络违法

犯罪活动以及宣判网络犯罪行为人。在政府的统一指导下，企业、行业组织、社会及公众等多元主体一方面要遵循政府部门的规则制度开展网络活动；另一方面，要具有自律意识，不侵犯他人的网络权益，同时也不使自己的合法权益受到侵害。治理理论与马克思主义、中国国情相结合，逐渐形成了为适应中国国情的国家治理体系，尤其是在十八届三中全会后，国家治理的目标、主体、模式等均被给予了全新的解释与内涵。总之，在复杂多变的国际网络环境中，网络空间安全若仅依靠政府是无法实现的，因而在政府主导下，互联网企业、行业组织、社会、公众等网络利益相关者共同参与，以创建一个和谐、统一的网络空间。①

10.3.3　网络信息安全法律体系确立

为了促进网络空间和谐、可持续的发展，需要加快基于网络环境治理的信息安全法律保障体系构建。网络空间的管制需要借助法律法规的强制力量，由领导层制定到执行层实施，利用政府的权威性对公共事务发出指令并制定相关政策，从而实施管理。但这种权力不被政府所垄断，是上下级相互交错的动态过程，是为了公共事务的发展而与其他社会机构、公众等共同处理，形成相互监督、相互制衡、相互协作的过程。②

（1）网络信息安全法制化建设的目标

网络信息安全法制化管理的目的是对利益群体进行协调并促使其形成联合行动，从而将网络信息安全与组织的整体目标紧密联系在一起，加强业务实现与信息安全功能的衔接。换句话说，网络信息安全法律是要确保信息安全的指导和控制能够使组织实现预期的业务价值，即信息安全战略与业务战略是一致的，通过信息安全管理和业务管理给利益相关者带来价值。

实现网络安全法制化，需要在国家信息安全制度下，充分发挥法律所具有的推动、规范、引领、保障等不同作用，在政府立法规划、执法安排、行政管理，企业行业自律、技术创新、网络环境建设，网民法治意识、自我素质提升三大方面，体现建设网络强国这一战略目标，如图10-9所示，使互联网法治

---

① 岳爱武，张曼玉. 习近平互联网治理思想研究综论[J]. 阅江学刊，2017(4)：95-103.

② 刘路路. 我国公共图书馆法人治理结构的调查与分析[D]. 合肥：安徽大学，2016：9.

更好地为网络强国建设目标保驾护航，助推网络信息安全环境健康发展。①

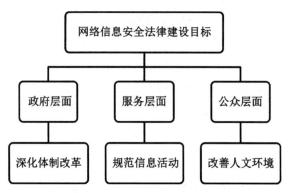

图 10-9　网络信息安全法制化建设目标

　　以基本建成互联网+法治政府为关键目标，深化互联网管理体制改革，建设一套完整的互联网信息完全法律体系，加快建设数字中国，保障国家网络安全，维护我国网络空间主权是互联网法治的一大重点。

　　规范互联网相关企业的信息活动，建立健全网络综合治理体系，加强对互联网内容的管理，落实互联网企业信息安全管理主体责任，保障公民、法人和其他组织的合法权益，全面提高网络治理能力，营造清朗的网络空间。②

　　让网络发展成果惠及全国人民，改善网络意识形态治理的人文环境，保护公民、法人和其他组织依法使用网络的权利，打击网络犯罪和不良信息传播，提升网络服务水平，为人民提供安全、便利的网络服务，推动网信领域人才体制机制改革，保障网络信息依法有序自由流动。

　　(2)网络信息安全法律体系的构建

　　在网络环境治理与安全保障的法律体系建设中，需要从权益保障、权责法定、利益均衡、程序正当四个方面去进行，如图 10-10 所示。图中这四个方面相辅相成，为网络安全法律体系的建设奠定了基础。

　　权益保障。在我国，现行的宪法、法律或其他公共权利，其根本的目的是

　　①　周汉华. 习近平互联网法治思想研究[J]. 中国法学，2017(3)：5-21.

　　②　中华人民共和国国家互联网信息办公室. 国家互联网信息办公室发布《网络信息内容生态治理规定》[EB/OL]. [2019-12-20]. http://www.cac.gov.cn/2019/12/20/c_1578375159431916.htm.

保护人民的各种权益，使其不受侵害。因而，网络安全相关保障法律的运行必须以保障公民权益作为内在的基本准则，从而可以明晰网络安全法律保障的价值追求，为网络安全法律体系的构建确立最基本的价值目标。换言之，在网络安全法律体系的准则中，权益保障原则处于主导位置，是基础性的首位准则，其特性是抽象性、道德性和价值评判性，并具有指导其他基本原则的功能。从内容上看，权益保障原则可分为两方面：一是消极保障，即限制政府机构的权利，防止其滥用而导致公民权益受损；二是积极保障，即行政主体积极主动保障公民权益，如为公民提供法律咨询与法律救济。由此，可将权益保障准则的具体内容表述为："网络安全法律体系应当以保障公民、法人和其他组织的合法权益为目的，当公民的合法权益受到侵害时，为其申请行政复议、提起行政诉讼、提出赔偿或者补偿要求提供法律依据。"①

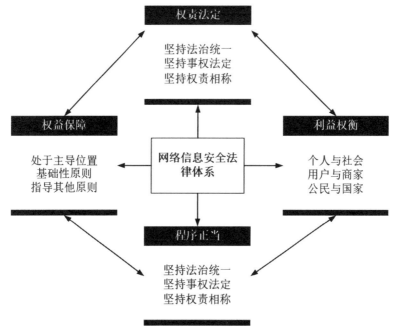

图 10-10　网络信息安全法律体系

---

　　① 周佑勇. 行政法总则中基本原则体系的立法构建[J]. 行政法学研究，2021(1)：13-25.

权责法定。网络信息安全法律体系中的权责法定准则是指，当行政机关依法履行相关职责时，应当依据法律或法规中的执法手段去进行，若非法行使职权，则应当承担相应的法律后果，实现执法有保障、权责统一、违法必究、侵权必赔。在网络空间中，网络违法行为屡屡发生，但在执法机关行使权力时，一定要在法律所规定的职权范围内行使，尤其是在涉及剥夺公民权利时，必须要有明确的法律依据。权责法定原则的具体内容包括三个方面：其一，坚持法治统一，即明确网络信息安全法律体系的层级关系，上位法优先于下位法。在此之下，各个层级的网络安全法律规范的内容要保持和谐统一，比如行政法规、各部门规章、地方规章等不得与法律相悖。其二，坚持事权法定，即在法律规范中规定政府的事权。从法律角度看，事权法定可简单概括为"法无授权即禁止"，换言之，法律规范中没有明文授权的行为即为法律所禁止，执法机关应当时刻谨记这一点，不可扩大自身的执法权。其三，坚持权责相称，权力与责任是相互依存的，有权利就有对应的责任，二者不可分开看待，因此，政府的职权应当与责任相匹配。

利益均衡。利益均衡准则又称为合理性准则，即在网络信息安全法律体系中，必须要均衡各种利益关系，以保持其存在的合理性。在网络空间之中，个人与社会、用户与商家、公民与国家之间存在利益冲突关系，如何均衡各方主体的利益，是网络信息安全法律体系必须考虑的关键问题。首先，在宏观方面，国家对网络安全的管制与网络主体对网络自由的追求之间存在利益协调关系，一方面，政府机构通过法律规范去对网络安全进行有效治理，减少网络中的负面影响，以维护公民的利益；另一方面，网络主体在网络空间中拥有充分的自主权，但在这个过程中，公民不能无限制地追求自己的自由，必须遵循法律规范。其次，在中观层面，网络空间中的网络运营商、网络主体、用户之间存在利益关系，具体体现为网络运营商与网站、社交媒体间的集体利益，而网络用户则主要追求个人利益。其中，网络运营商可能会出现侵犯用户隐私的违法行为，如泄露用户的通信信息，要加强这方面的法律保障；而网站、社交媒体等主体也可能会出现侵犯用户网络隐私的行为，如非法获取、出卖用户的隐私信息，这方面的法律保障问题亟待解决。最后，网络用户之间也存在利益关系，由于网络空间的虚拟特性，由此给予了部分网络用户违法的"工具"。因此，如何明确网络用户之间的权利保护，也是网络信息安全法律体系必须权衡的利益之一。

程序正当。程序正当是现代法治国家基本的法治观念、宪法原则、价值取向与基本要求，起源于英国的"自然正义"。从程序的角度去看待网络信息安全法律体系的构建，也就是说在网络信息安全法律体系中必须包含程序性规范，具体可包括三个方面：其一，信息公开，即在行政主体执法的过程中，应当将法律依据、处理过程、处理结果等信息向社会公众公布，但涉及国家秘密、商业秘密和个人隐私的信息不得公开。其二，公众参与，即在行政主体执法过程中，必要时候可动员社会力量共同参与公共治理，尤其是在对相对人进行处理时，需要征求相对人的意见，若结果不利于相对人，必须听取相对人的申辩。其三，避免偏私，即"自己不得做自己案件的法官"，换言之，行政主体在执法过程中，要保持一种不偏不倚的态度，必要时候需要相关人员回避。综上，程序正当原则有两个核心功能：一是要保障公民、法人和其他组织的合法权益，使其不受侵害。二是要限制公权力的使用，减少腐败的滋生。

(3) 网络信息安全法律体系建设的组织

网络信息安全法律体系构建的核心是建设网络安全相关法律规范，为具体实践提供法律依据。在整个互联网法律建设活动中，互联网立法是重要环节，包括进行立法规划、立法准备、拟制条文并发布等制定法律的活动，而互联网法律建设还包括进行政策与法律的转化与对接、执法与司法等法律应用反馈等与立法相联系的后立法、循环立法等活动。

立法是国家机关依照法定职权和程序进行的制定、修改、补充和废止规范性法律文件以及认可法律规范的专有活动。① 立法活动的主要过程是立法准备和具体立法。互联网立法是指由特定国家主体依照一定的职权和程序，运用一定的技术，制定、认可和变更法律这种特定的社会规范的活动，是将一般意志上升为国家意志的活动，是对社会资源、社会利益所进行的一项制度性分配活动。②

国家网络安全形势下的网络安全立法工作，需要同时完成两个任务。一是解决网络行业的个性问题；二是解决网络管理的共性问题。如图 10-11 所示，互联网法律建设是通过立法整个流程后，得到执法与司法等法律应用反馈等，再依据实际需求建立与既有法律相联系的后立法等活动进行的循环立法活动，以及利用此种方法进行政策与法律的转化与对接，从而把一切与立法相关的环节和资源都整合到综合性有机体系中进行统一关联立法的过程，在这一过程中注重互联网立法后的成效和法律反馈。

---

① 朱物宇，张曙光立法学 [M]. 第 3 版. 北京：中国人民大学出版社，2009：17.
② 刘新蒙. 略论图书馆法学的研究体系 [J]. 图书馆学的研究，2009 (4)：9-12.

图 10-11　网络安全法律建设程序

　　基于信息安全建设目的的网络安全法律立法流程如图 10-12 所示，以《网络安全法》立法流程为例：一是法律议案的提出。法律议案是法律制定机构开会时，提请列入议程讨论决定的关于法律制定、修改或废除的提案或建议，一般由具有法律提案权的机关或人员向法律制定机构提出。二是对法律草案进行讨论。法律草案的讨论是法律制定机关对列入议题的法律草案正式进行审议和讨论，这是立法的实质性工作。三是法律的通过。法律的通过是指法律制定机关对法律草案经过讨论后以法定方式表决，从而正式通过，使法律草案成为法

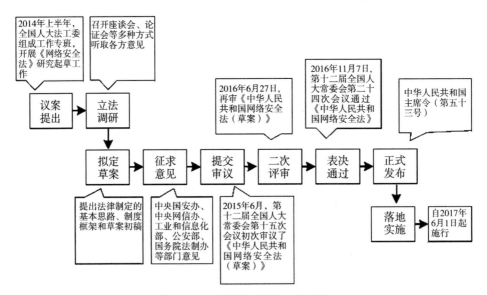

图 10-12　《网络安全法》立法流程

律的工作。四是公布法律。法律的公布是指法律制定机关将通过的法律用一定的形式予以正式公布，从而付诸实践的过程。这是立法程序的最后工作。

网络信息安全法律体系建设是个复杂的系统工程，因而首先要明确网络信息安全法律体系中所涉及的主体，在网络信息安全法律体系中，主要包括政府部门、企业、社会及网民，在此之上，需要明晰主体之间的交互关系。然后，需要确定网络信息安全法律体系的内容框架。

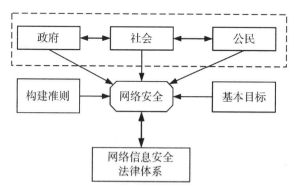

图 10-13　网络信息安全法律体系中的交互关系

第一，网络信息安全法律体系中的交互关系。加强网络信息安全保障能力的根本在于加强各主体之间的相互作用、相互联系、相互完善与相互补充，如图 10-13 所示。首先，法律保障体系的基本目标推进了体系的构建及完善，只有将网络信息安全与政府、社会、公民的整体目标紧密联系在一起，才能实现保障网络安全的目的。其次，法律保障体系构建要坚持权益保障、权责法定、利益均衡、程序正当的原则，从而以法律法规作为网络安全的保障。最后，协调政府、社会及公民之间的利益，健全网络安全保障的标准和要求，制定严格的问责机制，使保障措施能够具体落地。综上，为了适应国家治理体系与网络信息安全治理体系的变革，必须明确网络信息安全法律体系的组成，进而提高网络信息综合治理效能。由此，才能实现保障效能的最大化，以维护用户及公众的网络安全及合法权益。

第二，网络信息安全法律体系内容。作为虚拟空间的法律体系，网络信息安全法律应当与其他法律体系一样，遵守立法全面、逻辑严密、结构科学、体系完善、可操作性强的制定标准。

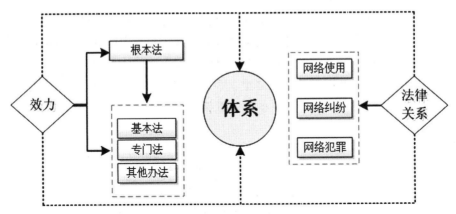

图 10-14　网络信息安全法律体系构成

首先，网络信息安全法律体系中的法律规范具有一定形式，依据制定机关不同，具有不同的法律效力。我国互联网法律形式有《宪法》这一根本法，规定互联网行为的互联网基本法和专门法，以及其他涉及信息行为的条款、办法等。由法律规范的效力划分可知，网络安全法律体系内容框架可从法理的角度分析，我国信息安全法律体系内容包括：一是基本法律，即以《宪法》《刑法》等为主的，完整的、长期性的、专门的包含信息安全的法律。二是互联网专门法律，即根据基本法律颁布的信息安全相关的细则、规定和条例等法律文件，如《网络安全法》等。三是必要的单行法规、章程、办法等法律文件，如《网络安全审查办法》等。由此形成一套完整的信息安全法律体系（如图 10-14 所示）。

其次，基于网络空间中网络参与主体、客体与内容要素之间的权利与义务变化关系，可从网络空间中的法律关系上分析，包括网络使用中的法律、网络纠纷和网络犯罪中的法律规范两大类法律的集合。

第一，网络使用中的法律规范。网络空间中的事务是以信息或者数据的形态出现的，人们使用网络，也就是在制造、占有、传播和使用这些信息。网络空间的虚拟特征，使政府、组织、用户等与信息利用之间的权责关系发生变化。网络使用方面的法律，是针对主体的信息权益而设立的法律领域，它决定了信息主体在使用网络中的广度与深度。从这一点出发，其法律规范范围包括网络空间中的新型权利、网民参与网络伦理、网络空间内容规制、未成年人网络保护、网络交易、网络服务以及电子政务等。这种类型的法律规范注重网络用户的信息权这一复合权利。总体上，网络空间中的信息权包括信息访问权、信息发布权、信息产权、网络隐私权、信息安全权等。[①] 但从网民自身权益角度出发，可将信息权分为安全权、受尊重权、言论自由权、结社权、知情权、自由选择权、公平交易权和获得赔偿权等。[②] 此外，从规范网络使用的角度而言，信息权包括信息获取权、信息安全权、网络隐私权。

第二，网络纠纷和网络犯罪中的法律规范。关于网络纠纷和网络犯罪，主要针对企业和用户的权责制定了明确的法律规范，主要包括三个方面：网络知识产权保护法律；在线纠纷解决机制与互联网法院设置；防范网络犯罪法律。其中，传统知识产权保护存在追责模糊、赔偿困难、举证成本高等问题。互联网时代，在信息传播、利用和管理的问题上，对知识产权的保护更需要考虑信息共享与数据隐私之间的矛盾问题。目前网络知识产权保护法律规范在权益保护方面主要包括针对互联网信息提供者的著作、商标、专利权益保护，信息技术和基础设施保护，以及信息使用者的传播权益保护方面；在责任义务上，对互联网企业间不正当竞争，网站管理和司法监管义务等方面做出规定，但这些规定还难以从实际上根本改善网络共享空间内的版权、商标权、专利权和其他科技成果权等知识归属保护需求。2021年4月，国家知识产权局发布各省（区、市）专利侵权纠纷行政裁决统计表，仅一个月在全国范围内就发生2127起知识产权纠纷案例，涵盖商标侵权、专利归属等多种范围。破解网络知识产权保护难题是一项长期性的系统工程，在法律制定中，既不能完全构造新的法律体系，也不能不破旧立新。需要做好顶层设计，善用"互联网+"新兴技术和在线纠纷解决机制 ODR（Online Dispute Resolution），大胆试点互联网法庭，从既有法条出发，结合实际侵权案件，对法律规范进行梳理完善，构建网络知识产权保护新模式。

网络犯罪具有的突发性、隐藏性和跨区域性特点使网络犯罪立法尤为艰难，容易出现取证认定难、管辖主体区域与职能冲突、案件判定不明等问题。因此，在法律体系建设中必须考虑执法界定和司法可操作性，构建有针对性、可落地的互联网犯罪案件监管制度。2019年11月，最高人民法院在新闻发布会上披露，近三年来我国互联网犯罪有组织化且犯罪手段演变多样，催生了大量黑灰色产业链，引发次生危害后果的情形日渐突出。据公安部门统计，各种

---

① 夏燕. 网络空间的法理研究[M]. 北京：法律出版社，2016：95-100.
② 韩德强. 网络空间法律规制[M]. 北京：人民法院出版社，2015：32-35.

诈骗类型大概可分为 48 类共计 300 余种。① 为了防范网络犯罪，在法律规制中应避免泛刑主义思想，注重与基础立法相协调，重视刑罚结构的科学性和具体化，坚持罪刑法定原则，加强司法的专业化，完善法律解释。

10.4 网络环境治理与信息安全法律保障体系的完善

当前，我国在网络安全、国家保密、个人信息保护和知识产权保护等重要领域的信息安全法律框架体系初步构建形成，《网络安全法》《数据安全法》《个人信息保护法》等关键立法已经出台并施行。然而，在大数据与云服务环境下，网络信息治理与安全保护变得愈加复杂，需要对信息安全法律体系进行完善，以保障网络信息环境的安全。因此，应以总体国家安全观为指导思想，从网络环境治理与信息安全保障法律建设主体出发，继续加强顶层设计，结合产业发展加快重点领域立法，探索新技术、新应用立法等以进一步完善法律制度，提高整体治理水平。

10.4.1 网络环境治理与信息安全法律保障建设主体完善

网络环境治理与信息安全保障的法律建设主体包括所有立法活动参与者，设置运行流畅、权威高效、合理配置的机构是实现网络环境法律治理的重要组织保障。网络环境治理与信息安全法律保障建设主体的完善至关重要，可以从优化横向纵向权力配置，细化司法、执法主体法律责任界限等方面推进。

（1）明确权责分明的网络治理执法主体

横向权力的部署主要是对网络环境治理政府机构内部的横向权力配置，即打破政府不同机构间的内部界限，实现横向协调合作。党的十八届四中全会指出，要根据不同层级政府的职能和事权，按照整合部门、减少层次、提高效率的原则，科学配置相关执法机构，减少不同部门间的职权重叠和消极推诿，从而提高行政效率。网络环境治理与安全的法律保障体系建设也面临这些问题，然而在互联网已经全面融入我国社会、经济生活时，网络环境规制与治理的相对独立性就显得非常重要。"贯穿整个互联网管理立法的核心问题，在于传统

---

① 中华人民共和国最高人民法院. 网络犯罪大数据报告及电信网络诈骗犯罪典型案例新闻发布会[EB/OL]. [2019-11-19]. http://www.court.gov.cn/zixun-xiangqing-200651.html.

的分业管理格局与互联网传播'业态融合'的大趋势的根本矛盾没有很好解决。"①表现在两个方面：一方面，现行立法基本延续了传统的管理格局，将"行政准入＋日常监管"作为主要的手段，按照具体的业务划分，由不同部门实行相应的分业管理，即所谓的"谁经营谁负责、谁主管谁负责、谁审批谁负责、谁接入谁负责"②；另一方面，《互联网信息服务管理办法》也提及网络信息产业涉及新闻、出版、教育和卫生等多个行业，导致网络环境治理的现实分散性和互联网相关行业的潜在统一性产生冲突，较大地削弱了政府相关机构职权作用的发挥。因此，政府部门应该积极推动网络治理机构改革，将分散化的执法权力进行整合，重新对网络环境治理的机构和职能进行配置，建立起运转顺畅、权责分明、高效权威的网络信息安全治理综合机构。具体而言，根据《国务院关于授权国家互联网信息办公室负责互联网信息内容管理工作的通知》等规定，改变当前互联网信息管理部门、电信管理部门、信息产业管理部门、新闻管理部门等机构在网络环境治理方面的权责交叠、分散执法现状，整合涉及网络信息安全规划和网络环境治理的职权机构。

（2）完善中央和地方的政府事权法律制度

纵向权力的配置是指协调网络环境治理和信息安全法律建设体系中中央和地方主体之间的关系。《互联网信息内容管理行政执法程序规定》《互联网信息服务管理办法》等法律规范中就提及了关于地方与中央之间的权责界限，但是它们之间缺乏合理的划分标准，其具体的职权划分不够明确和清晰，并且由于我国的科层制传统和单一制结构形式，导致在实际的执法过程中，相关地方互联网规制机构的权限经常萎缩，规制权力的重心经常偏离互联网行业，弱化了互联网规制的具体效果。党的十八届四中全会提及了当前中央和地方事权划分层面的弊端，强调要强化中央政府宏观管理、制度设定职责和必要的执法权，强化地方政府执行职责。③ 突出了中央政府拥有宏观管理、制度设定职责和必要的执法权，强化地方在具体执行上的权力。对网络环境治理和信息安全而言，主要涉及中央网络环境治理机构和地方网络环境治理机构两个层面。其

① 陈崇林. 中国互联网管理体系现状及改进探析［J］. 山东社会科学，2014（3）：187-192.

② 林华. 网络谣言治理需要什么样的行政组织模式？［J］. 山东科技大学学报（社会科学版），2021，23（2）：24-30.

③ 中国共产党第十八届中央委员会第四次全体会议. 关于全面推进依法治国若干重大问题的决定［EB/OL］.［2022-01-13］. https://www.ccps.gov.cn/xytt/201812/t20181212_123256.shtml.

中，中央网络环境治理机构的职责也应限定于宏观管理、制度设定和必要的执法权，而微观管理和具体执法权应该交由省级网络治理机构行使。从网络环境治理的具体实践来看，中央层面的网络环境规制机构适宜行使全国性重大案件的执法权、信息安全法律规范制定、全国性重大事项的行政许可、对地方规制机构的监督等职权；而省级层面的网络环境规制机构则更适宜行使制定相关法律规范的配套实施细则、具体涉及信息安全案件的调查和执法、网络空间的日常管理和监督、受理违法行为的举报等职权。

（3）规范司法权力行为

当前法律规范体系对于网络信息安全行政责任和刑事责任之间法律标准的严重模糊与不合理，使得集行政责任实施机关和刑事诉讼侦查机关于一身的公安机关享有巨大的自由裁量权，导致网络空间中不同法律责任选择适用的随意性更为突出。因此，应该加强网络信息安全立法的科学性和可操作性，细化不同法律责任种类之间的法律界限。

法律具有抽象性和一定的位阶，即使再精确、再详细的法律条款也会存在解释的空间和裁量的余地，使得权威性、稳定性的法律能够适应不断发展的社会现实，做到不朝令夕改。从这个角度而言，对于网络信息安全法律责任适用的随意性，立法不完善仅仅是其中的一个方面，同时，法律适用缺乏约束也是重要原因。一方面是公安机关所享有的广泛自由裁量权，另一方面是法院审理相关网络信息安全案件时审判标准和尺度的不统一，这些都会导致法律责任条款适用的恣意。因此，应该规范和约束公安机关的权力，特别是网络信息安全的刑事侦查权，建立公安机关内部关于网络信息安全行政责任和刑事责任的区分标准，规范和控制公安机关的行政处罚权和刑事侦查权。① 同时，对法院的司法裁量权也应该进行一定的控制，法院可以根据审判经验提炼出一套网络环境治理行政责任和刑事责任区分的司法标准，向社会公开并接受社会的监督，避免网络环境治理与执法的无限随意性。

10.4.2　网络环境治理与信息安全法律保障体系优化

以大数据、云计算等为代表的新兴信息技术引领的科技革命仍在不断深化，新技术、新业态不断带来未知的挑战和风险，我国网络法治配套体系也尚未健全，因此应在国家安全体制下，对其进行完善。可从以下两个方面进行

---

① 刘鹤、李亦农.《网络安全法》框架下的公安机关网络安全执法［J］. 山东警察学院学报，2018，30（1）：153-160.

探索：

（1）促进网络信息安全法制化管理的实现

顶层设计是指集全局性、综合性、协调性和可行性于一体的整体解决方案，网络安全法律的顶层设计可以从执法、司法的科学规范、配套规则的制定、互联网服务商层面、网民层面几个方向进行。

①执法、司法的科学规范。执法与司法是网络空间法制化建设体系得以落实的根本保障，法律监管部门应适应新的转变，在机制和思维方式上实现管理创新。在面临互联网新技术、新业态的变革中，需要有更加灵活、迅速、配套的法律制度和独立、有力、专业的执法力度，而不是固守陈规，法律部门应跟上时代的发展速度，以适应网络化环境的发展。①

②基础立法配套规则的制定及更新。互联网深入社会组织中，时刻改变着人类生活方式、社会产业发展，而云计算、5G 等新兴互联网信息技术进一步深入改变人类交往、物物互联的关系。新技术、新业态在意识形态、社会发展等方面深刻地改变政治、经济和社会发展格局。互联网法律体系需要根据网络社会及技术更新而调整结构。配套立法方面需要与时俱进，及时跟踪了解当前数字经济技术和产业发展的最新动向，科学统筹安全和发展的关系，正确认识网络安全风险，既重视网络发展问题，也要重视网络安全问题。② 尤其是面对新技术、新业务的发展时，要坚持问题导向，明确网络法制化建设的发展阶段以及下一步的发展方向，为提升网络安全防范能力提供法律支撑。

③网络服务商社会法律责任的履行。网络信息技术的发展促使新媒体成为网络社会的重要传播媒介，网络社区、直播平台、短视频社交网络等网络交流新模式层出不穷，在网络环境下网民的信息传播权利得到了下放。但是这种话语权的下放也为谣言滋生、恶意语言攻击等网络暴力侵害创造了条件，带来了诸多涉及网络安全和个人信息安全的问题。其中法律的完善往往是依据具体的事件发生来商讨如何定法才能保证其合理性，既要充分考虑惩罚尺度还要考量是否侵犯了公民的正当权利，因此法律的颁发与实施较晚于相关案件的发生。互联网不是法外之地，当网民权利遭到侵犯时，并非所有人都有能力和意识去

---

① 中国信息通信研究院. 互联网法律白皮书（2019 年）[EB/OL].［2022-01-12］. http://www.caict.ac.cn/kxyj/qwfb/bps/201912/t20191219_272126.htm.

② 中国信息通信研究院. 互联网法律白皮书[EB/OL].［2022-01-12］. http://www.caict.ac.cn/kxyj/qwfb/bps/202112/t20211217_394221.htm.

走法律途径维护个人权益，网络服务商及内容服务商可以建立举报机制和自我检查等方式打击网络侵犯，允许网民对侵犯个人权利的网络用户或存在违法嫌疑的博文、博主等进行举报，互联网服务商依据法律条文对举报内容进行审核并处理，情节严重的给予封号处理并移交司法机关处理。①

④网民既是内容的受众，也是内容的贡献者。亿万网民的互动与健康"围观"是打造可信赖网络内容的基础。如"微博法庭"的设立就是我国互联网法制化的一项创新性司法裁决方式。微博模拟法庭审理流程，新浪微博社区委员会，是参照现实的司法体系设计的网络虚拟法庭，从众多微博网友中招募委员作为"法官"，对微博上的用户纠纷和信息"案件"进行"审理"，具有争议性、难以审决的案件就由"首席大法官"微博小秘书来负责评判。微博模拟法庭的设立，对网络空间的自由与活跃提供了保障，能够实现多方共赢的效果。但法律作为人类道德的最低标准，互联网权益更需要依靠用户本身去约束自身的行为，广大网民在行使话语权的同时，也要把握好道德与法律的尺度，网络环境的净化要从个人自觉走向群体自觉。

(2)结合具体场景推进新技术、新应用立法

大数据、云计算、人工智能、区块链、5G以及物联网等新技术在各领域深度融合应用，不断催生出各种新产品、新业态、新应用，在极大提升效率、丰富人们选择的同时也带来了一系列新的安全和发展方面的问题。如人脸识别技术应用带来的个人隐私保护问题，算法自动化决策带来对特殊群体的歧视，自动驾驶汽车事故风险责任难以确定，还有互联网技术、大数据等创新成果的知识产权保护等问题。在新技术融合交织、不断发展的背景下，政府部门往往难以使用统一的法律规则或技术标准进行规制，不恰当的立法或监管举措不仅难以保障相关主体的权益，还会在某种程度上限制产业发展。未来，应平衡新技术、新应用中的发展与安全关系，针对不同方面的问题采取不同的规范方式。

一方面，根据应用场景、影响范围、可能的危害程度的不同，对新技术、新应用风险采用分类治理的思路。首先，区分新技术、新应用风险等级。可借鉴国际经验，将涉及国家安全、人民群众生命财产安全、社会稳定等领域设定为高风险领域，明确具体高风险应用场景。其次，对不同类型风险采取不同层级治理举措。对"高风险"的应用场景可采取风险规制思路，强化事前监管，对应用准入设置必要的评估等要求，完善相应责任立法体系；对一般应用领域

---

① 邓勇，肖光申. 微博侵权亟须法律制度监管[N]. 人民法院报，2011-02-20(002).

可采取基于结果的规制思路，侧重于事中事后的监管，提升行业自律与技术标准的重要性。

　　另一方面，对知识产权保护不足、版权认定困难等问题进一步深入研究、提前布局。如各国对人工智能生成物所包含的权利类型和权利归属存有争议，人工智能创作物的版权保护仍普遍面临法律滞后问题。澳大利亚法院判定，利用人工智能生成的作品不能由版权保护，因为它不是人类制作的。2018 年 9 月，北京菲林律师事务所利用人工智能技术统计得出的报告被百度网讯公司在百家号平台擅自发布，北京互联网法院也认定由人工智能所生成的内容不具备知识产权。如果人工智能创作物得不到法律有力的保护，会使得人工智能生成信息的复制和扩散门槛更低，影响投资人、创作人投入人工智能创作的积极性。

参 考 文 献

[1]夏燕. 网络空间的法理研究[M]. 北京：法律出版社，2016.

[2]韩德强. 网络空间法律规制[M]. 北京：人民法院出版社，2015.

[3]康海燕. 网络隐私保护与信息安全[M]. 北京：北京邮电大学出版社，2016.

[4]姚广宜. 新媒体环境下突发事件的危机管理与应对[M]. 北京：北京大学出版社，2016.

[5]靖继鹏，张向先. 信息生态理论与应用[M]. 北京：科学出版社，2017.

[6]胡昌平，等. 信息服务与用户[M]. 武汉：武汉大学出版社，2015.

[7]王凤英，程震. 网络与信息安全. 第3版[M]. 北京：中国铁道出版社，2015.

[8]张翼. 社会治理：新思维与新实践[M]. 北京：社会科学文献出版社，2014.

[9]张衡. 中国网络空间安全法律与政策发展研究[M]. 北京：社会科学文献出版社，2015.

[10]姚广宜. 新媒体环境下突发事件的危机管理与应对[M]. 北京：北京大学出版社，2016.

[11]上海社会科学院信息研究所. 信息安全辞典[Z]. 上海：上海辞书出版社，2013：183.

[12][美]理查德·斯皮内洛. 铁笼，还是乌托邦——网络空间的道德与法律（第二版）[M]. 李伦，等，译. 北京：北京大学出版社，2007：13.

[13][英]维克托·迈尔-舍恩伯格，肯尼斯·库克耶. 大数据时代[M]. 盛杨艳，周涛，译. 杭州：浙江人民出版社，2013.

[14]梁怀新. 日本网络安全治理模式及其对中国的启示[J]. 西南民族大学学报（人文社科版），2019，40(3)：208-213.

[15] 王世伟. 论信息安全、网络安全、网络空间安全[J]. 中国图书馆学报，2015，41(2)：72-84.

[16] 高富平，尹腊梅. 数据上个人信息权益：从保护到治理的范式转变[J]. 浙江社会科学，2022(1)：58-67，158.

[17] 阙天舒，王子玥. 数字经济时代的全球数据安全治理与中国策略[J]. 国际安全研究，2022，40(1)：130-154，158.

[18] 李锋，柳浩. WSR 视域下政府数据治理影响因素与路径研究[J]. 河海大学学报(哲学社会科学版)，2021，23(6)：44-53，110.

[19] 彭宁波. 国内数据隐私保护研究综述[J]. 图书馆，2021(11)：69-75.

[20] 刘美萍. 演化博弈视角下网络社会组织参与网络舆情治理研究[J]. 南通大学学报(社会科学版)，2021，37(6)：71-80.

[21] 张桂蓉，雷雨，周付军. 社会网络视角下政府应急组织协同治理网络结构研究——以中央层面联合发文政策为例[J]. 暨南学报(哲学社会科学版)，2021，43(11)：90-104.

[22] 朱婉菁. 自知、反思、创新："数据治理"的三重内蕴[J]. 西南大学学报(社会科学版)，2021，47(6)：11-22.

[23] 袁红，李佳. 行动者网络理论视域下社会热点事件网络舆情治理策略研究[J]. 情报资料工作，2021，42(6)：31-44.

[24] 周家雅. 全媒体时代的网络治理：风险变量及其科学应对[J]. 思想理论教育导刊，2021(10)：135-139.

[25] 刘俊，王华锋. 社会治理视野下的网络治理机制创新[J]. 人民论坛，2021(28)：65-67.

[26] 尹碧茹，刘志军. 网络情绪：理论、研究方法、表达特性及其治理[J]. 心理研究，2021，14(5)：439-450.

[27] 郭丰. 全球网络空间治理态势与国际规范制定[J]. 北京航空航天大学学报(社会科学版)，2021，34(5)：40-42.

[28] 王建新. 综合治理：网络内容治理体系的现代化[J]. 电子政务，2021(9)：13-22.

[29] 李明德，邝岩. 大数据与人工智能背景下的网络舆情治理：作用、风险和路径[J]. 北京工业大学学报(社会科学版)，2021，21(6)：1-10.

[30] 刘晓华. 面向网络空间治理的社交网络信息交流协同创新机制分析[J]. 现代情报，2021，41(9)：135-143.

[31] 李一. 网络社会治理的"功能整合"：内涵、类型与实践指向[J]. 浙江社

会科学，2021(8)：84-91，159.

[32]谢新洲，朱垚颖. 网络综合治理体系中的内容治理研究：地位、理念与趋势[J]. 新闻与写作，2021(8)：68-74.

[33]孟令航，徐红. 英国网络空间治理的逻辑变迁——基于治理主体、理念与方式三重维度的分析[J]. 情报杂志，2021，40(9)：19-25.

[34]王向阳. 网络空间治理的国际规范研究[J]. 情报杂志，2021，40(7)：80-85.

[35]李瑞. 新形势下科技创新治理复杂性及"元治理"体系构建[J]. 自然辩证法研究，2021，37(5)：60-66.

[36]王贵国. 网络空间国际治理的规则及适用[J]. 中国法律评论，2021(2)：15-29.

[37]吴文聪. 英国网络安全的政府主导模式探究：成就与问题[J]. 情报杂志，2021，40(3)：98-103.

[38]阙天舒，莫非. 总体国家安全观下的网络生态治理——整体演化、联动谱系与推进路径[J]. 当代世界与社会主义，2021(1)：65-72.

[39]徐邦友. 国家治理体系：概念、结构、方式与现代化[J]. 当代社科视野，2014(1)：32-35.

[40]许耀桐，刘祺. 当代中国国家治理体系分析[J]. 理论探索，2014(1)：10-14，19.

[41]俞可平. 推进国家治理体系和治理能力现代化[J]. 前线，2014(1)：5-8，13.

[42]林闯，苏文博，孟坤，刘渠，刘卫东. 云计算安全：架构、机制与模型评价[J]. 计算机学报，2013，36(9)：1765-1784.

[43]王世伟. 论大数据时代信息安全的新特点与新要求[J]. 图书情报工作，2016，60(6)：5-14.

[44]俞立平. 大数据与大数据经济学[J]. 中国软科学，2013(7)：177-183.

[45]陆伟华. 大数据时代的信息伦理研究[J]. 现代情报，2014，34(10)：66-69.

[46]蔡玉卿. 大数据驱动式社会监督：内涵、机制与路径[J]. 河南社会科学，2019，27(8)：52-58.

[47]翁列恩，李幼芸. 政务大数据的开放与共享：条件、障碍与基本准则研究[J]. 经济社会体制比较，2016(2)：113-122.

[48]安宝洋，翁建定. 大数据时代网络信息的伦理缺失及应对策略[J]. 自然

辩证法研究，2015，31（12）：42-46.

[49]林润辉，张红娟，范建红.基于网络组织的协作创新研究综述[J].管理评论，2013（6）：31-46.

[50]李维安，林润辉，范建红.网络治理研究前沿与述评[J].南开管理评论，2014，17（5）：42-53.

[51]张卓，王瀚东.中国网络监管到网络治理的转变——从"网络暴力"谈起[J].湘潭大学学报：哲学社会科学版，2010（1）：4.

[52]胡昌平，仇蓉蓉.云计算环境下国家学术信息资源安全保障联盟建设构想[J].图书情报工作，2017，61（23）：51-57.

[53]刘珍，过仕明.网络信息生态系统优化路径研究[J].情报科学，2017，35（3）：31-36，41.

[54]苏玲，娄策群，莫富传.信息生态环境能力体系研究[J].情报科学，2020，38（4）：17-22.

[55]陈建华，张彤，张雪.移动环境下高校网络舆情管理创新机制及应对策略[J].情报科学，2017，35（6）：57-62.

[56]胡新平，董建成，张志美.基于SaaS的图书馆集成管理系统开发模型研究[J].图书情报工作，2014，58（6）：113-117.

[57]张未名，邢云菲，胡轶楠.基于云计算环境下网络入侵安全检测模式研究[J].情报科学，2018，36（9）：68-72.

[58]范佳佳.论大数据时代的威胁情报[J].图书情报工作，2016，60（6）：15-20.

[59]龚俭，臧小东，苏琪，等.网络安全态势感知综述[J].软件学报，2017，28（4）：1010-1026.

[60]杨建梁，刘越男.基于DEMATEL模型的我国政府信息资源跨部门共享的关键影响因素研究[J].图书情报工作，2018，62（19）：64-76.

[61]赵文文，刘鹏.信息网络安全监测预警机制分析与研究[J].信息通信，2018（10）：50-51.

[62]魏傲希，马捷，韩朝.网络信息生态系统自我调整能力及实现机制研究[J].图书情报工作，2014，58（15）：14-21.

[63]中国电子技术标准化研究院，等.GB/T 37972-2019.信息安全技术 云计算服务运行监管框架[S].北京：中国标准出版社，2019.

[64]薛澜，张帆，武沐瑶.国家治理体系与治理能力研究：回顾与前瞻[J].公共管理学报，2015，12（3）：1-12，155.

[65]孙晓阳，冯缨，周婷惠.基于多主体博弈的社会化媒体信息质量控制研究[J].情报杂志，2015，34(10)：156-164.

[66]轩传树.互联网时代下的中国国家治理现代化：实质、条件与路径[J].当代世界与社会主义，2014(3)：105-110.

[67]胡宁生，魏志荣.网络公共领域的兴起及其生态治理[J].南京社会科学，2012(8)：95-101.

[68]庞磊，阳晓伟.互联网传播内容治理监管机制及路径研究[J].技术经济与管理研究，2015(7)：87-90.

[69]张志安，卢家银，张洁.网络空间法治化——互联网与国家治理年度报告(2015)[R].北京：商务印书馆，2015：8-9.

[70]张悦.社会控制论视野下的虚拟社会治理机制[J].思想战线，2014，40(1)：108-111.

[71]方兴东，石现升，张笑容，等.微信传播机制与治理问题研究[J].现代传播：中国传媒大学学报，2013，35(6)：122-127.

[72]刘荣，刘艳.网络谣言的善治途径[J].新闻世界，2012(2)：67-68.

[73]孙玮，张小林，吴象枢.突发公共事件中网络舆论表达边界与生态治理[J].学术论坛，2012，35(11)：117-121.

[74]刘桂锋，钱锦琳，卢章平.国内外数据治理研究进展：内涵、要素、模型与框架[J].图书情报工作，2017，6(21)：137-144.

[75]何振，彭海艳.人工智能背景下政府数据治理新挑战、新特征与新路径[J].湘潭大学学报，2021，45(6)：82-88.

[76]叶战备.政务数据治理的现实推进及其协同逻辑——以N市为例[J].中国行政管理，2021(6).

[77]安小米，许济沧，王丽丽，黄婕，胡菊芳.国际标准中的数据治理：概念、视角及其标准化协同路径[J].中国图书馆学报，2021，47(5)：59-79.

[78]张苏闽，鄢小燕，谢黎.国外数据库出版商移动APP应用及用户评价分析[J].图书馆杂志，2012(6)：56-61.

[79]胡剑.国家治理能力现代化视域下网络信息内容生态治理制度构建[J].北方论丛，2020(4)：66-76.

[80]夏一雪，兰月新，李昊青，吴翠芳，张秋波.面向突发事件的微信舆情生态治理研究[J].现代情报，2017，37(5)：28-32.

[81]彭兰.社会化媒体与媒介融合的双重挑战[J].新闻界，2012(1)：3-5.

[82]李艳松.社会化媒体广告传播系统模型的构建及特性[J].新闻大学,2015
(2):98-105.

[83]郭春镇,马磊.大数据时代个人信息问题的回应型治理[J].法制与社会
发展,2020,26(2):180-196.

[84]李艳.美国强化网络空间主导权的新动向[J].现代国际关系,2020
(9):8.

[85]刘然.中美网络安全立法比较研究[D].长春:长春理工大学,2019.

[86]汪晓风.美国网络安全战略调整与中美新型大国关系的构建[J].现代国际
关系,2015(6):17.

[87]侯云灏,王凤翔.网络空间的全球治理及其"中国方案"[J].新闻与写
作,2017(1):5-9.

[88]王世杰.私人主张超个人利益的公权利及其边界[J].法学家,2021(6):
120-134,194.

[89]刘碧琦.论国际法在网络空间适用的依据和正当性[J].理论月刊,2020
(8):109-119.

[90]朱明丽.打击网络犯罪的国际法规范研究[D].广州:华南理工大
学,2018.

[91]堵一楠.网络空间适用主权问题的国际法思考——以国家利益为视角[J].
研究生法学,2019,34(1):43-54.

[92]刘可静.欧盟网络和信息安全法律规制及其实施方案[J].中国信息导报,
2007(3):2.

[93]刘天慧.中美俄欧网络安全立法比较研究[D].哈尔滨:哈尔滨工业大
学,2018.

[94]李彦.网络犯罪国际法律规则制定与中国方案研究[J].中国社会科学院
研究生院学报,2020(3):92-101.

[95]何志鹏.新时代国际法理论之定位与重构:接榫国际政治的互动探究[J].
法学评论,2020,38(4):11-22.

[96]马忠法.论构建人类命运共同体的国际法治创新[J].厦门大学学报(哲学
社会科学版),2019(6):21-31.

[97]张新宝,林钟千.互联网有害信息的依法综合治理[J].现代法学,2015,
37(2):53-66.

[98]李文良.中国国家安全体制研究[J].国际安全研究,2014,32(5):40-
52,156-157.

[99]郑旭涛. 总体国家安全观：新时代中国国家治理的重要指导思想[J]. 学习与探索, 2020(1)：44-50, 175.

[100]周汉华. 习近平互联网法治思想研究[J]. 中国法学, 2017, (3)：5-21.

[101]周佑勇. 行政法总则中基本原则体系的立法构建[J]. 行政法学研究, 2021(1)：13-25.

[102]陈崇林. 中国互联网管理体系现状及改进探析[J]. 山东社会科学, 2014(3)：187-192.

[103]林华. 网络谣言治理需要什么样的行政组织模式？[J]. 山东科技大学学报(社会科学版), 2021, 23(2)：24-30.

[104]刘鹤, 李亦农.《网络安全法》框架下的公安机关网络安全执法[J]. 山东警察学院学报, 2018, 30(1)：153-160.

[105]郭美蓉. 网络空间治理中的国际法路径[J]. 信息安全与通信保密, 2019(5)：48-55.

[106]陈潭, 陈芸. 互联网治理的公共议程与行动框架[J]. 深圳大学学报(人文社会科学版), 2019, 36(5)：112-121.

[107]李营辉, 安娜, 毕颖. 网络拟态环境视阈下国家意识形态安全的实然风险与应然治理[J]. 青海社会科学, 2018(6)：63-70.

[108]张小锋, 张涛. 社会组织在中国网络社会治理中的作用[J]. 哈尔滨工业大学学报(社会科学版), 2017, 19(6)：36-42.

[109]张雪. 网络治理是否有效？——基于 P-M 模型三个层次网络治理有效性的文献综述[J]. 经济社会体制比较, 2017(4)：176-184.

[110]刘少华, 刘凌云. 创新网络空间治理营造良好网络环境的四大举措[J]. 中国行政管理, 2016(10)：157-159.

[111]李姗. 网络语境下版权保护的刑法治理论略[J]. 出版发行研究, 2015(5)：70-72.

[112]孙国强, 张婧. 治理环境对网络治理的影响研究——基于环境作用机理的视角[J]. 科学决策, 2014(11)：70-82.

[113]申楠, 杨琳. 复杂背景下网络舆论引导与网络环境治理探析[J]. 西安交通大学学报(社会科学版), 2014, 34(4)：96-101.

[114]李仪. 网络环境下个人信息再利用的立法规制[J]. 重庆大学学报(社会科学版), 2014, 20(3)：129-134.

[115]黄建. 论网络谣言的协同防控[J]. 中南大学学报(社会科学版), 2013, 19(3)：105-108.

[116]刘军平，杨芷晴. 人脸识别数据保护困境及其法律应对[J]. 科技与法律（中英文），2021（6）：18-28.

[117]凌霞. 安全价值优先：大数据时代个人信息保护的法律路径[J]. 湖南社会科学，2021（6）：83-91.

[118]齐英程. 突发公共卫生事件中的个人信息处理行为及信息安全保障[J]. 图书情报工作，2021，65（19）：44-52.

[119]魏飞菲. 网络信息生态环境评价理论方法与优化对策研究[J]. 情报科学，2021，39（10）：146-151.

[120]宋保振. "数字弱势群体"信息权益保障的法律路径[J]. 东北师大学报（哲学社会科学版），2021（5）：91-100，107.

[121]张勇. 个人生物信息安全的法律保护——以人脸识别为例[J]. 江西社会科学，2021，41（5）：157-168，255-256.

[122]孙莹，冉凌波. 信息社会个人信息法律关系的构造[J]. 北京航空航天大学学报（社会科学版），2021，34（2）：29-38.

[123]杨蓉. 从信息安全、数据安全到算法安全——总体国家安全观视角下的网络法律治理[J]. 法学评论，2021，39（1）：131-136.

[124]曾磊. 我国个人网络信息保护立法的制度构建[J]. 广西社会科学，2020（5）：126-131.

[125]类延村，徐洁涵. 个人信息法律保护的权利基础与实践逻辑[J]. 图书馆建设，2021（1）：84-92.

[126]祝高峰. 论人工智能领域个人信息安全法律保护[J]. 重庆大学学报（社会科学版），2020，26（4）：150-160.

[127]冯宪芬. 做好物联网时代的信息安全法律保护[J]. 人民论坛，2019（35）：104-105.

[128]付微明. 个人生物识别信息的法律保护模式与中国选择[J]. 华东政法大学学报，2019，22（6）：78-88.

[129]姜盼盼. 大数据时代个人信息保护研究综述[J]. 图书情报工作，2019，63（15）：140-148.

[130]毛怡欣，赵华阳. 大数据背景下信息安全与版权保护的冲突与协调维度[J]. 中国出版，2019（16）：49-53.

[131]刘诗瑶. 大数据时代公民个人信息权的法律保护[J]. 人民论坛，2019（6）：108-109.

[132]王英，王涛. 我国网络与信息安全政策法律中的情报观[J]. 情报资料工

作, 2019, 40(1): 15-22.

[133]王秀哲. 大数据时代个人信息法律保护制度之重构[J]. 法学论坛, 2018, 33(6): 115-125.

[134]缪文升. 人工智能时代个人信息数据安全问题的法律规制[J]. 广西社会科学, 2018(9): 101-106.

[135]杨煜, 胡伟. 生态治理体系中的信任治理网络研究[J]. 青海社会科学, 2017(1): 47-52.

[136]ALGHAMDI S, THAN W K, ELENA V-G. Information Security governance Challenges and Critical Success Factors: Systematic Review — Science Direct [J]. Computers & Security, 2020(99): 43-66.

[137]SAMONEK A. What Is the Future of European Cyber Security? Three principles of European Cooperation and The Hybrid Joint Strategy of Cyber Defence[J]. Studia Europejskie-Studies in European Affairs, 2020 (2): 45-62.

[138]ZAMBRANO P, TORRES J, YANEZ A, MACAS A. Understanding Cyber Bullying as an Information Security Attack-life Cycle Modeling[J]. Annals of Telecommunications, 2020, 76(3-4): 235-253.

[139]TOBIAS L, CHRISTENSEN K-K. The Ontological Politics of Cyber Security: Emerging Agencies, Actors, Sites, and Spaces [J]. European Journal of International Security, 2020, 6(1): 1-19.

[140]CORNIÈRE D A, TAYLOR G. A Model of Information Security and Competition[J]. CEPR Discussion Papers, 2021(6): 28-45.

[141]YAZDANMEHR A, WANG J G, YANG Z Y. Peers Matter: The Moderating Role of Social Influence on Information Security Policy Compliance [J]. Information Systems Journal, 2020, 30(5): 791-844.

[142]BAUM J A C, OLIVER C. Institutional Linkages and Organizational Mortality [J]. Administrative Science Quarterly, 1991, 36(6): 489-489.

[143]WANG C H. Analysis of Computer Network Information Security and Protective Measures in the Era of Big Data [J]. Advances in Higher Education, 2020, 4(8): 40-60.

[144]KHAN A, IBRAHIM M, HUSSAIN A. An Exploratory Prioritization of Factors Affecting Current State of Information Security in Pakistani University Libraries [J]. International Journal of Information Management Data Insights, 2021

(1): 1-8.

[145] ROSTAMI E, KARLSSON F, GAO S. Requirements for Computerized Tools to Design Information Security Policies[J]. Computers & Security, 2020(99).

[146] TOLAH A, FURNELL S M, PAPADAKI M. An Empirical Analysis of the Information Security Culture Key Factors Framework [J]. Computers & Security, 2021(1-2): 102354.

[147] WILLIAMS P. Information Security Governance [J]. Information Security Technical Report, 2001, 6(3): 60-70.

[148] ROMANSKY R P, NONINSKA I S. Challenges of the Digital Age for Privacy and Personal Data Protection[J]. Mathematical Biosciences and Engineering, 2020, 17(5): 5288-5303.

[149] STAVROS Z, VERA L. Bringing the Law Back in: The Law-Government Nexus in an Era of Network Governance [J]. Perspectives on Public Management and Governance, 2021, 4(2): 118-129.

[150] NAIM K, SEAN B. Network Governance for Collective Action in Implementing United Nations Sustainable Development Goals[J]. Administrative Sciences, 2020, 10(4): 100-120.

[151] POLETTI C, MICHIELI M. Smart Cities, Social Media Platforms and Security: Online Content Regulation as a site of Controversy and Conflict[J]. City, Territory and Architecture, 2018, 5(1): 30-60.

[152] GOLEBIOWSKA A, JAKUBCZAK W, PROKOPOWICZ D, et al. Cyber Security of Business Intelligence Analytic Based on the Processing of Large Sets of Information with the Use of Sentiment Analysis and Big Data [J]. European Research Studies Journal, 2021(4): 850-871.

[153] COZZUBO A, AMAYA E, CUETO J. The Social Costs of Crime: The Erosion of Trust Between Citizens and Public Institutions[J]. Economics of Governance, 2021, 22(2): 93-117.

[154] WACKSMAN J. Digitalization of Contact Tracing: Balancing Data Privacy With Public Health Benefit[J]. Ethics and Information Technology, 2021, 23(4): 855-861.

[155] DAMA International. The DAMA Guide to the Data Management Body of Knowledge (DAMA-DMBOK)[M]. USA: Technics Publications, LLC, 2009.

[156] MORFI C, NILSSON J, HAKELIUS K, KARANTININIS K. Social Networks

and Member Participation in Cooperative Governance [J]. Agribusiness, 2021, 37(2): 264-285.

[157]MOGHADAM S R, Ricardo C-P. Information Security Governance in Big Data Environments: A Systematic Mapping[J]. Procedia Computer Science, 2018, (138): 401-408.

[158]GORAN V, MELITA M, TIHOMIR K. IoT and Smart Home Data Breach Risks from the Perspective of Croatian Data Protection and Information Security Law[M/OL]. 2019 ENTRENOVA Conference Proceedings. [2021-10-10]https://ssrn.com/abstract=3490606.

[159]DMITRY Z, DARIA L, EVGENY P, ANNA S. Cyber Attack Prevention Based on Evolutionary Cybernetics Approach[J]. Symmetry, 2020, 12(11): 1931-1939:

[160]COPELAND M, JACOBS M. Cyber Security on Aure: An IT Professional's Guide to Microsoft Azure Security[M]. USA: Apress, 2021.

[161]KOZMINSKI J Z, ZOBOLI L, NEMITZ P. Embedding European Values in Data Governance: A Case for Public Data Commons [J]. Internet Policy Review: Journal on Internet Regulation, 2021, 10(3): 1-29.